Le territoire du vide

L'occident et le désir de rivage

大海的誘惑

從大洪水到度假勝地
近代西方海洋意象的探索與形塑

Alain Corbin

阿蘭・柯爾本——著 楊其儒、謝珮琪、蔡孟貞、周桂音——譯

目次

第二部

海濱新愉悅的描繪——077

第一章　海水與身體間的新和諧

第二章　世界奧祕的閱讀與探索

第三章　面對奇景的新鮮感受

前言

今日，文化史學者已懂得如何研究過去的社會制度、物質生活與風俗習慣，但仍舊不敢探討其中的情感生成機制。然而，唯有對此面向的深入了解，專家們長期耕耘的學術研究方能開花結果。

學者們的膽怯，是由於在文化史領域當中，文獻的地位和證據的有效性，都構成了特別棘手的難題。若學者僅針對特殊案例進行分析，可能會冒著缺乏代表性、草率歸納結果，與製作出可笑、毫無意義彙編的風險。此外，即便學者已對過去社會裡不同階層、環境間的情感流動加以留意，然而一旦其研究樣本僅限於有創造力的社會菁英身上，便會使得文化史的探勘領地銳減。天真地閱讀歷史資料來放大微不足道的文獻意義，或欲從先驗（*a priori*）知識中掙脫，拒絕採用柏拉圖巨匠造物主（démiurge）的觀點，事實上就等同於是在遠離對歷史偉大進程的分析，或偏離詮釋學（herméneutique）的航道。這點在摸索陌生途徑時，更顯得其重要性。

依我的拙見，文化史研究最根本的問題，仍舊是學者們心態上的時代錯置（anachronisme），其中最糟糕的即對過去歷史泰然自若、過分確信或盲目篤定的態度。學習劃定可思考範圍的輪廓、識別新情感的機制與欲望起源、掌握特定時代人類體驗痛苦與歡愉的方式、描述不同社會族群的慣習（habitus），以及尋覓再現（représentation）與鑑賞（appréciation）系統間的連貫性等，均屬文化史研究中缺一不可的課題。了解過去人類的唯一途徑，即採用其視角以體驗其情感。唯有訴諸於此模式，本書方能重新構築自一七五〇年到一八四〇年間，西方世界浮現、流傳對海岸的渴望。

第一部

對大海的無知
與牙牙學語的渴望

第一章　恐懼與反感的根源

姑且不論極少數的例外，[1]在西方古典時代，人類尚未感受海灘的魅力、泳者迎擊浪花時的熱血沸騰，與海濱度假賦予的種種樂趣，人們對海岸的渴望被一系列令人反感的意象所壓抑。西方自文藝復興開始，逐漸形成了一套對自然景觀、氣象變化和體感（cénesthésique）印象的感知系統，而人類對海的無知與惶恐構成了此系統中重要的一環。[2]為了分析一七五〇年前後西方對海景解讀的變化與人類在海濱活動的演變，本章必須先梳理海洋再現的歷史脈絡，方能釐清人類早期對大海抱持反感的根源。[3]

匯集大洪水殘骸的無底深淵

聖經關於大海的詮釋，尤其是在《創世紀》（*Genèse*）、《詩篇》（*Psaumes*）和《約伯記》（*Livre de Job*）中，對日後海洋的再現影響深遠。[4]上帝創世與大洪水這兩個敘事各自在西方集體想像裡，為大海的意象奠定了關鍵性的色彩。首先《創世紀》為大海樹立了一個蘊藏奧祕的「大深淵」意象。[5]在創世黎明之際，神的靈漂浮在海洋無邊際的龐大水體之上，大海也成了無窮盡、無法捉摸的最佳寫照。[6]與其說是象徵，更不如說那翻騰的海水就是未知，就是恐懼的本身。封閉的伊甸園裡沒有大海的存在，因為它無法涵蓋大海一望無際的水平線。聖奧思定（Saint Augustin）、聖安博（Saint Ambroise）與聖巴西流（Saint Basile）皆不厭其煩地指出，欲求理解大海的奧祕，就像是想窺探深奧的神性一樣，都將背上褻瀆的罪名。[7]

從這個元素無法被征服馴化的事實，可看出上帝創世是一項未盡之業。大海是那些未被分化、未能獲取形式、未被上帝成功創造的原始物質所殘留下來的遺跡，匯聚了尚待創造之物、讓人顫動且朦朧的渾沌殘骸，也同時象徵了人類文明誕生前的混亂。人們開始堅信，早在大洪水來臨前的時代，善怒的大海就難以被疆界所收歸。[8]大海也因而激發了人們深層的反感。有別於日後浪漫主義想被大海淹沒的磨人渴望，古典時代還未被想回歸造物者心腹的欲望所誘惑。

由於在《創世紀》中，世界是以人為目的和中心來創造，[9]所以人類自然對這個沒有形狀的殘餘感到陌生。按照上帝形象而造的人類也無法踏出伊甸園或聖城的邊界。[10]此外，《舊約》的敘事也僅提及飛禽和走獸，被奧祕深淵所吞噬的海洋生物無法被人類指認，也更不受人類宰制。

大洪水的故事更顯得意義重大。在許多作者的敘述裡，大海儼然成了懲罰世人的工具。洪水消逝後，大海的樣貌則類比作天災的遺跡。實際上在《舊約》的宇宙觀中存在著兩個廣闊的水體，其一是盆型的大海，另一個則是在支撐著天國穹蒼的水體。上帝勾勒了兩條分水線來劃分這兩個水體：祂先用海岸線區隔大海和陸地，其次則是用似流動長城（*limes*）般的雲際線，來分離天國水體與供養人類呼吸的氣層。然而究竟是哪個水體淹沒了原始大地，各派學說始終分歧。[11]

無論如何，大海是在對虔誠的靈魂喊話。大海的咆哮、轟鳴和驟然的怒火可被視為對世人的提醒，不要忘記造成第一批人類被大洪水吞噬的罪孽。大海的聲音好像無時無刻不在勸誘著人們懺悔，指引著世人重歸正途。

大洪水的降臨也代表著上古渾沌短暫的回歸，那無邊無境浪潮的再臨，折磨著文藝復興時期飽學之士的心頭。從西斯汀教堂的天頂畫，到法國畫家尼古拉・普桑（Nicolas Poussin）描繪的冬海，[12]處處可發現大洪水的氾濫是當時畫作的主要題材。十六世紀末的法國詩人們，也對聖經中洪水災難的題材深感興趣，紀堯姆・芭塔斯（Guillaume du Bartas）的《創世七天》（*Sepmaine*）即屬一例。[13]聖經大洪水的敘事，更是百年後重要地球起源理論的爭論核心，畢竟只有大洪水的存在才足以解釋地球的歷史及地表起伏。

這裡值得稍作停留來介紹這些宇宙起源說（cosmogony），[14]對於這些學說的分析通常都是從嚴謹的科學史角度出發，讓我們能一窺學術上對過去那場巨大災變與當代地景評估之間的連結。從這樣的角度來看，英國神學家湯姆士・伯納特（Thomas Burnet）的《地球說》（*Théorie de la Terre*）就相當重要，這本書在整個十八世紀不斷被提及，既保守卻又具預言性質。與《地球說》同一時間興起的是自然神學，它正改變著大海與濱海地區的意象，更預告了美學領域的巨大變化，終將引領人們欣賞這駭人美景。

根據伯納特的《地球說》，伊甸園與亞當與其子孫在被上帝逐出後所居住的原始大地，都未涵蓋海洋，所有人類生活在同一塊大陸，原始地球被一層光滑的細沙所覆蓋：「大洪水前的地球無山無海，表面光滑、規律均一。……它有著青春的美貌和百花齊放、鮮嫩肥沃的大自然，全身上下不帶有一絲傷疤、一道皺紋和一處骨折。沒有岩石、沒有巖穴，更沒有令人咋舌的坑洞……。地球上的空氣是安靜而沉穩的。」[15] 如同桂冠詩人維吉爾（Virgil）筆下的黃金時代，大洪水前的大地不認識暴風狂雨，因為地表上只有永恆的春天。

然而，當上帝打開了大深淵使得洪水降臨，上古的渾沌又重新在地表蔓延，在黑暗與霧茫中擴散。此時狂風暴雨摧殘下的大海也只呈現出當時世界紊亂的一隅。隨後在上帝的命令下，大洪水才逐漸被海底的巖穴吞噬、極度緩慢地退去然後消失。當今的大海是被上帝重新束縛深鎖的大深淵，它的盆底、沿岸以及勾勒它形體的山脈都是大洪水所留下的證物遺跡，它們構成了「大自然中最駭人的景觀」。[16]

因此，海底極有可能蘊藏著渾沌的原貌，而島嶼目無紀律的分布也同樣揭示了這一點。假若海洋怪異駭人的底層重浮水面，人類將會目睹到地球最畸形的坑洞。「是如此之深、凹、大，集結了散裂、紊亂、畸形與駭人於一身。如此之景象將刺激我們的想像力，使我們納悶這樣的現象，究竟為何存在於大自然當中……。」[17]

實際上，海岸線就是大洪水的遺跡。這能解釋海岸的不規律性以及其附近島礁令人費解的排列。尋求海岸結構的規律性毫無意義可言，因為依照正統的神學來看，海洋和海岸線非上帝所造、亦非大自然所孕，自是毫無美感可言。大海僅僅是個匯集殘骸的深淵；說它是大洪水所留下的種種遺跡中最不醜陋的景象，已經是再好不過的讚美。[18]

同樣有著相當反響的是英國神學家威廉・魏斯頓（William Whiston）的《地球新論》（*Nouvelle Théorie de la Terre*）。雖然魏斯頓採用了相近於伯納特的鑑賞系統，兩人對地球演變的歷史卻有截然不同的詮釋。根據魏斯頓的理論，原始的地球和當今並無二致，海水同樣有著鹹味與微弱的浪潮。然而和現今不同的是，原始的大海並未將人類分離，所有人類都聚集在同一塊大陸上。此外，原始大海的形貌也不同，規模較小也未曾遭受暴風雨侵襲。

在上帝創世的一千六百到七百年之後，天國的泉水湧現，傾瀉了足以改變地表結構的曠世洪水。相較於伯納特，魏斯頓所描繪的洪水災難相對平穩。在大洪水氾濫的四十天當中，淹沒大地的洪水為了不讓諾亞方舟沉沒，始終保持相當的平靜。當洪水退去後，原始大地被分成不同的陸塊，顯露出各自複雜的地表。大海水體中心變得更為深邃，暴風雨也始終在海面上徘徊不去。不論是伯納特或是魏斯頓，兩人都認為海洋是大洪水的遺跡，但魏斯頓則認為大洪水改變的僅有原始海洋的盆地結構、大海樣貌與海岸構造。[19]

直到約莫一八四〇年以前，大洪水天災的敘事始終是地球的自然史與日後地質學中的核心事件。稍後我們會再來討論兩者之間的關聯。在此之後，仍有許多學者為《創世紀》的敘事來辯護。英國神學家亞歷山大・卡特科特（Alexander Catcott）在一七六八年發表的《論大洪水》（*Traité sur le Déluge*）詳盡且自認完善評價了《舊約》大洪水的敘事。[20] 他也和十八世紀大多數聖經的捍衛者相同，利用了從亞述、波斯、巴比倫、埃及、希臘、羅馬，甚至印度和中國等古文明傳說中的洪水敘事。根據他的看法，唯有大洪水才能解釋海邊的沙土、海岸不規則的巨石和天然深坑的存在。

在法國大革命之後，伯納特、魏斯頓和英國博物學家約翰・伍德沃德（John Woodward）等人的學說被視為過時，而漸漸不被採納。新一代的「災變論」（catastrophistes）學者出現了，他們在新的科學環境下，提出不同的論述來論證聖經文本的正確性。[21]愛爾蘭科學家理查・柯萬（Richard Kirwan）就將愛爾蘭、蘇格蘭及其附近島嶼海岸的陡峭，歸咎於南方大洋海水大震盪所造成的洪水。[22]此外，柯萬也認為大洪水造成了汙染地球的惡臭穢氣，因為在大量水體消退後，溺死生物的屍體便在地表堆積腐爛。柯萬提到當時人類為了躲避惡臭，好長一段時間居住在山林裡。實際上，這樣有趣的說法來自於新希波克拉底學派（néo-hippocratisme）中對惡臭傳染無法擺脫的恐懼，加深了海岸令人反感的意象。[23]

分析身處十七、十八世紀轉捩點的學者們賦予大洪水的重要性，有助於我們的探究。他們以大洪水天災為中心，各自發展宇宙起源說。這些學者都在一個受限的時間框架下來推論，將地球與人類的歷史混為一談，是由同時發生的事件組成的。這讓我們了解為什麼大海這大洪水的遺跡，能激發人們的恐懼，就如同另一個大洪水的遺跡、有「大地羞處」（pudenda de la Nature）[24]之稱的山脈，[25]也經常被視為在新的大陸隆起、不討喜的惡性腫瘤。這種反感的解讀實際上也映照出一種人性墮落的世界觀：儘管人類再怎麼努力，都無法重新創造那還帶有樂園痕跡、大洪水來臨前的原始大地。

無盡洶湧的海水都在預告著下一個大洪水降臨的可能，[26]為人類幸福的避難所蒙上了一層陰霾。當然，這樣的說法需要被謹慎地分析，因為《啟示錄》中確切地指出，引發末日的「大火災」（conflagration）不是那上古渾沌所遺留下來的洪水，而是上帝扔擲的火焰。[27]大火將洗盡塵世的罪惡。當耶穌再臨之時，大海業已蕩然無存。

然而，大海的憤怒卻只是一系列大災難的前奏。自十五世紀起，在廣泛流傳的十五個「耶穌來臨」的預兆，即死亡藝術（*artes moriendi*）當中，水扮演著毀滅性的角色。[28]大海會先將山脈淹沒，隨即墜入深淵，海中的魚和怪獸在水面上奮力嘶吼，大海則不停地對從天而降的火焰咆哮。

從上段過分簡述的宗教宇宙觀裡，套用了某一些特殊的鑑賞系統來看待大海與海洋生物，並賦予它們意義深遠的象徵。聖經藉由本意為「海中怪獸」[29]的利維坦，給予了魚畸形的特質。這也是跟著《創世紀》的敘事邏輯，攻擊天使長米迦勒（Saint Michel）的巨龍就是自海底而出。[30]中世紀時的愛爾蘭修道士航海記，尤其是聖布倫丹（Saint Brandan）的著作，[31]證實了上述觀點。根據班奈狄（Benedeit）的描述，唯有故事主角的神聖性才得以安撫自海底深處湧現的怪獸。在另一個傳說裡，同樣揭露北方海洋岸邊的海洋生物激發的恐懼，貝武夫（Beowulf）必須潛入黑暗的湖底，方能消滅怪獸格倫戴爾（Grendel）無名的母親。在十六世紀，瑞典主教烏勞斯・馬格努斯（Olaus Magnus）始終深信著海洋怪獸的存在。一七五一年，在水手們詳細訪談調查後，埃里克・龐拖皮丹（Erich Pontoppidan）在他的《挪威自然史》（*Histoire naturelle de la Norvège*）裡用很長一章的篇幅，[32]來描繪被漁夫們稱作克拉肯（Kraken）的海蛇。

去想像從黑水而生、[33]幽暗洞穴渾沌而出的怪獸，接觸牠們黏稠的表體，這股油然而生的恐懼引起十七世紀詩人的興趣。旅居愛爾蘭的英國詩人愛德蒙・史賓賽（Edmund Spenser）便描述蓋恩爵士（Sir Guyon）前往雅葵沙的安樂窩（l'Ile des Délices）道路上，他的朝聖旅伴是如何用木棒輕觸水流來安撫海洋怪獸，並將牠們驅逐回海洋深淵。[34]約翰・米爾頓（John Milton），以生動的畫面來形容海洋怪獸蜷縮在一起，在大洪水淹沒後的宮殿裡繁殖、增長。[35]

怪獸盤踞的大海是這些被詛咒生物互相殘殺，遭到天譴的黑暗地帶。法國哲學家加斯東・巴舍拉（Gaston Bachelard）與吉爾伯特・杜宏（Gilbert Durand）就觀察到孩童首次看到大魚吞小魚時所產生的驚奇感。[36]大海不僅是由層層食物鏈構成的殘酷世界，同時也是撒旦的領地，受其地獄能量支配。因此，對航海者來說，海上的風暴絕非偶然，大海的波濤洶湧如果不是由在大氣層中被懲罰折磨的人類靈魂所致，就一定是出自於撒旦之手。[37]同樣的形象再度出現在博學文化裡，《神曲》（*Divine Comédie*）描述地獄第一層時，*就結合了古代對於地獄之河的黑水，以及惡魔般狂暴風雨這兩個令人反感的意象。根據當代法國歷史學家法蘭索瓦絲・茹科夫斯基（Françoise Joukovsky）的研究，[38]大海惡魔般的意象在十六世紀末到十七世紀初的法國大量湧現，然而隨後卻逐漸消失，變成了用來翻新維吉爾作品裡的老套暴風雨文學樣板的取材來源。[39]

狂怒大海的惡魔本性也造就了海上驅魔術的盛行。[40]在十六世紀，葡萄牙、西班牙水手總會

* 譯註：即靈薄獄（limbo）。

將聖物浸泡於海水，他們深信大海不能夠自己獲得平靜，唯有借助聖母、聖尼古拉（Saint Nicolas）之力才行。其實，這也和耶穌在提比里亞湖（lac de Tibériade）用平息浪潮之舉，來譴責受驚門徒的薄弱信仰，有著異曲同工之處。[41]

作為世界無秩序的陰暗面、深海怪獸的居所，或受惡魔控制的領地，混亂的大海成為了「無理性」最常見的象徵之一，尤其是在冬季風暴無法捉摸的猛烈之下，大海更是證明了它瘋狂的本性。法國宗教歷史學家尚・德魯莫（Jean Delumeau）就注意到大海與瘋狂經常被連結在一起。為此，德魯莫舉了崔斯坦（Tristan）*在康沃爾（Cornouaille）沿岸被愚人船水手拋下的意象。愚人船是一艘用來隔離瘋子的飄浮載體，而這群瘋子則被關在與他們變化莫測的性情相符的元素裡。[42]

大海廣闊且震盪水體本身就夾帶著厄運。不論是在莎士比亞（William Shakespeare）早期或是成熟期的作品，暴風雨、猛獸、彗星、疾病、罪惡等交織成一個反映由失序主宰紊亂世界的連結網絡。陰森寒冷的冬海成了恐懼的形狀，人類在海上無時不在擔心死神突如其來的造訪，沒有臨終聖事、遠離親族，身體靈魂隨浪潮漂流，最終不得安寧的死亡。[43]抵禦死亡殘酷降臨的欲望，解釋了處處可見的贖罪儀式。

長久以來大海與沿海地帶就在宗教文學中占有重要的象徵地位。可能的開山之作是偽安波羅修（pseudo-Ambroise）的布道，或更確定的是來自聖奧思定的《論幸福生活》（*De Beata vita*）裡的長篇摘錄。在教會教父眼裡，無邊際的海洋同時象徵著生命的誕生和死亡的陰影。[44]從神學與地理學的角度來論，地中海同時具備著魔鬼與天使的特質，因為即便它有著狂風暴雨的危險，卻也使保羅傳福音的旅程、神諭的傳播與基督教散居宣教（diaspora chrétienne）的活動成為了可能。生命被視為一趟有著種種暗礁的冒險旅程，人類在若大海般無法捉摸的世界中航行。在這虛榮、無形的領域中，所有珍愛的人與物都在一個不帶「石化軀殼」的移動空間中漂浮。[45]在十六世紀的最後三十年當中，「苦澀的海水」[46]成了法國詩歌中經典的意象，尤其是喜愛誇張修辭與戲劇化比喻的胡格諾派（huguenots），更是大量地挖掘探索這個幾乎不含任何文藝復興時期歡愉景致的大海。在維拉戈（sieur de Valagre）的詩作中，世界也被比喻為一個矗立在「浪潮上」的建築物，沉入那「充滿七情六欲、渴望忌妒、企圖之心與計畫之念的大海」。法國巴洛克詩人西蒙—紀堯姆・拉羅克（Siméon-Guillaume de la Roque）也曾描繪過一片「沒有邊界、未得安寧，帶有滾燙海水的深邃大海」。與此同時，世界也經常被形容成一個吞噬靈魂的大漩渦，一個深深迷惑著達文西的螺旋深淵。[47]

佛蘭芒畫派（flamande）及其後的荷蘭海景畫就建立在上述大海的象徵之上，[48]海浪代表著生命的脆弱與人類社會的不穩定，也證實了上帝信仰對人類之必要。日後，十七世紀的羅馬繪畫也同樣在大海的宗教象徵意義上有所著墨，其中又以法國畫家克勞德・洛漢（Claude Lorrain）為代表。[49]

教堂象徵著船，聖靈為其掌舵者，駛向基督徒嚮往的永生港灣，但罪惡卻使人偏離正途，遠離

* 譯註：《崔斯坦與伊索德》傳說裡面的男主角。

上帝的救贖之路。[50]

大海有時也會被解讀成煉獄（purgatoire）的象徵。[51]在海上冒險的旅客，就如被暴風雨懲罰的罪人，得到悔過的機會，能重返正途。在煉獄的意象裡，看到大海救贖的形象，促成水手的虔誠之心。在莎翁晚期的《泰爾親王沛莉克爾斯》（*Périclès*）、《冬天的故事》（*Le Conte d'hiver*）以及《暴風雨》（*La Tempête*）等作品中，那些深陷紊亂世界、情緒激昂的人物在海上冒險犯難的過程中，經驗了一場刻骨銘心的道德轉機。在天災人禍與生死離別過後，他們重拾正道，回歸到帶有和諧樂章、人人和睦相處的嶄新世界。[52]然而，這會偏離本章節大海負面意象的主軸。我們將在之後的章節詳細闡明。

此外，海濱以及沿海地帶的居民，也出現在上述種種令人反感的意象當中。海岸線是世界組成元素的交界之處，承載了兩者之間的衝突與瘋狂，同時也是一條微妙的平衡線，隨時都有失衡的可能，引發末日災難連鎖的洪水將於此揭幕。對基督教徒而言，沿海地帶是他們凝視大洪水遺跡、沉思遠古懲罰、感受上帝怒火的首選之地。其中唯有海港一角，不在這醜惡的構圖之中，這是由於港口是人類欲望、懷舊之情與集體狂歡抒發展演的劇場。

炙熱的沙漠、海灘，以及泥淖和尖山，構築了聖經中欣嫩子谷（Géhenne）的一角，如但丁《神曲》中第三層地獄也被漫腳的沙礫所覆蓋。值得深究的是，對當時的人們而言，在海水褪去時的「駭人」荒蕪裸灘，究竟帶來什麼樣的感受。

古典怒海意象的符碼化

人文主義學者對古典文獻的重新詮釋，以及他們對古典藝術的探究，都增添了源自猶太—基督教傳統的大海與沿岸意象。[53]

十六、十七世紀的作家們（其作品成為我們的資料來源）鮮少援引古典文獻中對海浪景觀與沙灘的描述。[54]他們無法感受維吉爾《農事詩》（*Géorgiques*）中海景對詩人所喚照的情感，也對洗鍊的亞歷山大詩體（Alexandrins）不為所動。法國文藝復興時期的詩人幾乎無視了大海的寧靜，也就極少在字裡行間中提及。當中少部分提到海景的作品，也都是受到維吉爾《艾尼亞斯紀》（*Énéide*）第五部讚揚女神維納斯、海神尼普頓章節的影響，大海僅僅只是神話人物身後的背景。另一方面，誠如法國歷史學家呂西安・費夫賀（Lucien Febvre）以及羅伯特・曼德魯（Robert Mandrou）所強調，這些文藝復興詩人的情感反應是如此強烈，對古典文獻中怒海激發的恐懼和不安非常敏感。在十六世紀，《艾尼亞斯紀》中的怒海意象，已經成為脫穎而出的典型樣板，來翻新中世紀朝聖航海遊記裡充滿駭人深淵與怪物進逼的暴風雨描寫。[55]維吉爾式的怒海樣板，部分是承自荷馬，再經由羅馬詩人恩紐斯（Ennius）與帕庫維烏斯（Pacuvius）的改編，由羅馬詩人奧維德（Ovide）、哲學家塞內卡（Sénèque）及詩人盧坎（Lucain）來補足，[56]這些人也受到廣泛閱讀，並啟發了小說、史詩、抒情詩體以及遊記的創作。這個樣板啟發了法國作家法蘭索瓦・拉伯雷

（François Rabelais）龐大固埃歷險的第四部（*Quart Livre* des aventures de Pantagruel de Rabelais）與《盧濟塔尼亞人之歌》（*Lusiades*），也對整個十八世紀的悲劇作家有著深遠的影響；[57]甚至在英國詩人詹姆士・湯姆森（James Thomson）筆下的暴風雨中都能看見其蹤影。[58]而法國歷史學家莫尼可・伯斯（Monique Brosse）闡明了，浪漫主義時期的海洋文學也深受維吉爾怒海意象的影響。[59]

二世紀的修辭學家受到《艾尼亞斯紀》和奧維德筆下五段描述的啟發，對古典暴風雨形象進行描繪和符碼化，包含一系列具體典型印象，儘管並不精確，但賦予其旋風般的樣貌。首先，從四面八方而來的風在海上匯集，打響了戰爭的前奏，而水手們的哀號、纜繩的呼嘯作響、海浪拍擊的嘩拉聲與隆隆雷霹，共同演奏了暴風雨出場的背景音樂。隨後，夾帶著大量砂礫、淤泥與浪花的海水像高山般驟然升起，覆蓋了地表並直抵海底深淵。與此同時，船艙板也在海浪的衝擊下毀壞崩解。黑夜中劃出了道道閃電，蒙蔽視線大雨宛如正在塌陷的天空傾瀉而下。在最駭人的第十次浪襲之際，船上的水手們只能默禱，乞求上帝驅離迫在眉睫的死亡。

如此廣為人知的暴風雨樣板被一再重申，將怒海駭人的意象深植人心。在迷惘的旅途中，人類只能任由眾神的意念在海上漂流，無時無刻受帶有敵意的怒海威脅。此外，大海也成了仇恨的象徵，將人類炙熱的情愛像滅火種般地澆熄。

古羅馬作家賀拉斯（Horace），如同之後的提布魯斯（Tibulle）、普羅佩提烏斯（Properce）、奧維德與塞內卡等人，[60]皆厭惡這片疏離世人的海洋。賀拉斯曾譴責海上航行一事，他認為此舉乃人類對神意的蔑視。亞得里亞海使賀拉斯恐懼，在他的筆下，無止息的海上風暴貪圖地渴望船隻遇難。大海不僅是人們浴血奮戰的舞台，更暗藏著蠢蠢欲動的怪獸與各式圈套陷阱。雖然賀拉斯並不能代表與他同時代人的想法，但不影響我們的看法，重點在於他的作品日後被廣泛地閱讀，並深遠地影響著日後的古典文化。[61]

古代文學首先將大海（日後也將涵括大西洋）塑造成神祕莫測的最佳代表之地，而大海也成為學者們最為困擾的疑雲。亞里斯多德因無法解釋尤里普斯海峽（Euripe）水流的複雜性而尋短一事，即便到了十七世紀大多數人都不再相信，此傳言卻仍舊被廣泛流傳。[62] 雖然自古代（Antiquité）以來，海洋科學就不斷進步，三個由希臘人提出的問題卻始終未獲解答。首先，是關於陸地與海洋的分布比例與輪廓外形。陸地和海洋的位置雜亂無章，與亞里斯多德物理學所說的相反，並非按照元素的自然排列，[63] 且地表理應被水體覆蓋。[64]

其二，水體在地表的循環流動也始終未獲完整解釋。在英國天文地質學家愛德蒙・哈雷（Edmond Halley）精闢的氣象理論被發表接受之前，一般認為是來自亞理斯多德，[65] 水藉由蒸發、降雨等過程循環的理論眾所皆知，然而水在海洋、氣層與地表的交換模式仍未盡善盡美。較被接受的則是柏拉圖的水循環理論，認為水是在世界的中心循環。這種陸地與海洋在地底下相連的看法，讓人們相信海底存在著可怕的洞穴。[66] 水在深淵流通的說法深植於人們的想像，激發了德國耶穌會教士阿塔納奇歐斯・基爾學（Athanathius Kircher）的著作《地下世界》（*Mundus subterraneus*）、解釋了小說《海底探險》（*Voyage sous-marin*）的出現，[67] 甚至支持了伯納特、伍德沃德等人的地球科學理論。由於長久以來深信地底下存在著一個擁有複雜水道、引發潮汐，且能夠分配河流、海洋水量的廣大蓄水池，人們便對海岸線的形貌較不感興趣，反倒是對地底下的世界抱持著好奇與遐想。

海洋與陸地在地底下神祕的連接，也時常被用來解釋大海水流與潮汐的運動。關於潮汐現象的解釋，百家爭鳴。自古希臘地理學家皮西亞斯（Pythéas）以來，就認知到月亮在潮汐生成上扮演的角色，一六八七年牛頓更是利用了關鍵解釋來闡明。而在牛頓之前，伽利略與笛卡兒二人也皆對潮汐做出重要的解釋（伽利略分析地球自轉的關鍵角色，而笛卡兒則注意到了月球對大氣層流動的影響力）。其餘像是從天文學角度，或將大海喻為動物而建立的理論，也都受到相當程度的認可。為了重建笛卡兒同時代人的普遍心態（univers mental），上述種種對水流、潮汐現象的詮釋都非常重要。

因為古代文化特別留意地理邊界的形貌，[68]海岸的鑑賞系統比大海更受重視。這其實一點都不令人意外。法國古希臘學者保羅・佩迪什（Paul Pedech）就曾分析航海經歷是如何構築古希臘人對海岸的地理意識。古希臘學者史特拉波（Strabon）寫道：「大海不僅勾勒出了陸地的輪廓，給予了它樣貌，同時也塑造了海灣、公海、海峽、地峽、半島和海角。」[69]古希臘旅行者描繪了沿岸的旅程與路線。[70]古羅馬詩人阿維阿努斯（Aviénius）詩性地理學（géographie poétique）的首要任務，在他的作品《海岸》（*Ora Maritima*）裡面，就是不間斷記錄沿海地區的風光，並詳細地標劃出沙地或荒蕪的海灘、池塘、沙洲，以及岩石岬角。[71]在史詩《奧德賽》中，荷馬筆下的尤利西斯（Ulysse）眷戀著大海，伊薩卡（Ithaque）的沿岸在無時無刻呼喚著他航行的欲望。也正是這份對沿岸的情懷誘使著法國天主教詩人法蘭索瓦・芬乃倫（François Fénelon）小說《忒勒馬科斯歷險記》（*Les Aventures de Télémaque*）的主角登上懸崖來眺望海景。[72]在古代史詩當中，沿岸地區不是被眾神所定的夢想歸宿，就是象徵著返鄉旅途的希望燈塔。

然而，在神話與古典文學當中，更多的是加強沿岸負面意象的描寫。象徵著希望或成功的沿海地帶，隨時都有可能變成故事主角黯然的放逐之地，或悲慘的旅途驛站。尋覓著戀人忒修斯（Thésée）的阿里阿德涅（Ariane），在納克索斯島（Naxos）的沙灘上難過地浸身於海水，將她為情所苦的熱淚交融於翻騰的浪花當中。法國詩人尚・拉辛（Jean Racine）《費德爾》（*Phèdre*）中的女主角不理會酒神戴歐尼修斯（Dionysos），問道：「是什麼樣受傷的愛，使人垂死在被遺忘的海濱？」[73]奧維德正是懷抱著沉重的心情，在托米斯（Tomes）的幽暗海灘上悲傷地來回踱步。在《忒勒馬科斯歷險記》裡更有著一連串海濱的場景，海灘是逃離苦海、擱淺遇難、思情念舊之地，也是成了人物永別與撕心裂肺的最佳舞台。[74]

沿海地帶潛伏著許多怪獸，如被吠犬圍繞的斯庫拉（Scylla），與吞噬受害者、狡猾的卡律布狄斯（Charybde）。原屬地底克托尼俄斯（Cthonie）力量的波賽頓（Poséidon）或相應的伊特拉斯坎（Étrusques）神祇尼普頓是掌管地震、潮汐的神祇，在晉身為海洋之神的同時，祂們其實是繼承了愛琴海世界水中怪物的位子。海神波賽頓大多數的兒子，也都是邪惡的巨人，如獨眼巨人波利菲莫斯（Polyphème）或強盜斯克戎（Sciron）。[75]在十八世紀末，遊客無不嚮往造訪西西里海峽，直面那些荷馬史詩中的駭人怪物。對新古典時代（néo-classique）的旅者而言，探訪洞穴成為了如同啟蒙之旅（parcours initiatique）的旅途中不可或缺的行程。當抵達這些地方時，他們會嘲諷危險的微不足道，同時津津樂道地重溫兒時體驗到的恐懼。

古代的海岸也是海洋穢物的匯集之地，而沙灘則是大海清除雜質、吐嘔怪獸之處。塞內卡曾道：「大海的本性就是將所有穢物與雜質棄於沿岸。不論是暴風雨攪和水流之際，或是再怎麼風平浪靜，大海洗滌淨化的過程無時無刻不在發生。」[76] 史特拉波也曾描述過「排泄運動」或「海水的淨化」。[77] 根據老普林尼（Pline l'Ancien）的說法，[78] 位於阿非利加大陸外海的神佑群嶼（Iles Fortunées），「因長久以來大海將動物腐爛的屍體堆棄於沿岸，而深受汙染」。直到十七世紀，琥珀始終都被認為是海洋廢棄之物最濃縮、最壯觀的結晶。法國耶穌會神父喬治・富尼耶（Georges Fournier）與多明尼克・布烏爾（Dominique Bouhours）也都曾寫道，威尼斯與墨西拿沿海地帶的居民認為海灘上堆積的發臭之物是由大海所排泄，[79] 並深信含鹽的浪花是大海的臭汗。威尼斯人將海水的漲退潮稱為「活生生的水」（il viva dell'aqua）。在同樣的視角之下，海水的潮汐也可能在過去被視為大海發燒的表徵。在一七一二年，英國詩人威廉・戴普（William Diaper）也以類似的詞彙描繪了令人作嘔的海岸汙染情況，臨死的海豚為不玷汙公海上清新空氣與清澈海水，選擇死於沙灘之上。[80]

在希臘文學裡，任何的邊陲之地都可能匿藏著神、人、獸三者混亂且險惡地靠近彼此，互相干涉所導致的種種危險。[81] 古典時代所再現的海岸無時無刻籠罩在危險的陰霾中，如海生怪獸的驟然湧現，或可與其類比的外來勢力的蠻橫入侵。臨海之地是突如其來的暴力的天然場景，也是綁架的最佳舞台。本節礙於篇幅無法一一列舉所有繪畫、文學中反映上述觀點、繼承古代作家傳統，將沿海景致與戰爭展開環環相扣的作品。[82]腓尼基公主歐羅巴（Europe）被綁架，或達南人（Danéens）在台伯河（Tibre）河畔紮營、武裝登陸，面對圖努斯（Turnus）的陣營都是最著名的例證。在法國作家皮耶・高乃依（Pierre Corneille）《安朵美達》（*Andromède*）當中，從海中湧現、吞食獵物的怪獸，[83]或尚・拉辛《費德爾》裡賽拉門尼斯（Théramène）敘事對王子伊波利特（Hippolyte）悲慘命運的描述，也都歸屬上述一系列的文學樣板。

在近代時期，古代的海岸線時常被描繪成脆弱、不明確的國界線，一旦不小心失衡，辛勤勞動的和諧安寧將會被打破。自中世紀前期以來，對海上種種災難的記憶更是強化了這種意象。[84]諾曼人（Normandes）與薩拉森人（Sarrasines）的入侵、黑死病藉由海上船隻的散播、海盜們的惡行，以及船難、走私、海灘強盜等，都使海濱的危險意象揮之不去。由於在十七世紀末與十八世紀出現大型的海戰，人們便在英吉利海峽沿岸，築起兩道平行的石牆。對十八世紀的旅者而言，防禦層面的考量仍舊是判斷海濱、錨地或港口優劣的首要標準。

對異鄉人而言，海岸也是他們發現當地人令人不安事實的所在。在這危險的舞台上，異鄉人徘徊在當地人熱情的款待與海怪湧現的危險之間，如同在娜烏西卡（Nausicaa）的美貌與獨眼巨人波利菲莫斯的進犯，兩者間做出抉擇。

十八世紀初，英國小說家丹尼爾・笛福（Daniel de Foe）的《魯賓遜漂流記》（*Robinson Crusoe*）綜合並改寫上述海岸的凶險意象。實際上，魯賓遜的熱帶小島有著原罪後的伊甸園所有的特徵。只要魯賓遜不怠惰，妥善安排時間、用心工作，他即可享有平靜的幸福。如我們所知，魯賓遜故事具有普羅米修斯的精神，隨著小說情節的發展，象徵著人類文明從採集捕魚到農耕畜牧的步步演進。然而，魯賓遜小島上的伊甸園是在內陸，集中在島嶼灌木叢生、牧草遍野的中心。提供了孤獨求生的魯賓遜，深至地底、一層又一層的庇護藏身處。

在笛福筆下，保留了天災痕跡的沙灘也僅是意外災難展演的舞台。被海浪剖腹的船隻在海濱暗礁上擱淺，沙灘上散堆著有用的殘骸。重要的是，這片沙灘乘載著象徵欲望的野性危險力量印記。魯賓遜也是在這片沙灘上瞠目結舌地窺探著食人族的盛宴，飽受他們獸性的集體狂歡威脅。對魯賓遜精心打造的心愛避難所構成的危險，也都是從海濱湧現，如叛徒船員就是從海邊登陸。在沙灘上，魯賓遜從不逗留，因為烙印著這些危險進犯的痕跡，他就是在沙灘上觀望著食人族赤裸的肉體。在海邊，魯賓遜既不玩水亦不浸浴，他最大膽的舉動就是將星期五與食人族分離，給予星期五一個新身分，使其成為島上伴侶，展開了有著似同性戀情般的關係。[85]

笛福的著作也成為日後魯賓遜式冒險小說（Robinsonnade）的鼻祖，長期主導對海岸的負面意象。在這本小說中，可以發現對十五世紀末以來，擴大人類對地球知識的航海家記事的回響。野蠻人的意象則在那份古老的海洋與海岸危險的清單上增添一筆。

當然，大海與沿岸的種種再現也深受近代航海經驗的影響。然而，對於這樣的分析必須小心謹慎。至少在一七七〇年代以前，相較於異國旅行的故事，從古代文學中汲取的記憶以及對聖經的閱讀，在集體想像中仍舊更具影響力。想要了解原因，可以去思考一個有文化的人投注了多少時間在閱讀教化著作與希臘（尤其是拉丁）文獻上面，遠遠超出他們閱讀旅行記事。實際上，後者的貢獻被整合在一個更古老、根深柢固的典範上。矛盾的是，不論水手與航海家的歷史有多大名氣，都不是理解和分析海洋與海岸意象的最佳途徑。儘管如此，其仍舊是不可或缺的。

近代航海家驚濤駭浪的命運，促使強化大海負面意象的科學與醫學文獻大量湧現。我曾花過一點篇幅分析船隻是如何被描繪成邪惡至極之地。[86]發酵腐爛之物在潮濕的木製船側堆積，濃烈的瘴氣匯聚於骯髒底艙。船隻不僅被視為散播感染、流行病孳生的溫床，停靠在港口的船舶也威脅了整座城市的健康。在海上更耗盡水手的氣力。渡海的航程引發了壞血病，是種具象徵意義的疾病，因為會讓患者的肉體溶解。易變質的船倉食物與熱帶疾病的發現，讓船被類比為堆滿腐爛物之地。

海水本身也是腐爛的。十七、十八世紀新希波克拉底學派堅信的論點之一，就是海水散發的氣體是有害的。當水在鹽分飽和時，可以抑制腐化的反應；反之，則會加速腐敗的過程。從海面捎來的有毒蒸氣使沿海地帶臭氣滿天。十八世紀的化學家們竭盡所能地分析海濱瘴氣的組成分子，並推論此氣體源自海底分解的腐化之物。沖刷到海灘上的海藻、生物糞便與其他有機廢物也是海濱惡臭的重要根源。接下來我們將會看到，矛盾的是，對這種有害、炙熱沙灘的反感遽增的同時，有人開始讚揚開闊、微風吹拂的北方海灘是多麼宜人。

值得一提的是，早在英國詩人薩謬爾‧柯勒律治（Samuel Coleridge）發表其著名作品之前，[87]自古希臘地理學家皮西亞斯孕育出一種假定大海有著濃稠惡臭海水，以及充斥著自腐物而生、會阻礙航行怪獸的幻想，並從對馬尾藻海（mer des Sargasses）的描述中獲得豐富的素材。

延續上述邏輯，對暈船經驗的深刻描寫也不令人意外。暈船被視為所有海上旅行之人（除了水手和船長之外）必經的苦難，而暈船的恐怖是分析大海及海岸意象的重要一環。敏感的旅客不僅對水手與周遭環境感到噁心，暈眩的症狀與嘔吐物的氣味更使他們身感不適。大海的鑑賞系統不單就建立於視覺印象以及文化包袱上，海上旅行所帶來的體感經驗更是其中首要關鍵，尤其是船隻上下、前後顛簸所引發的劇烈噁心感。

這裡最後一次重申，對暈船的恐懼早在中世紀就被前往聖地的朝聖者所記載，[88]而在十八世紀後（特別是在女性之間）開始大幅增長。這也造成了在探討暈船體感經驗的歷史真實性上的問題。寫下旅程回憶的「觀光客」，[89]不像過去不屈不撓的航海者那樣有著堅強抵抗力的稟賦。對敏感靈魂的熱潮、對橫膈膜功能的博學討論，與許多醫生充分描述、影響女性的憂鬱和心理問題。，以及對海洋瘴氣加深的恐懼和接近這些腐爛物帶來對健康風險的認識，使得遊客對氣味更加敏感。無庸置疑地，還有對暈船者錯誤的飲食建議，上述這些因素都解釋了對出航益發強烈的焦慮，以及對旁人反覆嘔吐急遽增長的厭惡。

一七二六年，在從熱那亞到韋內雷港（Porto-Venere）的旅途上，法國哲人孟德斯鳩）就曾抱怨著他在海上「駭人的暈船」經驗。[90]一七三九年，夏爾・布羅斯（Charles de Brosses）搭乘三桅小帆船從安提伯（Antibes）到熱那亞，他後來寫道：「依我看來，嘔吐僅是大海造成的最輕微症狀。其實最折磨人的，是那種寧願放棄生命，而不想繼續生存的消沉意志，以及海上陣陣撲鼻的臭氣。」[91]在名叫史布雷提（Speretti）的小鎮上岸後，布羅斯更是火速遠離海岸。「我極度恐懼大海，連想到它都不願意。」即便在幾天後，布羅斯愉悅凝視起風和日麗的海景，隨後又稱大海是個「無理放肆的野獸」。[92]

日後十九世紀初的旅行者也都樂於喚起這種帶有啟蒙意義的苦難。法國經濟學家阿道夫・布朗基（Aldophe Blanqui）就驚訝地發現，暈船沒有被收錄在古代人類苦難的清單上。根據布朗基的說法，這代表著感性（sensibilité）的轉變：「暈船對我們而言，是比起對我們祖先更刻骨、更折騰的苦難。暈船也因此在旅行者苦難的歷史中占有一席之地。一旦陸地消失在視線之中，愉悅與興奮之情就從船上消失。對話嘎然而止，即便最健康的人都黯然失色。疲憊消沉平躺在甲板上的婦人，不再對周圍事物的動靜有所反應……人人閉關在自己的世界當中。」[93]應該補充的是，當搭乘汽船航行開始之後（一八二四年），燃燒煤炭所排放的黑煙，更加重了旅客的不適感。

對日後感性的浪漫作家而言，暈船一事有發展成悲劇的潛力。當猛烈拍打蘇格蘭沿岸的浪濤折騰法國作家庫斯廷侯爵（marquis de Custine）之際，認為那便是他人生的終點，即便他非常想造訪赫布里底群島（Hébrides），都不得不放棄，回程改走陸路。[94]

於此，有關大海與海岸反感意象的羅列遂告一個段落。在對海岸的渴望萌芽之前，這樣的意象深植於對大海的再現系統中。然而，在十七世紀之後出現了一百八十度的反轉，帶領一種新的前景。在一六六〇年到一六七五年間，由於英國海洋學的發展，海洋褪去了神祕的面紗。[95]與此同時，撒旦在西方心理歷史的舞台淡出。[96]重要的是，繼巴洛克詩人對海洋仙境意象的曇花一現關注後，下面三個悄然展開、醞釀起大海鑑賞系統的轉變：一、自然神學倡導者田園詩般的歌詠；

二、對荷蘭受上帝保佑而富饒的海濱的欣賞；三、造訪那不勒斯灣風光明媚的海岸，進行一場古典之旅的旅遊熱潮。

第二章　海洋崇拜的先驅

水鏡仙境與修身養性的避難所

在啟蒙時代的大自然鑑賞系統逐漸成形之前，人們其實並不全然地對大自然毫無感知。在一七二〇年以前，解讀自然風景的方式與其所激起的欲望、愉悅的形貌，皆依循著古典時代知識域（*épistémè*）中用來描繪情感的修辭和結構。

在十七世紀初，一群常被歸類為巴洛克詩派的法國詩人，就描繪過海濱風景所帶給他們的歡愉之情。法國詩人泰奧菲爾・維奧（Théophile de Viau）、隱者崔斯坦（Tristan l'Hermite）與曾在科地區（Pays de Caux）海岸線度過童年的聖安曼（Saint-Amant），[1]都頌揚著站在懸崖邊、漫步在沙灘上，與大海翻湧變幻帶來的愉悅。大海不僅僅是這些詩人筆下用來形容人類面對黑暗勢力挑戰的命運，[2]或戀人必須跨越之最初試煉的隱喻。[3]在維吉爾式暴風雨、眾神列隊齊出或海神狂歡等已經定型的古代樣板網絡下，一種享受海濱的特有方式開始成形。對拉羅歇爾（La Rochelle）海灘瞭若指掌的隱者崔斯坦寫道：

對世間上任何的愉悅，我都無動於衷。
唯有輕躺在
那峭壁上的草地，
在那兒，我的憂傷被施了魔法。
隨心所欲地，我想望著
大海之壯麗……[4]

這種海濱的歡愉不僅呼應巴洛克詩人對運動（mouvement）的喜好，同時也與他們對驚奇事物的喜愛息息相關。在他們眼裏，不停震盪的海水與其波光粼粼的反射，仿若構築了一個仙境般的世界、一個「無時無刻充滿想像生物的家園」。[5]海平面的魔法倒影、海水從不間斷的變形力，以及大氣折射這些海洋水鏡特質，創造出的世界顛倒幻影，[6]恰恰滿足了人們意圖在大自然景觀中領悟出世界不過是場幻想遊戲的期盼。

一六二八年，聖安曼就體會了隱居的魅力。他所選擇的遁世「沙漠」，既不是愉悅的田野鄉村，也不是幽靜深林，而是美麗島（Belle-Ile）的荒蕪海濱。他在《沉思者》（*Le Contemplateur*）記錄的體驗屬於冥想儀式的一部分，而對聖經的知識也決定了他所經歷的情感。[7]在美麗島的海濱，聖安曼除了會欣賞上帝為禁錮深淵所設下的驚人邊界，也會將想像力投向「大洪水所激起的悲愴漣漪」，並恐懼地幻想世界末日時，大海「如生命之水般燃燒」的景象。[8]在太陽升起之前，聖安曼就早已在海濱守候日出。太陽東升的絕美之景不僅讓他回想起耶穌基督的復活，更預告世間最後的審判與最終正義的降臨。

聖安曼結合了古代的追憶與聖經的意象。重拾了維吉爾的「水體平原」（plaine liquide），以及人魚們在海洋女神忒提斯（Thétis）胸脯前嬉鬧戲水的畫面。對聖安曼而言，海水的一漲一落象徵著大自然深不可測的奧祕（釀成亞里斯多德自尋短見），也讓教會教父能描繪上帝創造世界的奧妙。他從海濱刻畫暴風雨的手法，可追溯至古羅馬哲人盧克萊修（Lucrèce）如同愛好田野運動（rural sports）的英國人，聖安曼也喜歡在海上搭船捕魚，享受在海濱獵兔的活動。他坦言可以花好幾個小時靜坐於懸崖峭壁，靜視一望無際的海平線、聆聽海鷗蔑視虛空發出的詭譎之鳴。聖安曼也會在沙灘上逍遙漫步，這也成為了他沉思冥想的跳板，並讓他有機會收集貝殼。海洋靜如止水的鏡面與所倒映出的幻影，以及其變形力都讓聖安曼深深著迷。

聖安曼的一字一句從未帶有一絲對無邊無際海景的恐懼。肯定無疑的是，他懂得欣賞同時代多數人感到不快的廣闊海水，也被海濱的封建廢墟所吸引，他的憂鬱性格樂於憶起在地底下陰魂不散的枯骨。這就不難理解一七一六年聖安曼的作品被翻譯成英文，並為壯美（sublime）這一美學概念在海峽另一端的萌芽貢獻了一份力。

但這些情感卻鮮少被表達。如同任何十七世紀的感官風景，從沙灘望過去的大海，如法國藝術史學者雅克・杜里耶（Jacques Thuillier）所述，「僅片段出現於文獻當中。這使得在援引時需要經過刪減，並不可避免地回到同一批作者和段落」。[9]

自一六三〇至一六六〇年間，有一些零零散散的見證，描繪出一個些許不同的鑑賞系統。對海濱的探索成為追求反璞歸真的社會菁英生活計畫中，一系列大自然體驗的一環。對具高道德標準的人而言，隱居不等於放棄，而是「一個發自靈魂、憂鬱且深思的決定。靈魂不願再強加秩序於自身之外的任何事物，遠離過往經驗中體悟到的那不可戰勝的邪惡存在。」[10] 這種觀念處在斯多葛式的道德生活與基督教人生目標的交叉點上，而後者鼓勵孤獨冥想作為天堂福祉的世俗形式。

在一六四四年被朱爾・馬札漢（Jules Mazarin）的打手追捕，而自己決定隱居在澤西島（île de Jersey）的亨利・坎皮恩（Henri de Campion）即屬一例。一六五四年，在他的《回憶錄》（*Mémoires*）中，回想起自己在海邊獲得的巨大確信。被卡特雷特（Carteret）鎮長夫婦熱情款待的他，花三分之一的時間在閱讀，另一部分在社交生活，最後的三分之一則用在：「長時間在海邊漫步，或是在我住處附近，面向大海的孤岩上，讓我得以飽覽那廣大且變化多端元素的景色。」「我從容不迫眺望著大海的風暴與平靜。在這裡，我找到思索人類脆弱的美好事物，我總是從中學到了不少。我從這種情感中獲得很大的力量（為自我的幸福負責）。在這片荒蕪之地度過的七個月時光中，我既不受煩惱所困，也不急著離開。」[11]

這並非純粹隱士般的冥想。海灘提供了與人交流的快樂，是孤獨的隱居靜思與熙熙攘攘人群之間的微妙平衡，意味著選擇「與特定幾個人交流，來避免孤獨的無聊，以及人群的壓力」。[12] 法國作家莫瓦桑・布里厄（Moisant de Brieux）也同樣實現了冥想與精挑細選友誼之間的混合生活。這位來自康城（Caen）的文學家慣於世俗的文學沙龍，也喜歡住在他位於貝尼耶爾（Bernières）的家。[13] 布里厄的家直接面向大海，對此，他的朋友都相當訝異，因為將窗戶面向清新的鄉間田野是更能理解的選擇。但布里厄小心翼翼不讓任何樹叢遮蔽大海的景色。如同坎皮恩，布里厄樂於欣賞「廣闊多變的元素」，也喜於在海灘上漫步。

以上經驗也印證了，其實在十七世紀末對富饒大海讚嘆的自然神學興盛以前，就存在另一種鑑賞系統，有別於以大海與夢境相互交織為基礎的早期模式。隱居休養的吸引力、冥想和交流的參與、環境帶來的遐想、[14] 特定形式的身體鍛鍊，或是著迷於水鏡上閃爍的光輝，構成一系列在海濱的享樂活動。然後，見證這些活動的人卻不像下個世紀地誌詩（poèmes loco-descriptifs）那樣，是以大自然景觀為主軸來創作。

神蹟滿溢的容器

於此，需要迅速換到另一個主題。一六九〇年到一七三〇年間，一般所謂的自然神學（法國稱為 théologie naturelle，英國稱為 physico-théologie）開始在西方世界萌芽。一道突如其來的斷層，出現在普羅大眾的大自然鑑賞系統，與虔誠知識分子們對外在環境的新觀念之間。

自然神學[15] 確實提供一個過渡階段。自然神學標誌了一個生氣蓬勃、和諧世界的觀點沒落。這個世界觀在柏拉圖《蒂邁歐篇》（*Timée*）成形，後來由亞里斯多德與亞歷山大詩體系統化，經十五世紀末哲學家雷蒙・瑟邦（Raymond de Sebonde）描述，再由文藝復興時期的新柏拉圖主義者（néo-platonicien）普及。在這個世界觀相信在物質與精神世界、人類與上帝、個人（微觀）與宇宙（宏觀）之間，存在著神祕的對應關係。由類比（analogies）網絡組成的外部世界，並不是一個透過觀察就能解答的謎團，或是藉由科學知識就得以掌握的一組力量。

在其近代版本，法國自然神學不再用類比的角度分析人和宇宙，而將外在世界視為大自然的景觀。至於英國的自然神學，即便有著天文學的進步、複數可居住世界的假說、無限小分子的揭露，和廣大沙漠的發現，但其仍舊秉持著人類中心主義（anthropocentrisme）的宇宙概念。

這些虔誠的學者提出了大自然景觀具有的意義，同時不准人們對其漠不關心。他們深信，外在世界是上帝贈與祂所創造最完美生物的一場表演。這也解釋了失樂園被賦予的重要性，它是展現上帝完美設計藍圖，最迷人的首幕舞台。

自然的美麗印證了上帝的萬能與仁慈。上帝藉由祂無比智慧所訂立的律法與即時天意的干預，來指揮大自然的景觀。笛卡兒的鐘錶匠上帝或牛頓的消極的自然造物主，都在祂們認為最適宜的時機，藉由神蹟來直接干預。[16]

地球在大洪水退去後，一直享有極大的穩定性。[17] 地表上每個生物都符合上帝的設計，各個物體都有其功能。根據英國自然神學家威廉・德漢（Guillaume Derham）的說法，當前的地球是所能想像最美麗、最愉快、最興旺的。[18] 遠不如伯納特認為大洪水只留下混亂的斷垣殘壁，伍德沃德則認為大洪水是通向人類福祉的必經之災。在洪水海洋的浪潮淹沒原始大地之後，上帝重新塑造地球，使其適合新人類的脆弱性。[19]

英國自然神學家反對世界因最初的人類所犯下的罪惡，而逐漸凋零衰退的偏見。伍德沃德寫道：「大地、海洋以及所有的自然，將永遠保持和現今相同的狀態，不會老去，或走向衰頹；彼此既不互相干擾，亦不互相侵蝕；不會發生變革，秩序也不會被打亂或改變。」[20]如同魏斯頓鉅細靡遺描述過的，[21]唯有末日的大火災最後才能諾亞時代重塑的世界樣貌。

現今的地球是造物主特別為人類所撰寫的一本書籍。德漢認為上帝的目的，就是讓祂的作品能由「最理性的生物」[22]來欣賞。法國普魯什神父（abbé Pluche ）接著寫道：「上帝的旨意讓空氣無形，以便人類欣賞大自然的景觀。」[23]

法國自然神學家追求上帝的啟發。人類應努力成為上帝最虔誠的讀者。造物主之所以賦予人類五種感官，就是讓人能體會祂的萬能與仁慈。英國自然神學家則提倡經驗的觀察，上帝的存在保證了大自然的可理解性。對於那些竭盡所能從大自然運作裡尋覓宗教意義的學者，造物主深感欣慰。

這種看待世界的眼光，促成了盤點上帝造物為目標的科學方法，激發了瑞典科學家卡爾・林奈（Carl von Linné）所做的分類工作。系統分類學（systématique）實實在在揭露了上帝造物的精心安排。[24]在這樣的情況下，收藏家的耐心、學者的好奇心與基督徒的虔誠之間，建立了一種緊密的連繫。

以上的概述讓我們得以掌握旅遊最深沉的動機之一：社會菁英尋求體驗與大自然之間全新關係的機會，並發現被轉化為自然景觀的環境中可以找到前所未有的歡愉。畢竟法國自然神學就涉及人類雙眼的教育。[25]這也使得個人對大自然的觀察，成為一首讚頌上帝偉大與仁慈的聖歌。自然萬物無一不以它們特有的方式來顯現上帝的榮耀，而人類必須收集這些讚美，帶到上帝的跟前。

在英吉利海峽彼岸的英國自然神學，與融入英格蘭國教會（Église anglicane）的儀式當中，並大大強化了教會。[26]英國國教會的日課就包含了讚揚上帝的聖詩與聖歌。教堂裡迴響著《讚美頌》（*Te Deum laudamus*），以及詠嘆日月、高山丘壑、朝露風霜、大海河川的絕美壯闊，甚至海洋怪獸的《萬物頌》（*Benedicite omnia opera Domini*）。上帝創世的主題廣泛滲透到宗教詩歌裡面，[27]而這些讚揚大自然的宗教抒情詩啟發了世俗詩歌的創作。隨著英國自然神學的發展，也引發了當時讚美詩的一場意義重大的復興。

這股新的感性觸動整個西方世界。在英國，一六四〇年到一六六〇年間貴族隱居到鄉間的風潮，就為此打好了基礎。這是一種地主的權力飽受威脅下的補償夢想，冀望能找回失樂園或維吉爾黃金年代刻畫的景色。[28]

這股對於大自然景觀的宗教感性，在尼德蘭聯省共和國也不遜於英國。一七一五年，伯納德・尼文戴特（Bernard Nieuwentijdt）就撰寫了一份令人印象深刻的自然神學概論。尼文戴特意在藉此反駁巴魯赫・史賓諾沙（Baruch de Spinoza），並「透過大自然萬物的存在來證明聖經文本的神性」。[29]這樣的事業也符合在日耳曼北部的路德教派圈子裡的感性。在一七一五年到一七二〇年之間，日耳曼詩人巴托德・布洛克斯（Barthold Heinrich Brockes）寫下了《上帝的塵世之樂》（*Plaisir terrestre en Dieu*）這部讚美詩，其第一部出版於一七二一年，譜寫了超過十萬行的詩句。布洛克斯不僅詠嘆植物、鳥獸、天空，以及漢堡周圍的水域，也也從大自然中來尋找佐證，證明上帝旨意的仁慈。[30]這本書立刻獲得成功，如同漢堡的教授約翰・法布里修斯（Johann Albert Fabricius）在一七三四年出版、學識淵博的作品《水的神學，或論上帝仁慈、智慧與力量如何在祂造水的過程中展現》（*Théologie de l'eau, ou Essai sur la bonté, la sagesse et la puissance de Dieu manifestées par la création de l'eau*）一般。

在法國，這股新的感性已經根植於虔誠人文主義者的日常實踐裡。[31]再次強調，沉思冥想在一六五〇年代蔚為風潮；投石黨之亂（troubles de la Fronde）之後，在大自然裡品味孤獨，以及法國歷史學家亨利・布雷蒙（Henri Brémond）所描述的「自然風景的神聖化」，開始興起。自然美景不僅能感動人心，更能讓人懺悔過失、回歸正途。[32]三十年後，從布烏爾神父和芬乃倫等人的作品裡，可以看到許多表達這類宗教感性的特徵。其中達到高峰的作品，是法國普魯什神父在一七三二年到一七五〇年間出版的《自然奇觀》（*Spectacle de la Nature*）。這本書是十八世紀最為廣泛閱讀的書籍之一，採用類似尼文戴特的寫作手法，以淺顯易懂的文字來介紹符合自然神學觀點的最新科學理論。對普魯什來說，他並非在探究上帝的存在與否，因為那是多餘的，而是要證明神學賦予他的所有特質。普魯什的《自然奇觀》對後世影響深遠，法國詩人保羅—亞歷山大・杜拉德（Paul-Alexandre Dulard）就在一七四九年出版了《上帝在自然奇觀中的偉大》（*La Grandeur de Dieu dans les merveilles de la Nature*）。如同英國的情況，法國的詩人也跟隨著神學家的腳步。與此同時，波利尼亞克主教（cardinal de Polignac）就花了超過三十年的歲月，絞盡腦汁創作他的《反盧克萊修》（*Anti-Lucretius*）。

為了理解十八世紀初即將面臨轉變的一種新的鑑賞大海與海岸的方式，有必要將這種對大自然景觀的虔誠解讀，以及大洪水之後地球的和諧形象，都納入考量。自然神學成功地抹去了最初對大海的反感意象。

《詩篇》第五十二篇就宣告：「上帝在水體裡是如此的令人崇拜。」在這方面，物理神學家們所強調的不再是大自然景觀的美景，而是對上帝治理萬物力量的讚揚。上帝的形象開始出現轉變，從宣洩天堂洪流的駭人形象，成為可以控制並劃定海洋的邊界，能使人們安心的萬物君主。神學家們無不援引聖經裡刻畫上帝神聖力量清楚顯現的段落，如《詩篇》：「祢用深水遮蓋地表猶如衣裳，諸水高過山嶺。祢的斥責一發，水便奔逃……你定了界線使水不能過去，不在轉頭遮蓋地表」，或是「祂收藏深洋在庫房」。[33] 先知耶利米（Jérémie）[34] 以上帝第一人稱口吻來讚揚其萬能：「我以永遠的定例，以沙為海的界限，使水不得越過。波浪雖然翻騰，卻不能逾越。」。而更多是援引《約伯記》裡的內容，上帝命令大海：「你只可到這裡，不可越過。」

聖巴西流就如同尼薩的聖額我略（Saint Grégoire de Nysse）、[35] 米蘭的聖安博與聖奧思定，奧斯提亞（Ostie）海岸凝望地中海，喚起對大海壯麗美景的感情。聖巴西流在他的評語裡加入了令人驚奇的意象，他寫道：「海浪再怎麼兇狂，面對沙粒終將不堪一擊」，上帝在沙粒上刻寫的命令讓大海只能「帶著敬意退去，用海浪屈膝致意，向那劃定界線的上帝獻上敬愛」。[36]

十八世紀的法國詩人，例如路易・拉辛（Louis Racine）、蓬皮尼昂侯爵弗朗克（Le Franc de

Pompignan）與貝尼斯紅衣主教（cardinal de Bernis），[37]將這個主題發揮得淋漓盡致。以描繪怒海聞名的杜拉德就曾在詩句中問道：大海「是否將逾越海岸？」：

不會的，我們不必恐懼。一道嚴厲的繫帶
正束縛著大海，妳叛亂的水流。
上帝萬能的手指早已在砂粒上刻畫
一道可怕的命令，一個無法逾越的門柵。
在這令人敬畏之處，大海妳魯莽的波浪，
終將驚恐地墜落，並謙卑地褪去。[38]

在英國，詩人理查・布萊克摩爾（Richard Blackmore）的《論創世：一首展示上帝的存在與天意之哲理詩》（*Création, poème philosophique qui démontre l'existence et la Providence d'un Dieu*）詳盡討論了相同的主題。[39]

這種對於海岸的和緩觀點，需要認真對待，因為讓人們確信自己不可能再次被洪水淹沒。聖經讚頌過沙粒的驚人能耐，並聚焦在海岸線同時賦予其意義。沒有任何地方像海灘一樣，能輕易目睹上帝的萬能與仁慈，上面還刻畫著上帝的指痕。無時無刻都展現最為驚人的奇蹟。對基督徒來說，駭人的浪潮只是用來提醒世人的不幸與罪惡，而那條浪花破碎的海岸線則激發人們驚嘆、崇拜與感恩之情。在萬能上帝的跟前，就連洶湧的海浪都歸於平靜並退去，這喚起了基督徒尊敬的姿態。

上帝以祂無限的仁慈來為人類福祉而精心設計海洋與海岸。從海水的組成成分就證實了造物主的目的：首先，海水裡的鹽分除了能防止物質腐化，也能確保魚類的生存與海岸的環境宜人，還可以用來保存食物。再者，鹽讓海水不易結凍，以免妨礙捕魚和海洋生物的生命繁衍。[40]普魯什神父補充道，上帝創造充滿鹽分的海水，將這個人類生存不可或缺的物質帶到「人類居住地四周」。[41]最後，鹽還能增加海浪的重量來「抑制蒸發」，調節大氣中的水循環。至於瀝青，則構成一個膠狀塗層，防止海水侵蝕地底結構。[42]有了這種物質，只要保持氣流的平衡作用來避免停滯，海岸就是最為宜人的淨土。

海岸的地勢也符合上帝的目的。上帝在海岸鋪滿沙子來搭建屏障。[43]海灘與沙丘並非侵蝕的結果，而是在大洪水後打造的結構元素。大大小小海灣的形制[44]也呼應了上帝的規畫，提供了船隻的避風港，並且讓貨物得以運輸到各個大陸。法布里修斯斷言，[45]岩石與暗礁的布局是為了確保海軍堡壘的防禦。龐拖皮丹就寫道沿岸島嶼就提供了挪威海岸安全保障。[46]布烏斯神父則認為上帝為了「旅行者的便利」而創造了島嶼，[47]至於湯瑪森也讚美海洋是上帝為保護英國免於被入侵威脅所建造的神聖堡壘。[48]尼文戴特指出「大大小小海灣是為接納百川」，來避免洪水氾濫，並促進鹹水與淡水的混合。上帝讓海岸的地勢偏低，以便河流能暢通無阻。尼文戴特認為兩者都有著下水道一般的功能。[49]新希波克拉底學派對排水系統的想像則指導了對於海岸型態的再現。

抱持同樣的觀點，潮汐的用意是來清掃海濱，並藉由潮汐運動來避免最深層的海水腐敗。此外，潮汐驅使了河水帶動船隻航向港口。總而言之，潮汐促成了人類的航行。[50]

上帝創造的海風是用來淨化海水、推動船隻，並為受太陽過分曝曬的陸地降溫。暴風雨的存在也絕非徒然如同火山、地震一般。[51]暴風雨激起的擾動看似毫無意義，其實是用來調整空氣，或透過更換空氣來保持清新。

這些取之不盡的論述造就了一首航海的讚美詩，能拉近人與人之間的距離、讓水手能欣賞整個世界，並促進了商業的發展。更甚者，也加速了傳教任務的執行。[52]芬乃倫就曾說過，上帝希望一望無際的大海能使旅行更為頻繁快速。[53]繼古希臘神父金口若望（Jean Chrysostome）之後，富尼耶神父提出人類的航海活動旨在散播上帝榮耀的看法。普魯什神父則是嚴厲地批判賀拉斯大海疏離世人（*dissociabilis*）的說法。[54]

大海的豐饒就像上帝的權能一樣無窮無盡：

> 似上帝般無邊無際的大海總是如此富饒與飽滿，
> 無時無刻向世人們施捨其用之不竭的資源。
> 從未一分而二的它，
> 藉流動的水將所蘊含的寶藏往天涯海角布施。[55]

自創世第六日起，上帝就指派人類來管理水中的魚，讓大海肩負起提供海濱貧苦之人糧食來源的重責。[56]尼文戴特強調，不論在海底或海面，上帝創造世界之手隨處可見。普魯什神父與詩人杜拉德都表示，潮汐運動體現出上帝的偉大設計，海浪退去之後，就將海洋裡的食物擱置於沙灘留待人類取用。

在受自然神學影響的作品當中可以發現，大海的景觀所激發出的熱情有別於富饒的豐收與宜人的山谷。這種伊甸園—世外桃源為樣板的鑑賞規則仍然非常重要。容我再重複一次，面對無邊無際的海水時，當時的人們很難去感受並表達海景之美。但這並不代表所有人都是無感無知。當壯美美學到來的時代，四處開始出現一些零星的聲音，描繪了這些從本世紀末開始發展的主題。在自然神學的耳濡目染之下，文學作品裡意圖掃除過去以女神人魚嬉鬧場景，或眾神列隊齊出來描寫海洋的修辭。這些作品也同時普及化了聖經裡的大海意象，[57]該意象也在十八世紀的敘事詩裡與維吉爾式的暴風雨樣板相互交融。最重要的是，這些作品對於海洋世界的美抱持著審慎的態度，但對大海的富饒表示讚嘆。這些讚美都在歌頌想像中豐富的寶藏，而非海面上波光粼粼的景色。

英國博物學家約翰・雷（John Ray）就曾說海洋生物多樣性是不可勝數的。[58]這些生物並非可怕的怪物，而是上帝在創世第五天所創造的生物。帶有光澤度的貝殼、五彩繽紛的珊瑚與晶瑩純白的珍珠等，都反映著上帝創世的壯麗。上帝將這些寶藏點綴在海濱，向世人展示「大自然的歡心和喜悅」。

海灘上的生物不僅呈現出大海富饒的一隅，也提供了能在海底深淵發現豐富資源的縮影。法布里修斯就很肯定地說，深海裡也有著像陸地一樣的高山低谷與丘陵平原。[59]上帝在海裡布置陸生動物的複製品，還存在著許多只能生活在鹹水環境的生物。值得注意的是，這些海洋生物比起人類周遭的生物來得更為完美。[60]聖安博就曾說道：「陸上的野獸是多麼醜陋兇暴，海裡的卻如此地溫柔美麗。」[61]聖安博深信在海洋裡也有著果園、庭院、森林與草地。教會神父的權威和航海家的記事，更是強化了人類認為海底有著美麗自然景觀，與地上樂園動人複製品的信念。海底不再是黑暗、無情的殘酷怪物棲息地，而是保有原始無邪，以及收藏上帝創世之完美的無形容器。海底不僅有著和地表相同的環境，弔詭的是比起陸地更顯光明燦爛、五彩繽紛。愛爾蘭物理學家羅伯特・波以耳（Robert Boyle）不約而同地發現，即便海上的暴風雨再怎麼猛烈，也都無法激起海底世界的一絲漣漪。

虔誠的學者與詩人也試圖在海洋的舞台裡探索有關罪惡的問題。即便杜拉德承認海洋生物確實會吞噬彼此，但這是上帝為了維護生態平衡所訂下的規則。他寫道：「不同生物個體間的永恆爭鬥，是依循著上帝明智規範、符合自然定律的良善行為。」[62]在英國，伍德沃德提出的地球理論認為，地心有著一個對地球而言極具重要性的海底深淵，並且不同於伯納特的說法，他宣稱現今海洋的樣貌在大洪水前後毫無差別。由於伍華沃德對海洋景觀的多樣性特別敏銳，他相信海洋有著天堂一般的完美環境，一旦大海消失，地球就會淪為「荒漠遍野」[63]的慘況。

這種對於大海的傾慕之情已經零星出現在文學作品當中，其中最具代表性非布烏斯神父莫屬。在布烏斯書中的兩位主角阿里斯特與尤金（Ariste et Eugène）已經展現出看見海景的多彩多姿船隻的美麗所萌生的感性，更沉迷於海底深淵的壯美與其所隱含的神祕天意。同時，還有富尼耶讚美冬海色彩的篇章。在下個世紀初，布洛克斯描繪了北海海岸的壯麗景致，但只是他的作品中一個小小主題。普魯什神父同樣詠嘆著大海的壯麗，不過是透過繪畫這個中介，我們將會在後面的章節討論。

藉著布烏斯神父在一六七一年的作品，他並非不曉得人們來到法蘭德斯（Flandres）海濱漫步，享受與路人交談之樂，也耳聞遊客遭遇麻煩人物的危險經歷。他的主角們沿著岸邊沉思漫步，倚著岩石做夢幻想：「那時，阿里斯特與尤金在沙丘旁坐了下來，凝望著緩慢退去的海水，在沙灘上留下浪花的痕跡，還有泡沫、細石與貝殼。有好長一段時間，他們彼此不發一語，沉浸在自己的夢境當中。」[64]

到了十八世紀中葉，自然神學逐漸淡出於大海與海岸再現的舞台，飽學之士開始一點一點摸索有別於天命論（providentialisme）的視角來鑑賞大自然風景的方式。但是，傳教士和教化作品的作者一再重複他們認為上帝精心規劃了地球所有細微角落的甜蜜願景，進而深植於大眾的意識裡。單純的大眾長期以來將這種觀點與目的論（finalisme）等同視之，並影響了他們看待自然環境的方式。[65]

這種將大自然景觀歸因給上帝的固定論（fixisme）觀點從未沒落，時不時就會以符合新時代的面貌浮出檯面。這種固定論的觀點長期滲透到虔誠文學與宗教詩歌裡，並對看待世界的詩意視野有著舉足輕重的影響。上述觀點重出江湖最著名的例子，為十九世紀初法國作家貝爾納丹・聖皮耶（Bernardin de Saint-Pierre）的《自然的和諧》（*Harmonies de la Nature*）與《自然練習曲》（*Études de la Nature*）兩本著作。當然，寫出《保羅與維珍妮》（*Paul et Virginie*）的聖皮耶在他最後作品裡呈現的內容，遠遠超過受自然神學啟發、過於天真的天命論。在頌揚自然萬物與人類之間的和諧關係背後，聖皮耶回歸到古代畢達哥拉斯學派（Pythagorisme）與新柏拉圖主義的概念，深信自然萬物都有各自歸屬的位置，而人類應遵照大自然這本書裡的道德倫理來重建萬物原有的和諧。如此一來，聖皮耶勾勒出了被十七世紀自然神學忽視的新古典主義倫理觀。但是他仍然用神學的角度來理解世界，建立作品的基調，實際上非常接近普魯什神父和他所謂的天真目的論：[66]

> 雖然大自然在海底鑿盆的過程中，不會試圖使盆底形貌工整規律，卻會精心地雕刻出足以防範水流侵擾的深邃海灣。藉由海灣的設計，大自然不僅確保了河水即便在狂風暴雨時都能正常宣洩，也為海洋裡的魚群構築了一個安全避難所。河流沖積於此的土壤也為牠們帶來了能量補給，某些魚類甚至沿著河道回流產卵，為下一代找到了安全富足的成長家園。上述種種因素均是大自然用交錯有致的海礁島嶼與岩石沙礫，來強化海岸線，以預防怒海突襲背後的真正目的。[67]

大自然在神聖海陸邊界上所「挖掘（海盆）的坡度」，是經過它「極度明智」的計算。聖皮耶認為海濱懸崖是穩固的建築設計，而礁石也絕非斷垣殘壁，而是一道防禦工事。火山則是照向水手的燈塔。此外，大自然無時無刻不在修補、維護它從地球誕生時就塑造的島嶼，這也代表了島嶼並非大陸撞擊分裂後的產物。聖皮耶甚至敢聲稱：「各個小島上的地理防禦設計，主要取決於其周圍海流的危險程度。」[68]

聖皮耶絕對可堪稱最致力於從美學和道德角度鑑賞海岸風景的作家。他不僅提出了海灘優於高山的理論見解，也是法國文壇中最早以系統性的方式來詠讚「海岸地帶不可言喻的自然和諧之景」[69]的人。

漫步在歎為觀止的席凡寧根海灘

西方社會興起荷蘭旅遊，也為人們日漸欣賞海岸與想在海濱漫步的欲望鋪路。對古典時代的觀光客而言，荷蘭就等同於大海的代名詞，[70]其國家認同也建立於兩個關鍵的意象上：荷蘭人成功地馴服易怒的海洋，以及利用海洋來發展航海商業活動，他們滿載而歸的船隻便是最好的象徵。阿姆斯特丹、鹿特丹與其他的大型港口也均被比擬為匯集世界各地貨物的小型地球村。上帝讓荷蘭附近的海流穩定並帶來如此豐富的財富，而如此奇蹟般的富足景象也強化了荷蘭是受上帝眷顧國家的形象。在荷蘭，富有的船商享受著榮華富貴，作為他們膽量的犒賞，盛產的鯡魚則慰勞沿岸貧苦之人的辛勞。從這兩個與大海相關的意象中，不僅看到經濟活動與宗教意涵的巧妙結合，也凸顯出荷蘭與大海密不可分的關係。[71]

荷蘭與大海雙重意象的構築，實際上與當地寡頭勢力焦慮地想擺脫勃根地藝術的束縛，以及塑造荷蘭國家文化的政治性考量有關。荷蘭海景畫派出現的背後，是由於各個行省政府與貿易公司為了誇耀他們的艦隊，以及市政當局想宣揚城鎮的繁榮，而向藝術家們訂製畫作，用遠景視角展現一座仿若海底浮現的繁華城市，藉此頌揚一個社會階級的活力。

對十七世紀中葉起許多壯遊的英國人與造訪歐洲北方國家的法國人而言，荷蘭是他們旅途中不可或缺的一站。這趟荷蘭之旅的經典路線、旅途的景點安排，以及觀光客們欣賞風景的視角早在十七世紀就已經定型。法國羅漢公爵（duc de Rohan）回憶在一六〇〇年於荷蘭旅行的經歷，就讚嘆荷蘭地形的妙不可言，他寫道：「荷蘭真是令人嘆為觀止。」荷蘭人不僅敢如上帝般為大海設下邊界，甚至是在上帝的祝福之下使祂的海景傑作更臻於完美。[72]我們必須理解，遊客之所以看到荷蘭人造海景會將之形容為奇蹟並群起讚嘆，是因為當時人們長久以來都畏懼海水巨大破壞力帶來的威脅。有些遊客看到人類試圖完善上帝創造之海濱輪廓的大膽作為而感到不安。上帝與荷蘭人之間無縫接軌的合作默契，不足以安撫他們對大海長久以來的恐懼，尤其是法國的遊客：他們並不特別了解荷蘭使用的技術，以及涉及的風險，常說自己擔心害怕地站在荷蘭「水鄉澤國」的土地上。法國哲人狄德羅就對「人們在荷蘭能安穩入睡」一事感到吃驚。即便狄德羅日後深受壯美美學的影響，仍在一七七三年寫道荷蘭那海洋與陸地齊平的景致，會讓人連「做夢都在顫抖」。[73]

滿懷戰爭場景的想像與熟識荷蘭海景繪畫的遊客，造訪荷蘭的目的也是為了親眼目睹人與大海奮鬥抗爭的實景。[74]他們將荷蘭的海景視為人類戰勝大海的結果。[75]在這方面，能在這樣的風景中感受到人類好戰性的感性是重要的。荷蘭海景帶給觀光客的衝擊印象，有別於阿姆斯特丹的競爭對手威尼斯。別名聖馬可之城的威尼斯呈現的是更為和平安穩的景致。在濱海沙洲與潟湖（法國作家馬克西米連・米森〔Maximilien Misson〕所謂「真正的上古海洋」）[76]的天然保護之下，如同威尼斯總督與亞得里亞海之間的豪華婚禮儀式*所象徵的，威尼斯並非與荷蘭人一樣，與大海處於衝突競爭的關係。威尼斯人不會改變或完善上帝創造的疆界輪廓，他們頂多是貢獻創造了一個虛幻的海洋。

荷蘭海景畫派從最初的十六世紀末到一六三五年，以及一六六五年以降，都很有系統地戲劇化描繪了人與大海的關係。在荷蘭海景畫家眼中，海上的殘忍之景早已是家常便飯。許多畫家都會隨著軍艦遠征，在現場繪製戰鬥場面，因而熟悉風向與船隻的操作。身為悲愴海景（pathétique de la mer）題材草創者的荷蘭藝術家，他們頌揚著人類的好戰兇勇，描繪事件時看重的是戰士，而不是大海。荷蘭畫家聚焦描繪在是暴風雨或是海戰過程中所有可能遇到的危險，他們不斷暗示在生死之間的抉擇。[77]因尼德蘭聯省共和國（Provinces-Unies）的壯大而誕生的荷蘭海景畫派，在時空環境的需求下用繪畫的語言來象徵新興共和國面臨的威脅。如果說海景在文藝復興時期的佛蘭芒畫派裡是用來比擬生命中的無常，到了荷蘭海景畫派則是反映受上帝眷顧的尼德蘭共和國所面臨的可怕與無盡的危險。

在荷蘭海景畫派的作品裡，船隻無不被細心刻畫，而畫面裡的人物總是與海景有著密切相連。不論是在暴風雨中掌舵、將船開回港口、在海上漂浮，或是在船上舉行的儀式活動等場景，畫家安排在畫面正中央，[78]並且永遠不向大海屈服。這些注重情感濃厚的海景畫，首選的背景都是無邊無際的大海。除了一六三五年到一六六五年這段荷蘭海景畫派黃金年代之外（將會在後面章節提及），畫作裡幾乎看不到海岸線，更不用說陸地的身影，畫家藉由描繪背景裡面，海上戰鬥顯而易見的不穩定凸顯人類對抗大海的艱辛。

然而矛盾的是，荷蘭海景畫與人們前往尼德蘭聯省共和國旅遊的經驗，教會了人們如何去欣賞海岸。[79]遊客在荷蘭發現了符合古典美學標準的歡愉海景。早在一六三六年，法國文學家查爾斯・奧吉爾（Charles Ogier）就曾將荷蘭比擬成希臘神話裡的至福樂土（Champs Élysées）。一七二二年，伏爾泰海牙（Haye）到阿姆斯特丹風景形容為人間天堂。[80]值得提醒的是，在荷蘭風景畫派將重心轉移至大海前，藝術家最開始讚嘆的是鄉村田野、樹林、河流或運河之美。

荷蘭之旅在鑑賞大海景觀裡有著推波助瀾的角色，牽涉一個複雜曲折的過程。所有到荷蘭遊玩的旅客無不注意到當地一成不變的地貌，有些人甚至為這呆板的風景而感到厭煩。[81]一六八八年，米森的雙眼厭倦了荷蘭千篇一律的平野，而相同的風景也使義大利哲學家卡洛・皮拉蒂（Carlo Antonio Pilati）感到厭煩。[82]特別是在馬拉駁船的緩慢航行之下，乘客視野裡所見到的荷蘭景致更顯單調。法國作家博卡奇夫人（Madame du Bocage）就抱怨這趟旅途太過沉

* 譯註：意即亞德里亞之婚（Mariage avec la mer），威尼斯總督每一年都會將一枚戒指沉入海中來表達威尼斯與大海不可分割的關係。

悶。[83]荷蘭的交通網絡與旅途舒適度都體現了荷蘭人掌控大自然的能力，遠遠優於旅客在其他國家的體驗。當馬拉駁船緩緩平順地航行在河流、溪流和運河時，提供了旅客最佳的瞭望台。不像馬車，旅客的思緒不會被途中的事故打斷，能靜下心來眺望眼前徐徐鋪陳的風景。

縱橫交錯的運河和從草地上突起的堤防，為一馬平川的荷蘭風景增添了些許起伏。而筆直的教堂尖頂（如同風景畫裡船桅在海景中扮演的角色）、水平延展的城市街景，以及這些景色裡生氣蓬勃的諸多船隻，[84]都讓旅客更能容忍荷蘭風景的單調。當旅客從堤防上眺望，荷蘭儼然成了一片平野之海或是冰霜之鏡，[85]讓旅客將他們的視線投往天際，並在低下頭來的瞬間領悟海平面的美麗。由於同時歡愉與無邊無際的奇景，荷蘭提供了從古典大自然鑑賞系統到無限（immensité）品味過渡。

鄉村風景與其啟發的風景畫派，[86]不知不覺中培養了對大海的欣賞。事實上，這些元素彼此重疊，讓大海成為古典旅客慣於鑑賞的歡愉畫作構圖的一部分。因此，荷蘭帶給旅客的所有印象之中，此情此景留下了最深刻的感受。望向荷蘭的小小地球村，讓人不斷檢視構成世界的元素。法國歷史學家尚—尼古拉・帕拉瓦爾（Jean-Nicolas de Parival）就說彷彿看到房舍和尖塔從海面升起的錯覺。[87]在談到鹿特丹時，米森寫道：「一抵達港口，你就會震懾於房屋房頂、樹木枝幹及船桅尖旗交織的罕有景象。不知道將映入眼簾裡的會是一艘船艦、一處城鎮還是一座森林。或者應該說，你當下目睹的是海洋、城鎮、鄉村三種不同風景的空前結合。」[88]一七四八年，大衛・休謨（David Hume）造訪鹿特丹之後，也表達了相同的印象：「樹林、房屋與船隻共同譜成了一幅愉人之作，城鎮、鄉村與海洋畫面融為一體。」[89]

一些特別的眺望地點就成為造訪荷蘭的必去景點，特別能呈現這種觸動人心、速寫式的世界縮影，例如：阿姆斯特丹新橋（Pont-Neuf）以及默茲河（Meuse）在鹿特丹的出海口。要了解十八世紀末廣泛流行的海濱風潮，就必須考慮到人們想要站在能同時接觸這些元素的地點的渴望。天、地、水三種元素在荷蘭風景裡相互交融，讓遠方的景色更令人陶醉。

海牙就是旅遊作家堅持要遊客造訪的其中一處景點，科耶神父（abbé Coyer）口中「全歐洲最美的村莊」。[90]外來客會為「一窺大海」而造訪海牙，特別是那些對海景陌生，又渴望在海牙或第厄普（Dieppe）走完上層階級成年儀式的法國人，在海牙的居民都會招待這些客人到席凡寧根（Scheveningen）走走。[91]至於前去那裡的目的並非為目睹人類馴服大海，和草地、房舍與海水交織而出的風景，而是去見識海浪消失在北海盡頭的絕景。

漫步在席凡寧根更受當時旅客歡迎，因為受到荷蘭遊記的負面刻板印象影響，[92]他們都害怕海牙運河旁的烏煙瘴氣（特別是在秋天）。只有極少部分的旅客會稱讚北海海濱環境的乾淨衛生。[93]

從海牙到席凡寧根的路線被譽為世界最美的道路。全長半里格（league）、「橫跨在海濱沙丘」[94]的路線是由一個馬車道與兩個人行步道共同組成。道路兩旁除矗立著「最被細心呵護的行人樹」[95]之外，也有以固定間隔安置的長椅。英國雕刻家薩謬爾・愛爾蘭（Samuel Ireland）在一七八九年舊讚嘆席凡寧根「迷人的馬車道」，人行道滿是樹蔭且寬闊，更重要的是：「在這平坦大道盡頭映入眼簾的大海，是個高貴又美如畫的景致。」[96]正如荷蘭作家薩謬爾－法蘭索瓦・歐諾黑（Samuel-François l'Honoré）在一七七九年所說：「沒有什麼事物能比一條在大海劃上句點的美麗步道更令人愉悅了。」[97]狄德羅也坦言自己多次漫步於席凡寧根步道。英國小說家安・瑞克麗芙（Ann Radcliffe）則在一七九四年寫下她對席凡寧根步道的讚賞。[98]

這段美麗的漫步路途讓遊客開始享受海岸之美。席凡寧根步道的盡頭有座可以俯瞰海灘的漁村。在那裡，能夠再次將各種元素盡收眼底。早在一六八八年，米森就驚嘆於這裡的景色，面朝北方是森林；南方是草原；東方為田野；西方則面向大海。[99]

海牙的居民會為了品嚐海鮮，三五成群或家庭出遊來到席凡寧根。[100]天氣好的時候，海牙的女工們會成群結隊走到盡頭的漁村，在某間氣味難聞、讓觀光客卻步的酒館裡取用劣質的茶水。「在回程時，她們會不停高聲歌唱，戲弄一旁的行人。」[101]英國旅遊作家約瑟夫・馬歇爾（Joseph Marshall）早在一七六八年就注意到人們會在席凡寧根的海邊浸浴。[102]

另一方面，十八世紀來到席凡寧根的遊客是想沉浸在拜訪博物館，或是欣賞版畫後，深深烙印在自己腦海裡的「海灘景色」。[103]佛蘭芒畫派和後來的荷蘭畫派的畫家與雕刻家，提供了鑑賞沙丘、沙子、海灘及海岸景觀的模式。為此，容我簡短岔開話題。根據藝術史學者沃夫岡・斯特喬夫（Wolfgang Stechow）的研究，自一六〇二年一六二〇年代末，王子出航、使節團歸國或鯨豚擱淺等特殊事件，成為安排海岸沙丘在畫面裡的說詞。這些偶發場合的性質讓圍觀群眾顯得龍蛇雜處。荷蘭藝術家亨德里克・霍奇尼斯（Hendrik Goltzius）一件以席凡寧根海灘為背景的版畫，就是這類紀念藝術的先驅之作。[104]在這幅作品當中，霍爾奇尼斯除了刻畫被瓜分、支解的擱淺鯨魚外，同時描繪了騎士穿梭在錯落於海灘上的帳篷、馬車與貨車之間的場景。

從一六二三年楊・果衍（Jan Van Goyen）的作品裡那種對海岸的再現開始，發展出一種迅速被定型的繪畫流派。這類畫作喜好描繪海灘與海濱，為的是頌揚在這些地方工作的人們。海濱上滿是漁夫、商人與搬運工。這些作品帶有明顯的宗教色彩。席凡寧根或埃格蒙德安澤（Egmont-am-Zee）的海灘就時常被用來比擬提比里亞湖湖畔，藝術家則用盛產的鯡魚來讚揚大海的富饒及日常中顯現的奇蹟。

這些畫作中沒有包含任何神話題材或浸浴帶來的煽情。這些藝術家們更是對海濱勞苦之人相當熟悉，深諳他們的言行舉止，也欣賞他們的親近感。果衍就多次在海濱勞工的陪同之下，在沿海地帶來趟小旅行。他會特地租用他們的船隻，在旅途中畫滿好幾本寫生簿。這些漁夫們不僅僅只充當活絡畫面的角色而已。

這類體裁畫作的舞台不再是海洋，而是海灘與海濱。這意味著藝術家們不再採取老彼得・布勒哲爾（Pieter Brueghel）慣用的鳥瞰視角，反倒邀請觀者一起走到沙地上，與這些勞動者們活動的地方貼齊。果衍於一六三二年的《席凡寧根沙灘》（*Plage de Scheveningen*）就是一幅具代表性意義的畫作。兩年後，果衍在另一幅畫作中更是將自己繪於畫布裡的沙灘上，象徵性地傳達海灘風景的藝術價值。另一位擅長這類畫作，時常描繪席凡寧根海灘的畫家所羅門・雷斯達爾（Salomon van Ruysdael）他與果衍都是後輩們爭相仿效的對象。[105]

然而，到了十七世紀中葉，海灘的描繪手法與象徵意義產生了轉變。荷蘭畫家西蒙・弗利格（Simon de Vlieger）、雅克布・雷斯達爾（Jacob van Ruysdael）以及晚個幾年的阿德里安・韋爾德（Adriaen van de Velde）等人，[106] 都為了能夠更細膩地表現海岸的微風與薄霧濕氣，紛紛提高視線高度，改用另一個角度來描繪。海景畫作的畫面轉變為可以容納整個海濱步道與弧形海岸線的海岸全景。此外，他們作品所蘊涵的社會象徵也有所改變。誠然，海灘仍是漁夫們努力工作的場所，也仍是漁村公共空間的延伸，同時也是都市人出遊必做事項的高潮。海灘散布著優雅漫步、相互調情交談的資產階級，以及風姿矯健的騎士身影，其餘遊客則是前來眺望遼闊的大海。[107]

一六三五年到一六六五年，荷蘭海景畫迎來了黃金時代。在這幾年間，想要戲劇化地展現人類與大海抗爭的想法，讓位給了在畫作上強調安詳和平的海岸景致。荷蘭畫家阿爾伯特・庫普（Aelbert Cuyp）和楊・卡佩爾（Jan Van de Capelle）的寧靜、明亮海景畫作也讚揚了海員的辛苦勞動，因為更加美化了海岸的美麗。而其他畫家[108] 則努力再現海岸生氣蓬勃的氛圍。

從十七世紀末到整個十八世紀，觀光客蜂擁而至席凡寧根的海灘時，海景畫家重新投入奇聞軼事的懷抱，描繪混雜熱鬧的人群。他們將大眾生活的場面與商業活動融會在一起。[109] 然而，同一時期的英國畫家受到一六七〇年後定居於此的韋爾德父子（Van de Velde）的影響，始終用荷蘭海景畫樣板來繪製英國的海岸。[110]

這也解釋了為什麼觀光客會紛紛前來席凡寧根欣賞海濱之美，並且想與那些常被歌頌的漁夫打成一片。人們會像愛爾蘭一樣走到沙灘上，並且如弗利格所刻畫的人物一般在席凡寧根海灘漫步，有時候還會開始看著海景寫生，[111]或在當地水手的帶領之下到附近海岸捕魚。[112]狄德羅就大力讚賞席凡寧根海岸的美麗，與當地漁夫的純樸。[113]到了十八世紀末，席凡寧根的漁村更加具備了能獲取外來收益的條件。一七九五年，法國植物學家安德烈・圖因（André Thouin）觀察到了其中變化，有四、五個當地的小商人「在他們的店舖前面陳列了貝殼、魚類標本、海生植物與人工花卉，還有特別多小船或小艇的模型，以及其他航海相關的紀念品」。[114]

以上本節所呈現的內容還遠不及荷蘭之旅的全貌。其中值得留意的是，尼德蘭聯省共和國也構成了一個政治奇蹟。啟蒙時代的人們將這塊充滿包容與自由的土地形容為良好政府的模範。狄德羅就將尼德蘭共和國比擬為「哲學之旅」的聖地，然而這點已超出本書處理的範疇。荷蘭旅遊盛行的背後，悄悄發展出欣賞海灘與海濱曖昧模糊、卻又明亮燦爛之交界線的古典模式。在人類將注意力與活動匯集於海陸邊界的同時，荷蘭畫家卻把海景畫的視線壓低到近乎於浪花破碎消失的海平面，讓人們一瞥那個向無邊無際天際線延伸的空間。

海景畫裡的畫面也提供了一個利用海岸的社會模型。為日後海濱活動的普及化作鋪路準備，將會在談到海濱度假時代的時候討論這點。在「席凡寧根歎為觀止步道」的盡頭，以及那不勒斯基艾亞（Chiaia）碼頭，萌生了一連串海濱活動，偷偷預告著一種集體渴望的到來。

詮釋古典文獻的喜悅：坎帕尼亞的朝聖之旅

「凱撒曾踩踏過同一片沙灘。」

——皮耶—尚・貝朗瑞（Pierre-Jean de Bérenger）

對古羅馬人而言，坎帕尼亞（Campania）的海岸就是美的代名詞。[115]在義大利半島的東半部，坎帕尼亞平原和倚靠著維蘇威火山的山丘，勾勒出了一片賞心悅目的封閉淨土。那裡有著和煦氣候、肥沃土壤和魅力十足的葡萄園。古羅馬人沉醉在坎帕尼亞海岸的景色，而這片區域也因此得名。*羅馬帝國第二位皇帝提比略（Tibère）退居卡布里島（Capri）之際「凝視過坎帕尼亞海濱美麗的內灣景致」。[116]在坎帕尼亞美麗的內灣中，不再狂哮怒吼的海浪慵懶了起來。[117]內灣中平靜的海景反映著坎帕尼亞地區被人類馴服的土地，整治過的海岸與岸邊建造的別墅也都證實海浪已然屈服。坎帕尼亞的海岸形狀與大海景色很容易讓人聯想到歲稔年豐、牛羊成群的黃金時代印象。相傳，鍾愛第勒尼安海（Mer Tyrrhénienne）柔情的維吉爾，就是在坎帕尼亞海岸寫下了《農事詩》裡對襯田園景致的海景詩詞。[118]

即便坎帕尼亞的景觀隨著遺跡毀壞和當地動盪而產生改變，一六九〇年到一七六〇年間駐足那不勒斯的旅客依然能感受到和這些拉丁作家們相同的悸動。坎帕尼亞是少數能讓英國壯遊旅行者與走訪義大利的歐陸遊客欣賞第勒尼安海之美的景點。義大利半島的海岸確實引起了遊客的反感，[119]

他們的行程只會為欣賞熱那亞（Gênes）特殊的地理位置而短暫停留，就迅速穿越利弗諾（Livourne）。[120]在旅客少數造訪的義大利海濱景點中，那不勒斯海灣極具魅力，經常是他們義大利之旅的終點。在十八世紀最後的十年以前，人們尚不習慣跨過坎帕尼亞之外的地方，這裡始終被視為歐洲的盡頭。普利亞（Pouilles）、卡布里亞（Calabre）以及西西里島等地區在當時仍被劃歸於酷熱的非洲大陸。[121]

換言之，觀光客就在這堪稱世界最美的地方，為他們的義大利之旅劃下完美句點。米森就在一六八八年從那不勒斯聖瑪蒂諾修道院（Chartreuse Saint Martin）眺望：「那般高度望去的各種風景讓人不禁讚嘆。」映入眼簾是一覽無遺的美景。「人們能清楚看見那不勒斯的壯麗，由城堡、海港、碼頭以及燈塔組成的輪廓。欣賞環繞在那不勒斯周圍的園林也是種享受……。若將目光往另一邊的海岸線望去，則可欣賞到由寧靜海水與曲折岬灣交織而出的海岸景觀，以及點綴在海濱的秀麗村落。在更遠處，還可見到駭人的維蘇威火山，以及空氣中瀰漫著火山噴出的可怕煙霧。」[122]理查・拉瑟爾斯（Richard Lassels）在一六七〇年讚嘆：「那不勒斯是除了格林威治之外，擁有歐洲最美前景視野（prospect）的地方。」[123]一七三九年，布羅斯也為維蘇威火山頂峰的「瑰麗景色感到欣喜若狂」，[124]肯定其是在歐洲能欣賞到最美麗的景色。布羅斯特別喜愛沿海地帶的鄉村房社，並談到那不勒斯「海灣是如此洗鍊，讓人能一覽無遺」。他還認為，一旦無邊無際的海洋被收服於一個

* 譯註：坎帕尼亞（*Campania felix*）有富饒田野之意。

帶有框架的視覺畫面中，人們就能慢慢見識到大海真正的美麗。一七五五年，巴泰勒米神父（abbé Barthélemy）在友人賭場上方的露台眺望時就表示「從未見過如此美麗的景色」。[125]二十年後，科耶神父則是讚嘆從卡布里島遠望所見的景致，以及他在「那不勒斯海灣環行」途中欣賞到的風景。[126]

當時落後的航海技術，讓旅客有更多的時間能仔細品味海灣之美。至於從羅馬出發的觀光客，則是在穿越過加埃塔（Gaète）與康邁（Cumes）之後，便能直抵那不勒斯海灣的全景中心。在到此一遊的遊客眼中，那不勒斯的海岸不僅有著像布勒哲爾的畫作裡，從一五五六年就早已聞名的鳥瞰美景，還有其他深具吸引力的地方。

對當時的英國人而言，閱讀古典文學是他們教育體制的基礎。英國的教程設計也藉著仿效希臘人、更多的是拉丁人而受到啟發。[127]古代語言的知識是他們培養品味不可或缺的關鍵，唯有精通這些語言方能參與當時支配文學批評的美學爭論。拜讀賀拉斯或維吉爾的著作，甚至成了許多成年人生活中的重要娛樂。這些古代文化與統治階級的生活密不可分，提供了為人處世的良好典範，甚至到了臨終之時，也讓垂死之人能得到善終。[128]

至於古典文化為法國文化帶來什麼樣的影響？繼當代法國學者丹尼爾・莫內（Daniel Mornet）後，[129]一批歷史學家們深入研究古代文化主導歐洲學校的時期。這些學者剖析耶穌會學校的學程設計（*Ratio studiorum*），探討一七二〇年到一七七〇年之間法語在課堂上緩慢取代拉丁語、十八世紀法國興起一股「課綱」（plan d'études）是否可以被視為文學體裁的論爭，以及國民教育理念的出現及其後政策實施等課題。最近，當代法國學者丹尼爾・米勒（Daniel Milo）更是嚴謹地探討了作家劇目的發展、塑造「古典」教規的寫作與雄辯的模範，其影響遠遠超出教育的領域。

這些專家學者們，特別是研究人文主義教育的專家尚・維格利（Jean de Viguerie），揭露了這些有文化的菁英是如何著眼於羅馬共和國的最後幾年，以及奧古斯都時期。當時的古典主義者都忽視了古典文化演變中的豐富性，他們所借鑒的文化都是經過簡化、刪減的版本。在某種程度上，那個時期的人們保持著一種受到維吉爾漢西賽羅主導的文化體系影響、在古典晚期已經根深柢固的看法。[130]

此外，還要加上對古物的熱情。在一七三七年古城赫庫蘭尼姆（Herculanum）大規模挖掘以前，就已經發展出這樣的興趣。在古城開挖以前的時代，如伯納德・蒙福孔（Bernard de Montfaucon）與安・凱呂斯（Anne Claude de Caylus）的作品，那些被稱為「古文物學家」（antiquaires）的著作主要都是列舉和描述性的，[131]這與他們前去義大利旅行的目的一致，都是編纂視覺記憶與收集古蹟的圖像。然而，到了一六九九年，英國作家約瑟夫・艾迪生（Joseph Addison）認為遊客必訪古蹟清單早已過時，拒絕再次參考援引。[132]事實上，自十八世紀下半葉起，在日耳曼藝術史學家約翰・溫克爾曼（Johann Joachim Winckelmann）的影響之下，蔚為風尚的新古典美學漸漸改寫了表達情感的方式。業餘愛好者的喜好開始建立在對古代藝術的全新理解之上。[133]增添了前往赫庫蘭尼姆、龐貝古城以及波蒂奇（Portici）美術館的行程之後，那不勒斯之旅獲得了新的意義，好比在一七五五年巴泰勒米神父描述某些新發現，就是一個明顯的例子。

這股思想潮流啟蒙運動構成了啟蒙運動的一部分，也涉及到了歐洲的菁英階層，他們的核心是英國的業餘者協會（Société des *dilettanti*）裡自一七三三年起聚集在一起的紳士們。[134] 在組織發掘與掠奪古代財寶的大使與金主的資助下，新古典時代的業餘愛好者擴展了考古調查的地理範圍，以及認識論視野。

同時，早在十七世紀末，在英國的貴族、鄉紳階級與之後的法國法蘭西學院（Académies）成員中，[135] 都出現了一群懂得欣賞風景畫的群眾。這些受啟蒙的讀者與旅遊手冊作家或旅遊文學家建立了新的默契，他們愈來愈重視大自然的景觀。[136] 對十七世紀義大利畫家的研究，特別是薩爾瓦多・羅薩（Salvator Rosa）、洛漢與普桑形塑了一個不斷擴大公眾群體的品味。這些鑑賞家擁有的文學文化讓他們得以討論藝術之間的關係，或參與由賀拉斯「繪畫如吟詩」（*ut pictura poesis*）這句話掀起的爭論。在一七四〇年，繪畫相關知識成為了時尚英國人必備的素養。他們在詮釋畫作時感受的愉悅就反映了各自的品味。收藏的渴望、複製品的泛濫和繪畫技術的普及，助長了壯遊作為年輕紳士必備教育一環的流行。

在一六九七年《雷斯威克條約》（*Traité de Ryswick*）簽訂之後，[137] 就形成了一種傳統讓英國年輕紳士在家庭教師陪同下遊歷歐陸、特別是造訪義大利半島的藝術珍寶。從一六九八年到一七四〇年，旅遊歐陸的英國觀光客人數急速飆升，而法國也流行起到義大利旅遊的風潮。[138] 拜訪遊歷義大利半島不僅讓他們能將文學回憶與藝術作品的沉思連繫起來，也讓他們從視覺上更熟悉那些激發古代作家與十七世紀藝術家的風景。[139]

因此，盛行許久的義大利之旅迎來第一次的復興，積累了愈來愈多吸引觀光客的魅力。溫泉療養、[140]基督教追根溯源的朝聖之旅、造訪大學和參觀博物館，或英國人的娛樂需求，逐漸被欣賞和感受自然風景的行程取代，尤其是日後當新古典美學與風景旅遊盛行時，觀光客更是為了體驗其帶來的喜悅與感動。[141]

為造訪濃縮最高文化成就的義大利，觀光客得在行前做足準備功課。在出航前，艾迪生就複習了一些優秀作家的遊記，他寫道：「我已經蒐集了可能會派上用場的資訊。」而半個世紀後的一七六三年，英國歷史學家愛德華・吉朋（Edward Gibbon）也在旅行前，囫圇吞棗翻閱日耳曼歷史學家菲利普・克魯福（Philipp Cluvier）的兩本《遠古義大利》（*Italia Antiqua*）與義大利考古學家法米亞諾・納迪尼（Famiano Nardini）的《論古羅馬城》（*Traité sur l'ancienne Rome*）。吉朋表示：「任何文人都必須盡可能去認識這個著名國家裡的每一個角落。在義大利一個不起眼的鄉村都有可能曾在歷史或詩歌中被傳唱。為了義大利之旅及未來研究做好準備，我飽覽了相關的書籍。」[142]許多人會在行前收集繪畫和版畫作品進行學術上的討論或日常閒聊，預先擬定參訪的景點，以及試想旅行過程中將體驗的樂趣。

從觀光客大量產出的標準化遊記中，可以發現在義大利旅遊採用的特殊策略。[143]與當地居民交流和互動非常重要。在造訪不同的城市時，旅行者都應融入當地一些對外來客友善的「談話」或「集會」中。[144]如果可能的話，甚至還會被介紹到王侯的宮廷裡。總之，他們必須想盡辦法結識這些社會名流，因此就有隨身攜帶推薦信的必要。觀光客們若真想在義大利、特別是羅馬欣賞過去遺跡，就需要尋求一位好的古文物學家幫助，同時將自己好好裝備起來。自十七世紀末起，任何認真盡責的旅客都得必備手錶、指南針、星盤，特別是望遠鏡等物品。當然最理想的狀況是能有一名擅長繪畫的人士陪同，[145]即便自己就是名藝術家也是一樣。假如沒有辦法的話，也應該在旅途中盡量收集版畫，作為這趟義大利之旅的回憶。

在義大利的旅遊路線也被嚴格成文化。彼此之間路線的相似，讓觀光客在歸國後可以分享和比較旅途中的點點滴滴。旅客會將注意力放在觀察城市上，例如：市鎮街景、城市的治理機關與名勝古蹟。這點在羅馬特別明顯，當代法國作家米歇爾・布托爾（Michel Butor）就強調是種「語義學上的絕對主義」（absolutisme sémantique）。[146]當時盛行的景觀畫（veduta）更是強化了上述現象。[147]在城市之間移動的過程中，遊客便放下注意力，無視眼前的鄉村風景。他們在馬車上不是溫習前人著作，就是想更好享受下個城市景點，或沉浸在與其他旅客的聊天對話裡。

然而，鄉村風光也並非完全被忽略，旅行者偶爾會依循著形塑古典欣賞海岸景觀模式的一種精心設計的準則，來望向周遭的大自然。遊客目光所及，都溫習鐫刻在他們記憶裡那些年少時期喜愛閱讀的古代文本。這種媒介促成業餘愛好者的團體，培養出彼此的社會認同，並且促進了這種社會模式所揭露的疏離化（distanciation）目的。

一七四八年，休謨抵達倫巴底（Lombardy）平原的時候就大為感動，因為是維吉爾曾經行走過的土地。他在曼圖亞（Mantoue）甚至還親吻起維吉爾踩過的土地。[148]在出國的旅途中，艾迪生則是在賀拉斯的陪同下前往坎帕尼亞地區，他寫道：「從羅馬到那不勒斯的旅程中，我最大的樂趣就是可以看到許多古典作家描繪過的平原、市鎮與河流，以及許多偉大事蹟的場景，因為整趟路途上沒什麼讓人感到新奇的奇聞軼事。當經過這個地方的時候，很值得一看賀拉斯前往布林迪西（Brindisi）的旅行。」[149]在回程時，艾迪生則決定跟隨艾尼亞斯的腳步，因為他認為維吉爾的描述是非常精確的。同樣地，布羅斯也是「遵照著《艾尼亞斯紀》第六卷」[150]來走訪坎帕尼亞地區，而該卷實在太出名，讓布羅斯在遊記中不太敢引用。科耶神父也寫道：「我手拿維吉爾的書，一步一步跟著艾尼亞斯遊歷義大利。」[151]即便在新古典式感性大獲全勝的十八世紀末，法國文人尚—巴蒂斯塔・杜帕蒂（Jean-Baptiste Mercier Dupaty）依然相當投入上述的旅行方式，他在維吉爾墳墓前寫道：「我朗誦了伽盧斯（Gallus）的牧歌，重讀了《艾尼亞斯紀》第四卷的開頭，呼喊了蒂朵（Didon）與呂柯梨絲（Lycoris）的名字，我也折下了月桂樹枝……。」[152]此外，杜帕蒂也提及了讓普羅佩提烏斯掉淚、不忠貞的辛西婭（Cynthia），以及塞內卡對罪惡之城巴亞（Baiae）頹靡荒淫的憤怒。大約在同一個時間點，英國作家亨利・史溫本（Henry Swinburne）遊歷兩西西里（Deux-Siciles）的時候，也根據古代作家的觀點，考察了義大利南部沿海居民的生活習俗。[153]

同樣地，古典美學左右了義大利之旅的行程路線，以及他們預計欣賞的事物。[154]旅行者會留意與人相關的事物。在自然景觀裡，他們的目光會停留在定義大自然古典之美的和諧景色上面，好比舒適肥沃的土地、山丘、橘子園和葡萄環繞成的花環。最重要的是，他們會援引古人的詩句。在旅行者的著作裡，他們的讚嘆大多集中在義大利北部豐饒的平原、克利通諾河（Clitumne）河岸與古代坎帕尼亞。艾迪生就驚嘆於卡布里島的風光明媚，但蘇連多（Sorrento）的岩岸卻讓他感到陌生恐懼。傑羅美・理查神父（Jérôme Richard）在一七六六年就談到，當時蘇連多還不是人們熟悉造訪的景點。此外，在義大利的旅客也將焦點放在歷史事件的舞台，例如：盧比孔河（Rubicon）的渡口或特拉西梅諾湖（Trasimène）的湖畔。一般而言，這些備受讚嘆的自然風景裡都有「人」跡可循。[155]

更吸引觀光客的是那些拉丁作家曾駐足的地方，尤其是維吉爾、賀拉斯、西賽羅、塞內卡、老普林尼（Pline l'Ancien）這些在旅遊文學中最常引用的作家。在造訪敘拉古（Syracuse）沿岸時，尚—馬力・羅蘭（Jean-Marie Roland de la Platière）特意仿照與西塞羅相同的路線，如此一來，他也不得不著重描繪當地的古蹟與地形。[156]

在義大利半島上，即便再怎麼普通、再怎麼微小的地點，都會因為曾被古人歌詠而獲得極大的注目，這也就是為什麼坎帕尼亞沿岸蘊含在語義學上寓意深長的責任。艾迪生就停留在卡布里島一處洞穴附近的三塊岩石前面，因為他深信這就是維吉爾提到的人魚小島（*Sirenum Scopuli*）。[157]反觀，只要是沒有被知名文獻提到的地方，就完全沒有能見度這意味著在一七五〇年前，遊客的眼鏡還沒有被訓練到能分析風景的色彩與實質的品質。

在那不勒斯，維吉爾有著舉足輕重的影響力。《艾尼亞斯紀》的第一與第六卷決定了遊客的觀光行程與欣賞當地風景的視角。他們的腦海裡都縈繞著以波佐利（Pozzoles）為原形的推羅港（Tyr）、女先知西比拉（Sibylle）的洞穴和至福樂土、因舵手帕利諾魯斯（Palinure）之死而聞名的米賽諾海角（cap Misène）、以及艾尼亞斯前往拉齊奧（Latium）的沿海路線而到了波西利波

（Pausilippe）近郊十，也不會忘了去維吉爾的墓地朝聖。[158] 米森評為「世界上最為壯麗之地」、[159] 古老輝煌的巴亞鎮也有著獨到的魅力，但始終不太清楚吸引遊客的確切原因。那不勒斯渡假勝地有四種決定性的意象：一、波佐利海岸的活躍與當代的衰落；二、羅馬皇帝提比略（Tibère）在卡布里島的醜聞與誘發的情色幻想；[160] 三、古羅馬詩人斯塔斯（Stace）的友人波利烏斯・菲力克斯（Pollius Felix）的美麗故居；四、由羅馬皇帝圖密善（Domitien）所建，但被塞內卡大肆批評的隧道。偶爾會有觀光客記得十六世紀的時候，義大利詩人雅克布・桑納札羅（Jacopo Sanazzaro）就曾住在波西利波的海岸上。[161] 至於基艾亞（Chiaia）漫遊的樂趣，或日後威廉・漢米爾頓（William Hamilton）開創而風行一時的火山科學研究風潮，有助於確立遊客在坎帕尼亞自然景觀裡能發現的吸引力網絡。

在視覺方面屈居於拉丁文本之下，有助於解釋缺乏描述性文字的原因。[162] 如果這麼好的文字敘述業已存在，為什麼還要這麼努力去描繪這些風景？艾迪生如此捫心自問，並這個重責大任讓給了賀拉斯、維吉爾、斯塔斯與盧坎。於此，所謂寫作就是安排各種援引借用的元素，喚起閱讀古代文本產生的回憶與情感。他們就是從有機會引用摘錄的大量文集裡進行篩選，這種有選擇性的再挪用（réappropriation）決定了一位作家特有的感性。事實上，這種描述的借用都是獨一無二的，不僅是在文獻的篩選上，他們欣賞的景物及其理由上也是如此。就以描繪坎帕尼亞的遊記為例，作家們大多會選用維吉爾筆下海上暴風雨、沿海旅途意外事件的描寫，與艾尼亞斯從西比拉洞穴開始的驚人冒險。然而，這些作者卻無視《農事詩》中的海景描繪，[163] 即便我們知道一七五〇年後這種不穩定的和諧主題將在歐洲文學裡占有多麼重要的位置，特別是湯姆森影響下的英國。[164]

旅遊文學的作家也對西塞羅無動於衷，不解他面向大自然的沉思，以及為那些厭倦政治的公民提供的慰藉。至於最不被作家們援引的非盧可克修莫屬。簡言之，當時的作家並沒有將海岸形容成一個深不可測的神祕地帶，而海灘不是哲學家們理想的隱居之處。在一七五〇年以前，人們尚未能體會古代海濱渡假勝地帶來的樂趣，[165]多半是批評而非讚美，這一點從普羅佩提烏斯和塞內卡的作品就看得出來。英艾迪生坦言他徹底迷失了方向，完全不能理解古代「閒暇」（*otium*）概念裡的季節性節奏。[166]

整體而言，遊記作家參考文獻與引用片段都極為狹隘平庸。相較於古代文學的豐富度，這些作家只採用了其中一小部分的刻板印象，編織出千篇一律的論述，生成相當貧乏的情感策略。[167]他們過分吝嗇的篩選是有目的性的。在那個時期，這種做法有利於社會共鳴與認可，並限制了被誤解的危險。眾所皆知，這種對文本的引用阻礙了描述性寫作風格的出現，但也提供了一種文學的速記法。

這種古典旅行引發的社會區分日漸變得複雜。十八世紀末的愛好者需要具備的語文學（philologie）知識，以及當時如畫（pittoresque）符碼提高視覺分析能力時，被要求展現具備美學的感性，這些都揭露了另一種廣度的文化視野。因此，圍繞著這種旅遊文學誕生的大眾結構也同時跟著改變。

此外，令人訝異的是，幾乎沒有針對古人欣賞海景視角的批評。這讓布里厄在一六六八年寫成的一篇特別的文章更顯得出奇有趣。這位住在貝尼耶爾的隱士，習於英吉利海峽的景色，對地中海一無所知，坦承自己在閱讀《艾尼亞斯紀》第四卷時，「怒海終於找到了平靜」這句話讓他感到錯愕迷惘。布里厄譴責維吉爾不甚精確的描寫，他解釋道：「維吉爾形容的這幅夜景是多麼地安詳美麗，大自然裡萬物似乎都已沉睡……唯有大海的平靜我始終不能理解。不論白晝黑夜，大海總是焦慮躁動、反覆無常的劇場。有著漲退潮與海流……。」[168]

古典閱讀風景的模式所促使的情感策略與樂趣，都可以追溯到一個連貫的體系，這對現今讀者而言是很難理解的。首先，旅客的樂趣是來自認出所有的景點。他們會在欣賞景點時發現新事物，而獲得不一樣的情感。此外，旅客會提供各種異想天開的假說，享受藉由眼前大自然景觀來詮釋文獻所獲得的樂趣。[169] 即便旅客無法從風景中發現新事物或提出新想法，印證眼前風景與古代文獻別無二致也讓他們心滿意足。在這樣的狀況下，旅客享受的樂趣是，他們與許多個世紀以來站在同一片風景的古人有著相同的情感共鳴。想當然，沒有人不會暗地抱持著希望，能發現一些前人所未見的地方，更增添這些著名景點之美。艾迪生樂於享受這種古代文豪和當今旅客之間超越時空的默契，他寫道：「我必須承認，研究針對某個景點的不同描寫，以及對照景點與詩人們留給我們的描述，其樂趣不亞於我在旅途中享受的對談與樂趣。」[170]

成年人也樂於親眼目睹年少時期縈繞在腦海裡的風景。義大利之旅不僅提供了一個建立完整自我的機會，也能讓人跨越時空找到欣賞風景的知音。

旅行者們心裡有數，眼前的坎帕尼亞已經不是過去維吉爾所見的風景。西元六二年的地震與西元七九年維蘇威火山的爆發澈底改變了當地的景觀。在維吉爾辭世後，坎帕尼亞又有硫磺溫泉的湧出，而古羅馬政治家阿格里帕（Marcus Vispanius Agrippa）與皇帝圖密善進行的建築工程，則造成坎帕尼亞海岸的外型與輪廓極大的破壞。與此同時，就有一些人努力在想像中重建這些已經不復存在的風景。[171] 即便他們意識到眼前的風景僅是過去殘存的遺跡，但還沒有感受到日後折磨浪漫主義時期旅客的懷舊之情。一七三九年，布羅斯不帶一絲悲憫之情，幻想著「金色貢多拉」、被「玫瑰花瓣覆蓋」的大海、船上許多「身著優雅薄紗衣裳的美女」，以及在古代巴亞的音樂會。布羅斯的描寫，已經勾勒出一幅早期純粹新古典主義風格的圖像。相較之下，史溫本在十八世紀末目睹眼前塔蘭托（Tarente）與錫巴里斯（Sybaris）的衰落，對照賀拉斯筆下迷人居所的魅力，頓時感到悵然若失。[172]

在十八世紀的最後三十年，受到溫克爾曼的影響，人們認為義大利之旅的目的已經不再是去喚起、對比和詮釋，更重要的是進一步認識古人，讓過去的文獻能夠重獲新生。在今日的觀光客眼裡，這或許不是個陌生概念，然而對當時的人們來說是相當新鮮的想法。無庸置疑，是因為這種新的渴望要求旅行者與古代藝術家之間有著更深入的美學交流。一七八七年五月十五日，歌德（Johann Wolfgang von Goethe）寫給日耳曼哲學家約翰・赫爾德（Johann Gottfried Herder）的一封信裡，提到他必須親自見識地中海及海岸風光，才能讓《奧德賽》在他心中「活靈活現」。[173] 史溫本則採取了更為細緻的策略，不斷繁雜地來來回回，既期待他的旅程能增進對古代文獻的理解，又冀望古代文獻能啟迪他對眼前事物的體悟。

義大利之旅讓人獲得知識上的滿足，充滿了豐沛的美學情感。然而，除了面向英勇美談的動態之外，幾乎不見任何有關身體或體感印象的話題。只有在令人難忘的海濱漫步、登上維蘇威火山去見識老普林尼投身自盡的駭人火山口、鑽進女先知西比拉的洞穴，或參訪提比略荒淫享樂之處，才讓旅行者感受到樂趣。此外，由於坎帕尼亞沿岸被視為通往地獄的入口之一，再加上維蘇威火山增添的吸引力，促使遊客前往地底深處冒險。最後，最令觀光客們雀躍的行程，就是跟隨艾尼亞斯的步伐，去體驗他在史詩中經歷的各種危險與勇敢面對的暴風雨。對艾迪生來說，位於羅馬與米塞諾海角之間駭人恐怖的海岸，就揭示了一種壯美的誘惑。艾尼亞斯的旅程就是一連串情感組成的。艾迪生樂於聆聽，或是說想像著夜晚裡海浪拍打陡峭海岸發出來的狼嚎獅吼。[174]

有時，旅行者會讓詮釋樂趣的範圍倍增。原先這多半見於大量的美學爭論中，在旅遊文學的記述裡較為少見。旅客不再只憑藉單一的古代文獻來欣賞眼前風景，他們會去模仿古人的當代作品。在巴泰勒米神父的《年輕阿納卡哈爾西斯的希臘遊記》（*Les voyages du jeune Anacharsis en Grèce*）出版之前，法國人是受到芬乃倫的《忒勒馬科斯歷險記》的啟發，當然影響力仍然遠不及維吉爾的詩作。這種古今引文交錯的現象證明法國畫家尚—皮耶・胡衛爾（Jean-Pierre Houël）選擇的策略是正確的，當他位於馬爾他（Malte）附近，接近據說是海之女神卡呂普索（Calypso）的岩壁深洞並四處張望時，他手裡拿著的並非荷馬史詩，而是《忒勒馬科斯歷險記》。[175] 胡衛爾敘事內鏡的援引手法，可以由他的作品中一幅描繪明亮古代海景的插畫得證。能夠俯瞰海岸的卡呂普索洞穴同時具有世外桃源的和諧與古代海景的美麗。胡衛爾描繪裡囚禁忒勒馬科斯的埃及塔樓，其底下的洶湧浪潮，比起對維吉爾暴風雨的臨摹，更是預示著對怒海的壯美讚賞。[176] 實際上在一六九九年，芬乃倫就開始重新詮釋古人，並創作了法國文學中最早的海景詩詞。他描述從亞歷山卓（Alexandrie）出航的文字，就蘊含著動力學（cinétique）的印象：「埃及的海岸正往遠處飛奔逃離我們，山脈與丘陵也漸顯得平坦如夷。我們的視線裡也僅存天空與海洋。當早晨太陽從海底浮出時，它閃閃的光芒將海平面遠處還看不清的山頂，都刷成了金黃。」[177]

旅客對十七世紀義大利藝術（尤其洛漢）的了解，決定了他們來到海岸欣賞景致的視角。[178] 洛蘭是用基督教觀點來詮釋古典的傳統。他借用了維吉爾，更多的是奧維德作品裡的和諧世界觀——即便這個世界可能隱藏著黑暗的一面，其奧祕與美麗體現了支配宇宙的神聖力量。但是，他的畫作同時也受到教會教父頌揚世界之美的讚美詩啟發，並將大自然景觀裡的各種元素簡化為基督教的象徵。

洛漢在佛蘭芒畫家保羅・布里爾（Paul Bril）與義大利畫家阿戈斯蒂諾・塔西（Agostino Tassi）的影響下繪製的海岸風景，讓他的名聲更為響亮。洛漢的作品在十七世紀末被大量輸出到英國。洛漢將之設計成與他的內陸風景畫成套的作品，並且通過這種雙重視野來強調世界景觀的整體性。一方面，他在畫作裡描繪了海平線閃耀的光芒與太陽在海面上的反射，是用來呈現世界的和諧；另一方面，他的海岸風景也蘊含了一系列基督教的象徵，如出航入港、海上遇險，以及其他用來比喻人類命運的事件。十八世紀初熱愛藝術的遊客樂於沉浸在他作品裡鏡中鏡般的隱喻，詮釋洛漢的畫作也帶來加倍的樂趣。

即便當時描述性的文風仍舊相對貧乏，人們對洛漢畫作採取多面向解讀的複雜策略，仍舊展現出一套能確保古典風景詮釋豐富性方法。在義大利之旅的尾聲，旅客會凝視坎帕尼亞美麗的海景，來為他們朝聖的行程畫下句點。[179] 與此同時，他們體現出喚起與詮釋的樂趣。古典文獻帶給旅客的喜悅之情會隨著他們親眼目睹當地風景而倍增，而這種旅遊方式促進了人們通過相似的旅遊行程和方式，以及旅途中編纂的情感，產生的一種社會共謀。除了古代大師傑作與人類永恆之美以外，凝視海灣的旅客也不自覺地頌揚著當時社會菁英間的文化凝聚力。即便日後為法國大革命所利用，這股社會凝聚力也將被新古典主義美學進一步強化。

＊＊＊

從十七世紀末到十八世紀中葉，望向大海的方式屬於古典知識域的一部分，混雜了猶太—基督教傳統、希臘哲學與拉丁文學傳統，不過仍保有相對明顯的順序。綜觀而論，大海的恐懼與走訪海岸的厭惡為主要情緒：大海駭人的形象、人類過去的大災難留下的混沌遺跡，以及大海陰森震撼的無邊無際下不可預期的怒火；神祕的海灘帶來的危險和瘟疫、引來外來者、曖昧不清的界線，在這條線上更沉積著來自深淵的排泄物。

誠然，人們有時也會在沙灘上一邊凝視上帝力量的偉大見證或創世造物的美麗，一邊做夢幻想。他們前往席凡寧根海灘觀察漁夫的辛勞，感受他們享受北海帶來奇蹟般的豐饒；在阿姆斯特丹的運河欣賞起各種元素的和諧交融，目睹被上帝祝福的世界縮影；造訪那不勒斯，體會漫步在最美麗古典海灘上的樂趣，沉浸在海岸和諧之景，以及與古人跨越世代的共鳴悸動。即便如此，在這些充滿有混亂象徵與有待解釋符號的沿海場景的中心，依然為人類所占據。在各種海洋與沙灘的再現當中，看到的都是人類命運的喚起，或是世界組成元素的回顧。除了極少數人有著前瞻性的感性，沒有人讚嘆著無邊無際的大海、表現出對現實物質進行視覺分析產生的喜悅，以及渴望感受海浪的力量，沙子為身體帶來的動人涼意。體感印象在實踐與論述的領域裡都不見蹤影。

在本書觸及的一七五〇年到一八四〇年這段時間裡，將興起一股對海洋不可抗拒的集體欲望。海岸將會成為人們遠離文明危害的避難所，也將搖身變成見證科學提出的嶄新時間觀，以及了解地球與人類歷史歧異的場所。這裡展現了北海的壯美及暴風雨的悲愴。相對於世界任何角落，人們更能夠接觸感受各種元素，享受海水的明亮與澄澈。

第二部

海濱新愉悅的描繪

第一章　海水與身體間的新和諧

焦慮與欲望的接力

自一七五〇年起，水浴療養者開始蜂擁至海濱，意圖緩解西方世界自古以來就存在的一種焦慮，海水浴療不僅是當時抵抗傷感與憂鬱的策略之一，也是十八世紀統治階層緩解接二連三出現的新焦慮的方法。海水療法的盛行，充分反應在當時醫學對沁涼海水功效的豐富論述上，尤其是在海邊浸浴以及海濱度假對病症的療效。在這些論述當中，醫生與公衛學者們除了闡術科學理論與知識，也向西方社會散播他們對大海所抱持的警戒與渴望，進而產生、推動、制度化了一些做法，卻也使得海濱活動漸漸跨出了醫學與公衛學家們的掌控領域。

為了梳理西方人類海濱活動發展的來龍去脈，首先必須簡短介紹西方近代心態史裡最被完善研究的主題──「憂鬱的形貌」。[1] 其實早在近代醫學家重拾古希臘體液學說（théorie des humeurs）來強化神學理論對憂鬱的批判以前，[2] 中世紀教會就將憂鬱視為靈魂中邪惡的壞疽，使病患對獲得救贖感到絕望。隨後，即便在十六世紀與十七世紀初「憂鬱」曾一度蔚為潮流，這股病態的風潮也在路易十四（Louis XIV）時期的法國逐漸消逝。一系列緩解憂鬱的手段，如法國聖人方濟各・沙雷氏（Saint François de Sales）所提倡的溫德修行、耶穌會教士們對精神「懶惰」的頑強抗戰、西賽羅式生活藝術的迷戀，以及在宮廷流行的「療效性社交」（sociabilité thérapeutique）等，都成為對抗靈魂與肉體失衡這種潛在疾病的有效療法。當時法國古典主義貶低了憂鬱的氣質，在莫里哀（Molière）《憤世者》（*Le Misanthrope*）一劇所引發觀眾的娛樂嘲諷聲之中也可見一斑。

反觀，在海峽彼岸的英國，其統治階級卻長久以來臣服於日後歐洲大陸所稱的「憂鬱」腳下。為此，英國作家羅伯特・柏頓（Robert Burton）就在一六二一年撰寫了《剖析憂鬱》（*Histoire de la mélancholie*）一書，[3] 來影響當時英國的貴族。為對抗憂鬱，柏頓在書裡提倡了一種複雜的診療策略，結合了環境的影響力、衛生習慣與身體護理，以及對靈魂（或者說是心理）的治療。首先，柏頓向憂鬱者宣導了環境選擇的重要性，他也非常欣慰地意識到，當時英國紳士階級對居住地品質的重視。[4] 根據新希波克拉底醫學理論，柏頓深信「什麼樣的空氣決定什麼樣的人」，[5] 他因此在書中寫道：憂鬱之人怡居於擁有「居高臨下的遼闊視野」，[6] 且遠離腐爛物質，並充滿「高低不平丘陵」的乾燥地區。[7] 柏頓為了驗證假設，他也指出蘇格蘭奧克尼群島（Orcades）島民之所以健康長壽，就是因為這裡有著「海風所帶來具有淨化能力的清新空氣」。[8] 然而，易鬱的柏頓卻不建議其英國同胞仿效那不勒斯人在大不列顛潮濕的海濱造房定居，也因此在西方歷史上，柏頓不足以配有「大海發明家」的頭銜。

同古羅馬醫學家凱爾蘇斯（Celse）曾提倡過的，柏頓在其著作中也強調了多變的居住環境所帶來的好處。他建議憂鬱之人經常旅遊，在鄉村與城市間交替居住，並保有維持身心平衡的鍛鍊習慣，他寫道：「只要一個好的景觀視野，就足以緩解憂鬱的症狀」，[9]多變的風景更成了他治療憂鬱患者重要的處方之一。就像古希臘埃伊納島（Egine）和薩拉米斯島（Salamine）的島民，熱那亞、那不勒斯與巴賽隆納的居民也都享有一個讓靈魂感到愉悅的前景視野，因為地中海的景觀十分多樣：在面對海灣的圓形露天劇場旁散布著許多帶有「美麗海景」的民房，當地人除享有寧靜的花園綠地與熙熙攘攘的街景外，也能隨時眺望海面上的島嶼或移動中的船隻等各種令雀躍人心之景。

柏頓的《剖析憂鬱》重拾了許多古典時代的格言訓誡，是本集結眾多論點的巨大型錄。正如世界上所有物體一樣，人類也需要運動，因此對柏頓來說，鍛鍊有益於身體健康。因此，柏頓在書中大量倡導田野運動，向當時的英國貴族建議了馬術、釣魚、游泳、足球、保齡球等一系列的平民娛樂。柏頓的治療策略仰賴不同階層間風俗習慣的流通，他在提倡田野運動背後其實是希望貴族能從各種娛樂活動中汲取平民的樂天性格與能量活力。以上所述的田野運動之所以和本書主題相關，是因為直至柏頓以前，人類在海邊或溪流的浸浴活動始終被視為是項有害風俗的消遣、是種沒有教養平民的娛樂活動。然而自柏頓的時代起，浸浴漸漸獲得了英國社會的允許與認可。在一六二二年英國作家亨利・皮查姆（Henri Peacham）甚至聲稱游泳是英國紳士必備技能。柏頓這本充斥著古典水療文獻的《剖析憂鬱》，促成了浸浴療法的萌生，也使得水療站在大不列顛島上倍數成長。

即便在打獵活動時不獵殺任何野生動物，在釣魚時也不捕捉任何魚蝦，從事這些活動的人還是能夠享受新鮮的空氣、清新的花香與悅耳的鳥鳴等可以用來緩解憂鬱的美好事物。於此，柏頓其實回到了過去聖伯爾納多（Saint Bernard）提倡的策略：鼓勵人們在樹林與河流之間的「美麗自然環境」中散步來治療憂鬱。柏頓所列舉出的美麗環境（*pleasant places*），均符合古典大自然審美觀的景致。值得一提的是，英式花園最初的構想也就是為了抵抗憂鬱。從《剖析憂鬱》所列出的美麗環境中還可發現，柏頓偏愛田野風景，卻忽視了沿海地帶，即便他見證了海邊的清新空氣與美麗風景，卻始終未能將沿海地帶納入漫步或度假地的建議清單中。[10]

在柏頓的《剖析憂鬱》出版不久後，英國社會又浮現出新的焦慮，刺激了英國統治階級對避難所的渴望。首先，同前章所示，在一六四五年到一六六〇年間英國貴族在經歷了對其政治與社會權力的根本威脅後，紛紛前往鄉村以求隱居生活所帶來的心靈慰藉。同時，英國社會長久以來就對城市惡劣的居住環境有所抨擊，這也解釋了艾薩克・華爾頓（Izzac Walton）的《釣魚大全》（*Parfait pêcheur*）大獲當時讀者青睞的原因。[11] 其實早在十三世紀，英國社會就出現了對倫敦空氣汙染的抱怨聲音，相傳在一五七八年英國伊莉莎白一世（Elizabeth I）還曾為此逃離首都。到了十七世紀，在雪菲爾市（Sheffield）、新堡市（Newcastle）或泰晤士河沿岸地區，燃燒煤炭所排放的含硫氣體激起愈來愈多集體的不滿聲浪，當時的作家約翰・依夫林（John Evelyn）甚至主導了對空汙禍害的輿論戰場。簡而言之，遠先於舊制度時期（Ancien Regime，文藝復興末期至大革命）的法國，[12] 英國社會很早就開始對城市惡劣居住品質而衍生出的疾病議題有所討論。關於英國作家們對城市疾病的批判，托比亞斯・斯莫利特（Tobias Smollett）的作品極具代表性。恰巧的是，在斯莫利特作品發表的同時，海邊浸浴也正在英國掀起風潮。[13] 在《羅德里克・蘭登歷險記》（*Les Adventures de Roderick Random*）一書中，斯莫利特彙整了一系列當時社會對城市汙染的抨擊，並義憤填膺地批評嚴重的倫敦空汙，以及灰塵、垃圾和煤煙對泰晤士河所造成的環境危害。他也極度厭惡道德敗壞的群眾在舞廳，或在英國巴斯（Bath）溫泉浴場集結的現象。在《羅德里克・蘭登歷險記》裡，他更是以無處不在的排泄物意象，來譴責城市人的品味敗壞。斯莫利特作品彰顯了從健康觀點出發到道德勸說的典型論述平移，他表示：城市人的喜好品味被顛覆了，摻假合成的黏稠食物占了上風，甚至容忍刻意被排放在環境的惡臭，社會流動性與追求豪華奢侈的風潮均是城市人集體自殺的病徵。

身兼醫生的斯莫利特也對乾淨的水源非常著迷。他不僅是古典物理水療法（hydrothérapie）的忠實門徒（他於一七四二年的第一本著作就是以古典水療為主題），[14]也是冷水浸浴的愛好者。他時常浸泡於海水，並在法國與義大利沿海地帶生活了一段時間。整體而言，斯莫利特的行為證實了，他對已經變得黏稠的城市的厭惡，以及他對沿海地帶的渴望兩者之間的關聯。

事實上，斯莫利特這種案例的出現，正如英國社會早就出現了對環境汙染的批評，以及對隱居鄉村、後來對放鬆身心的渴望一樣，都早於布萊頓（Brighton）海水浴場蔚為風潮之前。接下來本節將探究上述現象間為何出現歷史間隔。長久以來，對美麗的大自然的渴望僅存於文學作品中，且多半是鄉村和花園，因為過去鄉村與花園均被視為「原始與被馴化大自然的完美結合」。[15]反觀，大海不可能被征服與馴服，人們無法在海洋裡尋覓真正的避難所，更甭說建立起第二個家園。大海充斥著無可救藥的野性，「水」元素也反映了世界的初始狀態。同理，沿海地帶也非人類所能掌控，海濱的自然環境也與英式花園刻意營造出的紊亂感相距甚遠。最重要的是，沿海地貌無法被人類用蠻力來改造，沙灘上沒有一絲人類歷史的軌跡，浪花和沙粒抹去了任何標誌，正如過去挫敗了任何人類設計一樣。除了港口、提防等暫時性設施（往往十分不穩定）或運行的帆船外，海濱並不存在任何人能駕馭自然的證據。在海濱成為吸引人之處之前，必須先讓人們萌生對壯美景觀的渴望，以及從中感受到治療的必要性。

事實上，在十八世紀的法國和英國都出現了新的焦慮形貌，且與敏感靈魂（âme sensible）這一概念的盛行息息相關。有別於傳統希波克拉底的理論，十八世紀的醫生們普遍認為橫隔膜才是人類情感的調節器和「心神煩亂的中樞」，[16]因為在他們的理論中，橫隔膜與大腦有著不穩定的二元關係。此外，橫膈膜也被視為人類焦慮的中心與身體抽搐的開關，反應了「生命平衡的根本變化」。[17]這也就是為什麼當醫學愈來愈注重神經與各種靈魂失調的現象時，橫隔膜的重要性日趨攀升。這些靈魂失調逐漸發展出一系列令人不安的疾病。憂鬱、性成癮、歇斯底里（癔症）、週期性發作等疾病，湧現了大量的醫療文獻，同時凸顯出女性天性與其社會地位的特殊性。[18]當時的醫生們樂於探討青春期、懷孕生育時期與更年期對女性身心所帶來的潛在危險，強調人類不同生命階段的劃分。在這些冗長的醫學文獻背後也正偷偷地探究著男性心理的騷動紛亂：醫生們著魔般地觀察性成癮者是如何被地球神祕力量牽引而出現錯亂的行為舉止，[19]人們也愈來愈受疑病症（hypocondrie），這個古代憂鬱之現代版本的威脅。

憂鬱性情驅使了人們旅行，加速了個人的移動，並伴隨著十八世紀日益增長的商品流通。焦慮不僅誘發了好奇心與冒險精神，也困擾著歐洲的壯遊觀光客。當代法國歷史學者尚・邁耶（Jean Meyer）就曾指出，欲求功績的布列塔尼年輕貴族就在壯遊的過程中展現出驚人的活動力。[20]此外，根據當時氣候影響情緒的理論，新焦慮在北方的影響更鉅，而被回歸自然的渴望所煽動的新型治療手法，也恰巧在這些地方形成。

人們被過度的虛弱與蒼白的肌膚所嚇壞了。統治階級認為他們缺乏勞動階級藉由工作所獲取的活力，而逐漸被從內部吞噬。社會菁英們害怕自身虛榮的欲望、萎靡不振的身體以及神經衰弱的行為；害怕著他們特殊的狂熱與情感，威脅著他們的社會性死亡（mort sociale），*[21]因為他們無法參與自然界的韻律節奏——這就是十八世紀中葉海濱開始備受注目的背景。再次提醒：相較於鄉村田野，海洋更能絕對性地代表原始的大自然，因為大海是片沒有任何虛偽之物的景致。這解釋了海灘熱潮所依據的悖論是如何發展出來的：海洋之所以能成為當時權貴的避難所與希望之源，就是因為大海使他們恐懼。海濱度假的新策略便是在享受大海與體驗大海的恐怖之餘，同時克服個人的險境，社會領導階級冀望大海來安撫他們的焦慮，使他們重拾身體和靈魂之間的平衡，並重新獲得他們的社會階級（尤其是妻小或文人身上）[22]所遺失的「生命力」。此外，人們也希望在符合私領域界線的前提之下，海濱可有效治癒城市的文明病，並改善安逸生活下的不良影響。

此後，醫生們也開始偏好強健身心的處方，他們會想盡辦法活化肌肉的纖維與張力、廣泛採用十七世紀末英國醫生湯瑪斯・西德納姆（Thomas Sydenham）所提倡的強身治療法。一旦能善用狂野卻富饒的大海所帶來的恐懼（尤其是在北方的海濱），便能有效補充身體活力。在沿海地帶，病患不僅能將煩惱拋諸腦後，還能酣然入夢且胃口大開。驟然浸入含鹽冰水對橫隔膜造成的強烈衝擊，以及在海濱可欣賞到的多變風景與包含許多百歲老人在內的沿海居民健康有活力的景象，也都被視為緩解慢性憂鬱的解藥。除此之外，由於社會的仕紳名流也將很快跟風群聚於著名的海濱水浴場，這些水療患者也可透過當地閃耀的社交活動來自得其樂。在經過長達十七年的臨床實踐後，英國醫生亞歷山德・布坎（Alexander Peter Buchan）於一八〇四年一本回顧性的著作裡，提出了人類對城市的恐懼和對海濱度假村喜愛兩者之間關聯的理論。[23] 布坎大肆誇讚英國的薩尼特半島（presqu'île de Thanet），因為該地的海水浴場不僅可治癒「過分脆弱的原始肌肉纖維」所造成的萎靡不振，也使少女度過平靜青春、抑制性衝動，並防止陽剛之氣不足的男人變得陰柔；除此之外，也治癒了人們過度用腦的習慣，並保護人們遠離太陽的光線，不再被城市「牆壁與石磚所反射的陽光灼傷」。[24] 布坎也表示，海灘使得那些成為舒適生活的奴隸、只能在鋪毛地毯上行走的人重新掌握活力。其中，布坎著作中最重要之處在於，將勤勞工作的漁夫、[25] 多子多孫的水手與原始北歐民族普遍長壽的情形，與海邊度假村的各種優點相對照。除外，布坎深信英國人喜歡浸浴於翻騰浪花之中，是因為他們還保留了格陵蘭先祖（Groenlandais）的本能。

＊編按：所謂社會性死亡是指人因為特定原因而被社會整體孤立、忽視或隔離，最常見的例子為特定種族與性傾向的人群，被整體社會忽視與排斥。作者這邊的意思是，社會菁英們發現自己無法融入自然界普遍的勞動特點，而深怕自己被整個社會孤立與排斥。

對於當時曾讀過希波克拉底《液體的應用》（*De liquidorum usu*）的科學家而言，水中浸浴並不單純。法國醫生胡格・馬雷特（Hugues Maret）就曾在一七五一年的《百科全書》（*Encyclopédie*）中清楚地解釋，醫學家們對不論是冷、溫或熱水浸浴法的功效都抱持著相當的期望，因為他們認為水對身體組織有著機械性的影響力。不同的水溫，可以讓肌肉纖維舒展或緊縮，也可改變體液的濃度與血液循環的速度，進而影響病患神經系統的功能運作。

隨著冷水浸浴療法在十八世紀的盛行，這種治療處方有了不同的意義，而海水浸浴也逐漸成了冷浴療法的最終樣貌。帶鹽海水的溫度位在攝氏十二至十四度之間，浸浴其中成為避免寒冷的手段，所以海水浸浴的客層主要為較容易寒冷的膽小病患或老弱婦孺。[26]海水浸浴的新潮流也可溯自「冷水浸浴使人長壽」[27]的古老信念，法蘭西斯・培根（Francis Bacon）就曾在一六三八年提及此一說法。比利時根特（Gand）醫學權威赫爾曼・海登（Hermond Van der Heyden）更是曾以冷浴為主題發表一本廣受愛戴的專書。然而真正使冷浴熱潮竄升的功臣，則是英國醫生約翰・弗洛伊爾（John Floyer）於一七〇一年至一七〇二年間所撰寫的《冷浴的歷史》（*Histoire du bain froid*）。[28]事實上，在《冷浴的歷史》出版之前，英國人並不喜愛在冷水中浸泡身體。為此，弗洛伊爾匯集了驚人數量的古典資料，如古羅馬御醫安東尼・穆薩（Antoine Musa）就曾囑咐皇帝奧古斯都行冷浴，而老普里尼與塞內卡也都曾證實，由希波克拉底、凱爾蘇斯、蓋倫（Claude Galien）、賽利烏斯・奧雷利安努斯（Coelius Aurelianus）等人所推廣的冷浴療法在古羅馬帝國的風行程度，以上僅舉列最著名的人物案例。

這種被重新發現的冷浴治療療效，在一本名為《相反元素的治療原理》（*Contraria Medicina*）的書中確立。英國醫生弗洛伊爾就寫道：「人體自然地先冷後熱，之後又會漸漸覺得冷」。[29] 這是因為起初冷水會使病患毛細孔收縮，使體液中的空氣換新、壓縮與凝結。隨後，由於氣體濃度提升，彈性也隨之大幅增長，進而產生溫熱的感受，甚至有灼傷之感。此外，冷浴療法也是北歐人使身體硬朗的傳統特有技術，更是他們長壽的祕訣。「冷浴療法適用於寒冷地帶」[30]，因為人類必須改造、調整自己的身體，以便與所處環境的空氣達到和諧平衡的狀態。弗洛伊爾宣稱，冷浴同時也可以糾正墮落的生活習慣、減緩過分的激情，因此冷浴必須成為少男少女教育的一環。最重要的是，弗洛伊爾認為驟然浸泡在冷水中造成的恐怖與衝擊感，得以治療靈魂的失衡。當他讚美冷浴療效的優點時，他的語氣幾乎帶有宗教色彩：

> 一如恐懼與驚訝，極冰的水帶寒冷的感受，使神經與臟腑內膜中的大氣大幅收縮。由於體液處於高壓的環境，具敏感靈魂的患者就更易外顯情緒。在寒冷的環境下，不僅情緒表徵更為明顯，動物本能也更加敏銳。在外在冷空氣壓力的驅使之下，所有動物都能更具活力地思考與行動。[31]

弗洛伊爾也深信，基督教的洗禮儀式也是藉由洗滌人類動物性的心靈、壓縮人類不規律的行為舉止，使靈魂更容易接受上帝的印記與恩澤，他因而對教會不再實施這種有益的行為而深表惋惜，並讚賞起北方民族，如皮克特人（Pictes）、蘇格蘭人與威爾斯人等，長久以來一直遵從這個傳統。事實上，《冷浴的歷史》一書中充滿著對北方民族健康活力與高尚品德的讚賞。繼伯頓醫生之後，弗洛伊爾又延續著醫學上對蘇格蘭奧克尼島人健康長壽的迷思，認為奧克尼人被冰冷的海浪所孕育，被富饒的北海所環繞，有時還會得防範野蠻人的入侵，因此比被城市生活嬌慣的城鎮居民更能抵禦死亡。[32] 弗洛伊爾也建議英國人得避免吸菸草或攝取咖啡茶、酒、香料，或任何來自熱帶地區的食品，因為南國所生產的商品會減低英國人身體適應寒冷氣候的本能。

綜觀而言，《冷浴的歷史》可謂弗洛伊爾為病患所準備的一份注意事項與冷浴指南。這本於一七〇二年所發表的著作也勾勒出日後西方世界海水浴療醫學論述的主要輪廓，例如弗洛伊爾就建議在攝氏十度以下的冷水浸浴，並同時在帶有冷空氣環境中鍛鍊活動（如健行、騎馬），他也急於親自測試不同冷浴法的療效，並在實際體驗海水浸浴後將其推薦給癱瘓的病人。這也就是為什麼法國史學之父儒勒・米什萊（Jules Michelet）將「大海發明家」[33] 的頭銜頒贈給身為弗洛伊爾後輩的英國醫生理查・羅素（Richard Russell）有名不副實之嫌。西方海水浴療法的構築是個具有邏輯性的演變過程：冷浴自一七三二年以降於西方社會大量流行；[34] 二十年後，在歐陸的醫生馬雷特提出了冷浴能提高身體熱能的新觀點；一七六三年，法國醫生皮耶・彭姆（Pierre Pomme）更是發表了冷浴能舒緩憂鬱並減少對神經刺激的理論，在河流和小溪的冷浴療法也逐漸在法國發展起來。然而，本節還是先聚焦海水冷浴療法，暫且擱置關於內陸冷浴的介紹。

的確，當時海水的治療價值正在被重新發現，西方醫學家們便提出古希臘醫生奧里巴休斯

（Oribase）早已對淋巴腺結核患者提倡海水的治療效果。英國醫生約翰・斯彼得（John Speed）以下箴言就清楚證實當時西方對海水醫用性的重視：「海水浴療法並非單純的冷浴，它是具有醫學療效的特殊手法」。[35]海水在醫學上的使用也不是沒有其史前史。在古典醫學「相反元素的治療原理」的思維底下，早已存在著將恐水患者暴力浸入海水的傳統療法，在沿海地帶總是能見到幾個自願的浴者用其強而有力的臂膀將病患帶往大海，且時不時就能聽到病人們嘶吼的哭嚎。[36]到了十七世紀，英國醫生羅伯特・維特（Robert Wittie）也於一六六七年建議痛風患者到英國北海岸斯卡布羅（Scarborough）的海水浸浴。[37]斯卡布羅海水浴場是從泉水到海水療養的重要轉折點。這是由於斯卡布羅海濱懸崖帶有礦泉水水源，自一六二七年起就吸引大批溫泉療養者造訪，而該地的水源也因海水滲入而帶有鹽分。英國旅遊作家西莉亞・費因斯（Celia Fiennes）也曾在一六九七年記載了斯卡布羅海水清熱解毒的特殊效用。[38]早在十七世紀末，斯卡布羅浴場就出現了含鹽海水的飲用與在沙灘、潮間帶上漫步的配套療法，開創了後來成為海濱度假的主要活動之一。

一七四八年，在弗洛伊爾《冷浴的歷史》出版的四十年之後，英國醫生理查・弗里溫（Richard Frewin）囑咐一名年輕的患者到南安普敦（Southampton）冷浴與飲用海水。弗里溫記載道：從十一月十七日開始，病患就每日浸浴於海水。自第四天起，病況有明顯改善，食欲也在十一月三十日後恢復正常。十二月十二日後，病人重獲原有活力。即便如此，病患依舊每日執行海水冷浴。直至隔年一月十一日，病患已完全康復。康復後，病患拉長了浸浴的時間間隔，並於二月八日結束治療後返家。上述堪稱西方歷史上首項海水療法的臨床筆記，[39]卻帶有神蹟的味道，這種寫作技巧也漸漸變成日後海水療法臨床筆記的慣有特色。在弗里溫的時代，海水浴療多集中於秋末與隆冬之間，並結合了海水飲用與冷水浸浴的治療手法。

弗里溫的治療手法加強了英國醫生羅素的信念，羅素早已觀察到在沿海地帶的漁夫會將海水當作苦藥服用，而水手們則會將海水當作免費的瀉藥。羅素建立了其關於海水療效的理論，於一七五〇年將二十多年來所集結的想法與經驗呈現於一本拉丁文專書當中，三年後於牛津以英譯出版。[40]身為荷蘭萊頓大學醫學教授赫爾曼・布爾夫（Herman Boerhaave）學生的羅素，除了受益於課程外，也從與老師的談話中獲得許多關於海水療效的想法。此外，他也明顯深受物理神學理論影響，試圖將自己的醫學理論歸類為自然醫學。在醫學對抗菌研究盛行的時代裡，與英國軍醫學之父約翰・普林格爾（Sir John Pringle）、外科醫生詹姆士・林德（James Lind）與愛爾蘭醫學家大衛・麥克布萊德（David MacBride）同期的羅素深信，造物主早已在大自然裡提供了抵抗物質腐爛的天然機制，例如大海便完美地以不同的方式體現上帝對抗腐化的偉大設計。首先，海水裡的鹽分能有效防止、減緩動物屍體腐敗。[41]此外，造物主也賦予海水使人類腺體排出變質體液的功能。關於海水促進腺體代謝的觀點，羅素依據的是古典醫學「體液互補性」（alliance mutuelle）的原理，他寫道：

> 因為人類身體的創造者，已預知有些個體可能遭遇意外事件，或個體本身體液的流動循環就相對不順暢，所以祂就事先在人類身體裡安排不同種類的體液，使其彼此能相互協助。當其

中一種體液被阻礙無法流通時，其他體液便會前來支援，人類身體便能舒緩。事實上，大自然就是以這類型的天然機制治癒了許多疾病，這也就是為何大自然可謂**治百病的神醫**。[42]

只要有自發性的調節能力，大自然本身就能自行對抗疾病，醫生們也僅需效仿大自然在沒有人為介入的狀況下所採用的天然機制來治療病患。[43] 羅素的治療手法也反映出十八世紀的醫學對腺體系統的共同重視，[44] 羅素不僅認為海水可減緩身體內的腐化速度，還可溶解「硬化的體液」，同時「清潔、保護腺體系統，防止不潔的黏液」。[45] 簡而言之，海水的特殊療性使醫生們更能掌控病患體液的流通。與此同時，海浴也想當然具備冷浴療效，可「使身體組織更具彈性，進而使病患全身充滿活力」。[46]

羅素的理論衍生而出相應的治療策略。他建議病患每日浸泡於海水一回，且早上飲用半品脫的海水，浸浴完後再飲用半品脫。必要時，也可藉岩石上現採的海藻來按摩身體，還可使用預先加熱的冷卻海水來沖澡，亦即所謂濕敷法（fomentation）。

羅素對海浴的叮囑指示從他對海水療效的理論分析而來。尤里比底斯（Euripide）的《依菲革涅亞在陶里克人中》（*Iphigénie en Tauride*）中，一句「大海洗淨、清潔所有人類穢物」[47] 便完美地濃縮羅素的信念，該句不僅是他著作的題詞，更被刻在他的墓碑上。對羅素而言，漁夫們健康的牙齦證明了含鹽海水的防腐特性，海水是當時效用最佳的牙膏。面對任何屬古典醫學中「體液腐化而導致發燒」的案例，他都會將海水列入其處方箋，也會用海水來治療與腺體功能異常相關的疾病。他還認為海水對體虛之人有益，會建議患者選擇適合他們性格的沙灘，並遵守他所研擬嚴格的衛生習慣。

羅素的療法呼應到了當時社會的廣泛需求。在短短幾年內，身為布爾夫門徒的羅素的顧客量激增，他豪華別墅所位在的布萊頓海水浴場也很快風行開來。直到五十年後，許多上層階級的英國家族仍舊嚴格遵守身為大海先知的羅素所列舉的醫囑處方。然而，羅素一七五〇年代的著作也激發了不少爭論，但批評羅素的同行大多針對他治療手法進行討論並增列注意事項，或適度調整其處方箋的內容，而不是對他治療手法本身採取根本性的批判。這意味著羅素的競爭者竭盡所能地去細緻化標準性的海水療法論述，而不是去全然否決海水的價值。[48]

一七六六年，法國波爾多的學會更是以海水療效為主題，舉辦一場醫學論文競賽，首獎由法國醫生馬雷特以《論淡水、鹹水浸浴法的實踐》（*Mémoire sur la manière d'agir des bains d'eau douce et d'eau de mer et sur leur usage*）一文贏得。[49] 根據馬雷特的論文，海水浸浴有著和其他冷浴（水溫介於攝氏十二到十四度）相同的功效，不僅能降低體液量，使已受海鹽激化的分泌物排放量增加（亦即馬雷特所謂海水的利尿功能），也具有有效疏通腺體與內臟的效力。除此之外，馬雷特還列舉出海水的其他療效。馬雷特更特別強調浸泡對神經系統造成的衝擊的有益影響，在描寫時借助了浪漫美學壯美概念的語調：

> 深邃的大海之所以駭人是因為它總能激發人類擔心被海水蓋頂的恐懼。一旦人們自認不會被

捲入海水中時，海景對人身心的影響力就會大幅下跌。然而，**如果人在沒有任何心理的準備與預防之下被迅速扔進海水**，他全身上下將體驗到一種不可思議的震驚感。這天外飛來的一舉**驚嚇了他的靈魂，讓靈魂恐懼起與近在咫尺的身體分離**，也使其鬆手了掌控身體的韁索。這導致了神經體液開始不規律地放射，而掌管思想的器官以及與神經系統相關的臟腑也將經歷起一連串的變動。若病患愈膽小或愈覺海水將奪命，海水浸浴對其身體所造成的波動紊亂也就愈明顯，改變也就愈多元。[50]

以上段落也有助於理解為何馬雷特會提倡「瘋癲之人」（phrénésie）、性成癮者與疑病症患者進行海水浸浴。在其首獎論文當中，馬雷特細緻化了前輩羅素的醫囑，繪製出了一套直到十九世紀中葉都還被使用的海水療法模型：病患在迎擊浪花前需有適當休息；於快日落時在陰影處浸泡於海水；[51]應該精力充沛把自己扔進海裡；在身體出現二次寒顫之際（至多入水後半小時），得立即上岸；必須事前叮囑「提供必要協助的專員」，[52]請專人準備張舒服的床鋪以利出水後的休息。此外，馬雷特也忠實遵造希波克拉底與蓋倫的醫學傳統，禁止病患在飽腹或出汗時浸浴，也得避開傳染病流行期，婦女也不建議在經期來臨時入水治療。馬雷特所設計的療法模型涵蓋約莫三十至四十次的海水浸浴，在他看來，秋天也被視為最佳的浸浴季節。

在波爾多醫學論文競賽的一年之後，英國醫生約翰・奧斯特（John Awsiter）[53]也發表了有關海水浸浴的注意事項，尤其是強調外海的危險性。身為羅素競爭對手的奧斯特，為了使體弱多病的患者不論季節一整年都可接受治療，首先提出在海水浴場設置熱浴設施的想法。奧斯特認為剝奪病患享受熱浴的療效很可惜，認為熱浴可使患者毛細孔打開，進而有效淨化身體裡的各種器官。他對熱浴療法的提倡預示了十八世紀末冷浴熱度的衰退。另一方面，繼孟德斯鳩之後，[54]奧斯特也再次讚揚起海水令人驚訝的生命力。在當時海水浴療的醫學論述當中，處處可見古老維納斯身體誕生於海浪泡沫精液的意象，海水浸浴因而被用來治療不育症，醫生們不僅鼓勵陽痿男性在海中浸浴，並叮嚀他們定期食用使水手身體「陽氣興盛」[55]的新鮮海魚。

上述種種的醫學論述都在在證明，十八世紀中葉後所興起的海浴風潮是從一項醫學治療的計畫中而來。醫生們仿造當時非常流行的溫泉療法，為病患在海濱立下了一本真正的醫療處方，自此海水浸浴變成是項極度規範化的活動。很快地，在每一個海水浴場均會有一個隸屬市府的專屬機構，負責調節海水溫度並提供各種醫療處方所規定的必要服務。[56]

到了十九世紀初，新一代的醫生並沒有澈底改寫上個世紀所確立的海水療法模型，因為他們特別關注淋巴系統與神經維生系統症狀（neuro-végétatif）*有關的疾病，再加上病理學對淋巴結核患者的大量研究，以及人們對腺體疾病的幻想性恐懼等。此時海灘遍布淋巴結核病人，[57]當時哲學生機論（vitalisme）對西方社會日漸壯大的影響力，也鼓勵人們求助於海水的療效，與此同時西方世界也出現愈來愈多支持海水藥效學（pharmaco-dynamique）功能的聲音。[58]然而，醫學對病患委靡不振原因的大量研究，再加上城市化的快速發展，以及領導階層對其基因資本的重視等因素，都相繼強化西方社會固有的焦慮。相較於上個世代，人們比以往任何時候都更期待大海的療效，醫生們會利用海水為佝僂病的孩童提供元氣、使萎黃病少女再次容光煥發，或為不孕的婦女帶來一線希望。海水浸浴療法還能調節女性月經週期，以治療當時所謂的「白花點點」（fleures blanches），**甚至被醫生們視為對抗婦女暈眩最有效的解藥之一。

此外，醫學家們也愈來愈了解動物身體是如何產熱。蘇格蘭內科醫生詹姆士・庫里（James Currie）就於一七九七年進行了項非常精準的實驗。[59]庫里將男女病患各自浸入海水當中，在測量其體溫與觀察其反應後獲得了以下結論：一開始，病患體溫會短暫地下降，隨後其身體會自行取暖升溫，最後會又再度冷卻。庫里的結論也進而證明上個世代醫學對浸浴時間限制的合理性。此外，海水的藥理特性也在不久後被法國化學家安東尼・巴拉德（Antoine Jérôme Balard）證實，因為他發現海水中含有溴與碘等重要化學元素。

醫生們對海水療效的發現很快地牽動起醫學上沙灘的發明。新希波克拉底氣象學與古典時代的泉水療法（balnéothérapie），都是影響當時醫生們定義理想水療海灘背後的重要理論。自此，健康的沙灘成了西方醫療地形學（topographie médicale）研究裡的一大主題。起初，水療沙灘的基本要素是由羅素醫生草擬，他在一封與友人弗里溫的信中，勾勒出理想海濱浴場的模型：[60]首先，海水浴場必須非常「乾淨整齊」；浴場得建立在遠離河流出海口的地方，以確保海水鹽分不受淡水稀

* 編按：英文為neurovegetative system，為憂鬱患者會有的神經症狀統稱，包括睡眠障礙、食欲不振與認知功能下降。

** 編按：白花點點為當時形容性病的委婉說詞，藉由感染性病後會出現的白色月經體液來代稱。

釋且浪花衝擊力不被河流削減；此外，理想的海灘必須具有「平坦的沙地」以便浸浴車輛（voiture de bain）運行；海水浴場旁也得有能使病患騎馬或漫步的懸崖與沙丘。對羅素來說重要的是將海水浴療法結合十七世紀末英國醫生西德納姆以及古典時期醫生都提倡過的戶外運動。然而，引人好奇的是，羅素卻隻字未提游泳。

繼羅素後，同行們也接續更細緻地描繪理想的沙灘，在海灘土壤質地與海濱空氣品質的要求上比羅素定義的更精確。其中，一七六一年英國醫生安東尼・雷爾漢（Anthony Relhan）[61]所撰寫的一本分析布萊特赫爾姆斯通（Brighthelmstone，布萊頓舊名）浴場優點的著作就極具代表性。雷爾漢寫道：布萊特赫爾姆斯通因其石灰岩土壤以及周圍不帶任何沼澤或樹林的緣故，沿海穢氣量非常低，而浴場附近的海濱懸崖也抵禦了寒冷北風，驅散了薄霧與霧氣，使沙灘上僅存對病患有益的海風。此外，根據他對當地出生與死亡率的親自計算，他也發現人口統計學的數據再次證實布萊特赫爾姆斯通海水浴場優良的乾淨衛生環境：因長期在大海捎來的濕氣下生活，並保有在沿海地帶涉水步行的習慣，當地的人均壽命遠高於全國平均值。在當時，愈來愈多的醫學研究投入沿海地區，不計其數的專家們比對海岸線上各個地帶的優缺點，甚至聲稱進行了嚴謹的科學分析。此現象使日後英國任何新海水浴場的創建或宣傳，都得仰賴這類型醫學研究的加持與推廣。為此十九世紀初的小說家珍・奧斯丁（Jane Austin）以及美國衛理公會神學家威爾博・菲斯克（Wilbur Fisk）都曾嘲諷過上述荒謬的程序。[62]

對醫生們在上述研究中用字遣詞的精準性十分有趣，從他們對浴場環境的描寫以及病患浸浴的臨床紀錄當中，都可發現他們對病人體感印象的傾聽與重視。隨著時間的推移，海水浴場的優劣區分也因而確立。英格蘭的南海岸，尤其是薩賽克斯郡（Sussex）漸漸成為海浴治療的首選，因為南海岸不受北風侵擾，僅有微微吹拂的海風，其海濱也更顯風和日麗，早晨太陽還可驅散沿海霧氣。此外，海水浴場的空氣濕度也是影響海水浴場優劣的關鍵之一。[63]在布萊頓、斯卡布羅、義本（Eastbourne）、紐奎（Newquay）與大雅茅斯（Yarmouth）等地的空氣便特別清新，當地溫煦氣候也有利海濱浴療者進行戶外活動，也因此廣受多數病患青睞。其餘如伯恩茅斯（Bournemouth）、法爾茅斯（Falmouth）與拖基（Torquay）的海水浴場，因具有利於休息的舒緩空氣，所以一般會建議處於休復期或有衰弱體徵的病患前往。

科學家們樂於在同一浴場裡的不同區域間實踐他們的分類與療效分布，如許多極具趣味的專門研究都在探討布萊頓沿海地帶不同地段的治療效益。這類型的醫學論戰在日耳曼最顯激烈。自一七九三年起，日耳曼開始著手建造第一批海水浴場，醫學家們也因而大量討論、比較波羅的海（Baltique）、北海、巴特多波蘭（Doberan）與諾德奈島（Norderney）[64]附近海域的優劣性。而在二十年後波旁復辟時期（Restauration，一八一五年至一八三〇年）的法國，醫學家之間也存在支持第厄普或布洛涅（Boulogne）海水浴場的分歧，但都較日耳曼醫學的筆戰來得溫順緩和。[65]

人們愈來愈重視空氣品質的同時，對海水療效的關注也就相對減低。由於法國化學家安東尼・拉瓦節（Antoine Lavoisier）的理論盛行，一七八三年後醫學家們開始注重起氧氣對身體的重要性，社會也出現愈來愈多對肺結核的焦慮，霎那間，呼吸順暢成為最重要的事情。以上種種因素都使西方世界對海灘的好感大幅漲大。早在法國化學家尚—巴蒂斯塔・杜馬斯（Jean-Baptiste Dumas）與尚—巴蒂斯塔・布珊高（Jean-Baptiste Boussingault）之前，荷蘭科學家詹・英格豪斯（Jan Ingenhousz）便透過精密的研究指出海洋具有世界上最純粹且含氧量最高的空氣。醫生們也因而開始齊聲提倡小船漫步或島嶼旅居等治療手法，誇大了島嶼旅居的療效，呼應了浪漫主義時期對島嶼逐漸漲大的嚮往與熱愛。事實上，一八〇四年布坎醫生以薩尼特半島為主題的著作就充分展現出這種氛圍，他寫道：首先，病患來到薩尼特半島是為了享受當地舒服的新鮮空氣。在這個匯集各種世界組成元素的地點，病人最期待的就是海濱空氣所帶來的治癒力，其次才是海水所帶來的療效。至於太陽在薩尼特半島的唯一功能，則是加速氣體的蒸發以淨化空氣。早上十點後，病人會因擔心過強日照導致頭臉充血的現象，因而遠離曝曬的區域，這也是為什麼遮蔽之地會是決定良好浴場的指標之一。[66]然而，陸地仍充斥著各式隱憂（如沼澤樹林所揮發的骯髒蒸氣），而白堊岩之所以被認為是最乾淨煙源岩（roche-mère）的原因，也是因為它所蒸發的氣體量最低。

慢慢地，理想沙灘的輪廓也日漸清晰，色彩也截然不同。隨著西方社會對風景賞析的熱愛與起，當時的醫生們開始頌揚起「美麗海景」為病患所帶來的益處。人類對海景美學感受力的提升，也反映在英國伯恩茅斯海水浴場的建造設計上，而在伯恩茅斯浴場開幕的十八年後，創建新布萊頓（New Brighton）海水浴場的英國利物浦商人詹姆士・阿瑟頓（James Atherton）也刻意建造能看到大海的民房。[67]

在理想海水浴場逐漸明朗化的同時，關於海浴療法道德訓誡論述也逐漸強烈。在海水浴場，病患能遠離城市穢氣、汲取最純淨的空氣，日日享有大海無邊際的景致，規律性地體驗大海浸浴所帶來的有益衝擊，還能時不時運動鍛鍊以強壯身心，並毫不後悔地忘卻曾有的不倫之念、屏除過去不正常的生活方式。十九世紀的法國醫生儒勒・樂柯爾（Jules Le Cœur）就曾表示，沙灘能使人「回到最初的天真無邪」。[68] 許多知名貴婦或面似嚴肅的男士都樂於在海灘上撿拾貝殼礫石、水草枝條或褐藻。沙灘喚醒了人類的良知，也潰退了他們的懷疑。不論乾燥或濕潤的沙灘都能激發起神學家們對大自然天真的驚奇，也誘發了十九世紀匈牙利精神分析家薩德・費倫齊（Sándor Ferenczi）提出的心理退化（régression）的欲望。*

到了一八四〇年代初期，歐洲鐵路直通沿海地帶，以盈利為目標的商業系統開始改寫海水浴場原有的樣貌，布萊頓也因而成了世界首個療養院（sanitarium）。[69] 此時，西方社會充斥著各種沙灘形象與對沿海地帶的迷思，各式海灘的刻板印象也彼此交雜競爭。對世界組成元素的品質、特殊地形的療效、醫療設施的好壞、濱海度假村所提供的社交生活與文化活動的豐富性，成為一系列鑑定優劣的指標。為了幫助海水浴療患者，庫里醫生便於一八二九年出版了一本海水浴場型錄，同時也是本旅遊導覽，來介紹所有西方世界的海濱以及各式熱帶氣候的沿海環境。[70]

---

* 編按：費倫齊的理論直譯為「回歸子宮」（regressus ad uterum），此處費倫齊將大海比喻成子宮，指出子宮中舒適的羊水環境以及生命起源的象徵，正如同大海，因此人們對大海或海岸趨之若鶩的心態，正是因為人們渴望回到最原始的子宮之中。

現今的讀者難以理解十九世紀西方社會對海水浴場龐大且複雜的文獻書寫。從那時起，西方世界欣賞大海、陸地、空氣與太陽的視角都有所變革，如對冷熱溫度的容忍極限或對舒適度的重新定義等。最重要的是，共同的審美觀也有了革命性的轉變。

海浴與沙灘上的自我實踐：浸水窒息時的曖昧愉悅

醫生與浸浴患者都認為浴療性海水有三項必備特質：一、冰冷或至少能使身體感到沁涼的水溫；二、含鹽的海水組成；三、帶有紊動的水流。在浸浴過程中，患者的歡愉源自海浪的鞭打，[71]他們會盡情享受海洋的強大力量。這種迎擊浪花的浸浴方式是崇高美學的一部分：在面對暴力浪潮的同時，浴者卻沒有任何生命危險，可踏實地接受海浪全部的衝擊，享受可能被捲進海中的假象。這也就是為什麼海水浸浴療法必須具備一定的安全性考量：醫生會對病患作清楚詳細的規範指示，病患也必須在專業浴場人員的陪同協助下進行治療，[72]而海水浴場的沙地坡度也得被精確地計算分析，種種措施都是為除去浸浴過程中任何潛在危險，使浸浴的過程只留下海水衝擊所帶來的興奮與不安。然而，在浸浴時，浴者並未有選擇的自由，醫生已詳盡擬定浸浴季節、時辰與時間長度、每季浸泡總數以及戶外運動的地點。

醫學家們利用兩個互相對襯的浸浴模型，加強了醫學論述所強調兩性身體本身的差異。對於一般女性患者，包括少女孩童、慢性病患者、恢復期病人或膽小病者來說，海水浸浴所激發的衝擊之情，源自驟然浸沒於海水的瞬間，這種暴力入水的舉止會重複進行直至病患身體再次寒顫。在海浪拍擊之際，「浴場專員」會將女性患者浸於水中，並會小心翼翼按頭入水以製造類似窒息般的感受。即便如此暴力之手法曾激起一批醫生的憤慨，[73]卻依然盛行於法國諾曼第的第厄普、日耳曼東北部的巴特多伯蘭（Doberan）海水浴場，以及許多英國的海灘等地。然而，兼任嚮導的浴場專員們卻非常熱衷於此，因為這合理化了他們職業存在的必要性。浴場專員的主要工作即確切執行醫生指示，有時醫囑甚至會非常明確地標示患者所需的浸浴次數。隨著時間的演進，醫生對海水療養者的處方也日趨細節，浴場專員的工作內容也就相對愈來愈複雜。在法國布諾涅海水浴場的醫生皮耶・伯特蘭（Pierre Jean-Baptiste Bertrand）就曾提出患者各部位「迎擊浪花」的方式。當時的讀者也可藉由法國醫生樂柯爾於一八四六年所出版、長達八百七十頁的治療手冊來學習各種海浴治療的細緻手法。弔詭的是，自十九世紀中葉起，許多病患漸漸擺脫醫師嚴格的指令，開始採用各自的浸浴方式，與此同時海浴療法卻也逐步走向規範、制度化的道路。

殘忍地將病患頭部浸入約莫攝氏十二至十四度的海水，帶來一陣強烈的衝擊。正如法國哲學家米歇爾・傅柯（Michel Foucault）所言，這種做法是西方用來強化病人身體之技術，類似鋼鐵淬火硬化的技巧原理。驟然浸浴的強烈衝擊直接作用於掌管情緒感受力的橫隔膜之上，隨後，在病患上氣不接下氣而快窒息之際，陪同的浴場專員便會用力摩擦病患身體，直到她甦醒並不再感到寒冷。在病患頭部潑灑海水的手法也具有相同目的，一般而言，患者的傭人或浴場專員會事先舀取十幾盆的海水，並在沙灘上執行潑水流程。[74]當浴場專員認定患者身體已習慣海水，他便會任由病患在海水裡跳躍激起水花，或在浪潮中磨蹭身體。

上述鍛鍊身體的流程約莫持續五至十五分鐘，鮮少二十分鐘且絕不超過半小時，病患可在浸浴的過程中體驗「多重感受」。[75]值得一提的是，女性患者（尤其正值花樣年華的少女）在海邊浸浴的景象，也悄悄變成了描繪肉欲快感的創作題材：女性患者在男性浴場專員厚實的臂膀之下，靜待強大水流湧入體內，並在快窒息的瞬間發出陣陣嬌嗔，這些現象都在在暗示著性交行為，法國醫生樂柯爾甚至曾擔心這種相似性會使海水浸浴變得低俗。[76]無論如何，這種浸浴手法都能使面容蒼白的少女們身體硬朗，讓她們更能面對惡劣的氣候環境，且事先為青春期的焦躁不安與生產時的痛苦折磨作準備。在法國市鎮府尚未建立之前，法蘭西第一帝國時期（Premier Empire，一八〇四年至一八一四年）的許多貴婦就有「帶年輕女兒至諾曼第的第厄普海濱浸浴」[77]之習慣。此外，有些醫生們也冀望藉由潮汐規律的運動來幫助女性的經血正常流通。早在米什萊之前，法國醫生尚・維爾（Jean Viel）就曾提出海水週期性運動對女性患者月經週期的效益。[78]

不論少女或兒童，只要一想到身體即將被淹沒「於拱起的浪潮底下」，均會產生極度的焦慮甚至恐懼，這也為他們第一次的海水浸浴增添了成年儀式的色彩。有時，醫生們會禁止太過膽小的孩童浸入大海，因擔心會引發抽搐反應。[79]有時，醫生們會利用一些安撫病患的假動作伎倆。在一八二六年的布洛涅浴場，伯特蘭醫生為治療一位想到海水就會發抖的少女，便牽引她「沿著河流其緩慢朝海港前進，使其逐漸適應海景」。[80]文學小說裡也經常出現作家們對女性患者浸浴的描寫。

在珍・奧斯丁未完之作《桑迪頓》（*Sanditon*）裡，其中一位女主角便對海邊浸浴一事感到萬般恐懼，在她被置入海水的瞬間，便大喊呼求周圍友人的精神支持。法國文豪雨果長女利奧坡丁・雨果（Léopoldine Hugo）也曾詳細地在信件中，描寫妹妹阿黛爾・雨果（Adèle Hugo）於一八三九年在諾曼第利哈佛（Le Havre）海濱首次浸浴時的震顫與激動：「黛黛反應很劇烈，不停哭喊顫抖，甚至揮舞亂抓，要求我們立即把她帶回岸上，我們立刻將她帶回船艙，讓她在試衣間更衣著裝」。[81] 不久後，在另封她們外公皮耶・富歇（Pierre Foucher）的信件當中，他才透露怕水的阿黛爾，最後終於在一八四三年成功克服曾被叔叔認定的膽小病症。

事實上，這種淬火壯身的海水浸浴手法對當時的少女患者非常有效。在布萊頓的弗朗西斯・伯尼（Frances Burney，亦稱范尼・伯尼〔Fanny Burney〕）不僅沉浸於浴場當地的社交活動，也會一大早在當地友人的帶領下前往海濱浸浴。十一月二十日星期三，她便寫道：「海絲特・賽爾（Hester Thrale）與她的三個女兒還有我都在六點起床，在炫目的月光下走向海濱。我們已事先知會浴場專員做準備，隨後我們便跳進了大海中。海水雖冷卻舒服，由於我已養成浸浴之習慣，早已不再對海水感到恐懼。現在海水浸浴賦予我的只有歡樂與活力」。[82]

相較於以上針對女性的浸浴療法，老練的男性患者的浸浴截然不同。若男性病患也得求助浴場人員的服務，其實是為安全性考量以及迎合當時貴族自命不凡的性情。[83] 實際上，男性顧客和浴場專員關係非常疏離，他們有相對高的自主性，而「嚮導」（guide）頂多給予他們浸浴建議或安全提醒，唯有緊急必要時才會威嚴地執行，如照顧英國國王喬治三世（George William Frederick）兒子的浴場專員，就因覺得太子威爾斯親王的游泳方式過於魯莽輕率，[84]且擔心國王可能對他的責備，才毅然決然拉著王儲的耳朵將他帶回岸上。上述僅屬特例，多數男性顧客依舊能自主性地迎擊浪花，用海洋的力量來檢驗自己的身體能量，享受被捲浪鞭打的快感，[85]與跳潛入水時所獲得的歡愉，使他們的海水浸浴化作摹擬死亡與戰勝海浪的特殊體驗。一些年輕的浪漫主義者更偏好獨自迎擊浪花。在隸屬丹麥島嶼上的日耳曼詩人腓特烈・斯托爾貝格（Friedrich von Stolberg）以及在蘇格蘭亞伯丁（Aberdeen）海域的作家喬治・拜倫勳爵（George Gordon Byron），兩人年少時均非常熱愛這種與海浪相互比力、使身體筋疲力竭的浸浴方式。

男性患者獲取歡愉的浸浴也呼應著當時西方的游泳形式。對於當時的理論家來說，游泳並不是與水元素的動態交流，更不是在海浪與海浪之間的嬉戲打鬧或滑行。反觀，游泳在過去一直被認為是人類使盡渾身解數來抵抗被水流淹沒的舉止、是人類活力的展現。此觀點也使游泳被視作「以蠻力取勝且消耗體能的活動」，[86]甚至被二十世紀法國哲學家加斯東・巴舍拉（Gaston Bachelard）認為是人類向水元素的世界所掀起的挑戰，因為游泳的人必須將自身身體維持在水面之上。醫生們也深信，涵蓋游泳的浸浴手法對男性患者極為有益。西方社會的游泳方式，在過去是由對淹沒世界的大洪水長久以來所抱持的恐懼所定義，認為人類天身無法浮出水面或在水裡前行的信念，更加劇了這種想法。當時的理論家們認為，人類在游泳時應竭盡所能防止呼吸系統進水，並試圖維持一吸一吐的正常韻律，唯有仿效青蛙於水中重複跳動的模式並使勁力氣，泳者才能抵抗其頭部下沉的夢魘。此外，他們也鼓吹男性浴者應繃緊神經、全力以赴地游泳，並勾勒了一個男性在水中性交的陽剛形象，以對稱女性患者在被劇烈浸入水中時所體驗到的激動與震顫。

這種被稱為「游泳浸浴法」的男性病患的浸浴模型，也和當時剛萌生的體操相吻合，目的都是為了讓人充滿活力。在這個浸浴模型中，人類身體是一整個力量構築的網絡，[87]不僅反映出當時氣動化學（chimie pneumatique）和呼吸系統生理學對醫學家們耳濡目染的影響，還能賦予患者身體一種特殊的快感，亦即巴舍拉所謂「暴力的體感歡愉」。[88]

在上述海濱浸浴的史前史裡，有兩種截然不同的性別角色，在配備長柄式望遠鏡的觀眾注視下，在沿海地帶的舞台上演：女性患者被局限於淺水處，假裝面對浪花的迎擊，彷彿隨時都準備逃離浪花暴力的突襲。她們始終徘徊於浸浴車轎周圍，有時甚至會與「浴場專員」一同藏匿於帳篷的帆布底下。然而，車轎帷幔和帳棚門簾透光的可能，還是會造成她們對被窺視或洩密的恐懼，更戲劇化了海水浴場中的偷窺遊戲。當時西方世界中興盛起的婦女廉恥觀，[89]讓女性病患不是感受到被窺視的強烈痛苦就是沉溺於醉人快感。布爾喬亞的女性無法想像自己跨越私領域疆界、在公共場所拋頭露面，對她們而言，儘管只是在浸浴車轎裡披頭散髮、赤腳、露出腰間、有著和親密之人接觸時的穿著打扮，仍是極為不真實的感受。現今的讀者必須體會當時對女性腳踝與秀髮所抱持的情色幻想：當她們獨自赤腳踩踏沙灘時，就已可被視為一種感官的邀請，毫無意識地成為手淫的替代品。也因此，相較於習慣社交生活的貴族女士，長期被規範且限制在家庭環境裡的布爾喬亞女性更能透過醫生所指示的浸浴療程，獲得突如其來的自由與意想不到的歡愉。

反觀，男性病患則在海濱浸浴時上演了一幕幕勇敢的場景：他們必須在浸浴的過程中展現英勇之姿，在承受海浪的猛烈撞擊、感受鹽水帶來的刺激後，像英雄般地出水。在即將跳潛入水之際，他們感受到類似勃起的陽剛之氣，且對他們來說周圍女性都是欣賞他們半裸英姿的潛在觀眾，更加劇他們的興奮之情。由於某些海水浴場規定男女不得共處一灘，以致於當時女浴者們極有可能似伊斯蘭後宮場般被集體局限於特定地帶，對男性浴者而言，女性在海灘上的群集浸浴（尤其是許多容易受驚的年輕處女），更激化他們原有的快感。以上種種都解釋海灘上望遠鏡的偷窺遊戲盛行之原因，據許多目擊者表示，這是當時在海濱的男性最喜歡的消遣娛樂。一七九六年，布萊頓一位浴場專員就寫道：當地男性浴者們一直明目張膽地在偷窺浸浴中的女性，「不僅在她們慌亂出水之際，連她們在海水裡手舞足蹈、躺臥打滾或步行於海灘泥濘時亦如此，彷彿那些女浴者們是穿著法蘭絨布料的水泉女神那依阿德斯（Naïades）」。[90]

一些男性浴者藉由偷窺活動部分地擺脫了海水浴療法的醫療規範，這也使得西方歷史學者們不得不納悶：在醫學使用海浴療法造成流行之前，一些自發性尋求愉悅快感的浸浴方式是否可能早已存在社會領導階層中？歷史學者們是否受史料所害而誤認了米什萊所謂西方「在一七五〇年之後才發明大海」的論點？實際上，許多史料都在在證實了以上針對研究方法的質疑，然而這些證據卻也同時凸顯了先驅式浸浴無法擴散流傳的原因。

如根據史料記載，早在十七世紀的英國，溪流游泳就已屬紳士階級的田野運動項目，且很快就延伸了類似的沿海地區活動。在一七三五年的斯卡布羅海灘，英國人也早就開始在浸浴車轎中入水。隔年，英國牧師威廉・克拉克（William Clarke）也寫下夏日在布萊頓歡愉海浴的開山之作，在七月二十二日與友人的一封信中他寫道：「近來，我都在布萊特赫爾姆斯通的沙灘上享受日光……。我每天早上都會下水浸浴和採買鮮魚，晚上則是騎馬參觀薩克遜人（Saxonne）過去於此的紮營之地，並細數停泊在港口與出海拖網捕魚的船隻數量。」[91]克拉克不僅是牧師，還是一位孤獨的海濱先驅，也極有可能是英國物理神學的忠實信徒，他將紳士階級的田野運動帶到沿海地帶，為日後海濱度假村奠定了基礎。一七九五年，在菲尼斯泰爾（le Finistère）之旅的尾聲，法國作家雅克・坎布里（Jacques Cambry）也曾與東道主一同於金黃沙灘享受「醉人海浴」。[92]然而，類似上述人類自發性且零星散布於西方世界的浸浴活動，很快就會被囊括併入逐漸被系統化、規範化的海水浴療法當中，而為了防止性別混雜、消弭無政府狀態般的浸浴行為對個人社會地位的威脅，一般民眾僅能遵守被極度限制的海浴模式。[93]

海浴療法的優勢地位，決定了使用沙灘的行為舉止。人們前來海灘並非為了日光沐浴，因為太陽光線會導致臉部充血通紅、肌肉纖維乾癟，或使自己有著和工人階級相同的膚色，更別提這些光線所導致的不適感。在海灘上，人們鮮少躺臥，多數選擇漫步或盤坐，由沙丘或懸崖小徑延伸而出的沙灘，不僅是人們散步與聊天的最佳場所，家庭的核心成員還可於此再次匯聚交流。在馬術愛好者眼裡，沙灘極為平坦的表面非常適合馬隻自由奔走，著名海灘上更是處處可見愉悅奔馳中的騎士，能每日騎馬是海灘驅使他們造訪的主因。[94]

以上解釋了為何人們如此重視海灘沙粒的品質，因為在非乘轎之際，[95]他們會赤腳感受沙灘。沙地的堅硬程度是他們鑑定海灘的重要指標之一，他們認為唯有穩固的沙地，方能讓人們安全騎馬，也能讓即將跳潛入水的浴者安心與踏實。威爾斯博物學家湯瑪斯・彭南特（Thomas Pennant）就曾表示，斯卡布羅浴場因具「細小且堅硬」[96]的沙粒而堪稱理想海灘。沙粒必須讓人感到舒適，不能有任何「混濁的元素」，意即沙灘上不能有任何讓人不愉快的淤泥，避免患者在海灘滑倒、弄髒。[97]在這方面，比起海灘整體的品質，人們更看重沙灘的性質與坡度的規律性。

過分鬆散的沙地也不是海浴觀光客的首選。英國雕刻家塞繆爾・愛爾蘭就曾為此抱怨席凡寧根的沙灘，因為其鬆散的沙土使他難以漫步。然而，人們並不厭惡沙灘上的鵝卵石，只要不阻礙漫步前行，他們都非常喜愛混雜著貝殼小石的沙地。整體而言，質地均勻的沙地始終是最理想的海灘形貌，因緊實的沙粒是不會藏匿能割腳的尖石。

若海浴療養者離官方所劃定、具有嚴格規範治療手法的浸浴區域很遠，他們就必須自行涉獵浸浴地點，亦即尋覓沿海地帶最符合他們性情的區域。一七六三年，為行海浴治療的英國作家斯莫利特造訪了法國布洛涅沿岸，他在海濱的所作所為充分反應出英國醫生們對選擇符合病患性情的浸浴地點的重視。[98]由於當時醫學著迷於病理學所強調個體個別的特異質反應（idiosyncrasie），*醫生們便會鼓勵患者尋找和自身相匹的浸浴地段。樂柯爾醫生就曾建議病患在退潮時前往沙灘，以探索在海水升漲時適合自己的浸浴之處。[99]

在海灘上，決定去游泳的人面對海浪的擔憂會關鍵性地決定他們的行為模式，而他們的舉止也和沙灘上散步之人有著明顯分歧：海浴療養者在指定好的時間裡會換上浴衣、不再等候，帶著堅定的眼神朝海浪前行；這是一個集中精神的時刻，而療養者也準備了各種預防措施；他們害怕著冰冷的海水，亦畏懼著強烈的日光，竭盡所能地想讓自己感到舒適。海浴療法的模型是為了習慣被伺候的有閒階級所設計，這些人通常都很虛弱，為了恢復身體活力而造訪自然，但他們與海水的接觸過程也想當然得符合他們平日奢侈的生活習性。因此，醫生們便細心考量了貴族階級情感，特別規範了一系列符合他們需求的治療手法。當時的科學家們相信，患者的社會階級（以及性別、年齡以及個性等）皆會影響他們在浸浴過程中的反應，而醫生們也會針對不同病患盡力調整醫囑處方。[100]

對私領域的重視與維持社交距離之必要，在海濱也未被泯除，從浸浴車輛的使用與浴衣的設計中可見一斑。海浴療養者所乘坐的浸浴車輛最早出現於一七三五年一幅描繪斯卡布羅海灘的版畫作品。[101]隨後，在英國的馬蓋特（Margate）海水浴場更是處處可見由英國版畫家班傑明・比爾（Benjamin Beale）所設計的浸浴車輛。一七六八年，此浸浴車輛模型遠傳至英國北海岸的洛斯托夫特（Lowestoft）海灘。為了提升對女浴者隱私的保護，浸浴車輛更是在英國的韋茅斯（Weymouth）、斯卡布羅、馬蓋特以及日後比利時的奧斯滕德（Ostende）等浴場，添加了布匹覆蓋的設計。然而，上述保護隱私的車輛設計，卻未在充斥著望遠鏡遊戲的布萊頓海灘舞台上演。

在著名海水浴場的沙灘上，患者都必須事先在一艘極為不舒適的小船上等候浸浴車輛接送，[102]使許多已深怕「將身體浸入海水」的病患更為驚恐膽怯。車輛的舒適程度取決於不同的內在設計，

* 編按：意即每個人所獨有的反應，可能攸關個人免疫反應、遺傳基因等因素，而對不同的醫療處方反應不同，現今醫學多半用來形容藥物過敏。

各種車轎內都帶有長凳（大多附有絲絨軟墊）。一旦車轎來臨，浴者便會用掛立於其後方的小型階梯攀爬入上。在轎子裡有毛巾、乾淨浴衣，有時也會有出水時所需的長袍或斗篷，以及用來擦洗身體的毛刷、脫靴板和更衣鏡，這些即浸浴車轎內的全套設備。[103]浴者所乘之車轎會緩慢往海水移動，直至水深約莫二十公分處駐留。抵達目的地時，浴場專員有時會為了避免女浴者被強烈日光照射或被長柄望遠鏡窺視，[104]而豎起棉布帳篷。隨後，他們便會先小心翼翼地協助顧客爬下車轎台階，再用力緊抓病患將其頭部與身體入水。浸浴結束後，病患會在顛簸的回程車轎裡忙上忙下，擦乾身體，迅速地梳洗。

害臊與廉恥之心以及害怕被窺視的目光玷汙的心情，都直接影響了外在浴衣形貌的設計。[105]最初的一批海療女浴者為求保暖防寒而穿著極為厚重的羊毛連身裙浸水，到了波旁復辟時期的婦女仍舊如此。自一八二〇年代早期，法國西南方的魯瓦揚（Royan）[106]小鎮的浸浴之人，不論男女浴者均會先穿著一條寬大的褲子以及長版的棕色粗呢服。好長一段時間裡，各式各樣個人化的浸浴服裝湧現。不過，浴衣的設計也很快便依據道德觀念、醫學療法與運動體操的需求，而逐漸變得標準、統一化。依據二十世紀德國社會學家諾伯特・伊里亞斯（Norbert Elias）的理論，浴衣的歷史隨著廉恥觀的強化而轉變，這是所有文明發展的必經歷程。

到了一八四〇年代早期，因裙裝易被浪花掀起造成不雅觀的畫面，所有女浴者皆必須穿著褲裝方能入水。當時最常見的浴衣設計不論男女，均由一件襯衫與及腰的褲裝所組成，並配有一條將衣褲束緊的皮帶，使整套浴衣可由正面一整排的鈕扣揭開。浴衣的襯衫袖長略短（大抵手肘），為了方便游泳有時會在襯衫腋下增添開口，而少女則會為隱藏豐滿的臀部而在套裝裡添加一件小襯裙，因為當時西方社會普遍認為不應該過度強調年輕女性的誘人的魅力，而女性也需等至為人母時才能端莊地展現她的身體曲線。除上述浴衣套裝外，女性浴者也有另一套常見裝備：她們會穿戴一條獨立式長褲，不會有襯衫，但在上半身部分會有一件小短袖衫或胸部區塊較顯蓬鬆的丘尼卡頭衣。一八四〇年代早期，[107]也出現了羊毛針織「背心式泳褲」的設計，且多採棕色面料，而非容易走光的白色。法國醫生樂柯爾寫道：「以上均可謂真正的一件式泳衣或緊身外衣，非常輕便且適合泳者活動……。」不幸的是，上述設計均過分強調身體曲線，出色的樂柯爾醫生始終納悶著「女性浴者究竟適不適宜穿著這類型的浴衣」。

在海峽對岸的英國，許多女浴者不著浴帽浸水，以綁辮子、紮包頭，或用梳子或髮夾將髮絲固定在頭巾中。在出水之際，她們會以自由瀟灑的動作鬆解髮束，並讓溫煦的陽光自然曬乾她們的捲髮。過於謹慎或害怕日曬的女浴者，會選擇戴著白色的防水油布浴帽或無邊圓帽入水。浴帽很快就在歐陸浴者間流傳，特別畏懼日曬的女性甚至會著戴著寬邊草帽入水，這是受到法國七月王朝時期（Monarchie de Juillet，一八三〇年至一八四〇年）曾蔚為風尚的寬沿草帽或綁帶草帽設計所啟發。樂柯爾醫生也曾特別觀察到一位帶著遮蔽全臉絲質面罩入水的女浴者。[108]

謹慎小心的浴者們更是會在雙耳塞入棉花，並事先預備毛皮大衣，避免被過分猛烈的陽光與刺鼻的空氣影響。有時，當浴者們不得不步行穿過由礫石與貝殼共組的沙灘，或被溼滑褐藻覆蓋的沿海地帶時，他們也會穿著木屐或半筒靴以便前行。

多數海中浸浴的工人階級婦女們並不將強調廉恥觀的端莊穿著放在眼裡。大量專門討論貴族海浴的文獻，可能會不經意忽略過去社會裡通俗卻根深柢固的浸浴形式。事實上，在波羅的海、北海、英吉利海峽與大西洋綿長的海岸線上，可發現許多大眾浸浴的痕跡，有時與在統治階級中引發各種情感的嚴謹海浴療法有所衝突。在這兩種浸浴模式間其實也存在著潛在性的手法流通。於此，筆者將大眾浸浴的方式姑且稱作北方的洗浴模式，而其浸浴目的也和以上被嚴謹規範化的海浴有明顯分野。在北方的洗浴模式當中，大眾浸浴不僅是為重溫兒時或年少在水中嬉戲玩耍的歡愉，有時也是運動或競賽的一環，而平民娛樂活動是啟發英國紳士階級田野運動的原型。大眾海水浸浴的活動時常能在他們熱愛的集體慶典、遊戲消遣中出現，他們尤其熱愛人聲鼎沸的情境。[109]由於他們較不受私領域疆界的束縛，亦不畏懼被人窺視，大眾浸浴允許兩性在沙灘海域的混雜交融。然而，不幸的是，現今歷史學者們難以追蹤、調查過去大眾浸浴習俗的發展演變，因當時大眾浸浴的現象被官方視為對有閒階級浸浴療法的威脅，他們的浸浴行為也很快就參雜了貴族主流的浸浴手法。儘管如此，學者們仍舊可藉上層階級對大眾浸浴活動的允許與認可，來進一步了解過去大眾浸浴時的情緒感受。

謠傳早在一七五〇年以前，英國沿海地帶的居民就有海水浸浴的習俗，特別是在迪爾（Deal）、義本（Eastbourne）、樸茨茅斯（Portsmouth）、德文（Devon）、埃克斯茅斯（Exmouth）與布萊頓等地區。[110]一八一二年，法國醫生路易—艾梅・法蘭索瓦（Louis-Aimé Le François）也觀察到海濱的孩童在六、七歲時就養成在港口附近的海域游泳的習慣。[111]每逢九月的最後一個禮拜日，法國巴斯克（Basques）地區的整個山林聚落甚至會集體下山至臨海的比亞希茲（Biarritz）海灘玩水，[112] 且比亞希茲沿海的居民一直保有海濱浸浴的習俗。十七世紀初，波爾多議會主席皮耶・蘭克雷（Pierre de Lancre）也曾描寫在旅行時所目睹的驚人之景：「成年女性與年輕的漁夫們」會「交融於浪花之中」，隨後「又會一同在維納斯女神特別設置的愛屋海灘（Chambre d'Amour）上擦乾身體」。[113] 這些大眾浸浴的行為舉止，並非受到對岸英國貴族浸浴模型所啟發，目擊者們所見證的是一種帶有享樂主義與遊樂性質的浸浴活動，也不存在清楚的性別分界。在兩性混雜的浸浴活動當中，平民們更願意將自身交付給「顛簸搖晃的浪花」，而海濱的觀光客們也默認該景幕所誘發的情色幻想。在法國西南部巴約訥（Bayonne）的浴者，非常熟悉當地特殊的浸浴車轎，戀人在「愛屋海灘」被海水淹沒的悲劇傳說，更助長了當地沿海地帶的情色氛圍。在巴約訥民眼中，海邊的集體浸浴可謂鄉村之旅歡愉的終點。

除此之外，有時不同的浸浴模式也會同時存在：十八世紀末，夏日布洛涅的當地居民會為消暑而浸浴。與此同時，一些慣於迎擊浪花的英國浴者也會加入他們的行列。伯特蘭醫生就曾描述類似狀況，[114] 並記錄兩種模式中浴者行為間的差異。平民偶爾浸浴的習俗，一般是由天氣因素與當下欲望的驅使，然而他們的浸浴活動在布洛涅海邊，巧妙地和英國貴族被嚴謹規範化且不論時節的浸浴手法相互結合。同理，在波旁復辟初期的利哈佛，民眾享受沙灘上階級與性別交融浸浴所帶來的樂趣，[115] 也與第厄普逐漸儀式、規範化的海浴療法形成強烈對比。法國西南部習慣建議患者到巴雷日（Barèges）或柯特雷（Cauterets）等內陸溪流進行治療的內、外科醫生們，也開始推薦到比亞希茲附近的海域浸浴。一七六五年八月，法國總督代理人（subdélégué）也曾向比亞希茲當地市府提議，改善當地浴場設施以打造對外國旅客更友善的空間。[116]

然而，這種浸浴行為有時也會迫使官方介入處理，海濱男性浴者赤裸的身體也就成了一大議題。在十八世紀，男性身體的裸露起初被默認允許，但隨著海浴療法的盛行便逐漸受控管抑制。一七七八年，自海牙至席凡寧根的男性旅客始終全裸浸水，[117]而當地少女不僅會保管他們的衣物，甚至會在他們出水之際協助擦拭與更衣。歷史學家卡蘭托尼奧・皮拉蒂（Carlo Antonio Pilati）甚至表示，這群年輕少女身上所散發的刺鼻臭氣加深了社會階級間的差異，以至於從來沒有任何人會勾引當地漁夫女兒。類似的風俗也曾激起比亞希茲觀光客的抱怨與當地政府針對道德問題的疑慮。[118]七月王朝的末年，法國政府終於對海灘劃定了較嚴格的規範：男性不能在療養浴者大量湧入的知名海灘上裸露身體，唯有在某些市府所劃定的特殊沿海區域中才被允許。[119]一八五九年，比利時的奧斯滕德海水浴場也出現了類似的規定。[120]

即便海灘裸體並非全然合法，當地政府卻偶爾允許在官方劃定的浸浴區或以外之地的男女混處現象。一八一一年，在比利時奧斯滕德浸浴的法國作家派克・善芙漾（Paquet Syphorien）就因尚不習慣沙灘上男女共處的自由，還沒等到浪潮襲來就先飛奔搭訕當地少女。[121]

再怎麼令人反感的地中海沿岸，當地居民也會在該地浸浴。然而，這是與前述完全不同的鍛鍊活動，當時的統治階層也並不擅於此。地中海的浸浴平民大多也都是潛水之人，他們浸浴並非為了獲得失去的活力，亦不求與海水爭鬥挑釁，他們貪圖的是在清澈、涼爽的海水裡玩耍嬉戲。地中海地區的浸浴行為多屬集體活動，鮮少出現孤獨的浴者，並總帶娛樂性質。一群接一群的地中海浴者像極了結隊而出的海豚，長時間在海水中戲水。語文學家約瑟夫・海格（Joseph Hager）就曾聚焦描寫西西里巴勒摩（Palerme）居民夏日五花八門的海上遊戲。[122] 在一七八三年的一封信件當中，法國革命民主主義詩人貝朗瑞也描繪起馬賽當地孩童在海灘浸浴之樂：「一群又一群的孩童赤裸地跳潛入水，他們要不在海裡以仰式前行，就是在岸邊岩石上收集貝殼。此時，愈來愈多成群結隊的孩子們在海濱浮現，天然的沿岸坑窪成了這些開心隊伍的避難之處，他們半身在水下、半身在陸上，沉浸於成千上萬頑皮的遊戲當中」。[123] 地中海居民的浸浴活動有時也會是當地慶典的一部分。一七六四年，科耶神父就記載道：在普天同慶之日，馬賽的民眾會四處遊走，有些「會前往外海呼吸清新的空氣或享受有趣的娛樂消遣」，[124] 其餘則會選擇在沿海浸浴狂歡。

一般而言，地中海地區平民浴者僅限男性，在法國聖特羅佩（Saint-Tropez）也只有小男孩們會在海水裡嬉鬧玩耍。[125] 從目擊者所提供的史料記載當中，也未曾見到法國風景畫家克勞德・韋爾內（Claude Joseph Vernet）許多著名畫作中婀娜嫵媚的裸女浴者們。藝術家們所描繪海濱裸女的經典題材，似乎並非基於現實的行為活動。十八世紀的法國作家聖皮耶也深知，當時逐漸強化的廉恥觀，抑制了古典畫作或如畫美學*所呈現的煽情景幕。在聖皮耶的短篇小說中，年輕的保羅為了

* 編按：為英國十八世紀的美學概念與風格，範圍拓及繪畫、建築、政治思想，是一種讚頌懷舊精神與情感的理念，此類繪畫通常會將建築廢墟與自然風景並列，夾雜了人類對不同景物的細緻情感。

躲避維吉尼亞的青春肉體而在海濱挖了地洞，使維吉尼亞可在遠離保羅視線之處，盡情裸身浸浴。然而，此舉卻也同時為兄妹倆兒時天真無憂的浸浴之樂畫上句點，無意識地宣告了他們不可避免的分道揚鑣。

在十八世紀的最後三十年，當來自歐洲北方國家的觀光客們發現地中海居民們完美吻合新古典美學的浸浴手法時，無不感到驚奇。他們將當地沐浴與潛水者在海濱的行為視為藝術，讚嘆起青年男子的裸體英姿，仿若映入他們眼簾的是許多古典海景曾大量描繪的海神或海豚。古羅馬皇帝提比略的故事與新古典美學中對同性戀情隱匿的讚嘆，甚至鼓勵許多旅者將當地青年視為義務性質的雇傭兵，他們賞心悅目的外表融入了當地如維吉爾筆下的古典風景。一七八七年七月，日耳曼文豪歌德在火山學家威廉・漢米爾頓位於波西利波（Pausilippe）的鄉間別墅居住時，就曾寫道：「午餐後，十幾個年輕男子入水游泳，形成非常悅人眼目的一幕。在海中，他們分組活動，並在嬉戲時展現各種動作與姿態！他（漢米爾頓）之所以聘請他們，為的就是能在每日午後享受如此歡愉之景。」[126]

不少喜於迎擊浪花的觀光客們，也有模仿當地浴者的激烈衝動。迷戀第勒樂尼亞海透明海水的法國版畫家胡埃爾，不僅樂於在西西里島沿岸休憩、在被海藻覆蓋之處或閃亮金黃沙地上漫步，他也在地中海之旅當中安排了獨自浸浴的活動。有些旅客更從船上一躍而下，與眼前彷彿海神的地中海男子一同浸浴嬉戲。一七七〇年五月，旅居那不勒斯的蘇格蘭旅遊作家派特里克・布萊登（Patrick Brydone）便寫道：

海水浸浴是驅散酷熱西風的最好解藥，我們竭盡所能地享受浸浴所帶來的好處與快樂。為此，福特羅斯勳爵（Lord Fortrose）購買了艘舒服大船。每早八點，我們集合出航，至約莫離岸半英里外，脫衣下海浸浴……。勳爵也不忘雇請十位半個夏天都在水中活動、堪稱雙棲動物的當地水手……。[127]

那不勒斯當地的水手們負責照看浴者的安全，也會時不時潛入約四、五十英尺水深之處採集海生貝類。此外，布萊登還補充道：「為使我們在不同狀況下都能習慣游泳，勳爵還特地添購一件每人輪流穿著的泳衣……，我們也因此學會在水下更衣的技能」，這對從船難中倖存而言是極為有用的事前演練。在敘古拉海域附近，布萊登也透露：「我們發現一處非常舒適的浸浴之地。每到新區域，我們的首項任務即尋覓適合浸浴的地點之處，因海中游泳浸浴是探勘活動中最令人開心的亮點。」[128] 海浴療法並未被遺忘，布萊登也曾寫到：若不行海浴，「我們非常可能會有著和法國侯爵們相似黯淡憔悴的容貌身體」。

然而，我們始終難以掌握這些做法在精英觀光客中的擴散程度，但，這些做法表明了人們希望與清澈的海水交融、重建古典風景，以及模仿平民的行為。在地中海沿岸，海盜罪犯的長期侵擾與普遍存在的厭倦情緒，都在在抑制上述觀光浸浴的流行。在北方沿岸處處可見活力四射浴者的同時，地中海的沙灘上卻始終未湧現來自各地的海浴療養患者。位於法國南部的塞特市（Sète）可謂地中海地區的海水浴療活動先驅。採納生機論的蒙彼利埃（Montpellier）醫學家們與巴約訥的同行，均為法國首批承認並利用海水療效的醫生。早在第一帝國時期的法國醫學教授雅克－馬修‧德爾佩奇（Jacques-Mathieu Delpech）就曾指望海水治療肺結核，並叮囑病患在浪花中游泳，即便成效未盡如人意。[129] 儘管長期以來塞特海灘上的醫療設施仍十分陽春，許多淋巴結核患者仍舊會陸陸續續在下幾個十年當中蜂擁造訪，而維爾醫生也就是於此時期開始頌揚起陽光能強化身體器官、使身體重拾活力的理論。[130] 在法國地中海首座大型浴場流行之際，關於溫、熱水浴的醫學理論也伴隨盛行，對北方海灘與空氣療效的重視，也漸漸取代了過去對沁涼海水功效的主流論述。

海濱度假村裡的自我實踐：富含隱晦樂趣的生活藝術

一種新式的生活藝術（art de vivre）在沿海地帶逐漸成形，本書第三部也將深入剖析其中的社交行為。在海濱，人類的集體行為活動正在被規範與編撰，分離與區隔階級的策略主導著社交生活，並同時深入結合了個人的自我實踐（pratique de soi），共同造就了日後人類在沿海地帶的新行為模式。

殘廢者（invalid）意即受傷殘疾或相信自身體內潛伏某種特殊慢性疾病之人，其角色的風行隸屬十八世紀中葉起人類年齡階段化的現象，而殘廢者的流行也間接證實筆者在許多專文當中針對個體自戀（narcissisme）在社會中各種表現形式的分析。此外，殘廢者的風行也伴隨著當時醫學理論家們逐漸高漲的自負心態。臨床觀察的深化、衛生學（hygiénisme）的盛行以及其所蘊含將社會標準化的野心，聯手雕塑殘廢者的社會角色，與兒童、少女與女性的社會塑造不無二致。再加上醫生、詩人與哲學家們共同鼓吹自我關懷（souci de soi）與聆聽，殘廢者的社會角色就在以上種種因素的結合下誕生，揭示了十九世紀有閒階級所關注的共同審美。

相較過去泉水浴場的潮濕氛圍，海濱度假行為的細緻與規範，更有利病患尋求身體的舒適安逸。於此，殘廢者得學會細品其身體正常運行時的舒服感受，感受通順的血液循環、規律的睡眠與良好食欲賦予的種種效益。殘廢者對體感的傾聽也刺激了心靈日記的誕生，這種做法取代了對自我良心的審視或精神日記的紀錄。若不專研這類型記錄治療旅居或描寫為抵抗憂鬱的旅行之寫作，亦不探討與其相互對應的醫學文獻，日記文學的歷史將無法被正確地理解重建。[131] 上述兩大類別文獻的湧現既呼應了當時醫學地圖學研究的蓬勃發展，也符合了以社會標準化為目的之衛生學指南大量生產的趨勢。依此視角而論，法國意識流作家馬賽爾・普魯斯特（Marcel Proust）的傳奇大作《追憶似水年華》（*À la recherche du temps perdu*）可謂上述的縮影。

一些特定的主流信念決定了這種建構（或解構）自我的方式。深受觀念學派（Idéologues）理論，尤其是法國醫生暨哲學家皮耶・卡巴尼斯（Pierre Jean George Cabanis）[132] 的觀點的影響，已成殘廢之人或擔心即將殘疾的浸浴者會特別留意他們的「器官感應」（sympathies organiques），並致力傾聽身體所發出的最細微警訊。當時醫學理論對不同患者身體特異質反應以及生物應激性

（irritabilité）*的重視，[133]也使社會的領導階級感染了明顯的感覺過敏（hyperesthésie）。女性尤其容易感染感覺過敏，但這種現象卻受到了醫生鼓吹，因為他們在治療上多半束手無策，只好急於為患者靈魂配置治療的藥物，這也就同時解釋了作為敏感、脆弱個體的少女形象的重要性。

同樣地，總帶點神經病性質的自我傾聽與個人儀式便也晉升成為醫生的必要處方。其中一個例子便是維爾醫生曾根據不同身體的特異反應性，說明每位患者均有特殊的海水浸浴方式與適合的海濱空氣，[134]而樂柯爾醫生也規定其病患應親自發掘各自的浸浴方法，[135]並自行規劃其海濱漫步的地點與路線。

殘廢者仔細且持續性的自我傾聽與醫生對其身體的敏銳觀察，兩者的合作就此展開。醫生對病患定期的審問，是這個同盟不可或缺的亮點，醫生會在診斷後為患者開立第一批處方。隨後，醫囑也會在病患吐露心聲以及醫生日趨完善的治療手法這一來一往的過程中成形。伯特蘭醫生開立了極細節的漫步處方，[136]或樂柯爾醫生以精確分秒來「劃分不同浸浴時段」等手法，[137]均是個人的醫囑逐漸複雜的顯著案例。

這種治療策略最終也演變成對自我計算（arithmétique de soi）的頑念，與病患精算肉體快感的手法相似。為確認是否準確執行醫囑，殘廢者會像計算高潮般細數其浸浴總數，甚至接續潛入海水的數次，以確保自己正有效地執行處方。如同法國小說家福樓拜（Gustave Flaubert）和友人們比較各自造訪妓院的頻率，[138]女性浴者們也會互相競爭，比較她們浸浴的總次數。如此一來，海濱度假村也似乎搖身成為競賽的舞台。

病患在海濱的旅居治療生產出了取之不竭的臨床文獻，記錄浴者身體狀況的傳統起初是由弗里溫與羅素創建，隨後由日耳曼醫生塞繆爾・沃格爾（Samuel Gottlieb Vogel）接棒延續。至於在天主教的法國，臨床紀錄彷彿在記錄神蹟，而患者精確的浸浴次數也與朗誦禱文與祈禱一樣被準確計算。一八二六年七月，伯特蘭醫生寫道：在完成第四十八次的海水浸浴後，一位年僅十三歲的孩童慢性的腸繫膜炎（mésentérite）就出現明顯改善，並在隔年的第一百零八次浸浴後痊癒。[139] 法國醫生維爾也曾觀察到：「一般而言，浴者在計算其浸浴總次數時總會既驕傲又開心，並得意洋洋地宣示本季節自己達到三、四十次的浸浴目標」，「姑且不論病患各自的性格與不同的身體狀況，他們的目標即成為首位達成某個浸浴總數的人」。然而，此計算比較的心態可能帶來危險，尤其對一些少女病患而言，應盡力在避免「激怒」身心的情況下，藉由海浴治療來「補足其身體元氣」。[140]

這類型醫療文獻數量過於龐大，本節無法一一分析臨床筆記所呈現出殘廢者治療過程的細節。在英國馬蓋特海水浴場的十七年歲月裡，布坎醫生著重於自己的內臟器官與對病人的臨床觀察之上。斯莫利特醫生則在旅遊記事中聚焦描述了自身身組織的變化，[141] 並詳細介紹了他用來活化病變肺部的細緻療法。斯莫利特不僅詳細描述一七六三年他每天在法國布洛涅浴場浸浴以及他最心愛的浸浴地點，還製作出一張尼斯海濱當地天氣變化與其身體相對應狀態之表格。在療程結束後，他

* 編按：意即生物對環境的各種改變與刺激所做出的反應，在病理定義上又稱為過度敏感體質，在心理或精神醫學的範疇，則可解釋當個人遇到刺激或不愉快的情況時，所做出一種短期但激烈的情緒反應。

更是撰寫了詳實的總結，就像過去心靈日記作者對自身靈魂淨化的分析一般，他努力探討其身體的改善程度。在以健康為目標的假期中所寫下的紀錄，不但考量了天氣帶來的影響，也真實記錄了他希望心態之起伏。斯莫利特因而成為了日後瑞士哲學家亨利—弗德雷里克・阿米爾（Henri-Frédéric Amiel）以及下個世紀著名日記作者們廣泛採用的寫作手法的先驅，他們著迷於藉由極度焦慮的體感傾聽，以數字記錄生命的凋零。這類型的臨床筆記似乎擁有批死忠讀者，如斯莫利特的旅遊記事就曾導致英國浴者蜂擁至尼斯海濱度假地。如同日後被憂鬱折磨的浪漫主義者，即便有些不切實際的期待早已破滅，英國的殘廢者仍展開一趟追尋被神蹟般治癒的健康旅居。他們在自身感受當地海濱天氣前，會預先請教友人如說教般的建議，焦慮地調查其他旅者曾有的相關經驗，並反覆檢查醫學地形圖上的探勘紀錄，殘廢者們知道，唯有夜以繼日的自我分析才有可能康復。

然而，脆弱殘廢者小心謹審的生活藝術，卻也和所屬階級揮霍浪費的生活習慣相互牴觸。對愛好馬術或其他田野運動的英國紳士而言，最大的樂趣在於能無所顧忌地沉浸於當時貴族男士們的陽剛之氣中——通常是野蠻的、嗜酒成好的社交活動。這兩種生活方式有時會出現衝突。英國海軍上將約翰・拜恩（John Byng）——同時也是托靈頓（Torrington）伯爵——的遭遇便能體現這種矛盾。一七八二年八月，拜恩和家人們旅居於韋茅斯的皇家海水浴場。這位瀟灑的伯爵確實試圖適應海浴療養者規律的生活步調，他在幾天內就成功為自己安排一項穩定的時間表格。他簡略地介紹：「自此刻起，我將規律生活。六點起床，買魚讀報，沙灘漫步，關照馬匹。九點，回來吃早餐。十點，騎馬。四點，午後進食。晚上，再次沙灘漫步，直至賭場開營，玩牌不過十點。睡前以簡餐收尾」。[142]對拜恩而言，最重要的仍是身體鍛鍊，他熱愛的並非沙灘上的陽光，而是喚醒食欲的濱海空氣、撫摸其皮膚的含鹽海風、清晨空腹時的疲憊感受、在沙灘上狂妄地騎馬奔馳，以及觸摸並購買沙灘漁夫所販售的黏稠鮮魚。拜恩厭惡度假村裡的社交生活，卻會狼吞虎嚥地品嚐這一系列感受。拜恩擬定了一套複雜的情感策略，試圖轉移鄉村貴族的生活樂趣以及古董家與審美家的歡愉以適應海灘的生活。除此之外，他也非常享受一人獨自的沙灘漫步、騎馬觀賞廢墟中的歷史遺跡、對著海景的沉思，甚至會比較起當地不同泉水的水質與味道。抵達海濱度假村數日後，當地孱弱的陽剛和虛榮之氣激怒了他，他因而離開家人，獨自開拓騎馬遊歷的疆域。拜恩於一七八二年所採用的行為模式，和過去古典觀光或哲學旅遊的方式有明顯的差別，當英法戰爭再次中斷了英國紳士的歐陸壯遊，急於旅行的人便僅能細品大不列顛群島各種原始的美麗環境時，拜恩的旅遊模式也就逐漸常見。

在研究的過程之中，最令筆者著迷的仍舊是《曼島日記：對當地長達十一個月的天氣風況與每日事件之紀錄》（*Journal tenu dans l'île de Man relatant le temps, les vents et les événements quotidiens sur plus de onze mois*），[143]這是理查・湯利（Richard Townley）於法國大革命爆發的第一年所留下的訪問紀錄。屬有閒階級的殘廢者湯利長期飽受胸痛所苦，慢性咳嗽打亂了他的生活。幸運的是，在法國布洛涅接受海水浴療後，他近乎痊癒，隨後又於一七八九年五月九日搬遷至道格拉斯（Douglas）旅居。在移居至曼島治療的前幾年，不願放棄改善病況的湯利還曾旅居荷蘭、佛德蘭法語區以及法國皮卡第（Picardie）等海濱地區。在布洛涅時，他也寫下了另本可與他記錄道格拉斯旅居時光互相對照的治療日記。即便他是同「賢妻」一起移居曼島，他為自己所設立的嚴格時間表卻彷彿他是獨自行動一般。湯利是位虔誠新教徒，時常參與英國普世宗公會（L'Église d'Angleterre）的宗教儀式，他很喜歡那裏的舒適環境和教徒。每逢週日，他喜於和「穿著優雅、行為得體的人群」[144]和睦相處，而他唯一的惋惜是禮拜期間通常缺乏新鮮的空氣。

本著物理神學的精神，湯利借用聖經《詩篇》，在大自然的奇景中歌頌上帝。他對十八世紀初英國的詩人更是寥若指掌，特別是亞歷山大・波普（Alexander Pope）、湯瑪斯・格雷（Thomas Gray），以及湯姆森的作品。他深愛的維吉爾詩句也總縈繞徘徊於他腦海。上述作家（當然也包括莎士比亞與彌爾頓）不僅成為湯利書寫的援引網路，也影響了他看待曼島自然景觀的視角——他被曼島崇高的景致與散發快樂的魅力所感動。湯利在曼島海濱的生活藝術就是「田野運動或鍛鍊活動的愛好者」。他的旅居日記不僅記錄了曼島的天氣變化，也勾勒出其健康狀況的起伏，他也更認真描述了他如何透過以上雙重觀察，調整每天搭配的鍛鍊活動。

湯利日記的主角不外乎是每日天氣，因為這直接決定他所進行的活動。湯利著重關注空氣與海風的品質，每天竭盡所能以精準文字記錄空氣與海風帶給身體與靈魂的感受。在湯利筆下，風時而「怡人」、「溫柔」並「飄散香氣」，時而卻又會「過於強烈」並「令人不適」，他不斷地尋求涼爽的微風，其中他最偏愛隨著潮水而來的細膩海風。此外，湯利也會以相同的心理學視角觀察每日水蒸氣與薄霧之變化，但他並不會特別記錄降雨過程或當日雨量，頂多註明當日是否降雨。然而，在詩人湯姆森作品的影響之下，湯利仍用藝術的方式渲染並多加著墨了「駭人」的暴風雨。湯利不喜歡炎熱的天氣，也害怕夏日豔陽於沙灘上的反射，幸虧在逗留的十一個月裡鮮少出現酷熱的高溫，除此之外，他也讚美了冬春兩季「使人精神飽滿、重拾活力」的陽光與仿若「美麗噴泉」的溫暖。

湯利也記錄了海洋的狀態，尤其熱愛大海的寧靜。對他而言，一天之中最快樂的時段，就是在海水「低聲細語」的漲潮，以及從高處吹來陣陣涼爽微風之際。此外，他也喜愛目睹鯡魚船隊回港時，海面上布滿船隻的盛況。在寫到暴風雨時，他也提到他們悲慘的遭遇以及迫在眉睫的船難，使他的不眠之夜顯得更加黑暗。

在其日記裡，湯利記錄每個時段的比例相差懸殊。除了一首針對夜晚寧靜的讚美詩以外，他幾乎沒有談到除了早晨以外的時間，因為他可以透過清晨的氣象預知一日內的天氣變化。夜間失眠時所聽到的各種聲音的紀錄在日記中零星出現，他尤其對大海的遙遠回聲和雨滴滴落屋簷的聲音特別敏感，也因而成為了隔日敘事的開端。

湯利為自己構築一套嚴謹規範化的生活藝術。即便他從不於海中浸浴，卻會很高興地觀察到當地海濱逐漸風行起的浸浴活動。另一方面，他也精心安排了一系列各具特色的漫步行程。他每回漫步時間約莫兩個小時，在日記裡也時常以「我吸飽了早晨的新鮮空氣」或「我去晨步」等句型來開啟他的日常記事。他漫步的最終目的是「迎接早晨漲潮時分海水所捎來的沁涼之氣」。[145]對他而言，一趟滿足人心的漫步如同一場感覺饗宴。一七八九年八月四日上午，爬上丘陵的他寫道：「我非常享受沁涼的微風與寧靜大海反射陽光的閃亮景致。隨後，為感受不同風景，我往鄉村處走了二、三英里」。以上即湯利在曼島典型的「晨練」（exercice du matin）[146]活動。

某些日子，湯利僅會短暫地於礫灘散步。[147]他鮮少至道格拉斯市中心，卻時常出現於能凝視大海的海堤盡頭。偶爾，當他感到精神振奮時，也會登上海濱的岩石。在風和日麗之際，他更會漫步數小時以獲取身心最大的滿足。在旅居的十一個月當中，湯利曾三度籌劃「派對」邀請朋友。然而，他似乎不甚享受聚會場所。

殘廢者的性格勾勒出他們各自喜愛的漫步途徑，他們也會用字句仔細著墨。然而，殘廢者們的漫步目的不盡相同，因為重要的便是他們彼此之間的差異。以湯利為例，他會慣性地漫步至他欲描寫的海濱，並特別標註該地是沙灘或礫灘、沿海地貌是岩岸或陡峭懸崖。即便湯利會在不同海濱環境中交替漫步，他最喜歡的仍是「橫跨沙灘」的遊走與「環繞海灘的愉快漫步」。有一天，他發現了為島上戀人提供舒適藏身之處的沿海蝕洞。他對海蝕洞的情色幻想源自艾尼亞斯與蒂朵的冒險愛情故事，*在他的筆下，維吉爾所描繪的海蝕洞意象，成為了私領域和隱居的原型。[148]

湯利也喜愛在港口旁或漁市中散步。他會開心地觀察郵船、從英國利物浦駛來的郵政船、運煤船，以及當地紳士所擁有的單桅縱帆船。到了鯡魚產季，即便曬魚的地方臭氣熏天，他仍會瞠目結舌地觀望回港的漁船。他也會爬上山丘以眺望廣闊的海景，特別是欣賞道格拉斯海灣特有廣闊全景。即便一望無際的海浪顯然讓他反感，他卻仍熱愛凝視海濱「浪漫的駭人岩石」，這也反映出當時如畫美學的影響。然而，只要有機會，他仍會在回程時選擇行經內陸山谷的世外桃源風景。同一七八九年任何一名古物收藏家一樣，湯利也深深沉迷於德魯伊（Druide）與古丹麥人殘留在曼島上的廢墟遺跡。隔年六月十一日，他甚至從事了一次海陸旅行，前往曼島周圍其中一個小島，他也表明在他完全瀏覽該島之前絕不離開島嶼。簡而言之，湯利體現了典型的魯賓遜冒險行為，意圖藉對島嶼輪廓的嚴謹探勘來宣誓成為土地的主人。

剩下僅需分析湯利在漫步時鑑賞自然景觀的模式。根據感覺主義（sensualisme）哲學，湯利在大自然裡所貪圖的是能「取悅感官」與刺激食欲的東西。為此，他將注意力集中於「空氣所帶來的印象」以及微風為呼吸系統所帶來的效益。於破曉時分，他便會打開窗戶，汲取花香以評斷當日空氣品質。本節稍早也已分析，湯利喜於品嘗所有在自然裡的清新景物，以及它們所隱含的感受。此外，他也樂於聆聽漲潮時的海水細語，到了寒冷的冬天也會在床上聆聽「潮水從海堤盡頭附近的粗糙礫石岸邊退去……淙淙的流水聲漸行漸遠，海浪撞擊海堤發出的聲音也逐漸慵懶，並慢慢與寂靜相差無幾」。[149]在聆聽完海潮聲後，他便懷念起上個夏季細聽潮水低語時帶來的悅人感受。

如同多數有文化教養的觀光客一樣，[150]湯利對沿海植物與海鳥深感興趣。隨著冬天臨近，他會清早起身，漫步至海堤盡頭，聆聽最喜歡的鳥的歌聲。有時，他也會觀察昆蟲和爬行動物。只有鸕鶿讓他深表厭惡，因為彌爾頓曾將鸕鶿當成地獄禽鳥。**

走過了四季的循環，湯利的旅居日記便以對曼島的宜居評價作為結尾，並佐以一項人口統計學

* 編按：為維吉爾《艾尼亞斯記》（*Aeneis*）中所記載的虛構愛情故事，根據史料記載，蒂朵是古迦太基的女王，而艾尼亞斯則是羅馬城的建城者。

** 編按：在彌爾頓的《失樂園》（*Paradise Lost*）中，鸕鶿、撒旦與死神被匯聚成魔鬼的形象，盤旋在地獄的天空之中。

的研究報告，這種佐證寫作的手法為此類型書寫不可或缺的元素。不論在布洛涅或在曼島，湯利堅持要自行調查檔案館和浪漫的小墓園，並解密了各式墓誌銘。湯利日記末頁也以典型方式收尾：

> 世界上不存在任何其他角落能比曼島提供更好的天然優質海浴。曼島的沿岸有著許多迷人的海灣、水域是如此透明清澈且不帶一點穢物、沿海地帶是如此安全舒適而不需任何堤防的保護，又有這麼多的小溪寧靜的角落供人們浸浴其中。在曼島，人們可浸泡在平靜的水域，即使是海上的強風都無法激盪起水面的一絲漣漪。[151]

聲稱一七八〇年代的西方世界只懂欣賞山丘而不願觀望「海洋」，是極為荒謬的，尤其此斷定論點是由許多僅注重某些特定類型文獻以及崇尚風景視覺描繪的歷史學家們所提出。實際上，不勝枚舉的文獻，包括臨床筆記、旅遊記事、治療日記、書信往來，甚至是從不間斷的口耳相傳，都在在證實了海洋強烈的吸引力。藉由這些關於海洋的記載的積累，一種人類的情緒生成策略正構築成形，在法國的布洛涅、比利時的奧斯滕德、荷蘭的席凡寧根與日耳曼的巴特多伯蘭等歐陸沿海地帶，一種前所未有享受海洋與海灘的模式也出現並開始悄悄地流傳擴散。

這種欣賞沿岸環境的新模式，也應大大歸功於英國詩人湯姆森的作品以及蘇格蘭作家詹姆士・麥佛森（James Macpherson）的詩作，尤其是前者激發了人們重新閱讀維吉爾的作品。這種新模式假定了旅居日記作者開啟全身的感官細胞，嗅出任何輕飄於環境中的氣味，靜聽難以察覺的低語，感受海風的輕撫，也因此和法國貴族欲求「看海」並激發了貴族對沙龍海景畫熱衷的模式，有著天壤之別。

於米什萊停留在聖喬治德迪多訥（Saint-Georges-de-Didonne）海鎮的七十年前，湯利早已於隱居之處，敏感地聽見夜間海浪的低聲細語與撞擊咆哮；他無數次漫步於沙灘，仔細觀察五花八門的水藻、海鷗與魚隻。如同日後的米什萊，湯利一想到大海的危險便會痛心入骨，對不幸船難意外更是滿溢悲傷。然而，湯利對海灘並沒有一種浪漫主義式的欣賞，他仍舊忠貞相信著天命論，時不時歌詠著創世者，並以古典文人的眼光看待自然風景。在湯利的敘事中，難以看到日後雨果與米什萊描繪海景時採用的科學觀點，他的旅居日記中始終充斥著新希波克拉底學派所倡導天文氣象與身體健康間的對應關係。從這個角度觀之，湯利的真正成就在於他將海浴的醫療處方改寫成一種富含隱晦樂趣的生活藝術。

在西方沿海，一種自我實踐模型正快速發展，繼承了鄉村隱居生活，並採用該生活藝術的殘廢者，也能與日耳曼登山客或受憂鬱折磨的旅者相互對照。英國詩人威廉・古柏（William Cowper）[152]所宣稱海洋具有深刻吸引力的現象，不能單就布萊頓浴場中令人眼花撩亂的樂趣之魅力來解釋。面對著空曠的大海與富饒的海岸，在海洋邊緣的近代人發掘了自我，並探索自身極限。在沿海壯美之地，在迎擊浪花海風、嚐到海水鹹味或獨自凝視狂風暴雨時，自我便感到興奮不已。於此，熱衷騎馬奔馳的成年人，也可以沉浸在原始的生活，可能會發現自己正在挖掘沙地中的貝殼、藏匿於沿海蝕洞，或探勘島嶼領地的輪廓。

在海浴療法託辭的保護之下，一種新的感官世界正在從驟然浸浴所激發的震驚與歡愉中成長誕生。一種自我感受身體的新方式正在海濱為社會有閒階級而生，其基礎正是為了徹底根除干擾身體的欲望。在海邊，泳者們試圖緩解因喪失活力以及生活在城市中典型的枯萎憔悴、汙染與不道德行為所引發的種種焦慮，然而，這種對自然與身體和諧一致的探索，卻也矛盾地排除其中的享樂主義。大海不僅使他們更心甘情願放棄感官的享受，他們在沿海地帶所成形的生活藝術，也因而被納入重視健康的過程，並伴隨著自我關懷與聆聽的方式逐漸完善。

第二章　世界奧祕的閱讀與探索

約莫自十八世紀中葉以降，沿海地帶不再只是西方社會用來減緩焦慮的救濟站，海濱重拾了古典時代固有的功能之一，再次成為世界奧祕的焦點。科學家們紛紛造訪沿海地帶，以研究地球的歷史並探索生命的起源。相較世界任何其他角落，他們更能於海濱發現時間規律的多重性，體驗地質歷史的長度，並觀察生物領域間的曖昧分野，以及動植物界之間的驚人銜接。沿海地帶的千年化石與植形動物（zoophyte）無不透露著這個長期被人類遺忘之處所蘊含的深刻奧祕。

求知欲（*libido sciendi*）驅動了在海濱一系列的遊走探勘，以特有的方式述說了對海岸逐漸漲大的吸引力。綜觀而言，這些行為的背後，涵蓋了對美學歡愉與科學知識的追尋，以及活動身體所獲得的滿足感等目的。沿著西歐的海濱，各種欣賞海岸的方式、沉思的方法和習慣湧現，彼此結合構築成一套與過去有別的鑑賞系統，使得沿海地帶漸漸成為了實踐的實驗室。

相較於高山頂峰和丘陵側坡，為翻閱地球歷史檔案的科學家們更會造訪綿延不絕的沿海地帶。海岸這條由不同的組成元素碰撞、聚集的交界之所以能成為科學探勘的主軸，背後藏有許多緣由。首先，是塑造地球的過程中，大海所扮演的重要角色。當時的主流信念始終認為，海岸線的波折起伏應歸因於聖經裡的大洪水。正如第一部第一章所分析的，這場由上帝所掀起的災難意象，形塑了古典時代對海洋的認知。即便到了十八世紀，仍有不計其數的西方知識分子深信著《創世紀》所提供對現今地貌過分簡單且天真的解釋。[1]

然而，在十八世紀，這種對海洋景觀的認知開始逐漸崩離瓦解，且漸漸地，無論是在任何地區，宗教與科學間的隔閡都更為加深。在啟蒙時代，許多科學家們對過去所盛行的宇宙學說（cosmologie）充滿敵意，因為他們相信世界是由一種可理解的秩序所支配，*而宇宙論認為人類無法理解神所創造的世界的想法，這使得科學家們逐漸與與《創世紀》的敘事分道揚鑣，[2]其中甚至有學者竭盡所能在自然風景當中尋找大地無時無刻不再自我塑造、改變的地質證據。

然而，必須謹慎看待十八世紀科學家們在大洪水問題上的閱讀方式。誠然，當時對聖經的字面解釋的批評聲浪排山倒海而來，而記載中過多不切實際的描述細節也使渴望嚴謹解釋的科學家們無法再信賴《創世紀》的大洪水敘事。學著們開始納悶：究竟需要多少容量的海水，方能在幾天之內全面淹沒陸地？如此巨大之水量又可否迅速退去？他們接連辯論起洪災的普遍性：生存於美洲的人類是否同受洪水波及？大洪水是否僅觸及人類居住之地？若真，其餘的地表形貌又得如何解釋？對於大洪水的地質力量的強度也有所爭論：地殼的破裂可否歸咎於洪水？抑或其分裂崩解其實源自洪水溶解土壤的化學反應？在大洪水前的時代裡，地球是否已有段悠久歷史？當洪水氾濫時，海洋魚隻是否倖免？或是牠們也得尋求方舟庇護？方舟是否有足夠空間收容所有欲求避難的生物？白鴿第四十日所銜回的橄欖枝究竟從何而來？[3]尤其是在十八世紀上半葉，諸如此類的疑問激發了知識分子間無休止的筆戰討論。

針對以上所有問題，科學家們立場分歧。即便排除了《創世紀》忠實信徒，多數科學家仍舊承認「大洪水的歷史真實性」，[4]儘管他們有時也不得不否認摩西敘事的瑣碎細節、降低洪水災難的嚴重幅度，甚至簡化大洪水對地質形貌的影響力。事實上，大洪水是所有遠古文明口述歷史的集流，或者說，洪水的故事是口述歷史所共享的主要特徵。曾追憶起「地球災禍」[5]的法國工程師尼古拉・布朗熱（Nicolas-Antoine Boulanger）就在調查許多上古文明之後，成功繪製出一本集結不同傳統對大洪水遺跡敘事的型錄。十八世紀的科學家們樂於比對古典的文獻紀錄與真實的考古遺

* 編按：此處所指的可理解秩序，意即啟蒙時期所興起的機械論（Mechanism），此理論認為自然界整體就是一個複雜的機器，彼此之間運行得當，但在啟蒙時期，科學家依然相信創造這個複雜且精美機器的造物主便是上帝，科學家只是透過運算與觀察來理解上帝的創造。

址，意圖藉此將聖經文本的一字一句對應到在土壤記憶裡的印痕軌跡中。[6]

在十八世紀，僅有少數科學家們將大洪水視作神話傳說。法國博物學家伯努瓦・馬樂特（Benoît de Maillet）就曾在其闡述地球歷史的祕密手稿《特樂馬德》（*Telliamed*）中劍指大洪水的不真實性。[7]馬樂特不僅駁斥了聖經裡四十日連續豪雨就足以淹沒所有地表山丘的荒謬之說，也無法相信大洪水在如此短暫的災難時間內能將地層嵌滿貝殼，並認為頂多可以假設有非常局部性的洪水出現。啟蒙哲人伏爾泰也曾二度在其《哲學辭典》（*Dictionnaire philosophique*）裡勉強壓下了他的懷疑，並嘲諷地寫道：「這真是最大的奇蹟。」[8]法國哲學家霍爾巴赫男爵保羅・提利（Paul Thiry d'Holbach）也曾多次斷言《創世紀》的洪災無法解釋地表的高地起伏。

其餘的科學家們因意識到詮釋聖經敘事的困難與果斷立場可能帶來的人身危險，便不對任何圍繞大洪水的議題表態，以維持中立。一七四九年，法國博物學家布豐伯爵喬治─路易・勒克萊爾（Georges-Louis Leclerc de Buffon）在其《地球的歷史與理論》（*Histoire et Théorie de la Terre*）當中就寫道：「神蹟應使我們震懾，使我們在驚訝中選擇緘默。」[9]

對深信著地球自誕生起就不停雕塑其形貌的科學家而言，洪水之災只是提供了一個不必要的解釋，而《創世紀》的洪水敘事更毫無信譽。蘇格蘭地質學家詹姆士・赫頓（James Hutton）便曾首先闡明以上論點，而英國地質學家喬治・圖爾明（George Hoggart Toulmin）也提出更為激進的論述。[10]到了十八世紀末（亦即法國大革命達到高潮之際），他們的理論也有了許多的追隨之人。事實上，赫頓所重拾的是物理神學的固有觀念，他認為上帝已創造一套自給自足的系統，可按循各種天然定律來正常運作，而地球不過是地質運動不斷展演的舞台。[11]對赫頓而言，現今地貌不再是大洪水所留下的斷垣殘骸，取而代之的是隨時都在活動的地球，且地球無時無刻不在雕塑嶄新面貌、不在維修其毀損遺失的缺角。在此動態地球觀底下，聖經所提及的大洪水找不到歸宿，除非得預設上帝所訂立的完美規律帶有先天的瑕疵。

日漸高漲的批評聲浪以及用地質現象來印證摩西敘事的困難度，使得十八世紀的科學家們發展出解釋地貌的全新理論。然而，儘管新一代的地球學說從傳統的洪積論（diluvialisme）*中分流而出，學者們卻始終仍將地球上重要的作用力歸功於海洋、潮汐、水流與變化多端的海面，這也使聖經裡「原始」[12]海洋的意象得以繼續躲藏在新興的地質科學的影子當中。繼馬樂特後，水成論（neptunisme）的科學家們仍舊深信，大海是雕塑「地殼所有地理、岩性與結構特徵」[13]的唯一一雙手。布豐的《地球的歷史與理論》廣泛援引馬樂特的手稿《特樂馬德》，他不僅普及化了現實主義（actualisme），**更大力強調海洋水流的作用。[14]在布豐眼中，能解釋地質歷史的海洋代表著地球的過去，而現今地表的高山，也是大海過去在深淵裡活動的傑作。然而，值得提醒的是，上述布豐的理論是建立於他在實際觀察前就已預設的偏見之上。[15]

* 編按：意即認為大洪水塑造了地球地形面貌的說法。

** 編按：英文為 actualism，在中文圈中尚未有固定譯法，被視為查爾斯・萊爾（Charles Lyell）提出均變論（Uniformitarianism）時所參照的理論起源，強調現今所看見的地質外貌便可充分解釋過去地質作用的現象，在中文語境中亦會被翻譯成均變論、表存論、實動主義等。

一七七〇年後，水成論學者相繼鼓吹沉積化石與地層排序的研究重要性。[16]他們對地質沉積現象的重視，不僅凸顯了當時西方社會想將自然景觀時間化的欲望，夾帶此目標的他們，更構築出現今陸地過去長期位處海淵底部的假設。當時，日耳曼地質學家亞伯拉罕・維爾納（Abraham Gottlob Werner）的水成理論廣受流傳，科學家們普遍認同他所提出原始浩瀚之海具有強大化學力量的觀點。自此，大海就被科學家們視為地球原始力量的代表，是造就地表高低起伏的推手。現今的地貌也不再被認作野蠻的災難遺跡，而是長期在水下經海水雕刻的傑作。

此外，維爾納理論的成功，也證明了均變說陣營對其世仇災變說（catastrophisme）長期的頑強抵抗。相較傳統的洪積論，災變說在本質上出現了明顯變革，科學家們必須對地質學的洪災與聖經所記載的大洪水做出分別。[17]事實上，在詳細觀察地理結構之後，學者們不得不承認其實地球曾歷經數次災難的事實，而這項結論或許也有助於當時專家們調節科學理論與聖經文本的分歧。如果僅須假設聖經創世之日與大洪水之間存在著海底沉積的長期過程，或更簡單地想像人類是在地球最後一次毀滅性災難的前夜才被創造而出，那麼洪積論就顯得具備科學價值。

這就是在一八〇〇年後許多科學家所面臨的問題。十九世紀初，現實主義與災變說掀起了場理論大戰，[18]然而當時卻出現了相對有利於災變陣營的一系列因素。法國對英國的政治、軍事威脅引發許多在英國的學者怒視啟蒙時代所鼓吹的理性主義。[19]有名望的科學家，如愛爾蘭地質學家柯萬與瑞士地質學家尚－安德烈・德呂克（Jean-André Deluc）等人，均竭盡所能地為《創世紀》的天命觀點染上科學的色彩。為恢復社會弱化凋零的信仰熱忱，一群身兼神職人員的地質學家們，也意圖將創世者的天意與地質科學理論完美融合。[20] 英國地質學家威廉・布克蘭牧師（William Buckland）就曾將以下兩種地質概念作細緻化的區分：「洪積層」（diluvium）為聖經大洪水的遺跡，而「沖積層」（alluvium）則為大洪災後種種地質現象共同造就的結果。[21] 後來考證為冰川腐蝕所造成的波折谷地，當時也被用來強化災變說的理論基礎。在瑞士地質學家路易士・阿格西（Louis Agassiz）*著名的冰川論發表之前，科學家們若不願仰賴過去曾有的大洪災理論，又要如何解釋地表不規則巨石的存在、河流台階的形貌，以及冰川河谷與流經其中的溪流懸殊的規模之差？以上其實也就是地質學家布克蘭牧師在英國西南部的德文郡（Devon）與多塞特郡（Dorset）沿岸長期觀察的科學目的。

在海峽另端的法蘭西科學家們，由於深受大革命理念的薰陶，也傾向認為地球本身也曾經歷數次駭人的抽搐動亂，此觀點使均變理論無法站穩陣腳。到了波旁復辟時期，古生物學（paléontologie）的成功，特別是法國動物學家喬治・居維葉（Georges Cuvier）的考古發現，**也為災變學說帶來強而有力的關鍵證據。古生物學所揭示的原始物種驟然消失的探究，使均變理論的基

* 編按：阿格西在一八三七年提出地球曾經歷過「冰河時期」的研究、親自走訪阿爾卑斯山做時地考察，甚至曾在巴克蘭的陪伴下一起遊覽了不列顛群島的冰川。一八四〇年，阿格西出版了一部《冰川研究》（*Études sur les glaciers*）的著作，震驚了學界，在其中探討了冰川對地表的鑿刻以及冰川留下的地質證據。

** 編按：居維葉在對巴黎盆地的地層研究中，發掘並命名了眾多古生物，諸如乳齒象、翼龍等，並是首位提出在史前時代地球是由爬行動物主導的研究人員。

礎更不堪一擊。值得補充的是，居維葉隸屬於賦予大海許多地質重要性的科學傳統，[22]他也曾提出一套似乎能吻合聖經敘事的洪災理論。[23]

在英國地質學者查爾斯・萊爾的均變論（Uniformitarianism）獲得最終勝利與阿格西冰川學說浮上台面以前，以上回顧科學思潮的變化，使我們更容易理解十八世紀西方社會看待沿岸的方式。當愈來愈多的科學家們選擇「借用大自然本身的歷史來有效閱讀並理解天然現象與自然景物」[24]時，一種全新的歷史時間觀也就此萌生。地質學者們逐漸屏棄將地球與人類歷史合二為一的簡短紀年法，即便這種方式才被廣泛接納不久。法國主教雅克－貝尼涅・博敘埃（Jacques-Bénigne Bossuet）認為地球約莫在六千年前左右誕生的假設，與一六五〇年英國大主教詹姆士・烏雪（James Usher）推算上帝於耶穌降世前的四〇〇四年十月二十三日早晨九點創世的理論，均喪失了科學意義。自此，西方的時間觀裡，不僅有日月和季節的短暫交替，以及世紀更迭下演進的人類歷史，還出現了源遠流長的地質時間（Échelle des temps géologiques），這也是自十七世紀西方科學家們發現底表下巨大的空間後，較晚期才顯現出的迴盪漣漪。

接著，科學家們試圖以代、期、段等單位切割歷史時間，透露了探索地質歷史範圍的欲望。一七七九年，布豐伯爵將地球的歷史追溯至七萬五千年前，[25]不再是過去主教博敘埃所認為的六千年；十八世紀末，法國地質學者尚－路易・吉羅－蘇拉維（Jean-Louis Giraud-Soulavie）又將一百萬年定為地質時間的基本單位；[26]蘇格蘭科學家赫頓則提出了地質現象無止盡循環的觀點，亦即地球具有無限的歷史。赫頓認為，既然地理事件依循著固定週期湧現，試圖追溯地球誕生的起源點自然也就喪失了意義，因為在層出不窮的地質活動中，上帝在地表創世的鑿痕也被抹除。

自此，地球與人類的歷史分道揚鑣，科學家們也建構起一系列在人類誕生前陸地與海洋的固有面貌。遠古的地球因對居住於其身的生物冷漠無情而具有全新的崇高形象，純粹且無止盡重複的浪花聲則被視作世界永恆的象徵。

對現實主義的科學家而言，眼前的當下已不再是地球演變的最終目的。若以海浪在沙灘上捲滾破碎的一幕來說，「現今」也僅是一系列不停變化的過程裡的某個微小瞬間。今日的地球是從過去的斷垣殘壁中雕塑而出，而不久後全新的地貌又會建立在眼前世界於未來的廢墟之上。在同一時期，地質科學與拉瓦節所創建的化學學科同時萌芽壯大，兩門領域之間的組合與更新，更衝擊著西方人們的集體想像。

想當然，時間再現系統如此劇烈深刻的轉變，絕不可能以直線方式發展進行。因此，自一七九〇年起，許多虔誠的科學家們又開始竭盡所能重建一個不那麼使人暈頭轉向的地質年代表，似乎也並不令人意外。[27] 鑒於海水在地球歷史上的重要性，在這場關於時間再現革命的框架內，沿海地帶成為認真探索的地點與主題。[28] 地質學者們對海岸線位移的發現與隨後對其的測量紀錄，使原本被認為固定不變、接續陸地的前緣緩坡，變成了曖昧不明的殘餘（résiduel）空間，成為不同世界組成元素對抗廝殺的戰場，而海灘認知的演進也成為了地質構造學（tectonique）概念出現的背景。

事實上，西方早在古典時代就已注意到海岸線位移的現象，而十八世紀的科學家們也無不樂於援引亞里斯多德或奧維德描述海岸變化的記載。與此同時，那時的地質學家們也很快地得出了堅定的結論：**大海體積正逐漸減縮**。當時，海水乾涸的科學假說直接影響了對大海的集體想像。海水的乾涸更加強了人們對海洋富饒資源災難性消失的恐懼，更使得漁夫們的擔憂飆漲。

在北方海域與地中海這兩個地方的觀察，共同深化人們對海洋水量銳減的確信。在一六九四年的波羅的海沿岸，瑞典地質學家厄本・賀爾納（Urban Hiärne）開啟了西方首項對海岸線位移的科學研究。賀爾納不僅強調斯堪地納維亞的漁夫們長期觀察到大海的縮減，還發現了維京人法規裡早有對該地質現象的紀錄。急欲了解背後成因的賀爾納，便將自己所有的疑問列成表單四處尋覓解答，並在一七〇二年到一七〇六年間發表了所回收到的各種解釋。瑞典天文學家安德斯・攝爾修斯（Anders Celsius）[29]也自一七二四年起根除所有和大洪水相關的概念，以嚴謹的科學方法投入對海岸線位移的研究。在長達十二年的歲月當中，攝爾修斯朝夕不倦地探勘波羅的海綿延不絕的沿岸，訪問了許多老漁夫們，也分析了各種沿海地名的來源。不僅如此，他還勘查了暗礁出現的時代與不再為人使用的航道，記錄了海豹先後出沒在哪些岩石上。到了一七三一年，攝爾修斯開始標註起貼齊海面的石塊，以此丈量海水倒退的幅度。一七四三年，他首次丈量了海岸線的差距，並將該科學數據用於與林奈合著之書中，為海水乾涸的假說辯護。

從對沿海地貌的觀察中，攝爾修斯得到了結論並告訴大眾：地質活動連續性仍在持續，以及人類得以測量地理運動的規模。他引入了一種測量地質歷史新觀的方式，來計算海水運動時間與規模間的關聯，而他對大海運動的研究方法既不與聖經的大洪水敘事，亦不和十七、八世紀之交風靡一時的宇宙學說沾邊。值得一提的是，他的研究成果再次鞏固了斯堪地納維亞民族較晚誕生的想像，

「攝爾修斯的研究表明，瑞典的誕生相當晚近，[30]因此點燃了當時不少瑞典民族主義者的憤慨與論戰。

不久後，[31]另位瑞典地質學家埃弗萊姆・魯內伯格（Ephraim Otto Runeberg）[32]也急欲翻轉當時科學界對海水運動的視角。根據魯內伯格的理論，海岸線的變動並非是被顯然深具流動性質的水元素所醞釀，而是來自地底下使基盤岩石隆起的力量。魯內伯格板塊隆起之說激起了許多科學筆戰，直至一八〇六年至一八〇八年間日耳曼科學家利奧波德・布赫（Léopold Von Buch）才為其理論提供了堅若磐石的證據。一八三四年，萊爾也在其瑞典探勘之行尾聲時，親自證實了魯內伯格板塊緩慢隆起的學說，而繼萊爾後的挪威專家們也陸陸續續為其理論作更明確的說明與探究。

在同期的地中海，一群科學家們也深受當地明顯的海水倒退現象震驚，紛紛投入和北方地質專家並行的科學研究。[33]繼法國科學家尚・阿斯特魯克（Jean Astruc）的觀察後，馬樂特也將大海體積縮減放置於其地球理論的核心。在其《特樂馬德》手稿當中，敘事者的祖先（亦即書中主角）為求了解海水塑造地貌的過程，在沿海地帶探勘超逾八百公里。該角色不僅深信著大海是造成地表高低起伏的推手、是現實主義理論的重要根據，更希望能藉由沿岸的觀察來了解地球歷史中地質運動的運作機制。在手稿裡，敘事者道：

為此，他【敘事者的祖先】會緩慢地在沿海地帶探勘遊走，時而步行，時而乘艘小船，時常在離海岸極近之處觀察……。在海濱，他會駐留數小時，觀察海浪如何沖上岸時如何侵蝕海灘，或者是根據海面的平靜或波濤洶湧，觀察浪花帶來的不同砂石。有時，他也會靜坐於被海水圍繞的陡峭岩石上。在那兒，只要海水足夠清澈，他便會觀察所有在水面下正在發生的驚人景象……。[34]

其他南歐的科學家們也對沿海地貌有震撼人心的新發現。享有近代海洋學之父美名的義大利學者路易吉・馬西里（Luigi Ferdinando Marsigli）便將海岸線納入所有地表與海底結構的理論框架之內。根據馬西里的觀察，陸地山脈與海底深淵有著完美的對稱結構，他還發現在海灘前緣有一塊大陸高原。自馬西里發表他的理論後，海岸線便不再被地質學家視為線性的地理構造，而是一整面涵蓋海灘與底下板塊的地形區域，[35]是山脈與海洋谷地的延伸，而這便是他假想的對稱軸。

在馬西里後的五十年，法國地理學家菲利浦・布希（Philippe Buache）[36]的海陸盆地學說也成功激起相當大的迴響。在布希的理論當中，山脈同時於海淵與地表匍匐蜿蜒，並在兩種環境裡勾勒出盆型的地質結構。此外，他也建議採用相同的地形圖以呈現兩者的高地起伏，並意圖藉由等深線與等高線的繪製，來證明地球在水下與水上有著如出一徹的形貌。關於地形圖繪製必須提醒的是，其實過去因航海活動的需求，西方專家們早已發展起計算海底深度的科學方法，隨後才逐漸對山脈高度進行測量。正如同真理與自海而生的美神維納斯，科學家們對地勢的量化也是在他們摸索水深後衍生而出的手法。[37]

所有地質學者鍥而不捨的科學研究，共同造就了西方世界觀看沿海地貌的新視角，人類看待沙灘與岩岸的視角、閱讀沿海風景的方式，都會因各自的科學理念，或更簡單地說，因觀者不同的科學文化背景而有所差別。若依稀保有對第一部分第二章之印象，法國作家暨神父布羅斯的兩位主人翁（阿里斯特與尤金），即秉持自然神學的觀點來閱讀沿岸地貌。在海濱，兩人不僅欣賞著神蹟事件所留下的地質痕跡，平時狀態下，沿海地帶所展現的世界秩序在他們眼中更顯驚人。他倆欣喜若狂地緊盯海灘上原封不動的岩石，這些石頭被視為上帝為保護陸地不被咆哮的海浪所侵而設的堅不可摧堡壘，並目睹無法再度掀起洪水的海浪在牆角下緩慢地屈膝褪去。類似阿里斯特與尤金的固定論者受其盲目觀點所困，無視不斷在翻新、改變的沿海地貌，除了展現上帝意志的洪水摧殘，什麼都難以納入他們眼底。這一系列自然神學的信念，使他們視而不見現今地質科學所謂侵蝕堆積與海水整治沿海地貌的過程。

到了十九世紀初，當西方固定論愈來愈難以解釋不停變化的沿岸景觀時，瑞士地質學者德呂克便提出了另一種閱讀海濱地貌的方式。[38] 在德呂克眼中，海岸線上的岩石、岬灣與海角均屬聖經大洪水的明顯鑿痕，[39] 任何洶湧波浪無法徹底破壞沿岸構造。然而，德呂克也注意到大海平時整治沿岸環境的能力，承認他所研究的海水「沖積」現象即在大洪水後才接續發生。但他認為海水「沖積」非常輕微，頂多磨平海濱稜角、校正沿海坡度、填補海岸線的凹槽曲折，僅限於此。以上可見，德呂克所提出的是種閱讀海濱地貌的折衷視角。然而，即便他略微偏離航道，卻始終仍非常忠於固定論。

西方看待沿海地貌的視角之所以發生革命，是由於某些科學家不再將海濱的岩石、暗礁與懸崖詮釋為聖經大洪水所留下的廢墟殘骸，而是將它們解讀為地質活動的軌跡，或自遠古以來海水侵蝕板塊的結果。[40]沿海風景不單揭露地球浩瀚的歷史，也有助於預測海濱地貌的演變，這也意味著科學家們一次改寫了沿海地帶過去、現在與未來的景觀形象。

以上所概述三種理解沿海地貌的方式為同時發展，難以確定彼此觀點的一致性，且當代歷史學者也無法科學量化各種視角在當時社會所占據之比例。此外，從以固定論觀點過渡至對沿海地形隨時都在改變的認可，也並非是條線性歷程。十九世紀初災變說的回歸，又使得認為自古海水就不斷侵蝕沿岸的觀念暫時退場，不得不將主流信念禮讓給深信海濱結構由一系列不同災難所致的地質理論。

根據不同的歷史時間觀與對地質運動的理論，理解沿海地貌與解釋地理機制的方式也就有所差別。然而，整體而言，西方社會愈來愈能感知地質結構的體積，以立體視角分析自然環境的手法也日趨普及——這種分析手法有賴於地質學家們大量投入對地層厚度的觀察，意圖透過對地層排序來釐清地質歷史的新觀。其中，大自然裡存在著兩種特殊環境，促進了對地層體積的觀察並以此推敲地球的歷史。其一即深入地底的礦坑，能一目瞭然地見證地質分層的現象。無庸置疑的是，科學家們對地層的研究與再現手法深遠地影響著西方社會對地質深度的視覺教育。一方面，地質學視覺語言的細緻化，[41]與日耳曼礦物學的蓬勃發展（從維爾納理論在歐陸的風行程度即可見得）以及旅客探索地下水井的潮流同時發生。另一方面，岩層厚度的魅力與礦坑冒險的吸引力，也與注重眼前風景外在特質的如畫美學勢均力敵地競爭。在礦場的核心，亦即地球歷史的檔案室裡，[42]地層的厚度分布與排序成了還原地球歷史的重要文獻，在尋覓壯美景致的旅者眼中，地層如同地殼一本晦澀奧祕的自傳。[43]

藉由放棄以分類學為主流的研究方法，自然史不再只是一個單純的編目過程。在地質學的領域當中，此研究方法的轉變反映在科學家們對能呈現地質深度之視覺語言的追尋。[44]他們透過地質圖的繪製以及對地層的排序與劃分，以視覺方式書寫地球的歷史。此外，地質深度的視覺化結合了田野探勘，也幫助地質學家對現今地表形貌作出更準確的解釋。

另一處關鍵的調查地點即沿海懸崖，尤其自一八一四年起英國出現愈來愈多對懸崖景觀的科學觀察。在描繪海崖時，地質學者們大量借用了過去航海家從海上記錄沿岸環境的技術，呈現出許多露天的地質剖面。[45]在海濱，懸崖赤裸地揭露地層，免除科學家們潛入地底之必要，並促進了對地層的視覺觀察。於此，地質學們更能藉由歸納，來理解地底的分層結構。簡而言之，沿海懸崖是具立體面向的地質展演。

很快地，製圖員們便依循地質科學的新需求來創作，奠定了西方社會關於地質深度的視覺養成。根據此脈絡，值得分析的是英國海洋藝術派畫家威廉・丹尼爾（William Daniell）的所有作品，以及一八五五年湯瑪斯・韋伯斯特（Thomas Webster）於大不列顛南岸的懷特島（l'île de Wight）上，為闡明英國古物暨天文學家亨利・恩格菲爾德（Henry Englefield）如畫美學文本所完成的系列版畫。[46]不論從丹尼爾或韋伯斯特的作品中均可發現，當時的地質科學顛覆並影響了地形圖的再現手法，透過強加一種對地層分布排序的理解，來梳理大自然最初的紊亂複雜。在面對韋伯斯特的作品時，觀者便能學習用雙眼切割地層，像閱讀地層剖面般詮釋地形圖，並反覆瀏覽地質沉積物的排序來摸索地質歷史的年代排序。

日後，以立體視角再現地貌的手法將會廣泛流傳，而旅遊記事裡的插圖也隨即反映出地質歷史新觀在西方社會的爆炸性湧現。[47]隨著藝術形式化之過程，畫家們在再現沿岸景觀時，漸漸使用起地質分層的觀念與地質科學慣用的色彩，他們的視角與畫筆在不知不覺中簡化，甚至達成了使人類理解地層規律性之目標。英國當代歷史學者馬丁・路德維克（Martin J. S. Rudwick）就曾注意到，[48]以一整塊分層的巨石訴說地底的深度，比起峭壁所微露的地層末端更能震懾人心。此外，人物與禽鳥均為相同科學目標所繪，正如考古版畫，人像成為彰顯懸崖高度的比例尺，而空中翱翔的海鳥則呈現了絕壁的陡峭駭人。

科學家們對地質深度的視覺教育呼應了英國文人威廉・吉爾平（William Gilpin）於一七七四年對英吉利海峽白堊岩懸崖所寫下的讚美詩句。同時這也導致了對沿海地質結構的凸顯、對懸崖坡度與垂直度的誇示，藝術家們藉此引爆人們心底的崇高感受，此技法如同黑色小說（roman noir）製造懸疑效果的方式。[49]當海岸景致在地質科學中變得更加明確，地質深度的視覺教育也漸漸融合了社會主流的審美觀。

在科學思潮的推動演進之下，觀看海灘的角度也逐漸改變。在嶄新的視角底下，人們開始意識到海岸線的暫時性與變形力，有些人也開始相信沿海地帶是陸地板塊週期性受海水侵蝕的地質結果。自此，在歐洲北方綿延不絕的海岸，其沿海地帶每十二小時從潮汐中解放，更呼應了海岸線變換多端的景況，使得沙灘與海濱間的分野也漸漸變得模糊不清。

生命登陸或海水乾涸之地

與此同時，科學家們的求知欲也激發出其他閱讀海岸的新方式。由於海岸線為水面上的土地與富饒大海的交界，許多科學家便將其視為生命之始。海岸線的變幻不定，呼應了不同生物領域間的曖昧分野。相較於其他自然環境，沿海地帶不僅有利於專家們觀察食物鏈環環相扣的現象，也誘發了日後蓬勃發展的物種演化學說（transformisme），生物學家們步步解鎖生命起源的奧祕。

自古，海洋始終都被視為生命起源之地。[50]即便在考據上出了紕漏，馬樂特仍舊正確指出古希臘哲人米利都的泰利斯（Thalès de Milet）、阿納克希美尼（Anaximène）、阿納克薩戈拉（Anaxagore）與詩人荷馬等人都曾闡明水是自然萬物根源的觀點。日耳曼哲學家萊布尼茲（Gottfried Wilhelm Leibniz）也認為生命首先於海水誕生，而現今陸生動物的祖先均源於海洋。到了十八世紀初，亦即在義大利科學家馬西里創立起海洋生物學（biologie marine）之際，[51]馬樂特更是在其《特樂馬德》中將大海比擬為上帝賦予地球活力的生命泉源。本節再次重申：對於法國的馬樂特、丹麥神學家龐拖皮丹以及十八世紀許多科學家而言，海淵深處存在著與陸生動物相互對應的物種，且這些物種皆可在大海與陸地轉換、生活。根據馬樂特的學說，海生動物是在氣與水二元素混雜交融時「陸地化」（terrestrialisation）[52]上岸，而此過程中最嚴峻的挑戰即水生動物必須學著「適應」陸地氣候以及不再被海水環抱的狀態。從上亦可發現，馬樂特巧妙地將過去大洪水駭人意象一百八十度翻轉：駭人的不再是大洪水，而是生物在如嬰兒般破水而出時的艱難。在精神分析家費倫齊提出大洪水所激起的焦慮源自人類對身體出水恐懼的兩百年前，[53]馬樂特就刻意將陸生物種在海裡生活的過去，類比為出世前胎兒受羊水環抱的歲月。從這個角度觀之，水生動物「陸地化」與人類誕生之時破水而出的過程極為相似，[54]也使原古人類自海上岸的假說不再僅為天方夜譚。

延續上述概念，馬樂特也認為海水浸浴之所以對身體有益，[55]是因為水被認為是人類所依賴的自然環境，而海浴療法在他眼中同時具備享樂與醫用的功效。在其手稿中，他也特別記載了條奇聞軼事：過去曾有位葡萄牙國王接待來自大海的一名婦人與一位少女，[56]兩人時不時便跳潛入翻騰浪花，令王公貴族瞠目結舌。此外，海洋被視為原始生命的子宮，可直接影響精子活動，醫學家們便認為大海具有恢復生育力的力量，因此，哲學家們也順理成章地聲稱海水帶有創造生命的優點。[57]

根據馬樂特的推測，水生動物陸地化可能只發生在歐洲北方沿海地帶，位於海濱濃霧籠罩的洞穴深處，因該環境高濃度的濕氣有利生物從海水過渡到陸地。原始人類也於格陵蘭、挪威的斯匹茲卑爾根島（Spitzberg）與加拿大哈德遜海灣沿岸自水冒出，如同那些成群結隊出現在不斷變幻海岸的雙棲動物，[58]學習在一吸一吐間適應陸地空氣。接著，健壯卻仍舊野蠻的人類祖先根據各自不同的適應力南移飄遷。

二十五年後，馬樂特生命登陸的理論又再度被布豐伯爵在其《各個自然時代》（*Époques de la Nature*）中大量援引。承繼前輩觀點，布豐伯爵也認為大海蘊藏許多大自然的原始力量，北極圈尤其顯著，[59]他認為首批有組織器官的生命體便是在此浮現。他不僅深信歐洲北方是地球最早充滿生命的富饒之地，還寫道：「大自然在這片同樣的地域展現出其最巨大的創造能力」，以上觀點也間接解釋十八世紀西方文學大量以鯡魚與鯨魚象徵強大且富饒的生命的原因。然而，他卻也補充道，大自然優越的原始生命力僅存於北方源頭，當原始人類逐漸南遷，大自然的力量也就相對削弱，使得野蠻之人不得不走向文明。

這種理論在十八世紀的西方社會被廣泛認可，卻也同時激起不少影響漣漪。依短期而論，《特樂馬德》手稿頌揚了大海體積縮減帶來的有益影響，不僅刺激了沿海農業的蓬勃發展，也使荷蘭港市從水中浮出，彷彿受到了上帝祝福。此外，由於海洋是所有植物生命的源泉，馬樂特也希望藉由種植海藻以抵抗糧食危機。然而，以長期而言，海洋的倒退、海洋富饒資源的崩潰，以及總有一天將迎來的海水乾涸，都加重了西方的集體焦慮，當時關於捕魚危機的大量文獻記載，在在反映了這點。[60]

大海作為原初子宮的生命意象，也呼應了前章所述關於沿海地帶為補給身體與刺激生育力的救濟站的說法。海洋子宮的形象不僅強化了海底充滿生命的幻想，也使人相信北方地區寒冷的氣候與濕氣濃霧為催化水生生物適應陸生環境的觀點，更吻合了十八世紀海水浴療、文學奧西安主義

（ossianisme）以及喀里多尼亞（Calédonie，蘇格蘭古名）之旅等種種社會潮流趨勢。在與生命科學相關的文獻當中，亦可發現熱、乾、燒與日照時常對應到生命力衰減或物質精煉的過程。在西方的集體想像裡，生命登陸出水、體力或生育力銳減，與人類文明起源等一系列環環相扣的意象，共同解釋了南歐海濱令人反感以及地中海古文明能激起後人崇拜之情的原因，更可以理解西方社會為何會在使人恢復活力的北方以及古代文化綻放的地中海之間往返徘徊。

科學家們的英勇功勳

這些眾多、表面或許看似矛盾的立場，卻均反映出一個觀點的革新：西方視角產生了更長遠與深刻的地質時間概念。不同的理論體系發展出各自在沿海地帶的探索活動，共同反映且刺激西方社會集體對海岸的渴望。今日的歷史學者已知道當時海濱探索在西方社會的萌芽之處。十八世紀初的英國社會盛行著知識分子暨紳士旅者，[61] 以及所謂「有品味之人」等人物。知識分子暨紳士旅者們樂於田野調查，卻毫無嚴謹的研究手段，他們不是專注收集自然萬物，就是製作分類學的清單。在一七〇〇年至一七一〇年間，這種消遣活動專屬於因擁有土地且具文化教養的貴族階級打發時間，且不僅限於紳士，貴族階級的女性也相當熱衷於採集物質標本，而十八世紀末的英國國王喬治三世更是此類社會菁英暨業餘學者的最佳實例。

然而，在短短幾十年間，[62]教士與中產階級也紛紛燃起對科學探索的熱忱。在功利主義目標的支配下，一種外省的布爾喬亞文化逐漸成形。他們對大自然的好奇得以傳播擴散，有賴於所屬階級娛樂活動的出現與興盛、科學知識的流通、以地方話（非拉丁文）書寫且附帶專業插圖之科普著作的大量出版，以及文化社交活動的蓬勃發展等因素。在一七七五年到一七八〇年間，中產階級相較過去更是斬釘截鐵地投入探索研究，當時社會對自然田野的愛好品味與對「家鄉小鎮」的驕傲感，也助長了他們的科學熱忱。布爾喬亞的業餘科學家們產出了各式各樣對自然景觀的觀察紀錄，旅遊筆記的數量不斷增加，地形學文獻以及描繪風景的寫生草圖也蓬勃發展。與此同時，嚴謹的科學研究計畫也漸漸取代過去貴族階級對自然物質的單純收藏活動，地質學的發展即可證實上述轉變：地質科學起初僅為一項自發性探索的學科，直到後來才在專家之間形成一個有組織的領域。

當代法國歷史學者丹尼爾・羅奇（Daniel Roche）就曾精心探究法國十八世紀好奇心的社會歷史。在其研究當中，羅奇特別探討位在法國南部物理、化學與地質歷史等自然科學珍奇屋（cabinet de curiosités）*的多元倍增現象，[63]並發現一七五〇年起著名法國科學組織所提倡的教學活動誘發了珍奇屋的蓬勃發展，而「學術人」的角色也因此漸漸在法國社會流傳擴散。為此，在歐陸外省不需就業的貴族階級便相當重要，他們實際參與了一項文化轉變，使得科學研究與新知的學習成為貴族身分的必備門檻。然而，他們的所作所為卻也無法抑制投入科學探討或學術研究的中產階級人數

* 編按：此為十五世紀到十八世紀之間，歐洲收藏家用來陳列收藏物件的房子，被視為博物館的前身。

不停攀升。

布爾喬亞對科學知識的渴望與所懷有的分類學企圖，激發了他們在大自然裡一系列步行探勘的活動。繼二十世紀法國哲學家巴舍拉的相關分析，羅奇也證實了當時法國的布爾喬亞會直覺認為，陳列自然歷史的珍奇屋在某些情境之下也能被視為圖書館的一種類別。[64]任何的探勘調查（旅行僅其最單純的形式）即便是前往看似不起眼的地域，都可能帶來科學或美學的嶄新發現，所有一舉一動均為觀察與好奇心的展現。海濱漫步成為一個令人愉快的探索過程，行者能撞見意想不到的貝殼化石、海草與海藻，沉浸於科學觀察與發現，並享受遐想做夢的歡愉。值得一提的是，在十八世紀，人們在海濱的步行探索尚未成為司空見慣、稀鬆平常的行為活動。

依此脈絡而論，本章第一節所述關於攝爾修斯的沿岸調查，以及《特樂馬德》敘事者祖先「虛構」的海濱研究，在他們的時代裡都是先驅性的行為舉止。法國科學家馬樂特《特樂馬德》主角的所作所為，也就成為日後西方人在沿海地帶歡樂探索的模型，[65]他開啟了人們對海濱岩石與砂礫的訪談調查，冀望能從與自然景物的對話當中尋覓被時間所遺失的古老訊息。此沿海探索的模式自十八世紀下半葉以降變得相當普遍，[66]任何地質學家更加堅定地親自實踐。一七九〇年至一八一〇年間，為明白玄武岩性質而出現的一系列科學探勘，即能證實上述熱潮，因為當時礦物學與地質學仍歸屬同門、尚未分家。

對許多同時也是業餘科學家的旅者而言，他們是跟隨著垂直探索的欲望，在沿海地帶進行科學研究。新手地質學家會試圖用身體與雙眼來感受地層的重量與厚度，他們會時而在岩石上攀爬、在峭壁上行走或依循山脈骨架前行，時而會下訪海濱蝕洞，在礁岩保護下於海灘上遊蕩。他們渴望在乍看之下紊亂的地區發現元素的排序，因為探勘能訴說原始地球歷史的祕密，他們尤其對蘊藏元素交融奧祕的地底世界極度著迷。[67] 對地下世界的好奇日漸漲大，使得地底不再僅是假象的原始子宮或人類墓園，更是深藏無情地球的祕密之處。業餘地質學者們渴望摸索地層以體會地球歷史的深度，而這在某種程度上使得僅能呈現單層歷史的沙灘的探索價值大幅下跌。

上述沿海探索實例不勝枚舉，如遊走在北愛爾蘭巨人堤道（Chaussée des géants）的英國人類學家理查・波科克（Richard Pococke）、在義大利厄爾巴島（l'île d'Elbe）挖掘的法國火山學者德奧達特・多洛米厄（Déodat Gratet de Dolomieu）、觀察挪威沿海的日耳曼自然神學教授法布里修斯，以及於大不列顛島綿延海岸獵尋的瑞士動物學家法蘭索瓦・皮克特（François Jules Pictet de la Rive）。此外，另兩項相對較晚期、卻更能展現出地質「深度」旅遊所賦予愉悅之情的案例。首先，是法國地質學家福哈斯・德聖豐（Barthélemy Faujas de Saint-Fond）。德聖豐對蘇格蘭的地質探勘正值西方喀里多尼亞之旅的風潮，他也曾拜讀英國文人山繆・約翰遜（Samuel Johnson，亦稱約翰遜博士）、威爾斯博物學家彭南特，以及蘇格蘭牧師約翰・諾克斯（John Knox）等人描寫高地風景的作品。然而，這其中卻無人對喀里多尼亞沿岸進行探勘調查。以下，就讓福哈斯親自簡述他在蘇格蘭奧本（Oban）沙灘的地質學探索行程：

> 凌晨時分，在一位僕人的陪同下，我背著背包啟程，僕人是我的忠誠旅伴，他帶著一瓶酒和

些許冷肉。然而，我們必須完成花費數時的探勘工作之後，才有可能得以進食。午餐雖然很簡單卻十分美味！有時我們會在陡峭岩石上進食，有時則在能遮風避雨的海濱洞穴中用膳。在沿海地帶，海浪於我們腳底破碎，並向我們展現海洋逐漸漲大的怒火。我們感到慶幸我們沒有身在怒火中燒的大海之中。

當夜晚降臨，我帶著一身的石頭樣本與珍貴筆記返抵寧靜的住所。我先將採集的寶藏陳列於桌面、一一欣賞，並將它們歸類收藏……，我也會事先挑選要贈與聯絡人與摯友的樣本。我洋溢著幸福的感受。[68]

福哈斯的幸福感源自其複雜的記憶技術與紀錄手法。在造訪斯塔法島（l'île de Staffa）之際，他便回顧說明：「在紀錄完所有芬加爾（Fingal）洞窟的細節，並繪製、測量完洞內最令我感興趣之景物後，我隨即出發探勘島嶼的其他角落。我收集了五花八門的熔岩、沸石與許多特殊石塊……」。[69]回程時，他還補充道：「我必須費時數天，以專心紀錄對斯塔法島的觀察」。

在芬加爾洞窟，福哈斯被渴望到達深處的欲望所驅使，使得他相較於一般觀光客更具冒險犯難的精神，一路直搗海蝕洞的深處核心。他赤腳踏上洞窟內潮濕的岩石，設法「不帶任何危險與困難」地潛入洞窟內最深的裂縫，但「回首返程的念頭」[70]卻也時不時冒出，試圖打消他的英勇企圖。

除福哈斯外，日內瓦地質學家內克爾・索敘爾（Louis-Albert Necker de Saussure）也分別於一八〇六年、一八〇七年、一八〇八年三度跟隨其祖先足跡完成蘇格蘭的環形之旅。到了十九世紀初，這種科學探勘之旅已稀鬆平常，索敘爾也時不時在旅程中巧遇許多礦物學愛好者。索緒爾偏好研究沿海地帶，他的旅遊筆記詳細勾勒出他在喀里多尼亞沿岸嚴格的探索路線，而他的探勘模式為上述地質「深度」旅遊的經典模型。然而，值得注意的是，索敘爾同該時代多數觀光客，也抱持其他野心：他試圖學習當地方言、研究地域風俗，在觀察沿海地貌的同時，也不乏記錄當地的動植物生態。最有趣的是，旅程中任何微不足道的細節均會被索敘爾記錄、描述，並隨後發表於其遊記當中。如前章的湯利對曼島千篇一律日常的認真記實，索敘爾亦樂於描述那些即便在法國第三共和時期（La IIIe République，一八七〇年至一九四〇年）急於尋覓作文題材的小學生都不會注意到的事件。索緒爾顯然和瑞士的動物學家皮克特一樣，即便是探勘沿海地帶最細微的蜿蜒地段都可以自得其樂，會立即記錄各種熱騰騰的第一印象，並趕緊畫下所見之物「珍奇」的特點。當夜晚降臨，當日所收集的各式素材就會撰寫成旅遊日記。在為期數月的旅途中，索敘爾一絲不苟地從一面沙灘往另一面移動，沿著樹木叢生的小徑探勘，攀登了無數的黑色巨岩、沙丘與懸崖，也會在疊澀拱（encorbellement）下避雨時進行地質觀察，甚至連最微小的海濱岩洞也不放過，他的探索之旅可謂盡善盡美、詳盡無遺。

索敘爾超逾一千五百頁且密密麻麻的旅遊隨筆，無形揭露了他想將自身的冒險旅程英雄化的渴望。該書的真正主題，是身為科學家的他是如何為了促進科學發展而不顧生命危險探勘研究，這也就是他功勳記事的可笑之處。然而，他的旅遊筆記卻也同時彰顯了浪漫主義時期壯美情感的生成策略。在今屬英格蘭的伊利（Ely）附近，索敘爾走踏過無數單調的海灘，在嚮導的陪同之下攀登「沙丘」，忍不住想於陡坡腳下採集玄武岩柱的樣本，他寫道：「顧不及生命危險，我盡可能地爬行，緊緊抓住了身旁茂密叢生的雜草，還將浮出地表的拱柱頂部當作階梯爬行而下……。」[71]他成功到達了目的地。回程時，他再述：「困難重重後，我終於抵達山頂。在那兒，嚮導目瞪口呆地望著我，似乎對我毫髮無傷地回來感到既吃驚又訝異。」

在蘇格蘭的拉姆島（l'île de Rum），索敘爾想採集樣本的欲望又再次點燃了他的冒險精神與英雄氣概。他費盡力氣地爬上了「隔開海濱巨石與海水的陡坡」，冒著頭上隨時都有被羊群撞下的落石的危險。關於回程，他如此描述：「我滿載熱騰騰的珍貴戰利品，準備爬下陡坡……。我必須小心翼翼地坐在草地上，用最快速度滑行而下。」[72]在天空島（l'île de Sky）時，他面臨了另項更險峻的困難，但卻也使他晉身為更了不起的英雄。當時，一隻笨手笨腳的山羊突然滑倒墜落，「一秒鐘前的我還在它【山羊】即將墜落之處拔取沸石樣本。若無同行之人的警告，若我沒有立即抬頭、反射性地躲在巨石之後，我必然會和那隻山羊同歸於盡。奄奄一息的山羊倒在我身旁，隨後又陸續墜落了兩塊石頭」。[73]索敘爾對一連串動作的描寫，使讀者更能體會當地地形的高地起伏。

相較於殘廢者在沿海的治療活動，求知欲所驅使的探勘行為是科學家們在喀里多尼亞如史詩般的紀錄中的重要特徵。想當然，此類型科學旅遊寫作的廣泛流通，也有助於宣傳科學家們征服大自然的行為模式。

科學旅者對海鳥的迷戀與描述，也自然地與海濱地層的測量結合。海鳥震顫的雙翅嘲笑更強調了沿海領地的空曠，而牠們在峭壁間迴盪的啼鳴更是加劇了懸崖帶給旅者的暈眩感受。對英國博物學家彭南特來說，鳥類學的探索與地質學的觀察相輔相成，共同影響了他聆聽海鷗與遐想做夢的方式，他寫道：

> 每當我在許多看似雷同的岩石下休憩時，我都格外留意頭上盤旋的各種聲音。來自四面八方的聲響，伴隨著在地底洞窟中緩慢漲大的海浪的低沉嚎叫，共同製造出驚人聲效，擁有著自成一格的美麗。海鷗的刺耳鳴叫、海雀的喋喋不休、企鵝的響亮音調、蒼鷺的尖銳吶喊，以及鳥鳴合聲背後鸕鶿的低沉咕啼，常常為我帶來一場前所未有的音樂饗宴……。[74]

這種感性的行為很快地擴散普及於英國社會。在十八世紀末，帶著望遠裝備的賞鳥者在懷特島上成群結隊。[75]賞鳥的愛好再加上觀察陡峭山坡的興趣也體現在探勘遊記中，人們對攀登在近乎垂直的峭壁上並偷竊鳥巢的英勇事蹟感到沾沾自滿。

與此同時，科學旅者也開始研究被潮水解放的海濱沙灘。在此之前，這片空虛的疆土一直被其他主題所壟罩，但自十八世紀末，海濱沙灘愈來愈吸引人，並成為人們仿效漁夫步行探勘的主要舞台。當然，偶爾會有海洋學家到海濱研究潮汐，[76]然而，據筆者所知，在此之前沒有任何史料記載探勘旅遊是受海濱地帶的海市蜃樓所激發。在這個不確定的平面之上，個體可強烈感受日月運行的韻律，而日夜的交替與潮汐的起落結合，進一步使得潮汐的問題更為複雜。

海濱不僅能使人體驗海水一漲一落的更迭，空曠的空間還能激發對被洪水吞噬與大海乾涸的雙重幻想。在當時的西方社會，大海仍被視為一面能反映水和空氣結合的鏡子，若不是少數潛水家對海底世界的觀察紀錄，人們對海洋的認知可能僅停留於海面活動的水螅，[77]唯有藝術家能憑藉自身想像來描繪海底深淵。然而，這種對深邃大海的盲目無知，卻也同時提高了海濱地帶的探索價值，因為海濱沙灘是揭露富饒海洋的邊界，而大海的深不可測以及其中未知的神祕物種顯得大海更加迷人。直到相當晚期，畫家與科學家們才一同注意到海水暫時褪去後、奇蹟般裸露而出的海濱沙灘，並自此此地成為畫家繪畫的主題與科學家觀察的重點。與此同時，西方也正值浪漫主義浪潮興起，人們凝視、再現與探索海濱沙灘的方式如何在西方社會的擴散傳播，亦為本書探討的主要現象之一。採集貝殼海藻與觀察植形動物也創造了不同社會階級相遇的可能，急欲摸索這片空曠疆土的布爾喬亞知識分子，便在堅硬沙灘上與當地受驚的漁夫不期而遇。

一七八六年十月九日，旅經威尼斯的日耳曼詩人歌德就深深被海濱沙灘吸引。前夜，《浮士德》（*Faust*）的作者就已絞盡腦汁，欲結合在潮汐韻律下潟湖所展現崇高與謙恭兩種的相對意象，他補充道：

> 於此，我將再次重拾對大海的描寫。今日，我仔細觀察了貝殼、帽貝與螃蟹的一舉一動，我非常享受此過程……起初，於沙灘上萬頭攢動的生命似乎不知自己身處何地，一心只寄望含鹽浪潮的回襲。然而，海水卻依舊遲遲未歸，太陽反倒快速蒸乾並加熱了沙粒，並逐漸日落

西山。此時，螃蟹們趁機起身出巡、動身狩獵……，即便我費盡數時觀察這群蜂擁而至的螃蟹，卻始終未等到任何一隻成功覓食。[78]

在歌德的字句裡可見，他的好奇與驚嘆之情並非源自浩瀚的海景展演，而是由作為海陸交界的沙灘上神祕且富饒的生物世界所誘發。[79]

事實上，在當時的英國社會，歌德的行為已經相當普遍。自一七六〇年代以降，許多旅客便會造訪英國的馬蓋特沙灘以採集海藻與貝類，[80]原屬貴族特有的收集嗜好也很快在大眾中流傳四散。然而，得經過數十年的擴散傳播（確切時間點為一八一五年），為觀察各種動植物生命的西方科學家們才會開始出現在海濱沙灘。兩種社會現象間驚人的時間間隔，也使一八三二年的先驅生物學家尚－維克多・奧杜安（Jean-Victor Audouin）與其夥伴亨利・米爾恩－愛德華茲（Henri Milne-Edwards）難以置信。這兩位在歐洲大陸研究的生物學者引入了在海濱的科學考察模型，以系統性地研究退潮時暴露在沙灘上的動植物。米爾恩－愛德華茲還表示，海濱探索帶來的新的快樂，與地質學者摸索地底奧祕的成就感有著天壤之別，[81]他甚至大力強調潮間動物的驚人奧祕。一八四四年，其門徒且同為生物學家的尚－路易・布雷奧（Jean-Louis Armand de Quatrefages de Bréau）解釋道：「在海濱沙灘，大自然似乎將它無法解決的疑難雜症全盤攤出。大自然樂於玩味這些難題，時而正面迎擊，時而以曲折迂迴的方式搭配最神祕的組合策略來逃避問題」。[82]

在海浪與岩石的交匯處，千奇百怪的雙棲與植形動物繁衍叢生，沙地表面上生物領域之間的曖味分野，也呼應了世界組成元素的混合交融。在畫家們紛紛描繪起沙灘光影混雜之景的同時，著名法國科學期刊《兩個世界》（*Revue des Deux Mondes*）也設立了專欄收入對沿海地帶的大量探索研究，除了對與海有關的新事物所具有的渴望外，公眾也開始對被潮水沖刷過的地區生態萌生好奇之心。

自此，科學家們不再以製作生物型錄為目標，並轉而將研究重心從海洋魚類轉移至海濱上的甲殼、軟體、環節與植形動物。十九世紀的生物學家若欲精準掌握潮間動物的身體結構、功能、特色與生活習性，就必須「前往牠們居住活動之地，以親眼目睹其活動樣態」。[83]這意味著，他們也會增加實驗的數量，並當場解剖生物活體。奧杜安與米爾恩—愛德華茲便曾旅居海濱漁夫住所，藉由步行探勘，費時數週觀察同一片沙灘上的生態。

潮位差極為懸殊之地，如聖米歇爾（Mont-Saint-Michel）海灣，便成了生物學家研究沙灘生態的最佳場域。[84]一八二八年七月，奧杜安與米爾恩—愛德華茲曾紮營旅居於聖米歇爾山附近的喬希群島（îles Chausey），島上豐富的生態景致，使得此地成為渴望在沙灘和淤泥中挖掘的動物學家的天堂。在當地海灘，兩位生物學家設置許多養殖池塘與巨型水桶，更在前往喬希群島的短期旅途中，採集了超逾五百種的生物加以專研。他們竭盡所能翻巨石、鑿沙地，鋪撒小型拖網捕獲，或利用退潮之際橫跨「廣大的海岸」，以便在各個珊瑚礁群之間採集，他們甚至曾直接於沙灘上掀開龍蝦的甲殼。時不時，他們也會「費時數天，挖掘打撈尚未被探索過的海底」。[85]然而，他們最大的喜悅是在岩石坑窪裡尋覓海鞘，因為他們深信「生命最初的起源就是海鞘」。

多年後，米爾恩—愛德華茲的子弟布雷奧也在布雷哈特島（Brehat）的海濱，將沙灘上原始、退化型態的研究與民族學（ethnologie）的田野調查相互結合，他寫道：

自抵達隔天起，每逢退潮，我就帶著白鐵盒箱、口袋準備許多試管容瓶、手中握有一把鋒利鐵鏟著手進行沿海探勘……。我發現了幾個地方，該處的沙粒與淤泥以完美比例混合，並蘊藏著驚人的物種數量……。的確，為研究（軟體動物）、尋找牠們隱身祕地，我們必須具備採石礦工的專業技能。我事先就意識到這將會是項精疲力竭的工程，但我期待將獲得的功勳成果，再大的困難都無法嚇阻我。[86]

布雷奧以筆記、繪畫與寫生等一系列的方式，記錄了其橫跨雙重領域的田野調查，並以浪漫的沉思為跳板，加深了與浪漫美學之間的共鳴。在米什萊隱居聖喬治德迪多訥濱海小鎮的十四年之前，身為生物學家的布雷奧在享受科學研究之樂的同時，也開始沉浸於空曠的海岸景象，和聲音在他心底所激發的懷舊之情。

到了一八三〇年代，當西方藝術家、作家與普羅大眾對沿海地帶的興趣愈來愈大的同時，有現代地質學之父美名的查爾斯・萊爾也正目瞪口呆地望著侵蝕陸地的大海，進而認為海水的力量造就了凹凸有致的河谷。[87]然而，他對海浪的凝視觀察，卻也使其高估了海水的塑造能力。萊爾把波滔駭浪視為地質運動永不停歇的象徵，是現實主義的最佳實證。這回，現實主義陣營終於獲取最後勝利。

從以上亦能得知，將科學探索排除在美學領域之外是多麼人為的結果。例如，歷史學者們早已發現地質科學的誕生與浪漫主義之間的淵源，正如萊爾坐在海濱觀察，科學家們長期靜觀浪潮反覆規律的起伏與永恆不變的海水樣態。在海濱這個世界組成元素交集的疆界，海洋似乎涵蓋了人類短暫的歷史。於此，地質學者們更能目睹地貌的瞬息萬變，同時見證在一起一落浪潮下，海濱上的短暫生命。其餘知識較淺陋的地質研究者則好似地球的古物收藏家，在海濱細數著地震、洪水或地質崩塌等改變地貌的事件所留下的痕跡，並深感這些事件顛覆了對人類歷史冷漠無情的大自然。

儘管地質理論百家齊放，但地質學家們提供了大量的概念、意象與影響，為人類歷史史觀注入新的活力，使地球與人類的歷史脫鉤。科學與政治領域間也同樣存在著微妙的交流。法國大革命再度拋出災變說論點，使人又相信世界的歷史便是一連串戲劇化災難的結果。反觀，近代地質科學卻已將短暫、稍縱即逝的時間觀與自然萬物不穩定的脆弱性深植人心。七月王朝時期的法國菁英們飽受返回災難前時代的欲望折磨，地質學觀察讓他們容易沉溺於懷舊的沉思中，地質運動所留下的殘骸廢墟在他們心中成為了一種社會秩序的隱喻，象徵著災難前的社會必然會被時間所動搖與破壞。在布雷哈特島，法國生物學家布雷奧樂於凝視猛烈撞擊的浪潮，觀察海浪如何不斷地先將別名「孔雀」的石塊高高舉起，又將它重重摔落於穩若泰山的砥柱之上。對於那些真正體驗過海水緩慢侵蝕暗礁的過程並預見了暗礁中會崩解的科學家們來說，古代秩序的終結早已寫在沙灘之上。[88]

第三章　面對奇景的新鮮感受

暗黑歌德的壯美海崖

一六八五年，法國文學評論家夏爾・聖埃弗里蒙德（Charles de Saint-Évremond）曾寫道：所有巨大之物都與美格格不入，因為它會激發人類的恐懼，廣袤的田野、遼闊的森林、一望無際的平原與似無盡頭的花園，都令人害怕。在這些讓人不愉快的環境中，容易使人「視線飄忽分散」，[1]因此在追求美時，便需要遏制此種過度行為。藝術家得預防思想走神，如同學習上帝控制深淵一般，他們也必須為視野劃立邊界。[2]這讓人更容易理解聖經圖像的功能，觀察者能藉此思考海洋的力量，也唯有如此，方可明白上帝之能的無遠弗屆。

在法國，對浩瀚之景（*vastitas*）的討論批判，是古今之爭的重要課題。近代人特別不願意喚醒原始自然的力量，否認沙漠、森林或大海有任何美麗之處。而在英國，於激辯優美與壯美二概念之別的同時，[3]對原始自然相同的反感，亦是顯而易見。一七一三年，英國文學家湯瑪斯・蒂克爾（Thomas Tickell）曾對田園中的海景進行了類似的批評。他認為遺憾的是，自義大利詩人桑納札羅以來，[4]一些詩人更偏好描繪「乾旱沙灘和浩瀚海洋，[5]而不是樹蔭河谷下的綠油田野。」愛美人士嫌棄單調海浪的同時，又增加了對沙子的厭惡。在浩瀚無垠的大海邊緣，黃色、乾燥的沙灘受太陽曝曬、遭橫風吹掃，與似乎能提供寧靜避難之處的「可愛碧綠」（lovely green）形成鮮明對比；而遼闊海灘的線性表面，也與象徵生命搖籃的同心圓圖案，**恰恰相互對立**。[6]滋潤大地的雨季無法為沙灘帶來生命，沙灘上也聽不到溪流愉悅高歌的回音。沿著荒涼的河岸，悅耳動人的鳥鳴被海鷗刺耳的叫聲所取代，讓敏感的靈魂感到恐懼。別忘了，伊甸園中沒有海灘，如同黃金時代的任何陳述一樣，這都是對和諧的否定。那些礁石和參差不齊的石頭、駭人的山脈，正是洪水入侵的證明，它代表了一個巨大的鴻溝，預示著上帝怒火回歸的可能。

十八世紀初，大多數詩人仍以輕蔑的眼光看待海洋與海岸。一七一二年，戴普曾寫道：

> 繆思始終尋覓著森林，探索苔蘚覆蓋的岩洞。
> 她鄙視海洋，懼怕翻滾的波浪。[7]

然而，經典的鑑賞系統已開始發生變化。蘇格蘭歷史學家暨神學家吉爾伯特・伯納特（Gilbert Burnet）以及英國劇作家約翰・丹尼斯（John Dennis），二人分別於一六八五年與一六八八年穿越阿爾卑斯山林，他們在旅程中所記錄的心情起伏，顯示出對大自然鑑賞的轉變。在物理神學的潛移默化之下，這兩位均毫不掩飾對自然「羞處」紊亂之景的痛恨，並拒絕相信大自然有缺陷的可能，設法藉由詩歌創作來彌補大自然的裂痕。[8]即便兩人極度厭惡駭人之景，他們的遊記隨筆仍不由自主地揭露對壯美風景的美學感受。他們享受著驚奇、「極度恐懼」或「極度愉悅」的感覺，丹尼斯甚至坦言：「就在我體驗無限快感的同時，身體卻忍不住顫抖」。[9]出乎意料地，旅行者們發現了浩瀚的力量。他們的體悟呼應了當時英國社會所盛行的宇宙探險遊記，描寫外太空冒險故事的小說家們，也以自己特殊的方式淺嚐了壯麗的無限空間。若沒臆測錯誤，吉爾伯特・伯納特與丹尼斯是以混雜著驚奇、恐懼、歡愉與欲望的「前所未有激情」，來讚揚創世上帝的崇高偉大。[10]

正如古希臘學者朗吉努斯（pseudo-Longinus）在《論崇高》（*Sublime*）中所描述，並由尼古拉・布瓦洛（Nicolas Boileau）於一六七四年的法文譯版所呈現的那般，由壯麗海景所激發的情感，將逐漸擺脫自然神學所強加的模式。在這方面，值得仔細參考艾迪生於一七一二年在《旁觀者》（*The Spectator*）所發表的一篇關於壯美海景的文章。[11]這本期刊當時發行了約莫三、四千冊，其訂閱者中，輝格黨（Whigs）比例多於托利黨（Tories），且倫敦市民大於外省讀者，這是一個異數。在十八世紀初的英國社會中，該期刊扮演著文化整合的角色，因閱讀者組成多元，包含「社會名流與商人，來自西敏市與倫敦市的居民，以及沙龍與咖啡館的常客」，[12]其中不乏許多女性讀者，皆聚在一起閱讀期刊。儘管如此，《旁觀者》的讀者也必須具備相當的文化素養，否則無法理解這些「以文化休閒為基礎，賦予文明形象價值」的文本：

在我見過的所有景物中，沒有什麼比海洋更能擴展我的想像力。平靜無波浪時，見不到巨大海域的起伏，因此對這片景色無驚無喜；然而，一旦暴風雨降臨，海平線四周滿是翻騰浪花與洶湧的浮山，我無法描述此時所升起的令人愉快的恐怖感受。對航行於其中的人來說，我認為，混亂的海洋，是航行者一生所能見到最巨大的移動物體，並賦予他的想像力可以從偉大中產生的最大樂趣。我必須承認，當我面對眼前由流體所構築的世界時，不免想起上帝之手，幻想祂如何指揮傾盆大雨的宣洩，又如何建構起專門禁錮龐大水量的海底深淵。如此浩瀚之景，自然而然地在我的思緒裡激發出萬能上帝的形貌，使我相信祂的存在如同形上學證明的一樣。想像力促進了理解力，並藉由對崇高景物的感知，體悟到不受時空限制的存在。我曾多次出海航行，經常遭遇暴風雨，每逢此時我總會想起古代詩人對狂風暴雨的描述。朗吉努斯就曾大力讚揚荷馬的一段相關描寫。在他眼中，荷馬並未像其餘不及他的作家們玩弄著微不足道的幻想之景，荷馬所陳述的均為狂風暴雨時會發生的真實事件，並集結使讀者溢滿恐懼的各種細節。也正因如此，不論日後再看到其他詩句，我想我都會永遠偏愛《詩篇》對小船遇難的深刻描繪。

如同英國作家沙夫茨伯里伯爵安東尼・庫柏（Anthony Ashley Cooper, 3rd Earl of Shaftesbury）與劇作家丹尼斯一樣，艾迪生在面對浩瀚大海時，首先意識到的就是上帝的蹤跡。大海向艾迪生的感官證明了唯一上帝的存在與萬能。這也是為什麼在字裡行間，依稀可嗅出他對維吉爾式海洋視野的輕蔑，[13]以及對《詩篇》的傾慕。這裡的崇高感來自實際體驗，這種「愉快的驚喜」是從海洋的平靜所產生，而風暴則造就了「劇烈的恐懼」，兩者情緒都是在漫長的航行過程中所經歷，而不是文學作品所歌詠的海景之美。欣賞之情源自對景物的描繪與詮釋過程，心靈感受與腦中的想像便成了關鍵。由此可以看出，「壯美之景所激盪起的感情與效應」、「令人瞠目結舌的驚嘆」，以及由可怕的梅杜莎或她的同類——風暴所引發的混亂，以上種種在隨著突然的喧囂而消散時，那些陷入其中的人焦急地尋找原因。對於將壯美之景視為「無法被再現的再現」[14]的人來說，這是一種難以言喻的情緒。

艾迪生在描繪壯美海景的文本中，暗示了視覺的重要性，並認為觀者的態度是最關鍵的因素。[15]艾迪生和丹尼斯不同，丹尼斯對大海的熱愛，源自於海景衍生而出的冥想沉思，而艾迪生偏好海洋所激起能擴展想像空間的「原生愉悅」。換言之，他重視對眼前景物的凝視，而不是凝視海景後的沉思過程。這種情感層次的顛倒，使他開始大力讚揚海景藝術家們的作品，並期盼讚揚壯美海景的描述性詩歌誕生。

一七二六年，[16]西方飽讀詩書之人陸續發掘湯姆森的《冬日》（*L'Hiver*）裡的三個暴風雨，年少時的湯姆森經常沿著蘇格蘭的海岸漫步遊走，歐洲的北海風光也因此時常浮現於他的作品之中。儘管他的作品對本節相當重要，在分析時也必須小心謹慎，且勿高估《冬日》於出版當時對英國社會的影響力。事實上，自一七二二年至一七二六年間，悅人耳目的沿海風景就已悄悄滲入英國文壇，[17]本節後半也將會為此說明。不過，湯姆森卻是首位更新並進化暴風雨文學樣板的詩人，一方面，他的敘事手法遠離了過去維吉爾的古典符碼，另一方面，他的詩作也向當時讀者展現沿海自然環境的驚奇之景，湯姆森的《四季》（*Saisons*）在歐洲文壇所激起的漣漪，將持續擴散於接下來的一整個世紀。

此處先岔題說明一下，在一六八八年光榮革命時期的英國，征服大海是其首要任務，但對於海景微乎其微的感受力，卻與航海活動日趨漲大的重要性背道而馳。在輝格黨鼓吹的倫理價值底下，人類必須征服自然，竭盡所能汲取大自然的資源物質。馴化自然的企圖，使人開始讚揚起繁榮港市、航海活動與海上種種的掠奪功勳，這意味著將黃金時代延伸至全世界的夢想，而能連接不同洲陸人群的海洋，也就成了此藍圖中的一大板塊，尤其自一七二〇年之後，遠行遊記的風尚就是在這個視角下開始流行起來。然而，「所有想征服、擁有和開發自然的計畫，或耕耘捕獵的企圖，都使人無法以美學視角來欣賞自然風景」，[18]如同魯賓遜從未欣賞其孤島的壯麗美景，對沿海風光更是無動於衷。為了生存，他必須親身投入於自然環境，成為島嶼的一部分，生活的必要性與實用性都讓他無法擁有欣賞自然風景的距離，而暴風雨在他眼裡也僅為一連串意外危險的接續，毫無美學歡愉的價值可言。

然而，魯賓遜對抗惡劣荒島所體現的普羅米修斯精神，也同時激發出另一種對自然環境的嚮往追尋，這種精神讓人回想起與世隔絕、隱居的時代，可以在暫時的休憩中，思考自然的原始力量。矛盾的是，在這樣的觀察中，也證明了大自然有足夠的力量來抵抗文明壓力的環境。而就在這樣帶有補償性的渴望中，海景的壯麗美學由此誕生。請記住：人類活動不會在海上留下任何痕跡，因為它是片貧瘠風景，是人類無法改造、無法賦予道德意義的環境，海岸的浩瀚水域與英式花園間有著最遙遠的距離，[19]而湯姆森所描繪的暴風雨海景，就得仰賴此視角來解讀分析。

當然，湯姆森的作品仍以洪水的形象為標誌，更能嗅出《詩篇》與彌爾頓對其深刻的影響力。然而，真正使湯姆森的詩作活靈活現的，卻是「無邊際空間所致的暈眩」感受。除壯美海景外，湯姆森也熱愛描繪寬闊的河流與茂盛的熱帶植被。在《冬日》，駭人的隕石橫掃天際，讀者的注意力集中在元素力量的釋放，而這樣的激盪之景，剝奪了所有人類的存在。暴風、閃電與海浪結盟湧現，向顫抖的人類威脅宣戰，造物主使人安心的形象自此消逝，狂放的自然景觀點燃了詩人莫名的歡愉之情：「愉人的恐懼，我向您致敬！」

這樣的轉變令人迷惑。暴風雨不再是上帝怒火的顯現，而是未知、費解的自然轉運。大自然對人類的無情更是在極圈裡攀至巔峰。在湯姆森的詩中，對冰封的海洋、伴隨著險惡的冰層破裂聲，以及遙遠北方荒涼海岸的描述，很快地將引起西方人在北歐拉普蘭（Laponie）旅遊的風潮。北極海景凸顯了大自然的無情面貌，也泯除了在上帝規劃下人類與大地和睦相處的固化印象。面對海洋，觀者視角經歷一百八十度翻轉。過去，在海濱的虔誠信徒會把目光駐留在海陸邊界，那令人安心的神界；然而在此之後，觀者將視線投往地平線，努力將無法計量的海水涵蓋於視野中。這種鑑賞模式的建立是一個歷史事件，並進而衍生出日後浪漫主義詩人看待大海的新方式。

在觀者的心神與自然風景之間，一種親密關係悄悄成形，詩人的鬱鬱寡歡也與《冬日》裡的浩劫天災相互對應。面對人類無法掌握、無法想像的浩瀚海洋，觀者可以感受自壯麗自然奇觀所產生的特殊感情。

《冬日》過後，浩瀚景致的美學觀點開始在不不列顛群島擴散普及。一七三一年，蘇格蘭劇作家大衛・馬利特（David Mallet）便頌揚了「沿海地帶駭人的孤寂」。[20] 甚至早在一七二六年，英國作家亞倫・希爾（Aaron Hill）筆下的《快樂之人》（*The Happy Man*）就表示，他更喜歡從海邊見到的無邊際地平線，而不是鄉村風景。[21] 與此同時，隨著羅薩從壯美的角度重新詮釋作品，他的聲望在英國壯遊者之中也愈來愈高。自一七六二年後，西方文壇的奧西安主義更是大大強化了羅薩的光環。這位海濱畫家隨即發現自己變了：毫不誇張地說，[22] 他成了強盜的朋友，甚至就是盜匪，熱愛自由的人。他的畫作因而風靡一時，從畫作中可看出道德迴響，他的作品有助於傳達沐浴在明暗對比中的岩石海岸，以及蜿蜒的山脈和狂野峽谷接壤的品味。海崖下的坑窪蝕洞與荒涼沙灘上假想的野蠻強盜，更加劇了觀者的恐懼感受，而自海岸延伸而出的堤防與投射遠方船難的燈塔，都是此幅悲愴海景不可缺少的部分。[23]

接下來，西方詩人們的任務，是將自吉爾伯特・伯納特遊歷以來所緩慢成形的壯美情感及生成策略加以規範、符碼化。當群眾為迎擊浪花而蜂擁至布萊頓浴場之際，愛爾蘭裔政治暨哲學家愛德蒙・伯克（Edmund Burke）全身心投入到這項任務中。那一年，他闡述壯美景觀震撼人心的力量，確立了凝視無止盡海景時觀者情感的美學價值，並顛覆了聖埃弗里蒙德的美學偏見。他寫道：「廣闊是壯美景致能震撼人心之主因」。[24] 在無以計量的海水面前，觀者能領悟自身的微小有限，而海景也於其靈魂深處，激發出使壯美美學扎根發芽的激情：

一馬平川、廣大無邊的內陸田野並非微不足道的概念。即便平原能同海洋般無限延伸，但它是否能如大海一般，使心靈溢滿如此浩瀚震驚的感受？[25]

十八世紀末，當英國海軍上校詹姆士・庫克（James Cook）與法國海軍上將路易・布干維爾（Louis Antoine de Bougainville）開始他們的旅行時，海洋在西方集體意識中所喚醒的是「廣袤無垠」的形象，如沙漠般對人類世界所流動的時間無動於衷，大海因而成了壯美的「空洞」，[26]渺小的人類僅能假借圍繞四周、垂直墜下的懸崖山稜以臆測其無底之深。

然而，不只海洋的無限性與其負面意象（亦即伯克所謂大海本身的「貧瘠性」），[27]海浪的巨大力量也是成就其壯美的主要因素之一。[28]暴風雨就足以引發沿岸觀者的強烈恐懼，尤其是黑夜裡的興風作浪之景。在其文字裡，伯克一絲不苟地描述了巨大、駭人與暗黑的暴風雨所激盪出的一系列激情。首先，觀者將會感到驚訝與恐慌，以及靈魂被驟然巨大之物震懾、填滿而無法思考的短暫性昏迷。[29]一種不可抗拒之力使其暫停手邊任何動作，同時也使其強烈感受到活在當下之渴望。這種突發性打破日常行為的鏈狀慣性，劃出了一道能消除其視覺麻痺的時間裂縫——以上為當時造成觀者恐懼的主因之一。壯美之景所激發的情感也將深透觀者身體，使其生活節奏與天象韻律達成震盪共鳴，這種情緒如同活性物質般直抵心靈，與任何美好的遐想背道而馳。[30]

欣賞壯麗景象時總會激起澎湃的感情，讓人目不暇給。海洋的廣闊無邊令人眼花撩亂，為凝視如此浩瀚之物，「雙眼必須飛速橫掃大海的遼闊平面，眼球周圍的細小神經與肌肉均得用力縮緊，唯有在此高度壓力才能使其視覺感受力臻於完美」。[31]面對一成不變的巨大表面，視線所及「無法立即抵達盡頭邊界，凝視的過程亦沒有任何喘息空間」。[32]然而，這樣的視覺勞動卻具備療癒功效。建議容易感到憂鬱之人，可以藉由新鮮空氣、身體運動，以及壯美景觀所誘發的情緒，沉浸其中以緩解心情。一方面他們得訓練「身體肌肉最壯碩、最發達的部位」，[33]另一方面也得加以「震動與磨練」身體的脆弱之處。於此，被人為定義分割的道德、醫學與美學觀點，自然而然連貫成了一套具有相同邏輯的體系。這也意味著，「旅行、鍛鍊與（在觀賞壯美景致所感受到的）喜悅」，都屬於同種對抗憂鬱的策略。

這樣的一致性說明了海濱吸引力的上升。海岸可以輕易地帶來一種「夾雜恐懼的寧靜」，[34]同時賦予崇高的美學定義。沿著懸崖峭壁滿是堅硬岩石的深淵邊緣行走，迎著狂風和感受頭暈（沒有真正的危險），並隨著嚮導冒險潛入黑暗的洞穴、在堤岸斜坡爬上爬下、於柔軟光滑的沙灘上感受海浪的衝擊，或是冒著被土匪和海盜伏擊的風險，這種種都能在靈魂中激發情緒，並創造崇高的時刻。與古典黃金時代的涼爽山谷不同，大海壯美的沿岸風光能在觀者心中堆疊出截然不同的情感形貌。無限延伸的視野、虛無遙遠的地平線與近在咫尺的深淵，在在強化了觀者的恐懼感，也進而誘發被海水淹沒的幻想。當觀者面對大洪水的遺跡，結合了駐留在記憶中的悲愴海景畫作，進一步加深了觀者面對壯美大海所誘發的害怕之情。因此，對廣闊海域與筆直海岸的品味逐漸形成，觀者的目光可直奔海洋的孤獨，而不再受蜿蜒曲折的海岸阻撓。

一直以來，西方的海景畫派就反覆討論暴風雨這一主題，而洛漢的平靜海景則是特例。在十七世紀初的羅馬，洛漢的恩師塔西與其熱內亞老師弗朗切斯科・伯爾佐內（Francesco Maria Borzone），這兩位畫家早已開始描繪怒火燃燒的大海。此外，許多荷蘭裔的義大利畫派藝術家們，如伯納文圖拉・彼特斯（Bonaventura Peeters）、尚・彼得（Jean Peters）以及最擅長刻畫暴風雨的彼得・穆里爾（Pieter Mulier），也均為迎合當時義大利藝術愛好者的品味，而大量生產以狂風暴雨與海上船難為主題的畫作。這股藝術品味的熱潮也迅速蔓延至普羅旺斯與隆河（Rhône）河谷。當法國尼姆（Nîmes）主教安提姆—丹尼・科洪（Anthime-Denis Cohon）於一六七〇年去世時，在他的遺物中便出現數幅暴風雨海景畫的收藏。[35]正是透過這些畫作，年輕的韋爾內發現了憤怒的海洋，並前往羅馬向義大利畫家阿德里安・曼格拉德（Adrien Manglard）拜師，以學習這種已經定型的描繪暴風雨海景的技巧。[36]

海景畫作的蓬勃發展也有賴於西方的壯遊之人，他們在旅途中發現了悲愴海景。隨後，英、法兩國的客戶也紛紛委託韋爾內以暴風雨為主題作畫。簡而言之，儘管點綴這些畫作的元素，多是觀察第勒尼安海岸和外海而來，且鮮少出現在荷蘭畫派作品裡（頂多呈現出些許港市、河口與海灣），但他們對暴風雨奇觀的渴望仍不自覺地在畫作上流露，並刺激西方社會對海景感受力的轉變。

海景畫向許多西方的藝術愛好者揭露了海洋的壯美，在法國尤其明顯。當時的法國知識分子仍舊是以不同的方式來看待大海與其他自然景觀。文人們藉由閱讀、談話、旅遊隨筆或觀賞私人收藏，以獲取對大海的先備知識，甚至對多數人而言，這是他們認識沿海環境的唯一管道。自一七四〇年開始，藝術愛好者來到法國沙龍，紛紛不寒而慄地凝視著韋爾內與菲利浦—雅克・盧瑟堡（Philippe-Jacques de Loutherbourg）兩人所描繪的海景畫作，也因此建構了另一種欣賞大海的方式，與任何自然體驗皆不同。否則，在古典美學的框架之下，藝評家們對沿岸景觀的分析，也僅是用來檢驗不同風景間的和諧。即便啟蒙哲人狄德羅時常在沙龍裡對海景畫發表評論，但他直到一七七三年的荷蘭之旅，才算真正見識到大海。一七六〇年，過去總對海景作品動容的法國作家尚—法蘭索瓦・馬蒙泰爾（Jean-François Marmontel），也在面對真實海洋的當下坦白了其深刻的失望。[37]

一七六〇年代初期奧西安主義的興起，加深了歐洲人對北方海景的嚮往。首先，西蒙・佩魯蒂埃（Simon Pelloutier）的《凱爾特人之史》（*Histoire des Celtes*）以及保羅—亨利・馬利特（Paul-Henri Mallet）於一七五五年、一七五六年在《斯堪地那維亞古文明》（*Antiquités scandinaves*）[38]中對冰島神話《史洛利埃達》（*Snorra Edda*）文學遺產之剖析，均促成北歐神話在西方世界的流傳普及。當然，麥佛森所宣稱翻譯的奧西安（Ossian）史詩與其所引發的筆戰，更是西方海景鑑賞轉折的主要推手。由於喀里多尼亞沿海風光與古典的世外桃源截然不同，西方世界對大海意象的構築也因此被澈底革新。

這場西方集體想像的革命最先揭竿於英國，且正值浸浴療養患者蜂擁至薩賽克斯郡海水浴場之際，但直到十九世紀初，才真正顯現出對歐洲大陸的全面影響，並且在路易—菲力普統治的最後十年才慢慢衰落。重要的是，兩地想像革命的時間差異，也適用於海邊度假的熱潮傳播。

奧西安主義不僅大力耕耘起西方對海岸的集體渴望，其影響力更是促進了歐洲人對北方海灘的狂熱之情。[39]在極圈內、崇高而陰鬱的大自然的中心，高空俯瞰之景能誘發觀者對荒蕪空間的強烈激情，而籠罩大地的濃霧與低垂的烏雲，無形間擴展了其遐想空間，[40]而荒原凍土旁綿延不絕的海岸，始終迴盪著海鳥的淒涼孤鳴，各種元素以原始的狀態交融混雜。因此，北方吟遊詩人頌揚的風景也盡是對大海的著迷。奧西安式的暴風雨澈底更新了古典的調色盤，而觀者也必須矗立於岸邊方能眺望此全新風暴。這是場世界元素廝殺的奇觀，由帶有泡沫的墨綠色波浪對莫文山（Morven）的黑色岩石發動了首攻。即便北方海浪被一連串島嶼巖礁分割成碎末，它們卻總能激發出觀者震顫的恐懼，大自然最野蠻、最原始的力道從未於地球兩極削弱。猛烈的海浪日以繼夜地拍打著海岸，交錯而成的沿海島礁與玄武蝕洞不僅震盪著海浪的怒吼，也吞沒了發狂的北風。在莎翁《暴風雨》（*La Tempête*）的群島迷宮中，颶風所演奏的樂曲與呼嘯的狂風，穿過被苔蘚布滿的廢墟拱柱，俯瞰著岬角，與吟遊詩人的豎琴節奏相互呼應。

這片寒冷而豐饒的自然水域，既是北海英雄的神話舞台，亦是使後人奔放懷舊淚水的最佳劇場。這條海岸線之所以神奇，是因為它同時具有原始、富饒與荒涼等矛盾特質，能使觀者以全新方式體悟過去與現在的脈絡關聯。於此，只有透過回憶與想像，才能重新感受逝去歲月裡曾有的喜悅。[41]奧西安的沿海風光，不同於銘刻古典遺跡的義大利地中海海岸，北方的原始海濱不利後人的文化朝聖，因為在沒有歷史古蹟的帶領之下，旅者無從跟隨、遊歷這片原始自然，無法輕易丈量過去與現在遙遠的時空差距。僅存少數必訪景點的喀里多尼亞海岸，仍頑強抵抗著近代考古學家掠奪探索的野心，始終不渝地仰賴世界組成元素的原始魔力。

一七六八年，亦即麥佛森出版奧西安史詩的五年之後，蘇格蘭詩人詹姆士・比蒂（James Beattie）也於他的《吟遊詩人》（*Le Ménestrel*）裡，提供了一種孤獨迎風的海濱漫步新模式。值得一提的是，在英吉利海峽的另一端，該作品首章也由當時還年輕的法國浪漫主義詩人法蘭索瓦－勒內・夏多布里昂（François-René de Chateaubriand）翻譯出版。在《吟遊詩人》主角艾德溫（Edwin）眼前，暴風雨帶著原始的韻律來臨了；接著，午後歸於平靜的水域隨之而來。「遐想將他引向拍打聲響亮的海岸，伴隨他的是一種孤獨的熱情。凝神注視著遠處翻滾、深沉咆哮的巨浪，恐怖與奇觀之美在他的靈魂中融為一體」，使他成為「不知疲倦的和諧愛好者。」[42]艾德溫傾聽著風聲低語，熱切地思考著：什麼是美麗的、「新的」，「在地表、海洋、或在天空中，什麼是崇高或可怕的。」[43]

新的海岸景觀欣賞視角，也直接影響了隨後西方社會在喀里多尼亞旅行的模式。必須提醒的是，蘇格蘭之旅的流行期也與本書研討的核心時代（一七五〇年至一八四〇年）無縫接軌地吻合。當英國的有閒階級漸從巴斯浴場移往明亮的薩賽克斯郡海灘之際，蘇格蘭與其周圍島嶼的孤獨海岸（特別是赫布里底群島）也吸引了癡迷奧西安史詩和嚮往移居北方國度的歐陸旅者。與此同時，英美戰爭的失敗也使約翰遜博士、作家詹姆士・博斯韋爾（James Boswell）以及彭南特所鼓吹的蘇格蘭之旅[44]在英國社會更為流行。戰爭高度凸顯了關注不列顛群島北部地域的重要性，因為這裡除了是希望逃離敵人的船隻的寶貴路線之外，也是漁夫水手們的富饒寶庫，[45]經濟與藝術價值並存。在卡洛登戰役（Bataille de Culloden，一七四六年）後的將近四十年，由於大不列顛北海地理位置日趨重要，當地政府也於海濱架設起愈來愈多的裝備設施。自一七九二年至一八一五年間，因戰爭而滯留英國本土的壯遊者，便受益於北海沿岸的改造計畫，他們的旅遊也進而擴展了大不列顛領土的全新探索與發現。[46]

然而，波旁復辟時期的法國旅者，對蘇格蘭旅行熱潮相對地後知後覺。沉浸在奧西安史詩與蘇格蘭作家華特・史考特爵士（Walter Scott）作品之下的歐陸遊客，成群結隊地造訪當時已蔚為潮流的蘇格蘭原始地域，並驚訝地見證當地超前的現代性。[47]值得強調的是，當時旅客蜂擁而至的北方地帶（如斯堪地那維亞半島、丹麥以及不列顛群島），在當地政策的規劃之下，很快都成為治理完善且日益繁榮之國度。於此層面來看，喀里多尼亞之旅也與傳統的羅馬旅行形成對立。在挪威與蘇格蘭旅行的法國作家雅克—路易・托克納伊（Jacques-Louis de la Tocnaye），一八〇六年到一八〇八年間遊歷北歐峽灣的日耳曼地質學家布赫，以及日後環遊北方國度的法國經濟學者阿道夫・布朗基（Adolphe Blanqui）等人，皆在旅程中揭示他們追尋相同壯美情感的複雜手腕，以及對結合非自然神話的懷舊與北歐現代性的追求的著迷。

喀里多尼亞之旅亦有其特殊的儀式性，乘船冒險於莫文山、愛奧那島（Iona）與斯塔法島上的黑岩迷宮，均帶有成年洗禮之色彩：遇到暴風時，打斷船夫的歡樂歌聲是旅行者的責任，而沿岸過於飽和的水元素，更易使其心靈受壯美的哥德海景所震顫。此外，根據蘇格蘭作家馬丁・馬丁（Martin Martin）於一七一六年的調查紀錄，以上沿海田野亦是旅者挖掘、收集礦物的主要場地。[48]形形色色的岩石、玄武巨塊，以及地質的拱門列柱，深深吸引著旅旅者的視線，步步將其捲入海濱探險潛在的陷阱之中。

在遊歷紀錄中，對岩石海角有特別著重的描述，而該沿海地帶也將成為日後浪漫主義詩人凝視海景的主要場景。懸崖提供了一個巨大的想像樂趣，約翰遜博士就曾暗自想像「萬一不幸腳滑跌落」[49]的不堪下場。一個旅行者，特別若是個保守的托利黨人，在此一定會聯想到令人眩暈的多佛（Douvres）懸崖，那個莎劇中李爾王（le Roi Lear）試圖跳崖卻未遂的慘景。離開英格蘭海岸時，法國早期的浪漫主義詩人夏爾‧諾迪埃（Charles Nodier）以描述地質地貌來總結他的情緒：「這片土地漸漸淡出我的視線，兩位文壇巨匠各自於此地兩端留下不可抹滅的印記：莫文山的黑色岩石上刻畫著奧西安的北海史詩，而多佛的白色海崖則閃耀著莎士比亞的悲劇名句」。[50]

身為海景感官新體驗的創始人之一，彭南特也於其研究北半球地形景觀的專書當中，描述了英格蘭沿海地質建築最具代表性的弗蘭伯勒（Flamborough）大海角。彭南特建議新手旅行者採用伯克所述的壯美情感調色盤，並佩戴黑色哥德小說對地下迷宮的眷戀雙眼，他寫道：

> 旅行者將從莊嚴且高聳的岩石拱門潛入山林深處，此時可觀察到日光的弱化凋零、該地的深邃寂靜……，以及破碎浪花在洞穴兩側的強烈衝擊，並聆聽鴿鳥從巢穴驚逃至拱頂的沙沙振翅聲。所有的一切將賦予你們前所未有之感受，並將高低起伏的奇異地質構造烙印於心田。大海角多變的洞穴誘發不同的驚奇。於此，某些海濱蝕洞在遠處被逐漸掏空，消失在你們不敢試探的黑淵之中。在其餘被光線刺穿的洞穴內，驚訝的你們將在日光的帶領下，穿越一條

能直達另處宏偉景致的浪漫隧道。[51]

蘇格蘭斯塔法島的芬格爾洞窟，始終是歌德海景中最傑出的地質建構。在洞窟深處的岩盤基石，不僅映照出島礁城堡的底座結構，更成了旅行者幻想中走私盜匪的狡兔三窟，而島上的玄武高塔被揮之不去的神祕陰影籠罩，其原始野性不亞於北歐地帶殘酷的海浪。芬格爾哥德堡壘所誘發出的驚嘆聲，因此夾帶著幾分恐懼之情。沿著海岸一路向北，自一七四〇年起矗立於因弗雷里（Inveraray）的阿蓋爾公爵（Duc d'Argyll）城堡，與愛奧那島上不容錯過的中古廢墟，在在都印證了哥德復興（gothic revival）支配了旅行者看待沿岸的視角。

長期以來，任何造訪斯塔法島的旅者均聲稱自己對該地質景觀有前所未見的嶄新發現，英國的博物學家約瑟夫・班克斯（Joseph Banks）、斯堪地那維亞的主教尤諾・特羅爾（Uno Troil）、[52]彭南特，以及約翰遜博士與其友人博斯韋爾均相繼扮演起探勘、開拓島嶼領地的角色，當然三十年後的法國地質學家福哈斯亦名列其中。然而，到了十九世紀初，海上教堂所激發的情感歷程也終究步上符碼化之途。[53]為潛入斯塔法島和芬格爾洞窟鑲嵌而成的結構，旅行者僅能擠身穿越窄小窗口，層層交疊的暗黑渠道無不喚起他們對大地子宮之遐想。隨後，在他們被巨浪衝入深淵且無能掌舵之際，他們也會反射性地幻想起渺小人類被海水吞沒的種種恐懼。

在洞窟內靜待旅行者的，是一連串接續墜落的情感瀑布。一踏入芬格爾洞窟，其雄壯規模與高聳拱頂，瞬間讓旅行者感覺不知所措，昏暗的光線在玄武岩石的映照下更顯陰森，唯有仰賴雙耳方能辨識洞內景觀，聆聽起搖擺海浪若「水錘」（bélier hydraulique）般操弄玄武風琴演奏而成的和諧樂曲。[54] 一旦雙眼適應了黑暗，旅行者便會帶著欽佩目光，依循著貫穿洞窟架構的一整排列柱橫掃，滑行直至與暗黑哥德拱門垂直交錯的明亮水平海面，此時旅客的驚奇快感同時夾雜著讚歎自然的宗教情懷。自「震驚」中甦醒的旅者，更會試圖直搗洞心，[55] 深進至斯塔法島基盤下方的空心黑洞，完成他們在芬格爾洞窟摸索的最後一站，還有些較癡迷的旅行者則會抓緊時機，對洞內各種地質結構進行丈量紀錄。

除斯塔法島之外，蘇格蘭的赫布里底群島也是旅行者體驗壯美情感的首選勝地，當地既有雄偉且駭人的自然環境，亦同時密布許多殘酷的歷史傷痕。乍看之下，島民令人不安的眼神使初訪旅者不自覺地顫抖，但很快地，便可發現這些都只是假象。到了旺季，旅行者能目睹猶如念珠般的環狀暗礁，正削弱著暴風雨的巨大能量，而當地熱情好客的居民也陸續放下了原來的敵視目光。在赫布里底群島，血腥的氏族鬥爭已成遙遠歷史，而布滿旅客足跡的海濱蝕洞也同時喪失了原始的深邃神祕。

自一八二〇年代開始，在蘇格蘭獨自探勘或兩三好友共遊的時代已至盡頭，以上旅遊冒險的先驅模式日趨普及，並惡化成「偽造的制式化遊歷」。[56] 過去總試圖發現、挖掘、開創，並隨時記錄足跡的旅行者已不復見，取而代之的是人數不斷激增的首批觀光客，他們「不停重複、惡化（亦即以慣例形式）過去旅行者的特殊體驗，將他們的冒險犯難簡化成登山遊覽、探勘原型重塑成一系列符合大眾的刻板模式，並將經典創新的旅遊隨筆，改寫成數不清的奇聞軼事」。在旅途中，觀光客可遠離意外危險，不會時不時身歷險境，這也預示著西方喀里多尼亞之旅的大眾化，也是壯美遊歷的終點。[57]

喀里多尼亞之旅的早期**觀光化**現象，值得本節駐留片刻。事實上，早在一八〇四年，克萊門特・克魯特威爾（Clement Crutwell）就已在其旅遊指南中，詳述旅行者於蘇格蘭觀光必備的美學觀念。[58]法國旅遊作家愛德華・蒙圖萊（Edouard de Montulé），以及對藝術家安－路易・吉羅代（Anne-Louis Girodet）畫作中處女魂牽夢縈的經濟學者布朗基，[59]兩人均採大篷車的制式化觀光手法，以完成他們在斯塔法島上的旅行儀式。為此，法國遊記作家拜倫・杜克斯（Baron Ducos）曾剖析該觀光模式背後瑣碎的過程機制。[60]到了一八二六年，旅行者於蘇格蘭的登山遠足活動已是定期組織，類似日後法國喜劇《佩里雄先生之旅》（*Le Voyage de Monsieur Perrichon*）同名主角於劇中徒步旅行的行程之一。在滿懷期待地啟程前，觀光客必須儀式性地緬懷盤旋於芬格爾高塔的亡靈與奧西安史詩中的經典詩句。接著，「對斯塔法島和愛奧那島既有的認知與期待，占據了所有思緒與感受力，激發許多討論，想像力為這次旅行帶來了迷人的幻想」。[61]一瞥見「悠揚之島」的側影，他們便會自動地群起歡呼，而他們的觀光史詩歷險也正式揭幕：三艘長艇將乘客安全送抵玄武拱柱矗立的海岸，「人人飛奔至島面，跳躍於突起的黑色岩柱之間」，而島上接待他們的大篷車也會在定點停駛，以便於欣賞「壯麗圖景」。不久，探索之輪重新啟動，「懸崖越趨險陡，大膽的人會像偵察兵一樣，獨自來來回回爬上爬下，時而也會彼此支援、成群結隊進行調查。觀光客們的表情、手勢與驚嘆聲，充分展現出目睹如此特殊奇觀所感到的震撼。有些人會在路上的坑窪中採集海洋植物、貝殼、鵝卵石與各種碎片石塊，為參加步行行列，我的旅伴甚至脫下他有礙行走的厚重軍靴。此時傳來一陣驚恐的呼喊，因為有人笨手笨腳地差點摔倒，幸好有人立即抓他一把。短暫警報解除後，人人一笑置之。多麼生動、多麼如畫的一幅風景！」[62]

在觀光客眼裡，代步的大篷車也是眼前壯美之景的一部分，大篷車必須等到臨近「自然聖殿」且觀光客陷入「沉思」氛圍之際，才能淡出畫面。[63]觀光客在旅程中獲得的奇妙、新鮮感受與興奮讚嘆，以及身體感官的運用，均為此剛萌生的沿海觀光模式的重點特徵。

在歐洲大陸，緩慢成形的布列塔尼之旅，[64]其實和對岸喀里多尼亞的觀光模型極為相似。而其間，法國作家吉貝爾伯爵雅克・希波利特（Jacques Antoine Hippolyte, Comte de Guibert）以及坎布里的布列塔尼旅程卻十分特殊有趣。一七七八年，背負著勘查殘廢者療養院任務的吉貝爾伯爵造訪了法國的布雷斯特（Brest）海濱，夏多布里昂當時還只有九歲。來到這個濱海城鎮後，他寫道：「為定位港口，我的雙眼必須橫掃搜索，吞噬整片地域環境。大海的形貌總在我心頭縈繞不去：它延展我的思緒、使我深陷悲傷，這種感受隨即溢滿腦海，這絕不是一種甜蜜的感受。到最後，我總會跌入陰鬱模糊的無限空洞裡，仿若墜入無邊的天際與永恆的時間當中」。[65]

然而，若與坎布里在布列塔尼沿海所感受到的起伏情緒相比，吉貝爾伯爵以上的浪漫情致便相形見絀了。[66]一七九四年和一七九五年，坎布里受督政府（Directoire）委託，負責編目法國西岸所有未受破壞的名勝古蹟。他豐富的紀錄報告不僅引起人們對阿摩里卡（Massif armoricain）沿岸漫步之欲望，也凸顯了當時法國文學對該地域景觀描寫的空白：「在亞平寧山脈和阿爾卑斯森林追尋壯美歡愉的巴黎人們，快逃離這些觀光客氾濫之地，**來我們的沿海地帶漫遊吧**！這是一片從未被今日旅客描述，亦沒有任何詩人歌詠讚賞的風景。我能向你們保證，於此，你們將發現壯麗美景與體驗全新感受」。[67]在早於當時仍年輕的史學之父米什萊的三分之一個世紀，坎布里已在大西洋的巴茨島（l'île de Batz）上激情地觀望著大海的無邊無際：

> 多麼壯觀的景象……。泡沫般的波浪在自海岸延伸出的巖礁……與岬角間鋪陳展開。海水低沉而宏偉的怒吼；海鷗滑掠天際的聲響；迴盪在蛇洞深處的雷鳴；潮起潮落間沿海地帶的孤寂；不計其數禽鳥的奇異啼鳴。我該如何形容這幅壯麗景致在我心中所激發出的興奮之情？我又該如何描繪浩瀚無垠的海水所喚醒我的過往回憶？[68]

在聖馬修海角（Pointe Saint-Mathieu）的修道院腳下，坎布里仿若成了奧西安的門徒，以相同的視角對原始北海做夢幻想，並不自覺地對讀者勸導告誡：「當夕陽西沉、海水升起，當暴風雨隆隆作響以宣示其降臨之際，具崇高精神或堅強靈魂之人、抑鬱寡歡者、哲學家，以及興致高昂的詩人們，趕緊前來荒野，於海濱巨岩上靜坐冥想！」[69]隨著旅程的前進，坎布里也不斷地細緻化他的情感生成策略：「我一直在等待暴風雨降臨龐馬爾克（Penmarch）海角的那一刻……。」這是一幅偉大崇高的作品，世俗對海洋的限制，在眼前這片壯美中似浪花般破碎消逝：「沿岸的孤獨黑岩，往海平線盡頭無限延展，濃密的水氣雲團於旋風中翻滾，此時的天空與海洋融合為一。在黑霧籠罩下，你們僅能見到巨大的泡沫，它們會跳躍至空中，並在碎裂時發出陣陣駭人聲響，讓人誤以為這是大地在顫抖。此刻，你會反射性地逃跑，暈眩、恐懼與莫名的震驚將貫穿你的全身，而堆疊的海浪像似等不及吞噬眼前的一切。唯有目睹海浪在不可戰勝的自然法則下，漸漸破碎於海岸邊時，方能安心回神。」[70] 而旅程還在繼續，伴隨著歌詠拉茲海角（Pointe du Raz）的讚歌，還有日落時分的壯麗美景，韋桑島（Ouessant）、歐迪耶納（Audierne）海灣、龐馬爾克海角，以及「被晚風攪動的無邊際海水，也與天空、宇宙和永恆，共同構築出一幕壯美奇觀。」[71]

在旅途中，坎布里如同彭南特的喀里多尼亞探險，或馬利特於斯堪地那維亞的旅程一般，近乎完整地勾勒出阿摩里卡沿岸欣賞壯美之景的行程路線。繼坎布里後，任何欲撰寫關於該地美學指南的作者，既不敢、亦不需多對其所述作補充與評論。[72]

如畫海景的遲來意識

十八世紀上半葉，甚至在湯姆森的《四季》出版之前，英格蘭就已出現地誌詩，其目的是為熟悉維吉爾、聖經與「祈禱書」（*Prayer book*）[73] 的人所提供。在以說教、引導為目的，並受到維吉爾《農事詩》的啟發之下，地誌詩的出現也說明了此時詩人亦受到物理神學的影響。正確來說，該詩歌體裁所提出的新概念，並非人類對自然景觀的沉思，而是看風景的全新角度。地誌詩呼應了當時哲學感覺主義的想像理論，詩人們對自然景觀的的關注，更是翻新了長期以來鄉村隱居所引發的情感形貌。因此，「莊園詩」（estate poems）、「旅行詩」（journey poems），尤其是「山丘詩」（hill poems）的數量成倍增加，既頌揚著文人們視覺享受的新機制，也凸顯了在**田野運動**中鍛鍊身體所賦予的歡愉。

山林與丘陵時常併稱為山丘，是地誌詩詩人們首選的沉思之處。在他們心裡，山丘逐漸取代古典田園詩歌中涼爽山谷的位置，使其忘卻蔓延在樹林裡的憂鬱孤獨，而對山丘的歌頌，也帶來了全新的創作之樂。他們會努力爬上丘陵，從高處眺望全景，這是他們登頂的動力來源和最終目的，同時也給予揮汗如雨的他們最佳的犒賞與休憩的理由。漸漸地，人們想要欣賞全景的渴望愈來愈強烈，將遼闊美景收於畫框內的欲望更是不停高漲。

事實上，在西方世界裡，文人們對於擴展奇幻視野的追尋有段悠久的歷史淵源。早在十四世紀，[74]義大利文藝復興詩人佩脫拉克（Francesco Petrarca）就喜歡登上旺圖山（Ventoux），凝視於他腳底展開的風景。不過佩脫拉克在他的時代裡非屬特例，天主教會和文藝復興的權貴們無不喜於登高俯視，透過雙眼象徵般地掌握他們所統治的腳下世界。義大利所興起的城市景觀畫（veduta），這一繪畫體裁也早已善用綜觀市容的描繪手法。長久以來，旅義的觀光客總會自高處的露天陽台，眺望那不勒斯的古典海灣美景；彌爾頓《失樂園》中的撒旦，也會在低空盤旋於宇宙之際，見證全景視野的美麗。無論該視覺欣賞的根源從何而起，漫步於心曠神怡的前景視野以及風光明媚的環境之中，引發了凝視自然景觀的全新機制。自此，熱愛美景之人會以圓型運動環抱全景，從不同視角發掘風景的多樣性，以見證上帝所創的各種地勢；或是運用推軌鏡頭（travelling），引領雙眼自遙遠地平線朝前景緩慢滑行，用以練習擴大視野深度，對於愛好者來說，這是前所未有的視覺歡愉。

這種將眼前風景收服於視野框架內的熱愛，亦即十八世紀西方世界驟然湧現的「如畫美學革命」（révolution pittoresque）。它萌芽並蓬勃發展於英國中南部的田野鄉村，起初僅適用於以透視法來欣賞有限的前景上，如雄偉的地主莊園與其附近的森林草地，或滋養著人們對植物幻想的優雅英式花園。然而，此視覺感受的新模式無法套用於海岸，無邊無際的海景不願被畫框收服，其單調風景也不值描述性的詩歌加以雕琢。到了一七八五年，法國詩人雅克・德利勒（Jacques Delille）儘管熱愛在英吉利海峽綿延不絕的沿岸散步，但仍會對一成不變的大海感到厭倦，據他表示，海景的無限性甚至會激起某些遊客的厭惡噁心。[75]

巴舍拉也發現了上述反感背後的其他可能原因。[76]有別於每日從天而降的雨滴、於河源或噴泉處潺潺高歌的水流，以及帶有沁涼語調的山林瀑布，海水既不人性亦不美麗，還充斥著阻礙幻想生成的鹽粒，以及無法飲用止渴的水源，廣闊無邊的海域亦無法像溪流湖泊般，映照出周圍其他的自然美景。

然而，對大海的厭惡與盲目不應被學者們無限地誇大。如同前文提到過的，自一七〇〇年至一七二六年間，對海岸的描寫逐漸出現，就在遊客造訪義大利半島欣賞洛漢海景之際，大洪水殘留的遺跡且曾被伊甸園放逐的海岸，也悄悄潛入他們的全景視野當中。

詩人們對海岸的懵懂欣賞早已出現跡象：一七一五年，蘇格蘭作家小亞歷山大・彭尼庫克（Alexander Pennecuick le Jeune）的《亞瑟王座晨步》（*Promenade matinale à Arthur's seat*）宣告了愛丁堡海濱全景的流行風潮。當時，蘇格蘭的愛丁堡不僅有著新義大利那不勒斯之美名，也即將成為西歐集體欣賞自然之美的聖地。自沿岸遠處，彭尼庫克望見：

> 大海平滑的臉蛋彷若搖籃裡的嬰兒，
> 在保母淒涼的歌聲中沉陷夢境。
> 備受祝福的船隻在利斯（Leith）揚起帆，
> 他們穿著華服，在風中嬉鬧玩耍。
> 黎明潮水早已喚醒了沿岸的水手，
> 奮力划槳的他們終於抵達南岸。[77]

在《亞瑟王座晨步》發表的四年前，於英國另一端，音樂家亨利・尼德勒（Henry Needler）在樸茨茅斯（Portsmouth）寫了一首贈與友人的海洋詩作。詩中所呈現的平靜海景，為英吉利海峽最早符合如畫美學的相關描繪：

> 不帶一絲皺紋的平野映入眼簾，

彷彿貼齊吻合了天空的曲線。
此平坦、單一不變的景幕，
將其綠水往四面八方推散。
這片浩瀚平野在後方為視線準備了，
一幅較受框架所限的自然全景。[78]

關於沿岸如畫景致的來龍去脈，仍需溯及英國詩人約翰・蓋伊（John Gay）所享受的全景視野。一七三〇年，於蘇格蘭海灘散步的蓋伊，不仰賴任何象徵比喻，僅憑借其全新的精準視覺，繪製出夕陽墜海，以及月亮星點在翻騰浪花上閃爍發光之景。[79]

還有另一種關於海洋的書寫，頗具想像力，且不再歌詠海岸的如畫風景，[80]而是將世外桃源愉悅景致的美學符碼，直接位移套用至海底深處的想像世界，戴普的《涅瑞伊德斯》（*Néréides*）即屬一例。[81]在該詩集當中，戴普幻想著一個被海水淹沒的黃金時代，透過文字，在讀者眼前鋪展開水下世外桃源的全景。在他的筆下，海底世界沉浸於緩慢慵懶的步調當中，被綠色海水篩過的溫柔日光籠罩，而海面上的狂風暴雨無從攪亂海底田野與珊瑚花叢等海市蜃樓的幻影，海底世界始終帶有和諧的寧靜與水晶般的透明，是庇護原始純真的蔚藍祕地。

一七五四年，西方文化大革命即將發生之際，[82]當時身患重病的英國劇作家亨利・菲爾丁（Henry Fielding），依舊無法抑制他從陡峭海岸，或在航行船隻甲板上目睹山水之美時，自靈魂深處所感受到的濃烈情感。此時他所描繪的動力學畫面，也揭示了西方社會對如畫海景感受的新面向，而當時風行的遊艇與日漸普及的帆船賽，更是加速此新感受力的傳播擴散。菲爾丁冀盼另一位亞歷山大・波普（Alexander Pope）的誕生，能頌揚懷特島賴德（Ryde）港口海洋前景之美。不過，他也承認相較於海岸景觀，他對遠洋奇景更為著迷，他寫道：「海洋風景是我的摯愛。在我眼裡，陸地上沒有任何事物能與之相提並論。」[83]

同年，以及在隨後的一七六四年，詩人格雷也沿著英國的斯皮特黑德（Spithead）海岸以及南安普敦海灣，進行了數次徒步遊歷，這也預告了日後實踐如畫風景之旅的活動形式。在英國藝術家吉爾平之前，熱愛山林的格雷就曾讚頌威河（Wye）的魅力，並向讀者介紹風景如畫的海岸線。在英國的海濱，他欣賞海岸線的蜿蜒曲折，注意到沿海風景的顏色反差、絢麗多彩的帆船與威嚴壯麗的多佛懸崖。「只要海景能提供格雷期待的畫面，他都能試著欣賞。」[84]在他眼裡，田園與海景的交錯穿插，造就了眼前如畫風景的多樣變化，同時也確保了視覺的愉悅。但此時的格雷，仍舊對眼前赤裸的廣闊海水，以及駭人驚悚的海濱懸崖無動於衷。[85]

然而，以上零星散布於西方文壇的海景賞析，卻不足以遮掩描述性文學長久以來對沿海地帶所抱持的反感。[86]一直要等到十八世紀末，英國藝術家吉爾平編纂起如畫美學之後，上述情況才會有所反轉。自幼，未來擔任博爾德（Boldre）教區牧師的吉爾平，就時常有機會能享受薩賽克斯郡的海岸奇觀。吉爾平的父親恰巧是名地形圖繪者，因受到英國水彩畫家亞歷山大・柯森斯（Alexander Cozens）以及風景藝術家保羅・桑德比（Paul Sandby）的影響，[87]而深深拜倒於海濱懸崖的魅力之下。

一七六七年，吉爾平造訪懷特島，此行也使該島成為能賦予旅行者最完整如畫海景情感的觀賞台。

在此必須簡要回顧一下，吉爾平所改進的如畫之旅模式的重要特徵。[88]吉爾平牧師的旅行並非隸屬英國紳士階級的壯遊之旅。多年以來，由於英法戰爭的緣故，他發展出一套適合英國在地的旅遊方式。他認為，追尋理想風景的旅行最多不能超過四週，且最好在夏季進行。這種旅行方式懷有美學與道德的雙重目的，就像遠足一樣，時間較短，在旅途中也必須苦行禁欲。他害怕純真被扭曲，厭惡虛榮膚淺的城市文明，吉爾平模式的旅行者必須過著簡單的生活，避免「上流社會」特有的揮霍方式，竭盡所能地使身體疲勞，並滿足於質樸的菜餚，這樣才能體悟在自然環境中，人真正的需求是有限的。然而一不小心，隨時便有可能打亂原先已擬定好的簡單生活，因而失去對如畫風景的美學感受力。[89]此外，旅行者也得隨時記錄旅程中點點滴滴的流動情感，為其如畫之旅的遊記收集素材，而旅行筆記的出版，則被吉爾平設定為如畫風景的旅行終站。對於吉爾平而言，一本成功的遊記包括圖像與文字的完美結合，唯有和諧的圖文搭配，方能喚起讀者追隨旅人腳步的欲望。

在遊記尾聲，吉爾平模式下的旅行者總會邀請讀者加入理想風景的追尋之列，並以祈禱文的方式包裝。依循自然神學的固有傳統，旅程中的漫步更被吉爾平視為一種精神鍛鍊，身為牧師的他也採用自十八世紀初以來流行的情感丈量法，[90]以達到啟迪人心的目的。在如畫之旅過程中，吉爾平對萬能上帝的歌詠與他深厚的古典文化背景互不抵觸，他甚至在遊記中大量援引奧維德、維吉爾、米爾頓、洛漢與羅薩等人的創作，並與聖經裡的自然意象相互結合。

如畫之旅是對理想風景的追尋，旅行者必須具備掌控情緒鏈的純熟能力，目的在於將景色所帶來的興奮之情，與細緻分析風景時所體驗到的樂趣相互調和。這種協調欲望與歡愉的手法，有著特定的美學符碼。首先，它意味著對時間節奏的持續關注：四季的交替、一日間更迭的四個時辰、串連生命的四個重要階段，這些都會在如畫風景裡環環相扣、反覆循環。但最重要的，是尋找適宜的時機，將世界與自我同步連結的短暫經驗價值化，而旅遊記述的目的，便是透過文字重現這難能可貴的體驗。[91]為此，當代法國歷史學家愛德華・吉頓（Edouard Guitton）就曾表示：「十八世紀下半葉，西方世界裡的一切，均迫使詩歌創作提供符合生命節奏的瞬間寫照」。[92]

如畫之旅也指定了欣賞景點的特殊模式，[93]像是規定固定的視角，讓景觀可以完美地被收服於畫作框架之內。若是景物的範圍過大，便難以欣賞解讀，因此旅人也必須學習分類，將映入眼簾的畫面進行視覺裁切。如畫美學培養了對疆界的視覺品味，也繼承了過去西方世界對微觀世界的迷戀。請記住，如畫美學是自英國鄉村萌芽生根的全新感受力，並將陸續在日耳曼中部與法國諾曼第的草原裡蓬勃發展。

旅人的選擇取決於本身的文化素養。在如畫之旅的過程中，遊客無時無刻不將記憶裡的繪畫作品投射於自然景觀當中。自十八世紀下半葉以降，人們對畫作的追尋不再僅限於花園，沿著懷伊河沿岸與懷特島的懸崖峭壁，畫家們與觀者逐漸合而為一。毋庸置疑地，這種做法是一種區分策略，使特定的詞彙成為鑑賞景致的必需品。誠如日後英國的藝評家理查・奈特（Richard Payne Knight）所言：若缺乏特定的文化背景，觀者便無法真正品味風景。至於如畫風景的剪裁手法，是基於畫面構圖和視覺效果的概念，需憑藉旅人在英式花園中長期琢磨的凝視機制，並時而仰賴儀器的使用，像是洛漢畫作裡為使人更有效斷定風景品質所懸掛的鏡面。如同前文中對那不勒斯古典海景的鑑賞，對於如畫風景的感性有賴於彼此間的一種默契：遊記吸引了特定的讀者，而彼此交集的文化背景，讓作者能以更精練的文風與更簡潔的描述，對理想風景進行描繪。

同時，如畫之旅所設定的欣賞模式，也定義了觀者的站位、姿勢與態度，這些建議實際上都源自於名師畫家們為其學徒所撰寫的指導規範。法國風景畫家韋爾內就曾仔細說明掌握風景的賞味時機，並教導在取得如畫之景前該如何選定位置，以及如何移動換位。繼韋爾內之後，法國畫家皮耶—亨利・瓦朗謝訥（Pierre-Henri de Valenciennes）也傳授了其全景視野的品味技巧：「自然景觀」必須「要能一目了然、盡收眼底。觀者頭部得保持靜止……，若不慎轉動，視角便將全然錯位……」。[94]

詳述吉爾平所精心設計的美學符碼並非本節重點，[95]但列舉其中的主要特徵有其必要，尤其是他對構圖、布局、前中後景，以及光影運用的鑑賞手法。吉爾平認為，設定的畫面內必須排除觀者周圍所有的不連續性動作，景觀的多變性與生命力決定了取景的方式，而觀者的唯一任務，便是融合以上兩種畫面特性。因此，旅人開始關注起農夫、拾穗者與遠方的水手，很快地也對絢麗服裝、城市節日中集體狂歡的景致產生興趣。此外，吉爾平的美學感受力令他偏愛粗糙而非光滑的物體表面，相較於光亮大理石，他更喜歡橡木樹皮。不過重要的是，不要將鑑賞系統劃分得太嚴格，對莎翁、米爾頓、湯姆森和羅薩深深著迷的吉爾平，堅定且不顧一切地獻身於壯美之景，亦是受到歌德復興的影響。

話雖如此，對吉爾平而言，最重要的始終是對理想視點與當下風景毫不倦怠的欲望和追尋。換言之，如畫之旅是對景觀及其賦予的驚喜的不斷追求，[96]旅人「期待能不斷見到嶄新景色鋪展在眼前」，[97]而正是這種對新鮮景物無休止的追求，「能使靈魂永遠處於興奮歡愉的狀態當中」。毫無疑問地，這也是吉爾平的如畫美學與古典自然欣賞系統最根本的分野。[98]

自此，西歐社會釋放了對理想觀點的追求之欲。隨著如畫美學的快速崛起，[99]一些擁有美景的自然保護區成了旅人必訪的觀景聖地，共同構築起如畫之旅的行徑網絡，該觀景網絡的新穎之處在於，它不再涵蓋熱那亞的丘陵、維蘇威的火山頂峰與馬賽的鳥瞰全景，[100]取而代之的是歐洲北部的度假勝地。其中著名的代表有：蘇格蘭的卡爾頓丘陵（Calton Hill）、愛爾蘭的亞瑟王座（Arthur's seat），[101]莎士比亞所刻畫的多佛的懸崖、[102]法國盧昂（Rouen）[103]近郊的聖凱薩琳山（Mont Sainte-Catherine），以及從丹麥赫爾辛格（Elseneur）港所眺望到的海峽奇觀，[104]至於聖米歇爾海灣的海灘則是相對晚期才被收納於該網絡之中。這整片地區成了如畫旅人們獵取美景時最愛的場域，如大不列顛群島西南部的威爾斯區、英吉利海峽整排的白堊岩海崖、懷特島的遺址，以及自法國利哈佛延伸至勒特雷波特（Le Tréport）的一整條諾曼第海岸線。

如畫美學的感性很快擴及至英國的貴族和紳士階級，上流社會的女孩早已熱愛速寫風景，並時常臨摹家族壯遊者所帶回的地中海寫生。過去西方貴族或教士常為冥想沉思、統治自然景觀而登高眺望，在往不同階級傳播的同時，這種欣賞景色的固有方式也被重新解讀詮釋。它不僅與功利主義結合，且呼應了資產階級的價值與一六八八年光榮革命的精神，強化了菁英主義的樂趣。很快地，在卡爾頓丘陵與聖凱瑟琳山的兩側，擠滿了自四面八方而來的旅人，這些「如畫景點」也就成了一個集合感覺、記憶和知識的網絡核心，並匯聚了各式各樣的好奇。過去仰賴獨處凝視風景的方式，也漸漸與如畫美學的觀點融合，並隨後被其取而代之。在風景如畫的高山頂峰，時間重疊的地點，過去的記憶與眼前的景色交疊。在旅人眼中，地質遺跡、歷史廢墟，以及繁華的工商活動亦同時並存。[105] 自此，觀者為能完全享受如畫之景，也需具備足夠的好奇與多元的知識（地質學、地理學、植物學、歷史學、經濟學、美學和民族學等），鑑賞風景的方式亦按循當時旅遊指南所設定的遊歷模式，而他們對美景的貪婪，更是讓當代遊客感到好奇。[106]

抵達鳥瞰視點的當下，心滿意足的旅人可以體驗到驚奇與讚嘆的情緒。即便沒有驚喜感，他們也能在發掘景色的過程，滿足想積累知識的渴望，享受指認景物、列舉地點的樂趣，以及最重要的，在慶祝一幅已由許多知名畫家擷取、帶有不容置喙的美麗的風景畫面時，獲得相互交流的滿足感。自十八世紀末的英國與波旁復辟初期的法國，如畫風景的追尋者逐漸讓位給所謂「熱愛美景之人」，因為在沒有遊記指南的引領下，總會有一名殷勤的車夫，隨時向他們提供旅途上任何不容錯過的「驚鴻一瞥」。[107]

沿海地帶也漸被捲入當時如畫風景的畫框之內，成為多樣景致中不可或缺的要素之一。在愛丁堡、多佛、盧昂與哥本哈根，由於海灣的輪廓和海岸的蜿蜒曲折，大海的碎片都可被收納於畫面之中。顯然如畫美學偏愛鋸齒海岸，因為不規則的地質結構能增加視覺分析的切面數量，並在各種元素的交融滲透中，確保畫面遠處的風景的多元性，吉爾平曾寫道：「沒有任何地域比海洋更為壯美，但若少了其他景色的襯托，單調的海景就不足以被視為如畫風景了。」[108] 在享受海景的同時，他也喜歡能使景色顯得更為生動的移動帆船。必要時，多樣的美學符碼也可藉由情感調色盤的轉換，為觀者增添樂趣。布萊頓或韋茅斯的泳者喜歡長而直的沙灘，這些沙灘提供了豐富的水生情感，當他們體驗過海浪的樂趣之後，如懷特島這樣的鋸齒海岸，亦為追尋如畫風景提供了短程旅行的機會。[109]

吉爾平的如畫之旅，特別是一七七四年的《南岸遊歷》（*Southern Tour*），[110] 散布著類似上述涵蓋岬角與海灣的海景片段。然而必須承認的是，吉爾平牧師看待海岸的視角，仍多依循當時主流欣賞陡峭湖岸的方式。[111] 即便他拜倒於海上的狂風暴雨與悲愴海景的腳底之下，他卻始終認為大自然最美麗的畫作，必須如荷蘭畫家小威廉・韋爾德（Willem van de Velde the Younger）創作的海景一般，結合壯美與優美兩種風景，如此一來，海灣在暴風雨下波濤翻騰的景象，將「勝於任何湖中能映照出的最美景色」。[112]

到了十八世紀末，英國唐斯（Downs）的白堊海岸與被畫家重新發掘的大希臘（Grande Grèce）航路，漸漸成為欣賞海濱如畫風景的理想體驗路線。同時，這種愉悅的享受方式，也是海濱度假娛樂的重要部分，對任何欲詠讚海水浴場、海濱別墅或沿海莊園之人，均會將當地的如畫海景視為不可或缺的因素之一。在這方面，繪製沿海地形的畫家們的作用不可小覷。自一七四五年起，英國畫家桑德比以及緊跟在後的柯森斯與丹尼爾，三名藝術家皆對唐斯的沿岸風光極為敏感，他們在海岸日以繼夜的寫生旅程，很大程度地為日後西方世界對白色海岸的欣賞做好準備。此外，幾乎所有壯遊旅人和歐陸遊客均會途經多佛與加萊（Calais），這條穿越英吉利海峽的必經路線，也同時強化了當時日趨流行的白崖審美。慢慢地，英格蘭極東的白色海崖，也終於可和大不列顛群島南岸的海濱度假勝地相互匹敵。

在懷特島上，一個從這些明亮白岸雕刻而出的縮影，為旅人提供了層層構築的如畫風景。一七九〇年，英國水彩畫家約翰・哈塞爾（John Hassell）[113]的《懷特島遊記》（*Le Voyage à l'île de Wight*），便分析了這種新的觀景遊覽所帶來的樂趣。哈塞爾對沿海地帶美景的渴望，驅使他義無反顧地前往懷特島，而這個新目的地的追尋，也引發了唯一能使所有海岸景色盡收眼底的離岸航行觀光。事實上，哈塞爾與其旅伴們對赫布里底迷宮啟蒙之旅中的情感策略全然不知，也沒有曼島殘廢者湯利對體感印象的敏感神經，他們的觀光遊歷更稱不上魯賓遜的冒險探索，這趟懷特島之旅，僅是對美學驚喜與無止盡新奇的追尋，他們希望此類體驗能無限重複。這種追求也產生出管理情緒的細緻手法。哈塞爾和他的朋友們會琢磨從空中鳥瞰風景的角度、觀察大氣變化，並耐住性子等待著暴風雨降臨所掀起的變化。此外，他們也會根據洛漢、韋爾內與湯姆森曾描繪過的景致，來評斷眼前風景的如畫程度，必要時也會對島上景觀提出建設性批判，仿若面對真實畫布一般，分析其顏色對比、構圖安排、藝術效果與景色多樣性等面向。

哈塞爾與其友人們是用全身感官在追尋所有美麗的驚鴻一瞥，永遠在尋找一個最理想的如畫視點，他們揚帆出航，拋錨駐留於海面，或爬上沙丘，甚至在必要時登上陡峭懸崖。不同於在喀里多尼亞探索的地質與生物學者們，尋覓如畫風景的他們對海濱蝕洞與坑窪不感興趣，但卻會不厭其煩地討論、分析著適合收入畫面的海景片段，而這種策略也與在沙灘上做夢的浪漫主義漫遊者有著天壤之別，因為做夢幻想的前提，得先讓思緒靈魂被遠處海浪的低語聲侵蝕掏空。

哈塞爾一行人忽略了海洋的潛在危險。在他們眼裡，暴風雨和閃電僅是海景畫面中的構圖元素，猶以為海濱漫遊如同漫步於湖岸一般。哈塞爾視悲愴海景而不見，他以地形圖繪者的手法，用筆梳理了紊亂的沿海地帶，馴服了不規律的海岸輪廓，將其裁切收納於畫作框架中。簡而言之，如畫美學將海景工整、結構化的欣賞方式，與浪漫主義對壯美海景的讚嘆，有著根本上的差異。

一七九九年、一八〇〇年與一八〇一年的夏日，英國的天文暨古物學家恩格爾菲爾德爵士也三度旅居於懷特島上，「多次造訪許多值得視線駐留之處，繪製不計其數的草圖、筆記，並測量了各種地形高度」。[114] 歷經千辛萬苦的學者型旅人恩格爾菲爾德，在懷特島上進行了詳盡的調查探勘，而其遊記也將科學研究與美學欣賞以一種模稜兩可的方式融合為一。此外，從韋伯斯特為其旅遊隨筆所提供的插圖當中，也能觀賞到錯落有致的混亂岩石、孤獨海灣，以及刻意強調垂直坡度的亮白駭人懸崖。在恩格爾菲爾德的書中，既無徒步釣魚，亦無擱淺帆船，更沒有海上的狂風暴雨，留給讀者的僅是一種與世隔絕的孤獨；而海濱懸崖與崩壞石塊，則占據了觀者的所有視線。

恩格爾菲爾德與韋伯斯特的文圖相符，是一本為集結懷特島景點、收錄嚴謹探索路線，以及分類島嶼海濱風景而出版的目錄，目的是希望旅人或讀者能透過這本指南，採取相同的視角，親身體會懷特島的風景。在有限的篇幅內，精確的描述與多樣前景的濃縮累積，在在增加了探索與世隔絕之處的吸引力。恩格爾菲爾德向讀者建議許多島上的羊腸小徑，指出了為觀看全景所必訪的瞭望地點，也列舉不容遊客雙眼錯過的景致清單，例如他就寫道：「為完整欣賞廣闊的海景奇觀、畫面中所有雜亂無章的迷人細節，那就必須攀登農威（Nunwell）樹林背後的石灰岩山脊……。」[115]

在遊記中，恩格爾菲爾德也列出了懷特島景觀的優劣清單，點名鮮為人知卻極為美麗的混亂石群，並標注了風景「最佳的賞味時機」，最後還以一首詠讚白堊海崖的詩作，為其指南劃下句點。這種「如畫旅行」的遊記，提供了讀者或遊客討論風景的全新方式。他們從批評文學中借用了此一手法，而在十八世紀初，批評文學讓有品味的人懂得如何討論洛漢的畫作。

在恩格爾菲爾德的旅遊指南中，收集風景與視角，就如同採集岩石樣本、植物貝殼一樣，都是人類積累自然物質的欲望展現。在旅途中，各式探索相輔相成，有助於追尋、解釋，甚至鼓勵其他類型的收藏。

這種新的詩意旅行方式，也自英國逐漸擴散至對岸的歐陸。早在法國大革命之前，某些法國觀光客就驚訝地發現如畫美學欣賞白堊海岸的巧妙視角。[116] 隨後，人口流動更是加速了這種賞析景觀新方式的傳播。英國小說家瑞克麗芙以同樣讚賞的語調，描繪了亞得里亞海沿岸的荒涼海灘與義大利亞平寧（Apennin）山脈的野蠻之景，其小說的成功更凸顯了當時已成流行時尚的如畫之旅。一七九五年，當法國作家坎布里發表其至布列塔尼的菲尼斯泰爾省（le Finistère）的遊記時，法國記者諾爾・莫里耶（Noël de la Morinière）也標誌出在利哈佛與埃特爾塔（Etretat）之間懸崖旅遊的如畫路線。這是一本集結各式海灘與觀景視點的細緻指南，其間穿插著沉思冥想，而這也顯示當時的法國社會已準備好重新體驗海岸奇觀所帶來的激動情緒。[117]

從那時起，如畫美學的符碼迅速普及，以至於變形惡化，衍生出鸚鵡學舌的賞景模式。在著名的海濱景點，處處可見供人欣賞沉思的長凳，最佳視點也總配有觀景台與定向表等設備，而參觀燈塔則是步行儀式的重要環節。與此同時，城市裡的光學表演與隨後湧現的「環景畫作」（panorama），也正為公眾不斷擴大的好奇心而生。成群的觀光客逐漸受到這種神經質式的凝視機制奴役，旅人（或更準確地說觀光客）則必須隨時剖析被烙下的視覺印象，方能激發、或更好地掌控隨之而生的情緒。[118]

一八一七年，英國海岸的如畫之旅達到平庸化的巔峰，就連珍・奧斯丁也無法抵擋這股熱潮，[119]不得不在其敘事中對此調侃嘲諷。如同斯塔法島大篷車觀光客所品味到的制式化情緒，奧斯丁的《桑迪頓》裡虛構的怪誕海灘上，亦充斥著可笑人物對如畫海景的陳腔濫調，書中滑稽的風流男子們更是將此荒唐論述錯當鈍劍，在心儀對象前比武競爭。

對炙熱沙粒的反感與透明海水的新感情

在十八世紀的最後二十年裡，藝術家和「古文物學家」發掘了那不勒斯王國的南部海岸，而藝術史學者溫克爾曼亦曾揭示過大希臘美學的探索時代也終於來臨。不過，讚美西西里如畫海景的詩作，顯然與自古受到義大利海灘所激發的厭惡情緒相互矛盾。這種厭惡排斥是值得深思的，因為它與同時期英國人蜂擁至薩賽克斯郡浴場的時尚熱潮相比，反差相當鮮明。

在北方一端，當學者們開始推崇被風掃淨、被潮汐沖刷的沿海地帶，並對該地域因元素平衡而造就的特殊療效讚譽有加時，同期的歐陸南端，醫學家們卻始終按循著古老的理論，並加深抨擊著地中海區域的沙灘。基於在義大利海岸傳播的致命疾病（瘧疾），他們以激進的論述竭盡所能地貶低地中海的灼腳燙沙與溫熱海水，也因此更加鞏固了西方社會主流對地中海的鑑賞體系。值得仔細分析的是厭惡陽光普照、酷熱地中海沙灘的理論根據，因為同時代的許多患者們，此時正紛紛造訪北歐沿海，投身於能補充元氣的浪花之中。英國的斯卡布羅和布萊頓海水浴場，儼然變成對抗文明隱憂的奇蹟解藥，而古老的第勒尼安海沿岸的生命力，卻在歲月的流逝下磨損殆盡，甚至成了人間地獄的真實寫照，其不潔的環境與墮落的道德，更加劇了旅人水土不服的病徵。

地中海沿岸位處世界四元素的對立節點上，無法輕易達到平衡。自義大利醫生喬瓦尼・蘭西斯（Giovanni Maria Lancisi）[120]開始，科學家們就不斷努力分析元素間的不和諧性，以釐清地中海沿岸「惡劣空氣」的神祕成因。法國醫生皮耶・圖弗內爾（Pierre Thouvenel）野心勃勃、旨在「準確分析義大利沿海大氣組成」[121]的研究計畫，在一七八七年至一七八九年間亦可謂達到巔峰。

醫生們探討沿海氣候時所憑藉的基本直覺，源自新希波克拉底的醫學傳統，他們深信一地氣候的主要特徵，是從該領域各式元素不間斷的交互作用中推導而出。[122]海灘是元素鬥爭最精彩的展演舞台，是大自然組成物質互相廝殺的戰場，而影響內陸氣象的擾動氣流，也時常於此海陸邊界線上醞釀誕生。新希波克拉底學派層層建構出對氣候的相關理論，海岸也成了他們最有利用價值的實驗室，可透過觀察沿海的微型氣候，以間接理解其他各種大氣現象。這也是為什麼原先不起眼的沿海地帶（無論是乾淨衛生的北歐海灘，或隱藏致命危險的地中海沙灘）皆漸漸吸引了西方氣候學者們的關注。

隨著新希波克拉底氣候學說的翻新演進，科學家們開始反對以單一面向解釋的天文現象，傾向採取多元複雜的分析方式，有時他們便會借助化學、物理學、生物學與地質學等不同領域的觀點來進行研究。也因此，早先蘭西斯對沿海地帶惡臭與大海所飄散含毒蒸氣的研究，以及圖弗內爾對籠罩於海灘上氨、鹽、鹽酸與瀝青揮發混合物的現代化學分析，也就時常被氣候學者參考援引。然而，他們卻不認為蘭西斯或圖弗內爾的研究，可以充分解釋地中海沿岸環境不潔的神祕成因。同樣地，他們也不願將沿海沼澤的死水（在熱風的吹拂之下，該水域的殘花敗葉、有毒植物與動物屍體迅速腐化）視為海濱骯髒空氣的唯一兇手。

為了解開地中海有毒惡臭的背後緣由，氣候學者們不能僅針對當地海水進行分析，亦需將該地域的其他元素納入考量。地中海乾旱夏季的猛烈日照，阻礙了空氣原有自行淨化的過程。夜間自陸地徐徐升起的微風，導致沿海地帶積聚了白色的低霧，這濃稠、潮濕且帶有瘴氣的霧團，本身就代表著可怕的危險。日出之際，來自海上的熱風，以及經過沙粒與海水共同反射下的日照，使得正午的地中海空氣更加令人窒息。[123] 最駭人的並非空氣的溫度飆升，而是加溫的流體會變得更為沉重、更缺乏彈性，也就更容易發酵。通常這股讓人窒息的毒氣，又會在阿爾卑斯森林與亞平寧山脈的圓形或半橢圓的盆地地理構造下來回反射，濃度與其所帶來之危害也因此激增。

地中海空氣中「過旺的火（元素）」，[124] 破壞了元素間應有的理想平衡。在炎熱的南歐，尚未消散的沿海晨霧會在「太陽的作用下昇華」，釋放出一種能引發生物腐爛性發燒，並「加速物質腐化的碳酸氣體」，唯有當地火山的噴氣，方能調整此惡劣的空氣組成。由此亦可知，地中海最駭人的沿岸之景並非高聳火山，而是被陽光曝曬、夾藏峭壁間的沿海沼澤。此外，自非洲沿岸吹起的西洛可風（Siroc）與利貝可風（Libec）兩種熱帶季風，也時常襲擊第勒尼安海灘，地中海沿岸因此飽受「周圍瘴氣與外來熱風的雙重侵擾」。[125]

整體而言，地中海的氣層總「強烈且頻繁地變化著」，「狂風暴雨、惡臭霧靄與乾燥噴氣」，此等天文現象無止盡地接續上演，使南歐的沿海地帶成了天有不測風雲的最佳劇場。[126]

除了氣體本身的組成之外，陸地亦有可能惡化海灘空氣的骯髒品質。像是海水經陽光揮發，「使物質腐爛的碳酸氣體」就時不時夾帶另種「容易發酵的地底化石、令人窒息的碳酸性蒸氣」。[127] 沿著被詛咒的海岸漫步的法國經濟學者羅蘭，就曾準確地嗅出此源自化石礦物的濃烈蒸氣。[128]在「使物質腐爛」和「令人窒息」的兩種穢氣的混合作用下，沿海空氣對人體所造成的危害又大幅飆漲。

至於南歐沿海的煙源岩，它不僅無法改善惡劣的空氣，有時甚至會加劇其危險性。法國醫學家圖弗內爾就認為，黏土和泥灰岩會使土壤質地更為黏稠潮濕，使地中海濱成為穢氣生成（或至少發酵）的溫床。

在以上自然現象當中，南歐沿岸的地形結構也扮演著重要角色。海灘與沙丘上的沙粒、河流的沖積物與大海本身，都構成了阻礙河流自行疏通淨化的障礙，更導致了水坑、沼澤、甚至致命池塘的形成。此外，密封義大利海濱惡劣空氣的「山壁圍牆」內，[129]時常出現低濕地區元素摩擦而生的電流。根據圖弗內爾的說法，一七八三年瀰漫在歐陸的「蒸氣電霧」就是由此滋生。

當然，人類也是海濱劣質空氣散布的幫凶之一。義大利沿岸未開墾的土地，雜亂的灌木叢四處蔓延，該地大量的動物活動更使腐爛屍體與發酵廢物無上限地堆積。這些荒涼的海岸、令人作嘔的熱沙碎塊，與宜人、健康、修剪整齊的樹林形成鮮明對比，並令人放心地證明了人類有能力克服混亂的力量。而有別於能取悅旅人靈魂的古典山林，第勒尼安的海灘卻使遊客驚嚇地黯然失魂。為此，法國經濟學者拉普拉蒂埃就曾寫道：義大利沿海惡劣的空氣不僅枯黃了綠葉、乾硬了樹皮，更能腐蝕屋瓦、殘害當地民眾身心。

的確，地中海沿岸的不衛生程度也因地而異，這意味著科學家們必須對不同地點的空氣品質進行精確測量，以真實呈現惡劣氣體的地理分布。圖弗內爾就曾擬定空氣「瘟疫性」的門檻，一旦該數字超標，居民便無能抵抗此病，甚至穿越該地區的旅人都會暴露在危險當中；而根據他的理論，「所有沼澤地帶和沿海環境」[130]的空氣瘟疫指數均超值。然而，若有良好的排水系統，海濱的孩童與成年人仍能如行屍走肉般僥倖生存。在他眼裡，義大利半島只有山脈和丘陵地帶宜人宜居。

相較於第勒尼安海周圍，亞得里亞海岸的危險性較低。根據新希波克拉底的典型論述，早晨是亞得里亞沿岸唯一有益身體的時段，冉冉升起的陽光能驅散夜晚成形的有害蒸氣。亞得里亞的沙灘也不像第勒尼安四周被群山緊緊包圍，惡劣的空氣也因而更易隨風淨化。一般而言，不易流通的骯髒氣體更易匯聚於岬角，也使得該地形較海灣來得更不健康。

夏至至秋分是地中海惡劣空氣橫行肆虐的時段，而對應此期間，正是北方浴場迎來可觀收益的旺季起點。此外，海濱空氣的危險程度也因時而異。日出前或日落後的空氣品質尤其惡劣，當太陽登至天頂的日正當中時分也特別危險，也就是說，旅義之人相對安全的時段，就僅剩有日照的早晨與傍晚。

十八世紀於地中海地區的科學家及旅人，似乎皆懷有一種使命。在他們對義大利沿岸惡劣空氣的分析裡，時常伴隨著對該地區的改革計畫，例如建議抽乾沼澤或填滿窪地、清理叢生雜草、綠化海濱沙丘或改變住宅方位等。後來成為法國內政部長的拉普拉蒂埃就曾提出，建造海濱圍牆與將未墾土地重新分配給小地主的計畫。由此亦可見，健康考量是驅動南歐沿海改革計畫的主力之一。

不僅對身體，義大利沿岸的骯髒空氣也對人們的心理蒙上了一層陰影。值得提醒的是，欣賞風景不僅僅是一個審美過程，更不是藝術家的專利，它關係到靈魂的健康。當時的醫生們深信，一地的氣候特性，其所涵蓋的景觀、視野以及所允許的戶外活動等，都會影響到旅人（甚至是觀景之人）的心情，旅人也會根據不同環境的氣候性質，做出相對的反應。這意味著若將審美欣賞系統，與上述由醫學理論繪製出的地理版圖分別而論，歷史學的相關研究將會毫無價值可言。此時的旅人正是依據著橫膈膜與內臟器官所接收到的體感印象，來欣賞其所遊歷的土地，並相信任何的自然景觀均會對其身體產生特殊影響，非有害即有益，就如同當時醫學論述所構築的地形版圖一樣，沒有所謂的灰色地域。

理論上，十八世紀的遊客也早已忘卻過去人類身體與宏觀世界相互對應的連結性，大自然在他們眼中是獨立的景觀。然而，實際上，旅人並未與大自然處於超然分離的關係，他們暗地深信，造訪之處會對他們的身心帶來潛在危險或正面影響，可因此不幸身亡亦可被療癒康復。也因此，在他們的旅行隨筆中，對風景的審美評斷也會考慮到景點的氣候與地形特徵。

如此也就能解釋，為什麼觀光旅客、醫生學者和行政官員們，在面對義大利海岸「令人痛心的景象」時極力試圖分析，並堅持喚醒他們「敏感情緒」的態度。圖弗內爾認為，沿著義大利海岸遊歷時，旅人首先會承受「重壓鬱悶之感」（意即「靈魂昏迷」），這與在英吉利海峽兩岸人們所追尋的振奮能量恰好相反。任何逗留在地中海沿岸之人，都有**生命力減弱**的潛在危險，該地域會透過「肢體的疲勞痠痛」與「液化性（colliquative）汗水的分泌」這兩種「局部性發燒」的表徵，來削弱旅人的體力。[131] 若能明智地選擇旅行時間，避免在炎炎烈日下活動，就可避免身體不適症狀的顯現。不過，這樣的預防措施卻無法消除該地域對旅人心理所造成的陰霾。醫生們對此相當敏感，因此在描述這些海灘時，運用了各種術語詞彙來表示排斥，並藉由陰森恐懼的論述，勾勒出義大利海岸的駭人夢魇。與圍繞著布萊頓健康海灘的讚美相比，如此便更清楚明白當時西方世界對義大利沿海厭惡的強烈程度。在圖弗內爾的三冊著作中，第勒尼安的夏日海灘被一系列的駭人意象籠罩：黏稠厚重的潮濕氣團、發酵腐爛且揮之不去的惡臭、令人窒息抑鬱氛圍、灼傷臉頰的滾燙日照、禁閉的地形與異地的瘴氣。簡而言之，圖弗內爾的著作是本集結西方對義大利沿海惡夢的想像型錄。為此，筆者已於他處分析，此系列幻想在當時亦產生了決定性的影響。

也因此，無需再分析其餘遊客對羅馬鄉村、托斯卡納（Toscane）的近海沼澤（Maremmes）與里維埃拉（La Riviera）海灘的抱怨浪潮。早在夏多布里昂於一八〇四年頌揚荒涼沿岸引發其懷舊情感之前，事實顯示，旅人對上述地點的不滿可說從未停歇。此外，當時剛學會在不停變化的風景中閱讀時間軌跡的旅人們，也開始藉由義大利沿岸景觀，檢視該地區政策執行的效率。[132] 一六八七年，吉爾伯特・伯納特就曾抱怨自羅馬至奇維塔韋基亞（Civitavecchia）間抑鬱陰沉的景觀，大肆批評該路徑上布滿的「死水」與「臭氣」，也不忘指責教皇政府對該地的治理不善。[133]

一七三九年，輪到了法國作家布羅斯語重心長地批評教皇政府的行政體系，這也很快揭露了該開明專制政體不為人知的黑暗面。[134] 到了十八世紀末，第勒尼安海岸的惡劣空氣，也使法國經濟學者拉普拉蒂埃感到壓迫。在遊行希臘期間，法國外交官兼作家瑪利－加布里爾－弗洛朗－奧古斯特・喬伊瑟爾－古弗（Marie-Gabriel-Florent-Auguste de Choiseul-Gouffier）亦對米洛斯（Milo）腐敗的海灘深表憤怒。[135]

在接下來的一個世紀，對地中海沿岸的謾罵聲浪從未減弱。一八〇一年，法國詩人暨政治家奧古斯特・萊瑟（Auguste Creuzé de Lesser）幾乎沒有任何想稱讚地中海沿岸的欲望，甚至開始譴責起巴亞骯髒不潔的古老海灣。在他看來，著名的巴亞海灣僅是「一片沼澤、被海水吞沒至一半的海岸。尤其在夏季，當地臉色發青的居民更是難以逃脫死亡的魔爪……。旅人逐漸意識到，從巴亞到錫耶納（Siena）的近海沼澤，幾乎整條地中海沿岸都不宜人居，而此時美麗的義大利半島在他們眼裡似乎也沒那麼吸引人了。」[136]穿越龐廷（Pontins）沼澤時，不慎入睡的旅者將冒著再也醒不來的風險。在瑞士哲學家查爾斯—維克多・邦斯泰頓（Charles-Victor de Bonstetten）長篇報導了奧斯蒂亞（Ostie）和拉齊奧的惡劣空氣及恐怖景象後，[137]又有什麼能挽救補充？這片「駭人的鄉下」與它「散播瘟疫的醜陋」海岸，只能說令人厭惡至極。[138]

到了十八世紀下半葉，不僅海灘，整個地中海沿岸都激發出旅人的悲傷甚至排斥感。來自歐洲北方的旅人既不欣賞貧瘠光禿的海濱岩石，亦不喜歡被太陽炙燒的赭石山坡。普羅旺斯和里維埃拉的海岸，只有在橙樹與檸檬樹的保護下，或當它們呈現出被綠色花園圍繞的安寧小鎮形象時，才能獲得旅人的讚美與認可。一七五四年，旅義的英國劇作家菲爾丁曾描述他對太加斯河（Tage）乾枯河口的失落，讓他恨不得掉頭奔回帶有鮮明色調的英國田野。[139]旅客期待落空的案例層出不窮，瑞士哲學家約翰・蘇爾澤（Johann Georg Sulzer）、法國作家吉貝爾伯爵、學者奧賓—路易・米林（Aubin-Louis Millin）、英國農藝師亞瑟・楊（Arthur Young）與法國經濟學家拉普拉蒂埃等人，均詳細說明了他們對地中海沿岸景觀的失望。一七七五年十月，即便蘇爾澤自法國的昂蒂布海岬

（Cap d'Antibes）發現了「令人嘆為觀止的驚鴻一瞥」，也觀賞了尼斯海濱浪花的破碎之美，且將該景幕類比為山林中的磅礴瀑布，但他始終更喜愛愉悅的田野風光，而不是將芒通（Menton）與摩納哥區隔而開的「荒廢岩石海濱」。[140] 在法國南岸土倫（Toulon）的石灰岩岸遊歷的米林也寫道：「所有的一切都加劇了此地的陰森恐怖，使人將其視為通往地獄的入口之一」。在他眼裡，環繞土倫大港的美麗肥沃平原入口，也像極了「希臘神話中冥界厄瑞玻斯（Érèbe）通往至福樂土的密道」，而位在出口處的耶爾（Hyères），自然成了「現代版的赫斯珀里得斯（Hespérides）聖園」。[141] 有時，類似上述的旅遊論述，也會伴隨著作家們對地中海烈日的批判，尤其是當路上沒有任何洞穴或樹蔭可躲避太陽，旅人在漫步時便須時不時停下腳步，才能獲得片刻的喘息。[142]

西方世界還需歷經數十年的時間，才能使地中海沿岸的鑑賞系統出現轉變。為取代上述旅人們疲倦厭煩的視覺體驗，西方社會得改變看待高照艷陽、炙熱沙灘、裸露地表與石灰岩地貌的視角，才能朝海灘和海濱度假村的當代形象前行。今日不謹慎的讀者容易誤入時代錯置的陷阱，忽略當時旅人湧入地中海沿岸的背後，其實是存在一系列今日為人所忘的複雜因素：對古典文化的懷舊、考古學發現的欲望、對羅薩與洛漢所繪風景的追尋、海浴治療的希望、海崖度假村的娛樂活動，以及在海濱長廊下吹著微風的漫步愉悅。

同樣地，在美學領域裡，亦能發現許多新希波克拉底理論對地中海沿岸的負面陰影。法國畫家瓦朗謝訥就曾表示：在一天的四個時段裡，唯有中午會造成藝術家的創作障礙，「使人雙眼疲倦的灰白光線、緘默的海鳥、淒厲的蟬鳴、生物們的消沉意志、被汗水浸漬的身體狀態……」，[143] 均使欲描繪自然美景的人望之卻步。

此外，瓦朗謝訥還補充道：烈日曝曬下的地中海從未激發任何藝術傑作，靜默的氛圍、僵化的自然萬物、一成不變的印象與單調風景所致的空虛情感，皆使創作之人不得不訴諸想像力的幫助，若欲成功吸引觀者注意，畫家必得在作品中添加如火災或暴風雨等悲愴的虛構海景。

一七六七年，德意志男爵腓特烈・李德塞（Friedrich Adolf Riedesel）的大希臘海岸之旅，擬定了與前人截然不同的享受地中海風景的模式。[144]當時蔚為風行的新古典美學，正在希臘這片古老的土地上蓬勃發展，一種前所未有的自然物質鑑賞模式就此萌芽。隨著時間的推移，一種新的情感出現，漸漸足以對抗對義大利中部海岸的排斥，更進而打破法國畫家韋爾內門徒們一系列描繪地中海沿岸的陳腔濫調、枯燥無味的固定手法。

表面上，十八世紀末發展起來的大希臘旅遊，繼承了過去以詮釋古典文化為目的的旅遊模式。對古文物的熱情、考古繪畫的品味，激發了旅行的靈感，而旅人也會順道進行受資助者委託的科學考察任務。不僅如此，古典文獻依舊縈繞在旅人的腦海裡，他們閱讀著荷馬與芬乃倫的詩句，佐以地中海沿岸風景；在西西里島的海岸上，他們會透過尤里西斯的雙眼，注視璐西卡與其同伴們曾玩耍嬉戲的沿海地帶。

此時期的藝術家或愛好風景之人，或多或少都會有意識地遵守知名義大利專論或遊記所訂立的旅遊模式，並嚴謹地記錄他們在旅程中的點點滴滴。相較於吉爾平的如畫模型，欣賞義大利風景的瓦朗謝訥不僅不會榮耀造物主，反倒更加強調「重拾記憶工作」的重要，並將其視為旅程的主要目的。他認為，為了將如畫風景永久保存在記憶中，年輕藝術家必須認真記錄旅行中的一切。他向學徒們叮囑：「起初，你們可仰賴簡短日記以記錄旅行過程……，經過數年的遊歷，便可收穫滿滿的寫生素描與探勘調查筆記。回程返家時，透過林林總總收集到的素材，得以重現回憶加以創作」。[145] 旅行時，美學家會先根據探索自然事件的節奏來寫作、記錄，並整理出片段式的隨筆。當遇到想要描繪的主題時，不須多做思考便能立刻動筆寫生，等到草圖完成後，再與眼前景物比對，看看是否存在任何遺漏。第一步，便是根據「還很新鮮的想法」做出草圖，如此一來，就能迅速**收集一系列的風景快照**。這些捕捉瞬間的紀錄，就算無法成功幫助回程後的繪畫創作，至少能在回憶「人生一連串時而多變、時而規律的事件軌跡」時，再次享受旅程中「純粹且天真」的歡愉，也「正是透過凝神沉思這些點點滴滴，靈魂得以綻放，並體悟其存在的最終價值」。[146]

瓦朗謝訥期望學徒們都能擁有數年的旅遊經歷，這是年輕畫家們的啟蒙之旅，將為其埋下創作種子，並經由回味與反思過往，在回憶的樂趣中得到偉大的作品。

除了類似瓦朗謝訥所訂下的旅行指示之外，記錄義大利南部「新風景」[147] 的遊記，也展現出旅人對自然物質（如海水、沙粒、岩石與璀璨星辰）前所未有的體驗。南義景致擴大了西方對大自然的感知，這可由歌德於一七八六年、一七八七年的旅行中，日趨豐富的情感變化為最佳見證。在威尼斯，他首先感受到類似法國文人於沙龍「看海」時的情感，而到了加埃塔的海濱，他也欣賞起畫家銘刻在他記憶中的海景之一。那不勒斯海灣典型的社交活動，也賦予其意想不到的沿海樂趣，海邊的漫步遊走、當地青年跳水游泳之景，以及在沙灘與露台上的「交談對話」，均讓他不自覺地憶起古老的巴亞海灣。在駛向西西里島的途中，他見識了大海的遼闊無限。然而，真正使他發現地中海無法言喻的如畫特質，則非巴勒摩沿海氣層特有的神奇和諧氛圍莫屬：

最美麗的午後，我們登上巴勒摩沿岸。此時，沒有任何文字足以重現漂浮於海岸周圍的清晰雲霧、沿岸的俐落輪廓、地貌的婀娜多姿、對比鮮明的色調，以及天地水三者的和諧。任何見過此景的人，都將永烙於心。直到現在，我才恍然明白洛漢曾描繪過的寧靜海景。返抵北方時，我希望我還能從靈魂記憶中汲取旅程中所有幸福的一景一幕。[148]

他總結道：「此地為理解一切的金鑰。」巴勒摩沿海所激發出的情感，帶領他回到了古典的海景詩話，對荷馬的《奧德賽》與洛漢的畫作有了更深刻的理解。

在迷戀稜鏡反射之景的十八世紀末，文人們對海水顏色的刻畫描寫，也達到了前所未見的精準高度。日耳曼自然歷史學家暨旅遊作家約翰・福爾斯特（Johann Georg Adam Forster）喜歡觀察海水的光影變化。[149]曾前往西西里旅遊的瓦朗謝訥，在對海景畫派長期的努力成果進行評估後，更是提供了一份涵蓋所有地中海顏色光影的細緻整理：「暴風雨下的海水呈褐綠泡沫狀」；在無雲月光下，「銀色的海水好似巨大的水晶刀片，而黑暗中的波浪，則帶有強烈的黑綠色調與深藍的映照……」；[150]當薄霧籠罩時，「靜止如鏡的海水反射著氣層的灰調，但若是受到擾動，海水便會鋪展出一系列自淺綠、墨綠、深紫到暗黑的顏色變化，並與滾動碎裂的白色浪花交融混雜。岩岸的海浪總呈現白色泡沫狀，而遠處被陽光滲入的深海，卻能折射出不同的光澤。有時，山丘和雲朵的倒影也會與水中異物雜質混合，共同為海水著色。大西洋在法國與荷蘭的沿岸，呈現出截然不同的色彩，而地中的海水卻又屬於另一系列的色調」。[151]

瓦朗謝訥這些極為精確，且帶有規範性質的色彩描述，旨在鼓勵旅人留心海水變化的細節，注意轉瞬即逝的色調，掌握經風暴洗禮後「重生」的清澈透明。他亦憑藉如此精湛的色彩描繪，提出繪製涵蓋地球所有海域的色調版圖的計畫。

地中海風景所激發出的新鮮歡愉感，不僅僅來自對海水的顏色分析。[152]為解構當地複雜的地貌景致，旅人得同時發展出全景視野、對景物的動態觀察，以及為俯瞰水底而生的垂直視角等多元的觀景手法。從這個角度出發，或許只有太空員在宇宙的視覺體驗，才能與海上旅人對巨大海景的觀察相提並論。

在大希臘沿海地帶（以及不久後的希臘海岸），向旅人展示了海水驚人的透明度，以及令人感到眩暈的深度，這是一種嶄新的視覺感受。由於眼睛可以輕易穿透水域，觀者可往水底垂直俯視，一窺過去從未曝光的神祕海底奇觀。法國作家多米尼克・德儂（Dominique Vivant Denon）曾宣稱自己對希臘水域清澈度的震驚，[153]而瓦朗謝訥也寄望年輕畫家能仔細觀察希臘若水晶般的海浪，並寫生記錄躺臥於海底的微小石塊。法國畫家尚・胡埃爾（Jean Houel）對「透明的波浪搖籃」比任何人都來得敏感，他甚至將自己的感情起伏展現在讀者面前。在無桅小船上，他沉醉在海濱蝕洞穴裡清澈海水的「魔力」，而他所獲得的歡愉，源自「感官失靈」的症狀，這也使他享受海濱風景的方式，和斯塔法島上的制式觀光有著天壤之別：

由於（巴勒摩地區）洞窟極深，在岩石庇護下的海水處於靜止狀態，保持純淨。該地域的海水是如此清澈，剔透到有時甚至能在視線中隱形消失，逾二十英尺深的任何物體亦可被完美地辨認出來……。海水的極度透明賦予了獨一無二的視覺體驗。觀者會自然而然地忽視海水的存在，誤以為自身被魔法懸浮於小船，無法相信自己和正觀察的水中之物，有著被流體隔開的距離。最讓人嘖嘖稱奇的是，純淨的海水對船體沒有任何阻力。有時，旅人會因一時興起而改變觀景地點，但當船體移動時卻毫無察覺，這真是令人著迷的體驗！[154]

在西西里的地中海沿岸，胡埃爾發明了體驗深淵環境的全新方法。在海面，或更確切地說，在清澈水面的頂端，他沿著瀕臨海淵的一整排沿岸懸崖，完成一道可謂空中懸浮的漫步之旅，仿若今日的風帆衝浪者，海水的透明使他眼花撩亂、目眩神迷：

這些岩石以相同方向墜入海中深淵。極深的海水在北方岩石的掩蓋下看似黑暗，光影反差也使沉入水中的白色岩表易被辨別。當然，海水始終帶著絕對透明，一旦船上旅人近靠岩石，海水便立刻展現駭人的萬丈深淵。此時小船仿若懸浮於光滑垂直的岩壁旁，孤立無援。如同被魔法懸浮於半空的旅人會感到與世隔絕，開始幻想起船體消失後墜入深淵的慘景，唯有在

> 意識身處海面之際，被沒頂的念頭才會接續浮現。然而在遼闊的遠洋，旅人卻無法體會到相同的恐懼，水下沒有能**顯示海水透明**的物體，旅人因而無法在幻想中迷失定位座標。唯有當旅人試圖在海淵深處尋找岩石基底，才會有透明海水與岩石堡壘在黑暗中融為一體的錯覺。[155]

在以上胡埃爾的深淵體驗當中，怒海所激發的恐懼與鋒利暗礁咬人的幻想，均被對透明海水吞沒的錯覺所取代。換言之，在西西里的海濱，人類不害怕被海水淹沒，而是恐懼跌入海底深淵。胡埃爾的經歷引發了海上風暴與海淵吞噬的浪漫對比，這也將凸顯出雨果《海上勞工》（*Les Travailleurs de la mer*）的主角吉利亞特（Gilliatt）的悲慘命運，以及《笑面人》（*L'Homme qui rit*）中烏爾克號（Ourque）上的不幸乘客。當西方的旅行藝術家們日漸體會「流體」的等價感，同時代的法國化學家拉瓦節則透過分析，展示「流體」組成元素的相似性，並研究出兩者之間嬗變的可能。

雖然胡埃爾描述的是海淵的獨有魔力，但此處值得一提的是海水磷光的驚人體驗，這種現今已消逝的現象，也共同促進了十八世紀西方世界對深處地域遐想的成形。[156]

十八世紀末，還有另一種欣賞景色的常見方式，同樣為現代旅人所熟悉：將船上甲板當作觀星台，以欣賞天體星辰與其在水面的倒影。一七九〇年，福爾斯特在多佛海岸附近進行了這項美學實驗，[157] 而地中海的古老沿岸（尤其是燈火通明的那不勒斯海灣）更是提升了這種美學體驗的情緒感受。舒適的氣溫、清晰的氣層，在這裡產生了一種特殊的情感，拉普拉蒂埃便曾於船上站立數小時，以等待第勒尼安海上的日出絕景。[158]旅經義大利利佛諾附近海域的第二晚，法國植物學者圖因也在甲板上徘徊多時，凝視著從船尾航跡划出的「閃爍火花」，並欣賞月亮映照在海面上的「美麗銀光」。[159]坐在義大利利帕里（Lipari）主島碼頭，徹夜等待日出的胡埃爾也寫道：「大海猛烈拍擊著長堤，幾個小時前才冉冉升起的月亮，以銀色光芒鋪蓋海洋。閃亮發光的海水為我的晚餐時光增添了幾分如畫氛圍……。裹在外套裡的我，整晚都躺在岸邊上」。[160]

地中海的乾燥氣候、多樣的群島地形與古老的人類學遺址，均使觀光客的大希臘（以及不久後的希臘）之旅，成了比殘廢者湯利的曼島日常來得更原始、更狂野也更為真實，更能展現自然物質本身的魯賓遜歷險。胡埃爾在武爾卡諾（Volcanello）火山上，對利帕里群島進行的系統性勘查即屬一例。在造訪完火山口後，胡埃爾返回海灘，享用水手為他留下的餐點，他寫道：「從火山延伸至海灘的細白沙粒、平靜海面上輕拍沿岸的海浪、孤獨的島嶼、遼闊的海水，以及該地域所激起的崇高想法等，皆賦予武爾卡諾火山一種無法言喻、卻又使人沉醉其中的魅力。晚餐後，按照炎熱國度的習俗，我沉醉於甜蜜睡夢中。最柔軟的沙地是我的床鋪，岩植與苔蘚共同點綴的鮮豔小礁石，彷若是大自然之手為我精心編織的枕頭，而船帆則成了使我不被刺眼日照驚醒的窗簾」。[161]

當拉普拉蒂埃被暴風襲擊，擱淺於馬爾他一個小島上時，他也興奮地想像著可能的海盜威脅，並盡情地享受四天三夜的魯賓遜冒險。如同笛福筆下的這位英雄，他從第一天黎明開始就出發探險島嶼，先是爬上高處以更好掌控島嶼輪廓，隨後沿海岸線環繞探勘，最後才返抵水手為他在船上所搭建起的避難所。此精心模擬的心理退化遊戲，賦予拉普拉蒂埃一種未知的樂趣。在暫時拋開文明規範與衛生準則後，他從冒險疲憊的身軀中體驗到前所未有的歡愉。[162]

漸漸地，地中海觀光的新模式也被發明出來，與古典的那不勒斯之旅漸行漸遠。十八世紀末，胡埃爾以各種可能的方式來欣賞南歐沿岸，[163]品味著形形色色的海景視野，開心地凝視著水上帆船的芭雷舞蹈，耐心等候一天四時段更迭變化的風景。此外，身為藝術家的他也被當地火山的地質奇觀震顫，享受著透明水淵所致的暈眩，並陶醉於水底下富饒的動物世界。最重要的是，胡埃爾熱愛戶外活動，他會睡臥於沙地，與海藻一同浸浴，也會在岸邊觀景用餐。與此同時，他也從未忘卻描畫古典文化才是他地中海之旅的初衷，喜於在水手的陪同下觀察當地漁夫島民，不論對海灘景觀、居民所準備的簡樸料理，或其餘自荷馬時代所留傳下的風俗習慣都非常留意。

胡埃爾在西西里海岸充分體驗到的如畫之旅，也呼應了歐洲另一端的法國作家聖皮耶的海濱幻想。沒有人比聖皮耶對海岸抱持著更濃烈的渴望。在他眼裡，沿海地帶是大自然如畫風景最佳的瞭望地：

> 不在高山頂峰，而是海的邊緣；不是在盒子裡，而是在花壇中，匯集了建築師的雕刻裝飾、畫家的風景視角、音樂家的歌聲與詩人的文學劇作……。在這被群山環抱的海岸邊，所有大自然的力量和樂融融地交織融合。[164]

發掘了海岸風景優勢性的聖皮耶，動人地講述了與他的家人沿著「水生和諧」的純淨海岸，所展開的永無止盡、無限延伸的幸福感。在此也讓聖皮耶為地中海新旅程劃下完美句點：

> 若有幸，我想環遊歐洲，或遠至世界各地，這比起我每日在瑞士山林的步行來得更輕鬆愉悅，也更啟發我心。我可能會像原始野蠻人般乘著船，沿著海岸旅行。一艘帶有三角帆與幾張床墊的輕型小艇就足以充當我的代步馬車，兩名水手外加我就是整體船員。或許，我也會毫不猶豫地和妻小一同旅行。旅程中所有發生的一切，都將會是學習，也會是樂趣。在旅程中，我是否將會對岩石礦物感到好奇？沿海峭壁將向我敞開胸懷，在它們腳下我有可能會發現閃耀著金屬色澤的鵝卵石，也有可能目睹河水和與波浪在石塊上的恣意翻滾。我是否會興奮地觀察起沿海植物？我可能會在沙灘上採集海浪，從最遙遠國度帶回的海藻生命……。每划一次船槳，就像翻開大自然這本書的新頁，發現了全新的風景……。在沿海地帶，當地的男人們會四處分散打獵捕魚，女人們則會一同聚集生火料理……。[165]

第四章　蜉蝣一生的旅程

浪漫主義者不是大海最早的發現者。早在十八世紀末以前，海岸就成為了沉思與歡愉之地。攀上沙丘追尋美景、走在懸崖上、陶醉於暴風雨下的壯美奇觀，以及從全景視野框出來的「海景」，這些活動在拜倫《哈羅德公子遊記》（*Childe Harold's Pilgrimmage*）出版時都已經司空見慣。早在一七五〇年代末起，人們就紛紛前往布萊頓海濱以享受浸浴之樂；一七七六年，胡埃爾就品味著地中海海水的清新與透澈，並且在西西里年輕人的陪伴下一起在海裡放鬆。大海也被認為是對抗憂鬱和病態城市文明的解藥；水成論學者更是肯定大海在地球歷史中扮演的決定性角色；業餘的地質探險家們也跟著過去數個世紀的貝殼收藏家的腳步，沿著海岸蒐集樣本。

浪漫主義者借用了早先的模式。大多數人繼承了奧西安主義，他們有時候會以遊客的平庸視角來閱讀如畫風景。一八二八年，英國詩人桃樂絲・華茲華斯（Dorothy Wordsworth）一絲不苟地遊歷曼島，並且一步步遵守長久以來被符碼化的海濱度假儀式。[1]

話雖如此，浪漫主義創作家是第一批提出海洋連貫性論述的人，[2]不僅大大豐富了在海灘享樂的形式，更強化了對海岸曖昧邊界的欲望。他們革新了其意義，以及擴大了早已穩固確立的實踐的規模。這些創作家提出凝望或對抗大海的模式，逐漸取代過去享受微風、沙灘與海洋的既有方式。浪漫主義者改寫了在海邊騎馬、漫步遊走和海角上野營的方式，他們能用一種新的活力來描述在海濱浸浴的情緒和海灘細緻微妙的印象。

正因如此，有必要勾勒出[3]由斯托爾貝格、[4]拜倫、珀西・雪萊（Percy Bysshe Shelley）以及夏多布里昂詳細闡述和提出的一套再現系統、情感策略，以及實踐的網絡。與此同時，奧斯丁開始嘲諷起讚賞如畫海景的平庸論述。重要的是分析上述的革新是如何迎來凝視沉思大海的新方式，開闢人們邁向海岸遐想的新旅途。

浪漫主義者讓海濱成為認識自我的絕佳地點。在哲學家伊曼努爾・康德（Immanuel Kant）的壯美美學觀點裡，站在海濱的觀者能感知自我與元素的相互抗衡，進而獲得一種震盪自我的特殊方式。相較於其他地方，海濱提供了一個舞台，能目睹空氣、海水與陸地之間的抗衡，想像自我與元素的水乳交融和被吞噬的幻想，並見證英國藝術評論家約翰・拉斯金（John Ruskin）稱為「感情誤置」（pathetic fallacy）的海市蜃樓。空洞的海洋成了個人宿命的隱喻，也使海灘成了潮汐韻律與月球運行相互對應的邊界，邀請著世人對生命進行定期的反思。

不論在什麼情況之下，都是由觀者自己來衡量海岸。人們造訪海濱不再是為欣賞上帝對海洋設下的韁索，而是為尋找自我，希望能在這裡發掘自我，或者更精確的說，是重拾自我。這也解釋人們體驗海岸的多采多姿。海濱呈現的印象能讓人用五感來捕捉。體感鑑賞模式的擴大更成為了感官史（histoire de la sensibilité）的重要篇章，當人們用新的姿態站著、駐足於海灘上，在沙灘上或坐或躺，都是這類深化追求的標誌。

富饒湧現的嶄新情緒

浪漫主義的畫家和作者，將海灘描繪成各種元素彼此混雜的舞台。[5] 長達半個多世紀以來，他們創造了一套新的陳腔濫調——大海如浩瀚旋風般直達天際，日月星辰在蕩漾的海水中交織變形，海沫和蒸氣讓大氣蒙上濃霧，浸濕的沙粒失去了大地的堅硬。浪漫主義畫家重新詮釋荷蘭藝術家陳舊的做法，流連忘返於海灘的景觀。[6] 他們特別關注海濱，因為那是元素之間轉瞬即逝和曖昧未明的領域，鼓勵了泛神論（panthéisme）的遐想。一八〇三年，英國畫家威廉・透納（William Turner）的畫作《退潮時分的加萊海灘》（*La plage de Calais à marée basse*），[7] 就讓觀者感受天空、海水與沙粒交融的景象。十三年過後，英國畫家約翰・康斯特勃（John Constable）繪製韋茅斯（Weymouth）海灘的一系列作品裡，海平線不再像「古典風景畫作裡那樣，用符碼化的色調與價值觀，分割兩個異質的視覺世界」，[8] 天、地與水彼此之間開始產生共鳴，泯除了古典場景裡劃分區塊的疆界。[9]

浪漫主義作家同樣重複了無邊無際大海這個主題。[10] 他們強烈體悟到摩西時代的大海形象，是在所有物質與形體被創造之前就已經存在。[11] 與此同時，浪漫主義畫家也透過將觀者視角貼齊水面，降低海平線的高度來傳遞這種感覺。在英國畫家理查・波寧頓（Richard Parkes Bonington）的許多畫作當中，遼闊海洋的幻影與浩瀚的天空及海岸之間的對稱呼應。

仿效拜倫《哈羅德公子遊記》的做法，浪漫主義者鑽研起大海的永恆不朽，不受人類歷史變化影響的主題。大海的力量與能量讓他們為之瘋狂，因為看似從世界誕生之初就不曾減弱。當觀者意識到大海毫無減損的力量與其空洞無底之間的結合，便迸發了更為強烈的情感，並用盡所有感官來體驗這可觸及的無底深淵中所富含生命活動的無盡活力。透納便採用動態透視法，讓觀者感受虛空大海的力量：畫布上的小船是用來幫助感受大海永恆騷動的跳板；[12]一艘岌岌可危的帆船不僅能揭露海浪高漲之幅度，也能讓人感受強風的力量並非分析海流的作用。

在拉瓦節化學理論盛行傳播的時代，浪漫主義者看待空氣的全新關注，為沉思的方式注入活水。[13]這團「為喚醒靈魂的活性虛無」，[14]透過雲朵與飛鳥體現其形貌，在能量、陽剛與虛無之間創造了一個比海洋更為矛盾的連結。這團虛無日以繼夜的呼喚和變化莫測的特性，引起了人們迅速逃到最安全避難所的欲望。[15]這團作為大自然口耳的「活性虛無」，[16]喋喋不休地尋求，並與浪漫主義者的靈魂進行對話。

陸地藉著此處與海水接觸的地方引起人們的興趣，[17]一方面是水手們的危險地帶，另一方面則是泳者能腳踏實地的安心表面。稍晚於透納，又比波寧頓和法國畫家歐仁・伊薩貝（Eugène Isabey）還早的康斯特勃，就非常喜歡描繪這個海陸接觸點，不過是作為一位風景畫家，而非海景畫家。早在一八一六年，在他以各種元素為主題的畫作裡，便特別重視被海水浸濕的沙地。[18]欣賞他畫作的人們，彷彿身處英吉利海峽的最末端浪花附近，腳踩在灰綠色海水裡面，體會潮濕陸地的不穩定存在。[19]

正如不久前欣賞韋爾內筆下暴風雨的那群仰慕者一樣，受到激情而起的元素之間爭鬥的戲劇性，讓浪漫主義藝術家受到強烈的影響。然而，對這些藝術家來說，最重要的仍是人類與這股濃縮虛無的能量之間的對抗。因此，荷蘭海景畫的傳統在壯美美學的基礎上被重新詮釋。[20]

在享受這種對抗的過程裡，不可或缺的是與元素對話的**文學**體驗。拜倫作品裡的哈羅德公子就與大海對話，並解讀了其呻吟。在雪萊筆下的詩人，就沿著回音宏亮的海岸來聆聽元素無止盡的對話，填補他靈魂深處的空虛。[21] 在那裡，海洋有著呼吸，並且與洞穴和懸崖展開從不間斷的對話，細心地側耳傾聽的漫遊者，可以在孤獨的海岸掌握它們的對話。查克塔斯（Chactas）*就在監獄裡帶著感情來聆聽海浪的低語，向他訴說自己鍾愛的美國，與遭遇的種種不幸。[22]

日耳曼畫家卡斯帕・腓特烈（Caspar David Friedrich）的作品就是浪漫主義對海岸再現的顛峰之作，值得長期研究。[23] 始終追憶著起源的腓特烈，在格賴夫斯瓦爾德（Greifswald）綿延的沙灘展開無止盡的旅行，將海岸塑造成感受形上學痛苦的場景。[24] 他還將觀者置於每個人內心深處的深淵邊緣。[25] 只要望向一位佇立在無邊無際大海與陸地交界線的男子背影，觀者便會被一股突然的痛苦衝擊，[26] 即便腓特烈並未訴諸聚集諸多元素的戲劇性，他卻成功畫出海岸最為悲愴的解讀。畫布上萬籟俱寂的海岸歸屬於內在空間。

海岸的延伸擴張加劇了與泛神論融合的渴望，也就是困擾著浪漫主義者的「宇宙化」

（cosmisation）願望。在海濱這個與宇宙呼吸韻律同步的地方，各種幻想就能獲得自由的發揮。

無邊無際大海的虛無景觀產生一種空無一物的感覺，讓人們的想像力沉入水中。千篇一律的海景讓人酣然沉睡，產生了一種想被其吞沒的誘惑。為這種夢想鋪路的是奧西安式的風景與「凱爾特的薄暮」（crépuscule celtique）的曖昧不明，這在當時意義非凡。[27] 沿著沙灘，幾乎看不到上升的象徵，而充滿著引人下沉的存在，或更精確地說，讓人潛入海中。與體內的鮮血同源，黑水與致命的黑暗之海喚來了死亡，[28] 這點激起了浪漫主義者的焦躁靈魂對遠古時代的懷念。[29] 這種邀請人們走向不歸旅途的力量，有助於解釋海濱在這個時代集體意識裡發揮的影響。

大海（墳墓）滋養著心理退化的夢想。大海與母親的連結就組成了我們眾所周知的榮格精神分析常見的一環。[30] 被大海深淵或沙地吞噬的幻想不僅展現出回歸的體感渴望，同時揭露了「一個人對所處時間的接受」。[31] 雪萊在一八一九年發表的《海洋幻象》（*A Vision of the Sea*）裡，[32] 就將這種身體回歸大海的夢想付諸文字。在這首以沉船為主題的詩作裡，萬物之間互相吞噬直到一切最終被大海吸收，[33] 海洋是「原始至尊的吞噬者……，是沉潛和回歸幸福泉源的原型」。[34]

這組幻想決定了浪漫主義者浸浴的準則。在這些想像的場景裡，總是會有這些宿命的主題：結合吸引與吞噬的水龍捲，以及為大海的悲愴帶來新面貌的旋風或漩渦。[35] 從這個角度來看，更明顯的是潮水上漲的魅力，以及順從地被吞沒的誘惑，早在雨果筆下不幸的吉列亞特（Gilliatt）緩緩

* 譯註：夏多布里昂的小說《納齊茲》（*Les Natchez*）裡的角色。

逝去之前，史考特的《古董商人》（*Antiquaire*）就已經呈現這樣的誘惑。

於此，黏稠且靜止的大海帶來的恐懼悄然而至。大海變得沉重、腥臭、滿是排泄物，還有著許多怪獸，呼應了沼澤對集體想像的深刻影響，以及傳染理論（théorie infectionniste）對醫學思想的掌控。這些幻想家只要一想到將面對無法言喻之景就感到恐懼。在千篇一律的海濱，不知不覺高漲的海水加強了「黏性的潛移默化」，[36]這帶來了有魅力怪物的新主題。在海岸附近，在那泥土與淤泥觸手可及的地方，喬治・克雷布（George Crabbe）筆下操弄的噩夢獲得形貌，而這些噩夢造成了彼得・葛萊姆斯（Peter Grimes）的死亡，因為他凝視著荒涼海岸的泥濘液體和深埋在他孤獨靈魂裡的怪物。

因此，對海岸和接觸區的迷戀就漸漸形成了，這使得我有了寫這本書的想法。如邪惡瘟疫般的微風通過岩石縫隙，或從海陸碰撞而成的裂口悄然入侵，透過這些孔洞，訴諸想像力的威脅滲入內心，沮喪與排泄物則湧了出來。這些滲透使海濱強烈的性化（sexualisation），使得海灘被納入邊境之地的豐富夢幻景象裡，危險與魔咒都在那裡湧現。

與此同時，人們相當確信大海，特別是在澄澈的夜晚裡，象徵著蘊藏晦澀奧祕的潛意識，而他們的體感印象就印證了這個永久存在。[37]分析雪萊的作品，便會發現詩人心中對「大海與心理深淵的對應關係」有著清楚的認識。[38]當代法國歷史學家尚・布斯克（Jean Bousquet）用一定的篇幅展現了浪漫主義時期流體夢境的象徵意義。[39]自德國作家尚—保羅（Jean-Paul，全名 Johann Paul Friedrich Richter）筆下的夢境以降，睡眠時的靈魂活動便常被看作是一道不可抗拒的洪流。[40]

瘋狂本身很快地被用墜入大海的意象來歸類：

我愛大海，如同愛我的靈魂。有些時候我甚至覺得大海就是我真正的靈魂。如同隱匿於大海裡的水草露出海面盛開，又沉入凋零，在我靈魂深處時而也會浮現出帶有藍眼紅唇的奇異花兒。在香氣四散後，害羞的百合與迷人的玫瑰又再度消聲匿跡。我的伊芙琳娜（Evelina）！在夜幕低垂的海邊，我漫步聆聽歌唱中的海浪，喚醒了我的種種回憶和預兆。印象中，我彷佛曾身處天際。在高空裡，我的靈魂擁抱過去所有的知識。然而，在一陣暈眩與恐懼的震驚之下，我跌入了凡塵。[41]

德國詩人海因里希・海涅（Heinrich Heine）就在一八二六年寫下了這段文字。大海庇護了被淹沒吞噬的古老城市，而諾德奈的水手則聲稱他們在星期天聽到了這些城市響徹的鐘聲。唯有藉著海洋夢鏡的映照，才能顯現詩人靈魂深處被淹沒的世界。

比起在世界任何角落，這些造夢者於海濱更易受海水韻律牽引，體驗個人時間的流動消逝。在潮汐與月經週期、海水漲退潮與晝夜的更迭交替、海浪的韻律與脈搏的跳動之間，人們感知到的這些對應鼓動了對體感的傾聽，也軀體化（somatise）了摸索自我的過程。一七七七年，斯托爾貝格就譜寫了身體感性與海洋韻律之間的和諧。[42]德國詩人諾瓦利斯（Novalis）的小說《賽斯的學徒》（*Disciples à Sais*）中，年輕主角就談到了潮起潮落與沉睡清醒間的交替對應。[43]當代法國詩人尚・佩蘭（Jean Perrin）更對雪萊的作品提出巧妙的評論：「在寂靜裡感受到的永恆流動就是大海的暗流。」[44]

從這個角度來看，事實證明最為吸引人的不是海洋表面，而是能聆聽潮汐旋律響奏的地方。最適合感受這些節奏的地方並非遼闊的海洋，而是有著海水規律起伏、喧囂散去的海灘。

浪漫主義時期的旅客會定期前往海邊。面對永恆不變的大海，他們可以很輕易感受到自身歲月的流逝。海洋不受歷史變遷的影響，證明其為永恆的標竿。然後，在這方面必須留意一定程度的細微差別和精確性。當時許多學者認為大海的活力與豐饒自創世之初就不斷減損，然而，鮮少有人擔心起大海的純潔正被玷汙，也沒有人會對這些被威脅的元素抱持著懷舊之情。如果有人覺得大海的創造力正在銳減，也是認為是脫離原始狀態的緣故，而不是受到現代汙染的危害。

在定期的日子裡，漫遊者走在空曠無人，處在一個人完全孤獨的地方，會發現自己面對著永恆不變的事物，面向著空間與時間的無限。在這方面，夏多布里昂堪稱典範。他生命中不同階段的里程碑就矗立在聖馬洛（Saint Malo）的海岸，大海的意念「無聲地震動起」他存在的「時空體積」，[45]在這種框架下，如同《哈羅德公子遊記》裡的虛構史詩，海岸讓人不斷想起種種離別的回憶。

庫斯廷侯爵在浪漫主義之旅的兩極，大希臘（卡拉布里亞〔Calabre〕）和北海的喀里多尼亞之間流連往返，並且在其中一個終點的蘇格蘭印威內斯（Inverness）岸邊沉浸在夢境幻想裡，並將這片「冰封島嶼」的「朦朧海岸」與卡拉布里亞壯麗的沿岸進行比較。他寫道：「這段記憶讓我回首了一生的點點滴滴……。在驚鴻一瞥的瞬間，我衡量了歲月造成的影響。這些縈繞腦海的思緒使我首次體悟，從今以後在我的人生裡，遺憾將永遠多於希望。」[46]

開闊大海的景觀讓海岸印象更為完整，有助於探索內心深處的自我。海中存在的一切，「本能上都與我們的起源有關——欲望、徘徊、冷漠、垂直性，都只能在這個最根本的間隔、駭人暈眩水體的悸動裡找到連繫。」[47]在浪漫主義的英雄眼中，真實的人生就是大海，一片從未被玷汙的自由之地，讓人遠離寄居塵世感受到的瑣碎。

海岸一方面引起了對**永不復返**（nevermore）的嚮往，另一方面激起了人們回頭轉向的想法，造就許多衍生主題的足跡。斯托爾貝格、拜倫與夏多布里昂，或是在小說的領域裡有一系列作家，從克雷布（《彼得・葛萊姆斯》〔*Peter Grimes*〕）到菲拉雷特・沙爾（Philarète Chasles）都描寫了對在海邊度過的童年時光的懷念之情。那些未曾有過這些經驗的人們，透過預期他人的反應來體會，或是想到自己的後代面對著大海的無垠而受到感動。米什萊在一八三一年八月七日造訪了利哈佛，他坦言：「當看到我的孩子凝視大海沉思時，我深受感動。這孱弱孩子，我把我的生命寄託在他身上，我將無法保護他……。」[48]諾迪埃和雨果都渴望親眼目睹這樣的相遇，但讓他們感到遺憾的是，他們自己第一次發現海灘時，女兒都沒有陪伴在身邊。[49]

這樣的情緒呼應了當時的醫學理論正紛紛改變立場，讚揚起海水有益於幼兒身體的健康。隨著有關女性天性的論述刺激了對母性本能的讚美，讓資產階級的童年更受關注，海灘也明確成為母性延伸之地。由於接近大海／母性，女性本能便在海邊綻放，在丈夫長期缺席時細心呵護著美德。最後，海濱孩童形象的上升，與魯賓遜式冒險的復興相吻合。這些比過往任何例子都清楚揭示了心理退化、內捲化（involution）以及對母親無止盡追尋。

海岸景觀所喚醒的時間流逝意識，變得與海岸強烈的性意義有關。赤腳觸沙的嬌嗔顫抖、海風不停歇的撫摸、猛烈海浪的沖刷、海水對軀體緩慢吞噬，濕潤洞穴裡的層層摸索等，都悄悄將海灘塑造成情色之地，賦予其威脅與救贖的雙重女性特質。[50]在這方面，重要的是提防時空錯置的圈套，當時海岸尚未成為自由展示感官愉悅的舞台。為了掌握這一點，重要的是牢記禮儀規範和圍繞裸體的禁忌兩者帶來的影響。[51]只有透過傳說裡面的典故，作家才能喚起戀人們在「愛屋」或「情浴」中短暫結合的嬉戲，即便最終都以被浪潮吞沒的悲劇收場。[52]

與此同時，浪漫主義者成功讓海岸成為象徵忠貞的場所。然而弔詭的是，海濱常在戲劇性轉折中，成為戀愛冒險裡不受時間流逝影響，必要時還會搖身一變為抵禦死亡的舞台。海濱未婚妻的悲慘形象，[53]繼承了奧西安史詩裡在孤島被判處死刑的處女，是浪漫主義旅客深情的來源。這種年輕少女面對愛人死亡的動人形象，逐漸取代了新古典主義下身型嫵媚、一本端莊，最後被大海憤怒吞噬的未婚妻形象。[54]

海灘活動中的感官實踐

海濱度假流行一段時間後，提供了一個好時機，讓海岸所提供的豐富多樣情感改變了表達欲望的方式。漫遊者和元素之間萌生了全新的親密關係。海洋不再只是懸崖絕壁上眺望的壯美景觀，或是從高處視野來構圖的如畫風景，而是採取一個清晰、獨立和主導的視野。與海浪、洞穴交流談話，意味著放棄了比蒂仍然抱持的旁觀者立場，迎來了親密接觸的渴望，譜寫出彼此水乳交融想像的前奏。浪漫主義的漫遊者貪婪品嘗著海灘上的感性，而浸浴者則詳細描述了迄今為止仍舊無法言喻的感受。所有在海岸邊活動的方式都發生了改變。

畫家之間興起了沿海旅行的活動，最早是由十七世紀荷蘭藝術家開創，後來由愛好如畫風景的人們所傳播。在船上，人們可以從海上欣賞沿途的海岸風光。這種旅行熱潮反映在一種文學技巧的通俗化上面。早在一七五四年，菲爾丁順帶提及這種雙眼一動也不動的流暢旅程中所體會的樂趣，這種視角形塑了《哈羅德公子遊記》描述方式，拜倫的海洋便是沿岸的海洋，該文本提供讀者一個動力學的視角，偶爾在海岸景觀裡穿插推軌鏡頭。[55]

遊艇活動的興起強化了這種逐漸風行的享樂方式。英國皇家遊艇俱樂部（Royal Yacht Club）便於一八一二年成立。一八二六年，第一屆的考斯（Cowes）帆船競賽在懷特島舉行，隔年這場競賽就啟發了透納的畫作。不論在法國或英國，風景畫家都有意增加描繪海岸風光的作品，擴展「海景」[56]愛好者的客群。由於藝術家沒有在行進間的船上行走自如的能力，他們就滿足於在海岸邊漫步的取景。[57]

海上遊覽之所以變得普及，與海濱度假的興起有關，揭開了沿海旅行的序幕。在藝術史與海濱度假史之間，出現一種交流互動的遊藝，激發出海濱生活的多重癡迷。當海景繪畫重新聚焦到北方海岸風光時，風景畫家則將場景轉換到沿岸上。這兩種趨勢鼓勵藝術家沿著英吉利海峽與大西洋沿岸乘船旅行，以便在素描本上記錄他們近距離觀察到的沿海風景。[58]

地誌學者的傳統與哈塞爾開啟的如畫旅行熱潮，豐富了沿海航行的旅程，也成為了那些最偉大的海岸畫家，如康斯特勃、透納、約翰・科特曼（John Sell Cotman）等人，職涯中的必經歷程。這樣的經驗在大量系統化的探索下達到高峰。自一八一三年起，英國畫家威廉・丹尼爾（William Daniell）動身啟程，詳盡勘查英國的海岸，且部分是離岸完成。丹尼爾漫長的海岸之旅收錄於他的《大不列顛群島周圍的航行》（*Voyage autour de la Grande Bretagne*），總共八卷，並有三〇八幅水彩插畫。經過十二年的遊歷，丹尼爾造訪了英國的港口，以及幾乎所有的海灘，他走遍了許多湖泊河口，在岸邊懸崖上眺望大海，並拜訪了不計其數的島嶼。基於劃定英國領土並將其輪廓呈現在世人面前的需求，這趟漫長的旅程將丹尼爾的魯賓遜式冒險拓展到整個英國領土，他的作品就如同一首讚美詩，歌詠這個戰勝最為嚴峻考驗的島國。比起旅行遊記，一八〇〇年到一八四〇年間，藝術家在海岸地區完成的巨大勞動成果，更能證明海濱逐漸提高的聲望，以及人們對海濱生活日益高漲的興趣。[59]

長久以來，人們就有著沿著大不列顛、法蘭德斯和尼德蘭聯省共和國海邊騎馬旅行的習慣。這種活動有時候與狩獵相結合，屬於鄉村運動與度假娛樂的一部分。[60] 一旦路況過差，騎馬也自然而然成了輕鬆的代步方式。浪漫主義時期的畫家豐富了騎馬的意象，[61] 以及對水邊或夜間騎行的頌揚，革新沿海騎馬帶來的樂趣。在海邊騎馬的歡愉成為能具體描述的事物。聽著馬匹奔馳的節奏與破浪聲響之間的呼應，當騎手漫遊在空曠的海濱，在這個元素交錯的移動邊界上，一種新的情愫湧入他的內心。樂於在海灘騎行的拜倫就在《異教徒》（*The Giaour*）中，[62] 呈現這種全新的情感色調。身為拜倫最多產的崇拜者，德國作家赫曼・普克勒—穆斯考（Hermon von Pückler-Muskau）親王便沾沾自喜地詳細描述，在潮水褪去後的堅硬沙地上疾馳時的各種樂趣：

（月出時分）我從山丘爬下，來到了海邊，與布萊頓浴場相隔五、六英里的距離。目標浴場的我沿著沙灘騎行，在翻滾的海浪中，我的馬幾乎浸濕了腳。當海水漲起，牠會立即跳開躲避。當白色泡沫狀的浪花從牠腳下滾過，牠則會迅速後退，彷彿想與我們一同玩耍嬉鬧。沒有任何事情比在月高風清的夜晚騎馬更讓我雀躍。我在遼闊孤獨的海濱，而海浪在我身旁咆哮。帶領動物靠近神祕深淵，從未輕而易舉……。[63]

在海灘上漫步這種治療的做法，長久以來就與「對話交談」的儀式結合，隨後也融入度假勝地的生活儀式裡。到了浪漫主義時期，奧西安模範的繼承者則將之轉變為一種在海邊**漫遊**的形式。走在海邊的小路，或是海濱靠近水邊的土地上，讓人們的情緒高漲。這解釋了人們對平坦海岸的全新讚美和欣賞，因為平坦的海岸表面能讓潮汐廣泛散播開來。[64]在十七世紀，荒野意味著駭人的深淵，或者至少是岩石宏偉的表面，然而從現在起，荒野的景色擴及到了普通平凡但也頑強抗拒社會變遷留下紀錄的自然，一種由稀疏孱弱的灌木叢、布滿荊棘的岩地和廣袤平坦的沙地組成的自然。[65]

自幼就慣於在聖米歇爾海岸漫步的夏多布里昂，就在他對這片不穩定土地的回憶當中，發掘他的根源：

> 在海洋與陸地之間，蔓延著伯拉糾式（pélagiennes）的鄉村田野，意即海陸二元素的曖昧邊界。田野的雲雀與海洋的百靈共舞，一箭之隔下的耕犁和小船各自在田地與海面上鑿痕運行，牧羊人和航海家也彼此交換了語言……。由形形色色的沙粒、貝殼、海藻與帶有銀沫流蘇浪花所堆砌而成的沙灘，勾勒出了海水與麥田間金黃或綠油的邊界。[66]

在開放的海濱，漫遊者走在嶄新的海邊，追逐著代表欲望冉冉升起的潮水，享受著逆風前行與赤腳踏水的感受，陶醉於天、地與水元素的三重愛撫。

在艾德溫的漫遊與「浪漫主義奧西安」勒內（René）的漫遊之間，[67]無論是在喀里多尼亞，或是在讓艾梅莉（Amélie）的靈魂「如同海中暴風雨」漂蕩的修道院旁的海岸，都清楚可見一脈相承的淵源。在別的作品裡面，夏多布里昂更是幻想起昔日的野蠻之人：「徘徊在荒野的海岸上，側耳傾聽著從海中傳來的聲音，並漸漸沉墜於遐想。如同海浪一波又一波而來的低語，他的思緒在一念又一念之間跳躍。在欲望的茫然中，他與元素水乳交融。」[68]

在日耳曼，也可以看到奧西安在這方面造成的影響。在詩人腓特烈・克洛普斯托克（Friedrich Gottlieb Klopstock）的權威與古代典範的影響之下，改變了年輕的斯托爾貝格，他是第一批讚嘆波羅的海和北海的詩作遵循著喀里多尼亞的模範。斯托爾貝格喚起了芬格爾洞窟、塞爾瑪（Selma）的七弦琴和處女們在英雄墓前淌淚的場景，[69]這也促使他付諸行動。一七七六年，斯托爾貝格表示要在喧囂大海的夜間海岸邊尋覓熱情。[70]在月光星辰的照耀之下，他筆下的主角讓自己震撼於海邊微風與紫色浪潮傳來的聲響。

這位漫遊者熱愛坐在水邊，作為不可能在這裡赤身裸體的補償。他樂於體驗浪花的翻滾。[71]一方面，他的視線往水平方向無限擴展，涵蓋天空與海洋，另一方面則陶醉於海草氣息、海水之味與海浪聲音。

在一八一八年出版的《哈羅德公子遊記》第四章，為這樣的心態提供了的文學模型。拜倫所喚起的確實是海灘與浸浴者的海洋。[72]字裡行間中，流露出他對寂靜與滾浪聲響之間的交錯、「咆嘯大海」的樂曲，[73]以及岸邊漣漪呢喃細語的感性。[74]同時，也談到了穿透肌膚、撫動髮絲的鹹鹹海風帶來的歡愉。雪萊細耳聆聽海洋和諧的呼吸，並對此感到特別敏感，這點也與當時的醫學論述相呼應：醫生比任何時候都關注心肺功能的運作，深信海洋有助於調節心肺功能運作。人們對於海上瀰漫的霧氣更敏銳的凝視，展現出對於海灘現象日益增長的關注。

以下將分析上述文學模型推導和啟發人們在海濱的實際行為活動。一八〇〇年七月，瑞克麗芙和她的丈夫在英格蘭南部海岸展開一年一度的旅行。在她詳細記錄的遊記裡，時不時就會見到她獨自一人行走在駭人的孤獨海邊。瑞克麗芙的膽量讓她偏離人們踏出的路徑，前往追求冒險與危險。[75] 庫斯廷侯爵是一位傑出的海灘旅行者，他採行英國的方式，站在蘇格蘭海岸的黑水邊緣，陶醉於凱爾特的薄暮：「當黯黑的夜色籠罩在這荒涼土地上，人就向悲傷敞開了心扉，最憂鬱的詩詞也就成為他內心親密情感的自然表達。」[76]

丹尼斯・德盧什（Denis Delouche）[77] 說明夏多布里昂的小說《勒內》如何立刻被畫家接受、評論且附上插圖，[78] 並產生了巨大的影響。一七九五年，坎布里提倡的海岸漫步很快成為了定型的模式，納入了前往布列塔尼旅行的固定行程。到了一八三〇年代初期，海岸漫步開始更加迅速地傳播。法國作家歐諾黑・巴爾札克（Honoré de Balzac）、詩人阿爾馮斯・拉馬丁（Alphonse de Lamartine）、米什萊、雨果，以及其他「布列塔尼浪漫學派」（école romantique bretonne）的成員，都與法國作家希波呂特・莫文山奈（Hyppolyte de La Morvonais）的《海邊的底比斯》（*Thébaïde des grèves*）有著相同的感性。一直要等到一八四八年，詩人奧古斯特・布理澤（Auguste Brizeux）才成功挑戰了大眾輿論裡的這種阿莫里凱（Armoricaine）自然的鑑賞模式，並添繪了布列塔尼世外桃源的形象。[79]

杜克斯在一八二六年造訪英國時，於鄰近鄧巴（Dunbar）城堡的海灘，花上數個小時作夢，並且在夜幕低垂之際攜伴折回海灘。[80]

早在福樓拜與馬克西姆・坎普（Maxime du Camp）兩人僅僅挪用與重新導向一種已經變成普遍看法的冒險行為之前，沿著海岸的漫步就已經成為名副其實的徒步旅行。在波旁復辟時期，讀過《懺悔錄》（*Les Confessions*）的年輕藝術家，或許都向日耳曼登山者學習，毫無畏懼地靠著雙腳走上數十公里。他們的新穎之處在於漫步的地點是在海濱。[81]大約在一八二〇年，伊薩貝開始繪畫埃特雷塔（Étretat），隔年就在當地的懸崖與海岸漫步徘徊。就像他的畫家朋友歐仁・普瓦圖（Eugène Le Poittevin）一樣，伊薩貝把畫架安放在沙地上。[82]法國畫家保羅・修特（Paul Huet）也熱中在海邊漫步。[83]一八二三年，法國作家愛德華・里徹（Edouard Richer）出版的〈對克羅伊西奇和部分鄰近海岸的描述〉（La Description du Croisic et d'une partie de la côte voisine）與〈諾爾穆捷島〉（L'île de Noirmoutier）都只是兩篇邀請讀者前往海岸與海濱旅行的長文，特別是於「月光穿透海水底部泥濘，並照耀沙水交融色澤」的時候，或是當人們迷失在秋天霧氣之中、走在散落著被海藻覆蓋的岩石上時，這片「全新土地」中間，可以到螃蟹「快速滑行……與牠們的骨質身軀在岩石空隙間發出聲響」。[84]雨果自一八三四年起的旅行，都沿襲自一連串已經成熟確立的做法，並且讓人想起英國藝術家的沿海旅遊。[85]

浪漫主義的符碼也賦予人們對抗大海的新姿態和步驟。浪漫主義的漫遊者不太欣賞危險假象帶來的刺激，他們樂於屹立不搖地站在岩石上，用滅世的態度面對各種元素襲擊海角的景況。這種英勇姿態不僅能促進冥想，也似乎宣告起一種統治的計畫。[86]在蠶食海浪與穿透天空的岩石臺座上，孤獨且難以接近的漫遊者，頓時就像一座燈塔，感覺能夠與目光所及的大海對話。哈羅德公子、《伊斯蘭叛徒》（*Révolte de l'Islam*）裡面的詩人，以及在雨果《東方詩集》（*Les Orientales*）、〈狂喜〉（Extase）和稍晚的《靜觀集》（*Les Contemplations*）的人物，都勾勒出了這種英雄姿態的模範。而囚禁在聖赫勒拿（Sainte-Hélène）海岸岩石中鐵圈牢獄的拿破崙，他那普羅米修斯般的剪影，更在無形中增添了這位自命不凡人物的魅力。

關於這方面，仔細去區分觀察的角度，與有著巨大垂直度海角的情感策略，就顯得相當重要。兩者之間有著明確分野，如同都在諾曼第的聖瓦萊里昂考（Saint-Valéry-en-Caux）懸崖與聖凱薩琳山之間的區別。[87] 隨著海岸線逐漸開發，從海角上或是逐漸流行成為必訪景點的燈塔，其凝視機制出現了反轉。[88] 讓我們回顧普克勒—穆斯考親王的文本。在安格爾西（Anglesey）懸崖頂端，讓他眼神疲憊的不再是浩瀚無垠的赤裸海洋，而是對自己腳下如畫景色的分析。面對元素交融的無窮景觀，普克勒—穆斯考親王期盼放鬆下來進入遐想，聖埃弗里蒙德的鑑賞系統便在此被顛覆：

> 休息之必要使視線移往北方……。那兒，沒有任何事物讓人分神，浩瀚的大海與天空融為一體。一會兒過後，人們視線沿著安格爾西海岸看去，胡桃和橡樹枝椏沐浴在海水裡。隨即，景物紛紛逃離，讓**眼眸獨自駐留於水乳交融的天水之中**。視野裡最多只會浮現海平線遠處形體不明的船艦，或迅速滑略天際然後消失、奇特輪廓的雲朵。[89]

浪漫主義者打破英國小說家伯尼枯燥無味的敘事，勇於分析和講述浸浴時感受的印象。毋庸置疑的是，正因為有了這群人，才有先前論及的性別和態度的性二分法。他們將兩種不同範圍的情感訴諸文字。第一種是墜入水中讓人感官愉悅的情感。水元素的舒緩擁抱喚起了兩性結合與母親搖籃的意象。在沙灘貝殼的映襯之下，海水有益女性身心的形象更加強化。[90] 諾瓦利斯《賽斯的學徒》中描繪的年輕人解放了自己「對流體之渴望」，用一首讚美詩詠歎身體液化的感官享受，並邀請世人恢復過去曾經建立在追求幸福與親近大海之間的連繫：潛入水中讓人體感受到與元素力量之間的親近，以及大海的波動與體內原始水分之間的體感和諧。

在海浪幻化成迷人少女的洞穴深處，讓亨利・奧佛丁根（Heinrich von Ofterdingen）*產生了無法克制的浸浴欲望。[91] 尚—保羅的作品當中，海水能喚起女性浴者的意象，夏多布里昂暗示了米拉（Mila）與烏圖加米茲（Outougamiz）[92] 浸浴時的肉體快感，展現出他們復興了古典女子沐浴場景的性誘惑的描繪。重要的不再是描繪戀人勾引誘惑的戲劇化，也不是通向女性繁華核心的視覺突破，更不是驅使布萊頓海灘上的偷窺者戴上望遠鏡的動力，而是聚焦在地點和物質的強烈性化，透過一位象徵性的美麗少女的存在，她溼著身子獨自站在海灘上，便讓其成為神奇的場域。[93]

一八三四年，巴爾札克的小說《海濱悲劇》（*Un Drame au bord de la mer*）裡將男主角陽剛的游泳試煉與女主角波琳（Pauline）於「滿是細沙的花崗岩洞穴裡」的浸浴畫面相互對照，並透過那

* 譯註：諾瓦利斯同名小說的主角。

勝過海水潮起潮落交替的雜音，由「出水女人快樂活力的嬌嗔」喚起之情感，凸顯潛在的情色氛圍。[94]

在這方面，年少斯托爾貝格的作品和經歷，在這種意象和實踐的系譜裡有相當重要的地位。斯托爾貝格說自己熱愛在太陽西沉與月亮東升之際於海峽沐浴。在他最早的詩作裡（一七七六年到一七七七年），表明了當水火交融、波浪散發餘燼般亮光時，跳入海裡感受到的快樂與歡愉。[95]斯托爾貝格用擁抱般的方式入水，讓人興起被大海吞沒的欲望：「擁抱我，我的女神／將我埋入祢強大的胸脯裡！」[96]早在一七七六年，比起拉馬丁的懺悔還要早的時間，對母親的追求在此就明確被歸類為水中愉悅的組成元素。

與此同時，浸浴成為一種對抗大海的方式，也借用了壯美的美學。一七七七年，斯托爾貝格前往荒涼的海岸，在岩石之間面對洶湧的潮水。拜倫一生中都宣稱自己非常熱愛海水浸浴，在他生命的盡頭，拜倫更寫下了跛腳的復仇：「我游過的英里數，超過其他所有在世的詩人搭船里程數。」[97]作為地中海和其朵朵浪花的讚揚者，拜倫對海洋心理退化的幻想相當敏感，更致力於將海水浸浴戲劇化，將之視為英勇超越自我的機會。身為一八一五年世代先驅的拜倫，[98]在追求陽剛的想法下，曾於一八一〇年游泳穿越達達尼爾（Dardanelles）海峽，並預示了對記錄的渴望，描繪了男性浸浴的詩意模範，要乘著浪花、奮力抵抗海水的吞食，也吻合當時充滿活力的游泳方式。

沿海地帶的親密天堂

隨著浪漫主義者的出現，當時西方社會蔚為潮流的魯賓遜冒險模型，相較過去更公開地成為了「回溯的辯證法」的一部分。[99] 在當時，這種魯賓遜式的旅行也成了對隱私的追尋，對領域的劃定與邊界的重構，均使得一個被深淵保護下的幸福空間成為可能。[100] 早在一八二三年對諾爾穆捷島的描述當中，作家里徹就曾詳術相關的一連串感受：[101]

人們喜歡將自己暫時隱匿於大自然本身就已設下界限的封閉地形之內。政治和道德的劃分如同監禁，阻礙了人們的思緒。反觀，沉浸在海洋中的人卻身懷休息與安全的期待，認為環繞在身體周遭的海水都是保護自身的水元素，使個體與世界隔絕。

無論是被一圈野生的珊瑚礁保護，還是宛如沐浴在天堂般的大海之中，島嶼的海岸地形都勾勒出最安全的庇護場所，如孩童般純真的海濱，暫時泯除了自然欲望與社會道德之間的衝突。對隱居和幸福之島的追尋，被浪漫主義者轉化為依偎在母親懷裡的渴望；在擁有「既是處女亦是母親之神話女性色彩」的島嶼，[102] 心理退化的欲望更能自由舒張。

在封閉的空間，如海灣或更理想的洞穴裡，冒險家充分闡述對庇護所的追求，這些深層天堂彷佛可以取代母親的子宮。身處該地，不但遠離了人耳、碎石聆聽並回應海水打在岸上的聲響，增添了他們浸浴時所能體會到的歡愉。魯賓遜冒險與孤島懷舊主題的傳播，符合了社會普遍對隱私追求的日益增長，更與領導階層隱退至家庭之中的欲望不謀而合。海灣與洞穴的魅力，也同時反映了對住所、房間與角落的渴望。[103] 此外，魯賓遜冒險之旅逐漸成為主流，正是對強硬的社交遊戲與優柔寡斷且日益脆弱的社會階級的反擊。[104]

描述上述新旅行模式的文學範本不勝枚舉。英國詩人拜倫就喜愛幻想魯賓遜的冒險故事。在其史詩《唐璜》（*Don Juan*）裡，他更是透過男主角和海黛（Haidée）在基克拉澤斯島（l'île des Cyclades）上的愛情故事，為海島愛情彷彿世外桃源般的純真染上情欲的特徵。[105] 同樣地，雪萊的作品也賦予了島嶼避難綠洲的崇高地位。除此之外，另有兩位特別享受島嶼體驗的浪漫藝術家。分別是於呂根島（l'île de Rügen）的德國畫家卡斯帕・腓特烈，以及一八二六年在諾德奈島的德國詩人海因里希・海涅。

為尋找凝視自然奇觀時所感受到的「精神共鳴」（résonances spirituelles），[106] 腓特烈自一七九八年起便頻繁造訪被其作家友人路德維希・柯斯加藤（Ludwig Gotthard Kosegarten）視為北歐傳奇舞台的呂根島。有時，腓特烈會在德國繪者菲利普・龍格（Philipp Otto Runge）、挪威畫家約翰・達爾（Johan Christian Dahl）或日耳曼醫生兼畫家卡爾・卡魯斯（Carl Gustav Carus）的陪同下造訪該島，有時則會獨自一人於早晨或傍晚漫步於島上綿延不絕的沿海地帶。他會攀爬錯落有致的岩石，沿著陡峭到近乎垂直的白色懸崖探索，隨後在水手驚訝的目光下折返簡陋的旅館。在暴風雨的日子裡，腓特烈既不懼豪雨亦不怕巨浪，獨自直奔海濱凝視海浪衝擊礁石的憤怒。在風和日麗之際，他則速寫沙丘海灘與植被岩石，閱讀作家尚—保羅的詩歌和小說。對腓特烈而言，呂根島是逃避焦慮的首選之地，為他懷舊的靈魂供給一系列情感，與英國詩人恩格菲爾德在懷特島上對如畫風景追尋、殘廢者湯利在道格拉斯附近的治療鍛鍊、受求知欲驅使的地質學者在火山島上的探勘調查，以及法國畫家胡埃爾對西西里島海岸的以新古典主義欣賞都極為不同。腓特烈和上述多種同時代欲望的差異，在在反映出魯賓遜冒險模式的複雜與豐富。

在二十多年，海涅也在諾德奈島度過很長的旅居歲月。他所撰寫的《北海》（*Die NordSee*）遊記，評估了看待海濱的古老態度。他在遊記中概括了同時期所盛行的漫步、遐想與沉思。在其字裡行間裡，也能發現荷馬史詩的影響，[107] 以及古典海景與盧梭主義者遐想*的痕跡。海涅也深陷在浪漫主義的沉思中，他喜歡接觸沿海居民，試圖進行民族學調查，採集當地神話傳說，也樂於在沿海地帶打獵或夜間獨自在海濱漫步。海浪的低語更是喚醒了他的預感，他寫道：「仿若從幾個世紀以前的深處傳來一般，我腦海浮現了各種原始、充滿預言性智慧的想法」。[108] 一八二六年，他所造訪的諾德奈島成了西方海療的觀光聖地，這意味著為了能充分享受該島所賦予的歡愉，遊客也必須避開浸浴旺季。然而，這卻也使得在此時期才逐漸興起的魯賓遜旅遊開始凋零。

* 編按：乃指信奉十八世紀學者盧梭（Jean-Jacques Rousseau）自然主義思想的人，後延伸成頌揚回歸或更原始生活方式的人。

管理浪漫主義旅行的新情感生成策略，以及伴隨而生的旅遊紀錄模式，共同導致了海岸享樂方式的改變。與古典旅遊者有別，浪漫主義漫遊者不單單只是進行文化朝聖，[109]他們主要目的不是比對古典文獻和真實風景的差異，並沉浸在辨別差異或測量歷史距離的樂趣之中。浪漫主義旅者的旅行，旨在實現由預感而生的個人夢想。在旅途之中，其所見之物與想像的景色的差異，使得整趟旅途不斷在真實和幻想世界流連。不論是隸屬布爾喬亞或貴族階級的年輕法國畫家們，腦海裡總洋溢著移居國外的可能，他們被逃離法蘭西後拿破崙時代的平凡生活所引誘，這使得啟程對他們而言成為旅途的高潮亮點，[110]這也使得行前準備變得格外重要，但並非是藉由文獻採集，而是運用想像力來醞釀籌備。

最重要的始終是對旅行的渴望以及旅行帶來的歡愉和意義的深刻思考。[111]這些反思反應的便是他們旅遊紀錄的條件。浪漫主義的遊記，寫作目標不在於收集繪畫素材，[112]也不再是對現實景物的描寫，而是紀錄旅行對「靈魂所帶來的影響」。[113]旅者所期盼的是感受「自由且自然」的印象，而不是深思熟慮後的觀察。[114]這也解釋了為什麼珍愛之人為何重要，因為珍愛之人的缺席使得遠距離通信成為必要，進而誘發文學創作，並使其靈魂沉浸於豐富情感之中。此外，浪漫主義漫遊者也大力反對逐漸觀光旅遊大眾化的趨勢，他們會遠離大篷車，特別閃躲喋喋不休、阻礙印象生成的觀光團體：「對四人以上的團體而言，一個全新國度、一種全新的風土人情是種奇觀；然而對一個人而言，卻是種征服。」[115]

浪漫主義漫遊者寫下的遊記也產生其相對應的讀者。法國作家庫斯廷侯爵就冀望其讀者「有與趣藉由他對世界的印象，來認識個人的天性」。[116]歸根究底，浪漫主義漫遊者是為了尋找內心的自我而踏上旅途，也僅能向能對他人夢想產生好奇之讀者揭露自我，因為擁有顯著文化共同性的讀者所擁有的夢想也跟作者非常接近。這種書寫意圖的轉變使得雜亂無章的遊記內容不斷擴大，或者應該說，情感的分析增加豐富了遊記的內容。漫遊者在沉思和遐想之間流連忘返，強調了旅途起始的海岸、旅途的邊緣疆界的重要性，也凸顯了誘發旅者得出結論的旅程高潮點所引發的感官印象。

在傍晚或夜間於海濱矗立和漫步所激起的情感更為強烈，因為在浪漫主義的旅途中，海岸是一切起點的邊界，人們沿著這條邊界，幻想著即將要進行的旅程。透過在海岸邊的啟程儀式，與日常生活的斷裂就此成形。法國作家庫斯廷侯爵就在前往英國之途中寫道：「離開巴黎時，我難過萬分。然而，一旦望向大海，我就被旅遊的**精神**緊抓不放。」[117]對在第厄普的法國作家諾迪埃或於布洛涅的庫斯廷侯爵而言，見到了海景，他們就燃起了夢想將會實現的希望。這種希望，使庫斯廷侯爵被「旅行的惡魔」所占據，並開始了個人的蛻變，而這種蛻變正是使浪漫主義旅行成功所不可缺少的環節：正是在沿海啟程性的漫步途中，關於旅行意義的叩問變得更加深刻，所有預期的快樂只會是破滅幻覺的確信也加深了。

然而，浪漫主義準則所激起的漣漪，要一直等到相對晚期才會反映在觀光指南所強加的審美與情感策略之上。在十九世紀中葉以前，觀光指南主要是藉由促進風景如畫的旅遊計畫，並結合了對「自然奇觀」的崇拜。這解釋了旅遊指南對海岸景致相對不那麼在乎的原因，除非這些海岸布滿了岩石裂縫、洞穴、鋸齒岩石與荒涼沙丘，才可能激起指南的熱情。[118]

在其他類型的文本當中，才能尋覓浪漫主義情感在西方社會的擴散演進，其中那些既是旅行遊記又是宣傳手冊的書籍，成為了吸引人們關注某地區或改變其形象的重要媒介。為此，十九世紀法國作家夏爾・蘇維斯特（Charles Émile Souvestre）的遊記極具代表性。[119] 在其著作當中，蘇維斯特意圖散播似浪漫主義的狂喜，將遊記作為一種旅遊資產。在他描寫阿摩里卡沿岸時所採用的命令語氣，不僅是用來建議讀者的旅遊規劃，也同時用來建議他們應該體驗到的「浪漫」之感。在遊記中，他刻意輪替第二人稱「你」和第一人稱「我」，以使讀者更容易認同作者所言，從而接受他的建議。有時，讀者們無法確定作者是否僅在描述自身情感，抑或在呼籲讀者體驗這種情緒——更或者，是要求讀者無論如何都要體驗這種情緒。蘇維斯特的遊記敘事中，有時也夾雜了驚嘆與沉思，他使得浪漫主義的態度逐漸通俗，並指點了與過去雨果在英吉利海峽所構築之行為活動非常相似的觀光模式。

第三部
社會景觀的複雜化

第一章　港口巡禮

沿著碼頭與石頭防波堤散步，這樣的做法幾經更迭，型態歷久彌新，可見這個舞臺著實魅力無窮。人們懷想此處上演的無窮精力、勇往直前、滿懷熱忱的英雄氣概，也喟嘆離合不幸的輓歌。順理成章地，在港口散步成為典型旅行的縮影。在這裡，大自然臣服於人類的鬼斧神工，人類砌石而成的港灣重新定義了上帝創造的海洋分界。這個場域不僅富含教育意義，同時也是王室聲勢顯赫的表徵，加上海景風情畫（la peinture de marine）所掀起的風潮，以及包羅萬象的奇珍事物，港口猶如動畫版百科全書的展示舞臺，自然而然地吸引人們前來一窺究竟。港口身分多重，不僅是力求固若金湯的羅馬帝國長城（limes），也是勇武艦隊出航遠征時的避風港，當然也是上演鎩羽而歸甚至船難戲碼的人生劇場，更是多元族群交流薈萃的豐富人文寶庫；港口是完整而充實的領地，讓周遭空虛的沙灘與岩岸相形見絀，同時填補了這片空虛。

多重視角

人們注視港口這片磐石之濱的視角，其實並非偶然，而是悉心「薰陶」甚至「被操弄」（asservi）的結果，這得從長久以來遺興陶情的風氣與文化主義的雄圖大志說起。人們帶著對港口的傳統認知，在親臨現場一探究竟之後，心神更為之澎湃。從希臘化時代（Époque hellénistique）開始，港口便被賦予**氣勢磅礡的不朽風格**（beauté monumentale）。亞歷山卓是讓古代港口美學蔚為流行的重要推手。[1]後期的濱海港口造型則大幅受亞洲風格影響，也就是遵循卡裡亞（Carie）的藝術家——考諾斯的普羅托基尼斯（Protogénès de Caunos）的繪畫美學脈絡。羅馬帝國的建築師與審美家對於港口建築有一套根深蒂固的刻板藍圖：除了尼多斯的索斯特拉托（Sostratos de Cnide）*建造的雄偉燈塔外，也少不了富麗堂皇的開放型防波堤與堰堤步道；而在嶙峋岩岸的盡頭，洶湧海面上點綴著幾艘漂蕩的船艦。在托勒密王朝（Ptolémées）時期，畫家亞歷山卓的狄米堤悠（Démétrius d'Alexandrie）憑藉其妙手丹青，讓羅馬人為亞歷山卓的壯麗景色心折不已，以致羅馬皇帝克勞狄一世（Claude）飭令建造的波佐利（Pozzuoli）港口與奧斯提亞（Ostia）燈塔也響應此種風格；隨後來到義大利港口的眾多埃及船員都紛紛證實了這一點。

西元二世紀時，安敦尼王朝（Antonins）懷抱遠征大海的雄心壯志，因此發展出一套講究符號

* 譯註：古希臘建築師和工程師，相傳亞歷山卓由他設計建造。

象徵的港口建築學，旨在建構至關重大的政治形象。對當時的羅馬帝國來說，復刻亞歷山卓的所作所為，就等於篡奪了托勒密王朝一手建立的埃及法羅島（Pharos）*聲望地位。此外，既然港口被賦予守護神的形象，照明燈塔自然也扮演舉足輕重的角色，盡忠職守地為航海守護神奉獻己力。羅馬人深刻認同港口的影響力，這裡絕非只是卸貨用的泛泛之地。碼頭的每一片石板都是各種信仰、社會學說、文學主題在此交流邂逅的見證。

古代港口的形象到了十八世紀，仍然意義深遠。負責編纂《百科全書》港口章節的路易・若古騎士（**Le chevalier Louis de Jaucourt**），就以希羅時期作為港口的主要說明。[2]但事實上，港口的形式在這之前早已歷經了多次調整。例如：洛漢栩栩如生的海景畫作令人過目難忘，本身就沿襲了一部分法蘭德斯的傳統港口風格。洛漢揮灑生動畫筆、發揮無窮想像力，為觀眾勾勒出濱海港口迷人風情之際，恰巧是海景風情畫的時尚在荷蘭登峰造極之時。他描繪的港口風格不僅帶有古代建築的固有形象，也有經典史詩《伊利亞德》（*Iliade*）與《艾尼亞斯紀》中所描述的風采，更結合了文藝復興時期港口的宏偉壯觀，好比一幕幕精心設計的舞臺布景。為了讓舞臺更賞心悅目，洛漢專注於刻畫華麗雄偉的建築，雜亂的成堆貨物與紛擾的港口活動則較少著墨。

洛漢的作品寓意深長，他所畫的港口場景當中，各類元素均勻一致，世界萬物呈現無可挑剔的和諧融洽，就連宗教象徵符號也鋪陳得清晰無比。畫中人物信步登船與海上船隻登場的安排，都帶有緬懷基督徒宿命及暗示弘揚天啟的意涵，不動聲色地撩撥著觀眾對於揚帆遠航的企盼。以《艾尼亞斯登陸》（*Le débarquement d'Énée à Pallantée*）這幅畫來說，乍看是要還原遠古傳說的面貌，但背後強烈隱喻著港口的避難性質，懺悔的罪人可在此找到一個安寧的避風港。

不過，我們注重的焦點還是啟蒙運動時期的觀者見解。他們較難在這幅畫作中感知到基督教的象徵脈絡，反而更能領略古代航海小說描寫的港口場景，比如芬乃倫的《忒勒馬科斯歷險記》，或是巴泰勒米神父的《少年安納查希斯的希臘之旅》（*Voyage du jeune Anacharsis en Grèce*）。這群滿腹經綸的遊客對於推羅、亞歷山卓、迦太基或敘拉古的描繪並不陌生，他們每一個人當然也都很清楚，亞歷山大燈塔是古代世界七大奇蹟之一。

雖然人文主義的影響至為關鍵，但人們關注港口碼頭的視角並非完全基於人文主義的文化面向。尤其對英國人而言，觀看港口的典型傳統視角，事實上結合了法蘭德斯及荷蘭的繪畫風格；更確切地說，荷蘭海景畫家韋爾德[3]父子檔於一六七〇年開始在倫敦揚名立萬，大大啟發了英國海景畫派的發展。更何況，眾多來自尼德蘭聯合七省共和國的武裝商船時常停泊在英國碼頭，無論販夫走卒或王公貴族都能盡情一睹風采。阿姆斯特丹港自成一個微型小宇宙，全世界的豐富資源千里迢迢來此交流匯集，[4]所以也不難理解何以當時如此看重神明賜福與英雄主義，否則如何順利飄洋過海，戰勝陰晴不定的大自然力量？阿姆斯特丹也很早就成為遣興陶情的消遣重地，在啟蒙時期甚為熱門。人們酷愛來此欣賞貿易公司船隊啟航與大船進港的壯觀景象，荷蘭畫家筆下生動絕倫的「海港景象」遠近馳名，讓英國收藏家趨之若鶩，也持續影響英國的海景畫風格，一直到英國畫家

＊ 譯註：原文為 Faros，應為作者誤植。法羅島是亞歷山大燈塔所在地，法文燈塔 phare 的字源即來自於 Pharos。

透納出現才改弦易轍。

到了十八世紀下半葉，先前磅礴壯觀的海港畫風顯然不敵步步進逼的秀麗山水法則。這股新的繪畫潮流，其實是原自義大利海港城市的鳥瞰圖（vedute）畫派，尤以熱那亞的藝術表現最為出色。洛漢與義大利海景畫家很可能也受到這種崛起於十五世紀末的藝術所薰陶。海景畫作究竟是忠實記錄海港實景，抑或是憑空複製對於海港的既定印象，[5]確實很難拿捏其中的分野。而韋爾內的海港畫作，更讓這種模稜兩可的畫風影響後世相當長的時間。

受地誌景觀（topographe）畫派傳統的啟發，韋爾內以犀利的筆觸，將港口景色描繪為優異獨特的環景圖。他的海港作品所呈現的景致構圖，源自於旅人漫步港旁丘陵時，以望遠鏡遙遙凝視港口的視角。[6]港口景色成了畫作視野的原型，我們也看到這股前所未有的趨勢從那不勒斯海岸流行到愛丁堡山丘。[7]但是韋爾內偏愛在海港畫作呈現薄暮冥冥的氛圍，進而添繪幾抹生動的人物。在他的「法國港口」（Ports de France）系列畫作中，形形色色的衣著賦予人體生動的節奏，加上人物各異的手勢，讓整體畫面生氣勃勃。[8]這是一個重農主義者（physiocrates）和醫生都廣受天文學家愛德蒙・哈雷（Edmond Halley）影響的世紀，因此人類肢體運作和貨物卸載的景象都被視為賞心悅目的景色，讓人百看不厭。美學準則與經濟理論志同道合，也符合生理學的探索。宮廷銀行家吉恩—約瑟・拉波德（Jean-Joseph de Laborde）著手裝潢菲特維達米城堡（Château de La Ferté-Vidame）*時，委託韋爾內畫了八幅巨大的畫作，其中有一幅落日餘暉「映照著富饒豪華的港口，舉目盡是塔樓、燈塔和船隻，一群埋頭幹活的工人在一幫悠閒抽煙的黎凡特人（Levantins）**

面前裝卸成批的包袱、麻袋和木桶」。[9]

對旅行者來說，特別是那些從加萊下船的英國遊客，港口的景象宛若文本躍然紙面，異地風情唐突地直入眼簾，同時也引領遊客進入非比尋常的異鄉舞臺。下船登陸，老實說這樣一件再平凡也不過的體驗，即使長篇大論又千篇一律，仍往往具有啟蒙儀式的意涵。

不管是賞畫觀眾還是港口遊客，在他們眼中，風景如畫的港口因為各色人物交融和各級社會地位薈萃而益發動人。碼頭是基層婦女的生活路線，孩子們——以及寵物——也喜歡在這裡自由自在地嬉鬧玩耍，碼頭這個空間是平民日常街道的延伸，也因此更為多彩多姿。批發商和職員來此監督生意進展，港口是他們的作業地盤。有身分地位的訪客在此盡興閒談，有必要的話，也會一展殷勤追求風流。港口作為公共空間，無疑是一窺各種身分立場的戲劇殿堂。韋爾內的畫作描繪著齊聚一堂的眾生萬物，各種地位的層次結構清晰可見。他不只將港口切成多種觀察角度，同時也致力於發現這個地方的特殊性，[10]並抹去港口的暴力和傳統的汙穢下流印象。[11]

在十八世紀下半葉，觀賞港口景致的形式改弦易轍，其中最深刻的變革在於從此以**教學目的**（visée didactique）取勝，遺興陶情的美學情懷不再引領風騷。時值百科全書主義全盛時期，港口搖身一變為具有教育意義的場域，人們可以前來參加「海洋實物教學課」（leçons de choses de la

* 譯註：法語為主教代理官堡壘。

** 譯註：法語指稱住在太陽東昇方向的人。

mer）。馬裡尼侯爵（Monsieur de Marigny）為了一圓國王、宮廷和全城居民對海港的好奇心，委託韋爾內繪製了一系列「法國港口」畫作，但此舉事實上是為了滿足全體臣民的好奇心，而不只是成全菁英階層的心願。

貨物在港口上岸、接著被裝載或轉運的忙碌場面，以及工人負荷重物、滾動大木桶的勞動場景，都是大型港口經年累月持續著的活動；在這裡，成綑成堆的貨物被分門陳列、等待發配的壯觀景象，也令觀眾躍躍欲試，想分類研究這些來自全球的財富。除此之外，港口更飽含民族多樣性，[12]特別是阿姆斯特丹、倫敦和馬賽港，人們能在此進行一場不需移動的旅行，不離國境即能享受異國風情，港口因而被賦予文明使命，[13]成為一個不言自明的民族學博物館。港口也是工程師的智慧結晶，身兼地誌學家的韋爾內很熱衷於強調港口在這方面的教育功能，他用圖像仔細呈現了港口商店和工廠的技術、建築、布局。另外，韋爾內的畫作還隱喻了各種勞動姿勢的特殊意涵。在這方面，他所畫的《土倫港》（*Port de Toulon*）最能一目了然：畫作中隨處可見工人和官員，觀眾可識讀屠宰的手勢、牲口的騷動、葡萄酒移桶分裝，以及一字排開準備裝運上船的蔬菜、麵粉、乳酪和糖。《羅什福爾港》（*Port de Rochefort*）則描繪了造船工程的程序。「法國港口」系列的最後一幅是《迪耶普港》（*Port de Dieppe*），其寫實逼真的程度就算被收錄進亨利─路易．孟梭（Henri-Louis Duhamel du Monceau）幾年後出版的《漁業總則》（*Traité général des pêches*）當中也不為過。

評論家和愛好者完全洞悉海景畫作的教育目的，一些人誠心在展覽沙龍裡拜讀學習，另一些人則爭論以畫作當教材是否適當。一七五五年，有一位參觀者挺身為韋爾內辯駁：「在他畫的馬賽港和土倫的兵工廠畫作當中，……我們可以輕易學到一些必學、卻又很難有機會學到的知識」；[14]這位匿名的愛好者衷心企盼，觀眾能從韋爾內的畫作中感悟到「習俗、藝術、民族的歷史；總之如果畫裡的事物是真的，就會非常有意思，畢竟這些都非常有用」。隨著創作的心路歷程演進，韋爾內本人也逐漸講究教育意圖和民族學的多元趣味。在徵得市政當局同意後，他更改了巴約訥港（Bayonne）的草圖，在在說明其畫風的偏移是有意為之。從韋爾內與市長及市議員之間卷帙浩繁的往來信函，可以窺知溝通過程極為複雜，畫家竭心盡力闡明他被委託繪製的港口具有無可替代的特殊性，並天花亂墜地杜撰風景如畫的印象。不久之後，與現實不符的拉羅歇爾碼頭畫作也完工，畫上壅塞著重量級噸位的巨輪，給人留下繁忙港口的假象。[15]

韋爾內繪製的港口場景被雕版大量複製而廣為流傳，隨後的一七八一年至一八一二年間，[16]他的門生尚—法蘭索瓦・於（Jean-François Hue）所繪製的港口場景比遊記更能滿足讀者無所不問的全方位好奇心。路易—菲力浦・克裡潘（Louis-Philippe Crépin）、皮耶・奧紮納（Pierre Ozanne）與王儲之子的家庭老師尼古拉・奧紮納（Nicolas Ozanne）等人，對於刻意編造港口形象也有莫大貢獻。這回，是由路易十六於一七七五年委託尼古拉・奧紮納繪製港口景色，[17]並以最一絲不苟的方式精確測繪法蘭西王國港口的平面圖，這些巨幅畫作在十九世紀前三分之一的時間裡成為法國繪畫創作的典範。安布羅伊斯・加內雷（Ambroise Louis Garneray）在一八二一年至一八三二年間繪製的一系列作品，則是這種教學式藝術的晚期典型。

擷取港口景象最佳神韻的關鍵，在於心中秉持最終目標：洞察人們的心機；那些沿著碼頭前來的人們是為了琢磨與欣賞王國崇高偉大的一面。[18]關於這一點，相當符合羅馬帝國傳承下來的政治文化和英雄主義掛帥的斯多葛主義傳統（la tradition stoïcienne），只消再翻翻古籍就能驗證。十八世紀時，旅人認為港口結合了堡壘的角色，而且別忘了，遊客首先最關注的問題之一，就是揣測停錨之地和港口進出通道的防禦品質。從頻繁往來的沿海路線來觀察港口，就可擬出一份防禦工事成就列表。旅人通常能敏銳地感受此地的悲劇性格，畢竟他們難免會想像敵方艦隊大舉入侵，或是敵船的猛烈炮火攻擊。[19]路易・雅庫爾（Louis de Jaucourt）在《百科全書》關於「港口」的釋文中，對於港口貿易活動與榮景輕描淡寫，卻特別強調港口的安全問題。不管是海軍艦隊揚帆啟程，或是殘缺不全的船隻落魄返港的悲慘景象，以及接近狹窄甬道的遇難船隻，都是相當受到海景畫家青睞的主題。還記得敦克爾克地區的例子嗎？大多數船難及溺水事件都發生在港口或港灣內，它只是眾多案例之中的一個。但在這個各級組織被無聲地嚴峻質疑的病態城市（la ville malade）的中心，港口相對成為一個曖昧不明的場域，令人坐立不安卻又安之若素。港口這個空間，一方面向全球的財富敞開大門，另一方面也無懼迎戰所有外來威脅。它不僅具備了庇護、避難、脆弱無常的概念，也同時結合了強行入侵和遠離遁世的形象。[20]

遣興陶情的途徑

描述港口景色的各種讀物比比皆是，也因而讓觀賞港口的實際行動更為五花八門。在啟蒙年代的後半期，遊客經常攀上能俯瞰港口的山丘環視全景，然後在簇擁著港口的高地上與親朋好友共進鄉村午餐，就像韋爾內一七五三年的畫作《馬賽港》（*Port de Marseille*）所描繪的那樣，盡情享受「歡樂時光」（partie de plaisir）。[21] 畫作中的人體呈現柔弱慵懶的姿勢，這也是城市人來到鄉村的習慣。法國菁英就是在港口一邊「看海」（voir la mer）、一邊吃吃魚；在這種情況下，味覺的喜悅與視覺的歡愉確實密不可分。關於這一點，克羅伊公爵（duc de Croÿ）在一七五四年前往第厄普的快樂郊遊經歷，就提供了豐富的訊息，足以讓我們看出英國貴族與法國貴族之間的差異。當時英國戲水弄潮的人開始大量湧向布萊頓，英國貴族也已經喜歡在海邊度假；但法國貴族通常只在海景中享受片刻的興味，這種片刻的歡樂之旅也被納入遣興陶情的系列法則。這趟郊遊的確切日期是五月二十三日，當時公爵陪同孔代親王夫婦（le prince et la princesse de Condé）前往尚蒂伊（Chantilly）城堡逗留幾天，他們一時心血來潮，決定去「看海」，只要幾個小時就好；就這樣，為了這個唯一的目的，他們長途跋涉了幾百公里。[22]

要整理出一份旅人清單頗有難度，而且也冗長乏味，因為這些旅行者一旦抵達一座城市，就急切地想要滿足無窮無盡的好奇心，在這種心情驅使之下，他們便會迅速奔往港口。在一七二六年前往義大利旅遊的孟德斯鳩，就是這類旅人的最佳範例；他顯然相當關注港口的防禦能力，欣賞沿海風光的視野也受此影響。他的旅遊記事側重從衝突的角度來描寫港口設施的技術品質（港口水深、座落方向、入口處、防護能力）。他對熱那亞、拉斯佩齊亞（La Spezia），尤其是利弗諾等港口的描述，其實只是在分析它們的防禦系統，就算有寥寥數行提到海洋，也是基於對防守能力的關注之情。[23] 一七三九年，夏爾・布羅斯院長（Charles de Brosses）途經馬賽，但他對這次訪問只做了一些簡短紀錄；[24] 另一方面，皮耶—尚・格羅斯利（Pierre-Jean Grosley）於一七五八年時說他對安科納（Ancône）港口的整體活動興致盎然，這裡有琳琅滿目的商店、工廠和往來流通的貨物；光是這個城市的繁榮景象就足以頌揚教皇克萊孟十二世（Clément XII）的無上榮耀。兩年後，歷史學家馬蒙泰爾坦言：「貿易港馬賽以及軍事港土倫，這兩座大名鼎鼎的港口是我非常感興趣也熱切關注的對象。」關於馬賽港，他又補充說：「我們在那裡停留的一小段時間都在參觀港口、防禦設施、商店，以及因戰爭而委靡不振的所有大型貿易標的……。在土倫，我們唯一考量的目標也是港口。」[25]

十八世紀末期，遊客喜歡研究碼頭貨物的分類學，也喜歡試著將碼頭上擁擠的人群分門別類。一七七五年十月，瑞士哲學家蘇爾澤短暫盤桓馬賽並寫下：「數百艘船舶的船員在碼頭會合，在這一大票人當中，有來自歐洲和亞洲不同國家的人」；商人也蜂擁而至，「因為這裡是證券交易所的所在地，城市裡遊手好閒之輩受好奇心驅使前來一窺究竟，教會人士和非教徒也不例外。儘管人潮異常洶湧，但一切都井然有序，沒有吵吵鬧鬧」。[26] 一七八五年，法國文人杜帕蒂表示自己被熱那亞港那些來自亞洲和北方的貨物迷得暈頭轉向：「這是一項運動，一種活動，一股令人匪夷所思的洶湧人潮。」[27]他在土倫時則一心想參觀雙桅戰船（les galères）。翌年，詩人洛朗—皮耶．貝宏爵（Laurent-Pierre Berenger）說馬賽港的無邊景色讓他目眩神迷。[28]一七九一年，換格裡默．拉雷尼爾（Grimod de La Reynière）對馬賽港的「華麗商店」讚嘆有加。[29]至於走遍英格蘭南部海岸的旅人，他們對於海水浴療養地防禦系統的重視程度，有時甚至比當地的時髦玩意還重要。生物學家彭南特在一七九三年從倫敦到懷特島的航程中，對樸茨茅斯的防禦工事關心備至，也證實了這類旅人心態。至於最有條不紊的港口觀光，當屬植物學家安德列．圖因於一七九五年沿著阿姆斯特丹碼頭所進行的「橫渡」（traversée）行程。他一絲不苟地將男人區分為三種「階級」或「民族」：當時失業的工人、文明程度稍高的商人，以及「較沒感情也較沒禮貌的捕魚和賣魚人」，而他們的女人似乎對外來誘惑都漠不關心。[30]

在第一帝國全盛時期，學者米林也參觀了馬賽港，因為在他看來，這裡仍然是「歐洲所有民族的薈萃之處」。他熱愛形形色色的多樣性：「對一個好奇的觀察者來說，這些語言的差異、服裝的多元、相貌的不同，無疑讓港口散步更為愉快」；[31]如果我們還記得早在半個多世紀前，韋爾內就將這種令人興奮激昂的活動畫面呈現在藝術沙龍的觀眾眼前，米林這種如癡如狂的喜悅就真的不值一提了。

除了旅遊觀光活動之外，早上或晚上到港口參觀並與人閒聊交談，也成為一種度假的傳統，不僅能直接向商人和工人問東問西，也是能與一般民眾交流的機會。家庭老師帶著他們的學生來研究港口場景，[32]上流貴族也把他們的孩子送到港口來增廣見聞，像是拉羅希福可公爵（La Rochefoucauld）家族，甚至王室成員都是這麼做的。大商人也會把他們家族的年輕人安插在港口同事那裡，他們指定的繼承人就是在港口完成實習。

若要延長參觀碼頭的行程，可以乘船前往港灣出口的岬角蹓躂。地中海的港口有很多掛著遮陽帷幔的小艇，就是為了這種集體的消遣活動所準備。社會各階層人士喜歡聚集在這些岬角上欣賞船艦下水，或是艦隊移動的盛況。一七七八年十月十八日，政論作家皮拉蒂就曾來到荷蘭的特塞爾島（Texel），與眾人一起目送等待風起揚帆的東印度公司船隻啟程。[33]

我們可以很容易看出這一連串的港口旅遊行動，與靦腆地徜徉在沙灘上的遣興陶情模式有多麼截然不同——儘管兩者後來不分軒輊。參觀港口可以讓人享受到城市和海洋合而為一的愉悅，還有石砌碼頭與波浪共舞的和諧。威尼斯總督和亞德里亞海的婚禮是威尼斯之旅的高潮時刻，也象徵著走訪港口的活動成為傳統旅行慣例的一部分。

法國大革命和第一帝國戰爭期間，英國對法國採取封鎖政策，剝奪了遊客的港口實物教學課，港口往往也只剩下被戰火蹂躪後的荒涼景象。歐洲大陸整體的低迷不振、戰事失利以及對敵人的深惡痛絕，更讓港口令人厭惡的特質雪上加霜。保羅－法蘭索瓦・巴爾博－華業（Paul-François Barbault-Royer）在記述他於共和曆第七年和第八年的一次旅行時，將敦克爾克港抹上了一道陰森的色彩：「這裡的一切都瀰漫著焦油、舊繩索的氣味，來自海洋的水氣令人噁心想吐，人們吞雲吐霧的煙臭味不散……。海港一遊沒什麼吸引人的地方……。還是別學英國人那樣吧。」對於奧斯滕德港的描寫則是：「一個沒有任何貿易也無任何活動的商港景象，其痛苦煎熬是我們所能想像之極限。擱淺的船隻，凌亂的繩索，船帆扔得到處都是，連桅杆也殘缺不全，還有無所事事又心事重重的沉默水兵……。」[34]如果想繼續研究港口形象的演變，就必須將這種創痛納入考量。

從波旁復辟時期開始，沿著碼頭散步的儀式延續不衰，但已經有了顯著改變。旅遊指南作家自然而然地把港口列入他們安排的行程，因為港口這一站能符合當時旅人亟欲探索技術性能和建築成就的飢渴之情。海港這個地方風景旖旎，防禦設備和港口設施更是壯觀不朽，比過去任何時候都更讓人興味盎然。隨著英軍戰事告捷，*英國人對港口的好奇心與日遽增，而在法國的人也開始緬懷舊制度最後幾年短暫而輝煌的海上雄風。然而，創新風氣正一點一滴攻城掠地。在一八三〇年至一八四〇年期間，港口對沙龍畫家仍然具有一定吸引力，但海景畫愛好者的注意力卻不再聚焦於此。法國學者丹妮絲・德洛奇（Denise Delouche）所稱「港口主題研究的深化」（approfondissement des thèmes portuaires）[35]時代來臨，換句話說，就是群眾對港口的關注焦點產生了偏移，現在更為看重城市的古蹟文物、船隻停泊場的周遭環境和歷史的角度視野。參觀港口的傳統腳本已經提不起遊客和藝術愛好者的興致。過去鑑賞和走訪海岸線的方式，長期以來在許多方面都與人們對自然海岸不斷攀升的渴望相牴觸，而這種方式正逐漸煙消雲散。

一八三六年，法國大文豪雨果公開他對海港的反感：「我對大型海港真的沒什麼興趣。我討厭

---

* 譯註：此處應指英國擊敗拿破崙一事。

所有這些胡亂為大海披掛上去的泥瓦磚塊。碼頭、防波堤、堤防和堤頭簡直就是大型迷宮，就像穿上馬具的馬一樣，讓我們看不見汪洋大海……。港口愈小，海就愈大。」[36]在這段短暫但必要的港口小旅程之後，現在讓我們離開港口城市及其豐富的社會人文景象，回到一個長期被忽視的領域，並來談談活動於該地的人們。

第二章　沙灘百科全書

滿腹經綸的人、「多愁善感」的人、對社會感到困乏無力的人，都會來到海岸沙灘，冀望遠離文明塵囂與城市社會，尋求與大自然元素親暱接觸，沉浸在各種各樣交錯纏繞的探索之中，其欲望的複雜性不言而喻。然而在這個難以預料的領域，他們發現了一個上演著光怪陸離劇碼的海濱社群。在場景的解讀與旅人的心境之間，於是形成了錯綜複雜的內心劇場，也愈來愈難以理解。海灘旅人最初以垂直縱向的凝視角度，帶著一種不安之情來審視這些海灘工人，而這種不安也衍生出一種容易被辨識的行為法則。藉由旅人遊記以及自詡客觀的調查研究，讓此前總被視而不見的海濱人口及其行為舉止，開始在具體文本當中占有一席之地。作者在繪製海灘畫作時滿懷巧思，期望畫面具有獨特手采；觀者對海濱這個不尋常之地所懷抱的期待，也能從畫面的構圖和重點風格中窺見端倪。當數十年過去之後，捕捉海濱風韻的手法也產生變化：對客觀性的主張隨著旅人的凝視角度不再垂直縱向而逐漸消褪，取而代之的是另一種基於時間深度的認知，從此主導海濱景觀的解讀；在旅人這種充滿歷史情懷的幻想籠罩下，海濱居民的身影彷彿失去了實體，幻化成透明的古老剪影。

然而，在沙灘與海藻之間辛勤工作的工人與海濱遊客之間的距離，雖然隨著度假勝地強勢征服海濱地區的現象而縮短，卻也更凸現了兩者之間的差距。很快地，統治階級將會前來此處，刻意在海濱住民面前招搖炫耀，迫使海濱成為新形態的社會場景。[1]這個時期將最初的海濱描繪與菁英階級的炫耀性舞臺做了明確劃分，這些處於水陸之交的社群與大自然的結合比其他社群更為緊密，而觀者凝視的角度通常不會特別區隔其中的個體。[2]

建構海濱藍圖

早在十七世紀時，路易十四亟欲了解轄下王國的真實輪廓，為了一償國王的心願，各界便紛紛投入海洋邊界的繪製工程。當時繪製一張精確地圖，主要是以科學儀器測量為基礎，進行系統性的觀測。天文學家的工作少不了與水文學家和測量學家攜手合作，對當時充滿生機的沿海地區展開探索，也刺激了海洋學的長足發展。[3]

隨後，海濱這塊領地倉皇失措地拉起警報，讓整體海濱景觀的測量構圖工程迫在眉睫。不僅海軍負責人深受人力危機的困擾，[4]海洋物產豐饒度下滑的假定推測也引起人心惶惶，海岸發出的惡臭氣息對健康造成的威脅更是如此。因此，絕對有必要進行一次詳細而徹底的調查。

自十五世紀以來，歐洲大陸沿岸的海洋物產不斷減少，已經是不爭的事實。「海洋老化」這種說法暗示著海洋生命力很快就會枯竭。蒂菲涅・羅榭（Tiphaigne de La Roche）醫生在一七六〇年時寫道：「筋疲力竭的海洋所提供的魚，看來只夠讓人們緬懷以前海洋物產有多麼豐富。」[5] 漸趨惡化的情況也正式敲響警鐘。漁業統計資料和水手們都指證歷歷，強調海洋以全新的速度奔向窮途末路。例如一七一六年至一七二〇年期間，包括布雷斯特、奧萊龍（Oléron）、普瓦圖（Poitou）沿海地區和魯瓦揚這些地區都曾指出這點。[6]

而在英吉利海峽對岸，因為靠近物產豐沃的北方海域，擔憂之情沒有那麼強烈，但在十八世紀末，諾克斯沿著蘇格蘭海岸徹底調查了一遍後，也開始顯現海洋逐漸失去活力。[7] 尚－克雷蒂安・法布里修斯（Jean-Chrétien Fabricius）則注意到挪威漁民對此現象感同身受。[8] 這項天災激發了種種調查研究，也讓各類專家振筆疾書，催生出大批文獻。熱那維耶夫・黛樂波（Geneviève Delbos）甚至試圖表明，關於「海洋物產滅絕」（dépeuplement des eaux）這個甚囂塵上的問題，其實不過是誇誇其談，而非實際觀察所得。她還看出，在這塊「懸而未定的領地」上發生衝突的密度與「人口減少的華麗辭令」程度息息相關。[9] 無論如何，一七一七年至一七二〇年間在法國進行的研究，以及法蘭索瓦・帕克（François Le Masson du Parc）一絲不苟的海岸線調查報告，都促使孟梭從一七六九年開始出版一系列不朽作品。一七六〇年，憂心的羅樹醫生呼籲世人保護物種的必要性，並指出海洋歉收已經不足為奇：「我們甚至已經忘了海洋昔日的物產有多麼豐饒。」[10] 九年後，孟克神父（le père Menc）沿著普羅旺斯海岸進行調查，對漁民的漫不經心大發雷霆。[11] 在法國大革命前夕，約莫一七八七年至一七八九年間，諾爾・莫里耶為海洋觀察貢獻諸多心力；事實上他也曾著手撰寫一部關於歐洲漁業的論文，但非常可惜，該論文從未有機會完整問世。[12]

有關責任歸屬的分析，引發了不少辯論，在道德經濟學家推波助瀾之下，原本從宇宙學出發的看法，逐漸轉向譴責人類應負起責任。海洋物產減少的現象一開始似乎坐實了世界正走向衰退的老觀念，最起碼也印證了原始時期的大自然造物之力會隨著年深日久而委靡不振的看法。還有人認為大自然正在「衰竭」或「退化」；[13]也有人提到海洋物產繁殖力具有週期性。但在一些漁民眼裡，海洋一點都沒有失去生命力，它只是從此拒絕在其崖岸過度暴露自身的寶藏，而海洋這種「出於本能的絕育」理論，再一次將焦點拉向海濱水畔的神靈之性。在挪威沿岸，人們認為漁獲量減少是上帝大發雷霆的結果，因為人類思想大逆不道，違反了天意。[14]不過大多數人還是將海洋物產豐饒度下降的原因歸咎於變幻莫測的天氣，[15]他們痛訴晴朗的好日子為數不多，冬天又太漫長，尤其感覺一年比一年嚴寒。[16]一些漁民甚至說：「春天幾乎不見蹤影，夏天只有短暫的高溫，而秋天實際上只是比較可以忍受的冬天。」[17]

在海洋濫捕剝削的惡行惡狀已經飽受多年抨擊。人們逐漸意識到捕魚技術的人為因素影響重大：人類和文明來到岸邊，威脅著大自然的生態秩序；懷舊情緒不斷膨脹，導致人們開始歌功頌德昔日的**豐收時代**，而這個時代可以被追溯得愈來愈遠。孟克神父指出，唯一該受懲處的是「漁民的盲目放肆」。[18]漁民追逐利潤所造成的破壞，已經危及上天恩賜之物應和諧分配的原則，也「嚴重冒犯大自然，不只擾亂了經濟秩序，也耗盡大自然對人類的慷慨布施」。拖網捕魚，以及愈來愈多的定置刺網與漁場，這些在英國都是被禁止的，但在法國海岸卻已經導致海洋物產貧瘠，更別提海洋水域生命力是否有任何衰敗的現象了。這些抨擊也明白指出制定物種保護政策具有緊迫性：保護的重點不是那些水怪般的大型生物，牠們的繁殖比較無關緊要；而是必須保護小魚群，幸好還有牠們可以不斷證明昔日豐沛的海洋物產是真實存在過的。

海洋災難對富人與窮人都同樣造成影響，[19]前者被剝奪了大啖海鮮的樂趣，而後者則因鹽漬品的匱乏則深受生存威脅。不過補救措施也顯而易見。孟克神父要求捕魚「不能違逆天意」。[20]從道德經濟的虔誠角度來看，王權必須保證公平管控一切活動，尤其必須非常小心地應用舊條文，因為在此之前的舊條文已被證明不足以遏制夜間捕魚和一般的海洋違禁捕魚行為。從一五八四年到一七四四年，國家制定了一長串的法令、詔書和宣言，對漁網形狀和材質的規定也愈來愈精確，尤其明文禁止「全面捕撈型」（attrape-tout）工具。[21]

如果我們忘記海濱跟荒野、森林一樣，都是構成潛在緊張局勢的癥結，就很難理解政府為何如此重視它。此處空間未予界定，人人都享有不同的使用權，尤其是「共同打漁權」（vaine poissonnage），還有一些人被授予特權，更有些陰險人士企圖壟斷所有權利，因此讓這裡成為衝突一觸即發的地方。使用權的各種豁免例外、修訂審查和定義解釋極為交錯複雜，使得「小規模漁民」一不小心就成為極具潛力的違禁捕魚者。[22]

需要釐清真相的第二個警示現象，則是更深一層的感受能力敏銳度，反映出某派醫生的焦慮；這些受到新希波克拉底學派啟發的醫生認為水、空氣和土壤會引起感染，因而害怕**海岸是染病的淵藪**，這種恐懼不下於對屠宰場、製革廠或墓地的嫌惡，認為城市的健康會因而受到危害。這兩個被指控威脅海岸線健康狀況的感染因素所引起的爭辯，能使我們理解焦慮如何以多種形式在社會主體中廣為流傳。

在這之前，往海洋傾倒垃圾是一種相當被「海涵」的慣習，但隨著工業的興起，垃圾的危害性與日俱增，也因此有人指出這樣可能會導致「水變質」（dénaturation des eaux）。羅樹醫生確實曾經有點漫不經心地呼籲莫玷汙大海的純淨；孟克神父則指出在普羅旺斯的海岸，「有史以來，在有利於經濟的情況下，沒有城市居民或海濱居民會不讓自己享有將穢物及廢物扔到鄰近海灘上的權利，因為將這些垃圾運送到任何其他地方都更費事，而且更花錢。這或多或少取決於地點，也因此普羅旺斯與馬賽接壤的一部分海岸線，以及馬賽境內從埃斯塔克（Estaque）到莫爾東（Motredon）地區的海濱，都已逐漸被工廠製造的垃圾或房子的廢墟瓦礫覆蓋殆盡。這些外來物質混入水中，汙染了水域。」[23]馬賽港的海水與鹽現在已經**變質**，而被汙染的毒魚讓整條海岸臭不可當。鮪魚已從這個地區逃之夭夭，貝類也已絕跡。一七二六年四月十三日的政府聲明第三十三條，旨在避免**毒害海岸**，以及一七一八年十二月十八日的政府聲明，禁止群聚擁擠在海灘上以保護貽貝的捕撈作業，兩者都仍形同具文。漁民們自己也習慣把廢物和穢物扔在飽受汙染的牡蠣養殖場，羅樹醫生對此感到甚為惋惜。由於懼怕大自然元素產生質變，因此這類抨擊愈演愈烈，不僅呼應前拉瓦節時期對於化學的看法，也符合尊重上帝所創物質的純潔性以及守護上天恩賜的虔誠願望，尤其鼓勵我們提防不合時宜的做法。

不過，上述這些責難相較之下仍屬次要，最起碼在法國是如此，因為海濱**新出現的有害健康狀態**引發民眾更激烈的譴責。在十八世紀最後四分之一的時間裡，玻璃器皿大發利市，化學去污劑的需求也隨之提高，促使小蘇打粉製造業風生水起，也因而需要採伐、收集海藻，再將其燃燒成灰。[24]這些海藻燒窯直接架設在海灘上，散發出的煙霧使得人心惶惶，也引起輿論激烈爭辯，很多人都認為在海岸上焚燒海洋植被對健康有害。[25]他們認為這些煙霧是沿海地區流行病肆虐的罪魁禍首，也指控海藻窯冒出的滾滾蒸汽讓附近的植物嫩芽、樹木和果實都變乾燥了。各方仕紳與沿海居民紛紛為此向政府請願。[26]

玻璃廠老闆、海藻窯工人，以及某些被人道主義感召的公民，則義正嚴辭地反駁這些指控，他們在反對禁令的陳情書上簽字保證海藻窯散發的氣體絕對無害，還要求大家別把不舒服和不健康混為一談。一七六九年，此案被提交至盧昂議會進行審議；檢察總長（le procureur général）認為燃燒海藻所產生的煙霧確實是有如瘟疫般的惡臭蒸汽，於是在三月十日頒布一項法令，禁止在諾曼第海岸製造小蘇打，除瑟堡（Cherbourg）海事行政區的海岸例外。玻璃廠只好停工，但皇家科學院（Académie royale des Sciences）在被諮詢意見後，也派了植物學家尚—艾蒂安・格塔德（Jean-Étienne Guettard）前往地中海沿岸考察，奧古斯特・福格魯（Auguste Dennis Fougeroux de Bondaroy）和馬修・緹葉（Mathieu Tillet）則被派往諾曼第海灘。[27]

法國統計學的第一個黃金時代，也就是一七七〇年至一八一〇年之間，出現了不計其數的考察文獻，這些皇家科學院的調查員製作的檔案也共襄盛舉，[28]但他們的做法可能看起來不太尋常。緹葉花了好幾個月的時間對海灘進行了鉅細靡遺的研究，他追蹤退潮的狀況，以便用放大鏡仔細觀察海藻的狀態；他還不斷詢問沿海的領主、神父和農民，蒐集累積口頭證詞。他寫道：「我們以簡單閒聊為幌子，無須任何掩飾就能獲得我們想要的證詞。」[29]

如同後來波旁王朝復辟時期的同事、特別是亞歷山大・帕宏－杜夏特雷（Alexandra Parent-Duchâtelet）醫生那樣，[30]緹葉並不害怕讓自己成為危險實驗的對象。「有時我們在海藻窯的爐口一站就是四、五個小時……我們故意站在煙霧的下風處……這樣的實驗要重複一百次……我們要嘛空腹吸吐煙霧，要嘛飯後才做。」[31]他完全沒有任何噁心想吐的感覺，甚至「沒有絲毫不適」，更何況海藻窯工人「聊起此事還一派輕鬆愉快」。在巴爾夫勒（Barfleur）和瑟堡海事行政區的居民甚至沒想過要申訴。緹葉說拉阿格（La Hague）地區以前住著一群「天性兇猛」、性格野蠻的人，還因此衍生出法語「hagard」（性野難馴）這個詞，但製作小蘇打粉的工作已經讓他們開化，搖身一變成了文明人。這種愉快的工作經驗讓他們擺脫犯罪企圖，修煉道德品質，並從劫掠破壞者蛻變成扶危拯溺的救助者。

簡而言之，緹葉抱持的樂觀主義讓他對工作和工業的好處深信不疑，並提出了相當寬容的建議。當時的學者將不舒服和不衛生的狀態明確區分開來，並盡力消除任何可能阻礙工業活動發展的因素，這也是後來帝國和復辟時期的專家們採取的態度。儘管如此，針對海濱物產貧瘠和有害健康的狀況，專家們仍然不遺餘力地沿著海岸線奔走，[32]與法定漁業警衛、海岸警衛隊和舵手碰面，[33]鉅細靡遺地進行大量調查，只為了達成史無前例的調查目的，也立下了一種考察海灘的模式。這一系列的調查包含相關檔案、問卷以及根據調查而產生的文獻，特別是孟梭的論文，實際上構成了一部貨真價實的海岸百科全書，[34]但沉迷於航海學的歷史學家卻不屑一顧。海灘上的工作有兩種主要寫照：海水裡和沙地上的勞動；至於辛勤艱苦的耕作和垂手可得的採集，描述則比較含糊其詞。

一七二〇年三月八日的法令廣泛規定了「海底海藻」和「岸邊海藻」的採伐、收集及運輸方式。[35]海藻通常用木筏運輸，這些木筏有時會撞到暗礁而碎裂或解體，十足險象環生，常造成舵手溺斃的慘案。[36]這些不同的海洋收成也代表海灘與海岸社區的風土產地融為一體，同屬附近一帶農民的耕種系統。農民來到海邊，尋找能改善土壤讓作物豐收的配方或肥料，有時則來找儲備燃料，莫萊納（Molène）和韋桑島的農民就是一例。[37]剛才也提過，在這個原始工業化（protoindustrialisation）時期，很多人透過製造小蘇打粉開發了額外財源。

儘管這些空間在理論上屬於皇家領地，但有關海岸和沙灘的生產使用權是約定俗成的，與放牧地、荒地和樹林的使用習俗相似。前面也提過，在這些難以界定的空間當中，存在著相同類型的處理規則，也具有相同的緊張局勢和團結互助的模式。

事實上，並不是到處都能採收海藻；以諾曼第為例，雖然聖瓦萊里昂考和科唐坦（Cotentin）地區海岸的海藻極為茂盛，但在翁夫勒（Honfleal）和阿羅芒什（Arromanches）之間的海灘，以及梅吉（Mezy）和拉烏格（la Hougue）之間的海灘卻很少見。[38]在布列塔尼西部，海藻採收甚為積極，而在拉羅歇爾和馬雷訥（Marennes）附近則不太重視，甚至處於毫無秩序的混亂狀態。[39]另一方面，在魯西永（Roussillon）海岸也盛行收集或採收海藻；馬裡尼昂（Marignane）附近的村民更無視當地員警的阻攔，逕自將海藻堆放在自家門前，「晾在房屋的牆壁上、街上、公共場地上，讓海藻快速腐爛」，[40]讓這一帶形同臭氣沖天的骯髒垃圾堆。米歇爾・達魯克（Michel Darluc）在一七八二年對此感到非常氣憤，他成功強行逼迫人們移走了幾堆令人作嘔的海藻堆肥，有些人甚至把它們藏在床底下。在蘇格蘭則是每隔兩三年採收一次海藻，曬乾之後才會焚燒。[41]

海藻通常生長、附著或沉積在岩石和海灘上，採收狀況因地區而異。例如在一七七一年的瑟堡，每個村莊都擁有一段海岸線，「但居民在海岸上都沒有任何屬於自己的東西」。淺灘上的海藻屬於第一個採收的人；海藻收成的時間訂好之後，村莊居民即被號召至海灘，他們不分彼此地四散在有權使用的土地上……他們在自己的所在地切割海藻，曬乾，把海藻堆成堆，然後加工製成小蘇打粉」。散落的海藻則收集成堆或加工製成小蘇打塊（pains de soude），安全地留在岸邊。這裡的統治秩序沒有「法律的嚴峻性」。[42]

另一方面，在費康（Fécamp）的海事行政區，約定俗成的做法是「為每個人在有生之年保留曾授予他的該行政區的一部分，可用一塊略微突出的岩石或懸崖上的特殊標的做為劃界標記，並由一位公認處事公平的居民負責這種簡單的劃分。在該行政區內劃定的界線不可更動，而且也很少有異議」，[43]這種「海藻位置」也不能轉讓。然而，有時出於人道考慮，第一順位的受益人會放棄權益，讓給需要養家活口的貧困者。所有相關事務會在海事行政區長官出席的情況下，由村民大會開會解決。從瑟堡到費康都可以看到社區共同所有權的結構框架依然穩固，但個人所有權也在徐緩進展。

「海灘勞動」是「小漁民」（petits pêcheurs）的任務。[44]他們赤著雙腿雙腳，腰部以下完全浸泡在海水中，推著撈網「捕蝦」；不然就是拿著鐵鍬、長柄叉、釘耙、鐵鉤或棍棒，在退潮的淺灘或礁岩中撿拾貽貝、蛤蜊、沙蟲、沙鰍和「甲殼類」(poissons à croûte):螃蟹,龍蝦和螯蝦。[45]有些人在淺灘耙沙,有些人在木樁之間張開漁網,還有些人拖著被稱為「一來一回」(va-t-en, viens-t-en)的地曳網。有些人總是在海灘上工作,有些人只在漲潮時才來,淺灘上總有數以千計的人同時在幹活。就像割曬乾草和收割莊稼一樣,沙灘上的收成也是每個人共同的活兒,在這樣的日子裡,農民都搖身一變成了「徒手捕撈的漁民」(pêcheurs à pied)。海灘工作的範圍還包括在沒有森林的小島上或蘇格蘭岸邊撿拾沉船殘骸或漂流木、捕獵在海灘上出沒的鳥類,[46]而在某些地區則會過濾海砂收集海鹽。[47]

然而到了十八世紀初,定置刺網、漁場、閘門(bouchauds)、船閘以及各種「小水閘」(escluzeau)和「海橋」(gorres)的數量不斷增加,上述海灘活動也因而受到干擾和威脅。這些馬蹄鐵形的結構,有些是用石頭砌成,有些是用枝條柴排工法(clayonnages),有的架了漁網,有的沒有,它們在淺灘上如雨後春筍般大量出現,無視三令五中的規定。[48]這些位於海濱的建物,主要目的是在退潮時攔住海水,以便捕抓困於其中的魚類。漁場數量也與日俱增,通常由有錢人一手掌控並出租給其他人,類似的流程並不罕見,也在在顯示他們試圖以個人名義占有或出租這些屬於大眾的共同空間。

在一些地方,以這種方式捕獲或沿海捕撈的漁獲會直接在岸邊加工處理。另一些海灘則直接架設著將沙丁魚、鯡魚或鯖魚壓漬入味的器具,還有晾曬鰩魚或七鰓鰻乾的小屋。[49]在布雷斯特和美麗島地區,[50]漁民在海邊築起大型建物,裡面不僅擺置沙丁魚壓漬機,還有一桶桶的酒,準備跟拿魚來的水手交換。每個建物裡都有七八名婦女在工作：「她們用細棍串起沙丁魚，用海水洗淨，然後拿回來排放在大木桶裡，再進行壓漬。」[51]蘇格蘭的做法也是這樣，在海濱架設的小屋裡鹽漬漁獲。[52]

海岸是陸上和海上工作的銜接點，兩者的模糊疆界也讓各自的活動產生重疊或並列。捕魚、海灘勞務和農業工作的排程環環相扣，使海岸的工作節奏更為繁瑣微妙。專家們對徒手捕撈的「小漁民」和「沿海漁民」（pêcheurs côtiers）的區分似乎有些刻意而不自然，[53]其實在漲潮日，淺灘為每個人提供工作機會，捕魚的漁民與推著沉重海藻車的農民在此並肩幹活，若只看他們的服裝，並無法區分誰是漁民誰是農民。在奧萊龍，腳踩木鞋的「小漁民」穿得像農民；而布萊（Blaye）的「小漁民」則同樣穿上了防水帆布圍裙；[54]在南特（Nantes），「小漁民」像水手一樣穿著厚厚的帆布罩衫和防水靴；[55]在魯瓦揚地區，穿著薄外套和帆布馬褲的「小漁民」，也常被混淆成「沿海漁民」。

人類學計畫的延伸

在帕克和孟梭的海岸百科全書付梓後的半個世紀，一幅更精確的寫照隱然成形，也跳脫了單純描述捕魚技術和服裝的範疇。海水退潮後呈現在眾人眼前的領地，以及經常在此出沒的人所形成的景象，深植於社會對平民群眾的成見窠臼當中。「徒手捕撈的漁民」和「小漁民」成為一個群體，晉身成為一幕社會景觀。觀察者諸如達魯克，終於開始這樣描述，「我們看到他們……」，[56]他在提及普羅旺斯海岸的人口時指出，「他們的生活習慣、壽命和疾病，都取決於男性及活力四射的體質，這些都**值得我們研究**」。老實說，很難期待描寫這群海岸居民時所依循的模式能有多麼原創，因為他們深具特色的形象才是與眾不同之處。此外，海岸畫面的邏輯性，以及刻意安排各種元素的連貫順序，都在在引導著論述的描寫取向，使人難以掌握真實情況。眾多觀察者基於多方好奇，來到海邊一探究竟：他們展開多項調查，觀測在此出沒的居民，並將自己親眼所見與他們心中所抱持的期待合而為一。即使一心想頌讚大自然樸拙不偽，但其實也脫離不了既有成見，因此他們通常會不斷誇大其辭，認為海岸居民身強力壯、繁殖力旺盛、長命百歲，而且子孫活力充沛。

打從一開始，新希波克拉底主義派的人類學教條就左右著這方面的看法。他們認為海岸居民密切地受制於大自然元素，始終處於與元素的接觸及衝突之中，因此比其他人更適合用來說明西方醫療地形學的運作邏輯。從這個角度來看，沿海地區的研究工作發展如此之早，也就不足為奇了。[57]在雷佩克・克羅杜（Lépecq de la Cloture）[58]的書問世和皇家醫學會（Société royale de Médecine）策劃的大型論著出版之前的幾年，德瑪（Desmars）寫了一份關於布洛涅地區居民體質的長篇論文，[59]而弗洛倫特・塗利（Florent Guillaume Tully）則出版了《關於敦克爾克疾病狀況論文集》（*Essai Sur Les Maladies de Dunkerque*）。

關於沿海人口健康狀況的醫學論述，不太可能與向體弱多病者吹噓海岸有益健康的論述相矛盾，這兩者不僅齊頭並進，更經常達成一致，甚或相輔相成。這使湯利認為他有理由前往海灘進行濱海人口壽命的研究，但有時這種對稱性會被打破。對於英吉利海峽對岸的同行所抱持的樂觀態度，法國科學家尤其不以為然。因此，德瑪也難逃關於海水有益或有害健康的萬年爭論。他自己就相當舉棋不定，[60]而這種模稜兩可的態度，正好將法國在北海和英吉利海峽的海灘置於平衡點上：往北是有益身心的北海海岸，往南則是危害健康的地中海海灘；前者是能使人聚精會神並振奮人心的大海，後者則具有令人精神渙散的形象。

「小漁民」與遊客是不一樣的，他們自乳臭未乾的幼年就開始與當地的空氣、海風、海水和沙子為伍。這些天性樸拙的未開化靈魂在大自然元素中潛移默化，與那些來海邊尋求活力的鬱鬱寡歡遊客所受到的影響大相逕庭。簡而言之，雖然戲水逐浪者和布洛涅的漁民所接收的天地養分並無二致，但他們之間有一道以習性作為劃分的邊界，也因此科學家必須分別進行兩種獨立的分析。這項建議適用於所有受到新希波克拉底主義啟發的社會寫照；位於主導階層的成員比其他人更容易擺脫大自然元素的影響。雅克—安托・杜羅荷（Jacques-Antoine Dulaure）就在一七八八年時寫道，「土地只會對平民百姓本身的品行習性影響甚鉅；一般來說，無論一個人居住在什麼地區，**當他變得有教養而且通情達理時，就會脫離當地的性格**」。[61]

由德瑪首開先鋒的社會圖像寫照，其論述架構猶如層層相疊的畫中畫（en abyme）：從海岸居民展開描述的序曲，繼而轉身刻畫漁民，最後描繪水手，一步步突出三者間的相同特徵。同時，與大自然元素愈是貼近，特徵就愈明顯。也因此，水手才是最終階段的關鍵人物，是海岸族群的原始雛型（archétype）。另外，這三組人馬的身體器官特徵與海岸當地的空氣、水和大地的特質之間，具有可資對照的相似處。

岸邊強勁的海風刮臉生疼，對於人體的纖維來說無疑是嚴峻考驗。久而久之，肌膚不免變厚、變黑，還呈現乾燥狀態，可說刀槍不入，就連最微細的氣體都無法滲透。希波克拉底就曾指出，將身體暴露在夕陽餘暉下是有害的，會讓身體「燃燒且褪色」，[62]肌肉也會因此變得發達。然而，身體結實就容易長壽。「角質層的厚度是器官強健有力的徵兆」，「也讓身體能夠長期抵抗大自然元素的影響。無疑有助於延長居民的壽命」。[63]一七八二年，達魯克在研究普羅旺斯沿海的居民時，就將他們視為一個被海風和海浪磨礪淬煉過的種族。[64]而坎布里後來（一七九四年）發現了萊翁（Léon）的未開化居民，即「海邊的人」（hommes de la côte），沒有任何疾病而且非常長壽，根據他的說法，是因為他們經常暴露在空氣和水的摧殘下。[65]這裡的海岸樹木不得不全年無休對抗海風侵襲，因此總是予人盤踞彎曲且發育不良的印象。而德瑪也特別注意到布洛涅海濱的居民體型短小但精悍的現象。

海岸居民經常處於潮濕而令人欲振乏力的空氣中，[66]又瀕臨海水，不免得吸收大量汽化及腐敗的汙染鹽分，而主食魚類更是腐臭不堪；[67]因此，海濱居民有其特殊的疾病分類學（Nosologie）特徵，最常見的症狀是汗酸狐臭、難以痊癒的皮膚病，甚至失明。[68]

根據希波克拉底的傳統學說，很容易可以推斷出這些海岸居民的體質受到開闊地形的影響，承受著空氣含水量高、四季也不分明的效應。人們認為古代醫學可以解釋中世紀觀察家百思不得其解的族群特徵，[69]因此冷酷兇惡、無所畏懼卻又非常真摯虔誠的矛盾性格，是水手、漁夫及海岸居民的特色，而性格的強度則按照這三者的排列順序遞減，他們的本質都具有大海的性情。醫學論述也不斷來回串連人類和大自然元素兩者的意象。人類時而熱愛手舞足蹈所帶來的盎然活力，時而展現無拘無束的激情；偶爾內心掀起狂風驟雨，或是喜愛享受醺人醉意；也難免渴求自由並厭惡任何約束，但始終具有虔誠的心地和懺悔的力量。這些都是人類的特點，就像大海雖然時有颶風駭浪，但也有平靜無波的時刻。[70] 而大海時時挑戰人類的力量，如同這些海濱人群也知道如何抵制文明；他們身上保留了洪荒時代的況味：天真純樸、直爽坦承、道德純潔不阿、對於記憶忠誠保真，但同時也有迷信的傾向。[71] 簡而言之，海岸居民的寫照重現了這些普通人的特質，並使其更為突出。然而荒謬的是，接近海岸反而使我們遠離文明，不只會阻礙靈活的想像力，更「不利於獲得純粹的快樂藝術」。[72] 海岸的原始景象能讓憂鬱的人舒心開懷，他們因此決定前來海邊，盤桓徜徉其中，並在必要時勇敢面對海洋散發的不健康蒸氣。

因此，對於海灘勞動群眾的描述，逐漸走向詩情畫意的美好論述：他們雖然粗野，但身上的虔誠特質與英雄氣概相得益彰，也讓受夠城市病態的人能藉由詠嘆鄉間氣息，聊以慰藉內心的痛苦。在這方面，海灘深植人心的第一印象，其實就是聖經所描述的天降嗎哪（manne）之地。淺灘猶如慷慨大方的老天爺（或大自然）日日賜予人類的闊綽餐桌，人類因而不需過度勞動就能謀生，只需在潮濕的沙地上簡單採摘或收集大自然的產物。就像前往應許之地的希伯來人，海岸地區的居民只要牢牢把握每日降下的嗎哪就好。退潮的海岸線是膏腴之地，[73] 但也更令人擔憂海洋物產豐饒度節節下降。淺灘也是個曇花一現的平等領地，來此尋找食物的窮人，和只是為了消遣而參與採集的富人，都混在這片土地上一起活動。[74]別忘了，海岸領地並不存在所有權這種東西（雖然這點不無違背事實）。在春分與秋分大潮之際，徒手捕魚的景象總令人想起早期人類的原始活動。[75]「小漁民」並不精於投機算計，大自然在這裡展現了一視同仁的最佳身段，它迎刃化解了完全赤貧或過度富裕這兩樁社會災難，因為海岸地區不可能出現這兩種狀況；但它也讓卑微的海灘工人無緣擺脫原有的身分地位。沿著英吉利海峽和大西洋沿岸，沒有真正一貧如洗的人，也不見乞討的行為，[76]因為淺灘就像是由大自然發號施令所經營的慈善機構。在馬雷訥，牡蠣可以養活窮人；奧萊龍的島民和士兵則開心享用著海岸的豐饒物產。[77]大海不光是不辭辛勞，甚至還費心變換餽贈人類之物，不同時令的貝類讓飲食不致於太過貧乏單調。[78]

大自然透過這種方式確保社會層級井井有條並維持現狀，社會角色的分配也能根據年齡和性別各得其所。基於大部分對於海岸的描述，我們歸納出一種讓觀眾皆大歡喜的分類法。也就是說，關於海岸的描述又紛紛與荷蘭繪畫的傳統視角接軌。我們提過狄德羅在開啟哲思之旅的行為模式後，他對席凡寧根沿海漁民的描述仍免不了趨於詩情畫意的美好寫照：他們不僅樸實、坦率、虔誠，還謹遵年齡和性別的本分不逾矩，靈魂中閃耀著世界初始的樸拙意象。[79]

要讓大自然的餽贈始終保持適當的平衡，前提是人類不再試圖從中作梗，例如私人漁場僅保障其擁有者豐收獲利，但是會造成其他「徒手捕撈的漁民」經濟匱乏，也當然違反了上天的意旨。基於這個理由，羅樹醫生疾呼必須取消「所有的個人權利」，因為「海洋是所有漁民的財產，不可徵收任何賦稅」。[80]竊占集體財產的行為再度受到抨擊，甚至比過去更激烈。

對於海岸居民的描述通常充滿詩情畫意的情懷，其實在海岸景觀所形成的社會圖景中有其作用。成群的「徒手捕撈的漁民」和「小漁民」——不如水手之輩那麼令人憂懼——都屬於善良人物，因為這些穿梭在海灘撿拾漁獲的人被排除於社會階級的流動性之外，他們之中不會有人魚躍龍門成為社會新貴。海灘的勞動者因為能時常接觸大自然而身心充滿活力，長命百歲指日可待，他們的生殖能力因食用魚肉而增強，[81]而乞助求援對他們來說司空見慣，也更讓他們心懷虔敬，屢見不鮮的沿海沉船事故使他們習於展現英勇氣概；另外，城市的階級制度競爭方興未艾，相較之下，海灘的勞動者則讓城市居民卸下心防。水手的虔敬之心與這些「沿海教區」人口堅強的信仰，將水手家庭與「海岸族群」基於同理心團結在一起，更符合外界對於海岸景象的泰然觀感。[82]老調的刻板印象為海岸描述更添詩情畫意，也更搔刮著遊客對海岸的渴望和愉悅之情，他們躊躇滿志地凝望這群令人放心的人口，暫時還不考慮進一步推動民族學調查。在這個環境中，無須擔心社會階級距離縮短，也能更自由暢快地領略海岸景觀所帶來的無窮樂趣。[83]

海岸居民出於本能呼應著大自然的脈動，這幅景象讓觀察家感到心曠神怡，卻也不免老調重彈，讓另一個具有象徵意義的刻板印象歷歷再現：對於婦女的天真爛漫和裸露的雙腿，很少有人會不大作文章。[84]如果不是因為這些婦女的純樸天性和社會距離消弭了情色的遐想，海灘上的女人味將會是令人心醉神迷的挑逗。她們的肌膚曬得黝黑、提早出現皺紋，還因處理海鮮而散發臭味，[85]但這些女人並不是為了激發情欲才展示雙腿，而是因為仍接近於未開化狀態才會如此。她們心懷虔敬，對婚姻忠誠無欺，不熱衷任何化妝打扮，在在顯示其內心純潔猶如白紙。這種自然而然的裸露閃耀著勤勞樸實的光輝，與高級交際花嫻熟的寬衣解帶技巧形成鮮明對照，讓旅人無法承認——或感覺到——心神為之蕩漾。

直至一七八〇年代末期，新希波克拉底理論和詩情畫意的美好論述法則，對於法國北部海岸社會圖景的影響幾乎不分軒輊。[86]此時遊客們還不太常流連在如畫的淺灘風光，人們關注的焦點仍然是港口的景致。據我所知，坎布里是第一個在探索退潮海岸時被各種生動居民景象吸引的人，他因而寫下許多歡快的篇幅，為其風塵僕僕的長途旅程劃下句點，彷彿他最後在舉止得體的嘉賓環繞之下，泰然享受遲來的休息時光。[87]

另一方面，一七八〇年之後，到處都可以發現一些人種學調查的吉光片羽，而且幾乎不涉及任何醫學成分。一些旅行者打算更深入進行他們的「荒島文學」（Robinsonade），針對那些文明還不脫當地風格影響的島嶼人民，為其特殊的風俗習慣做一番徹底清查。大西洋上的島嶼首當其衝，是第一個以此角度被研究的地方，「因為這裡不但封閉而且孤立，讓人遙想島上存在著善良或兇惡野蠻人的烏托邦世界」，[88]日後第一共和時期的旅行者也將前往此地尋覓善良島嶼。

在第一共和第八年的時候，安東尼・特維納（Antoine Thévenard）亟欲觀察習俗慣例的崩解，[89]勾勒了一幅韋桑島的人種學圖像。根據當時約定俗成的做法，[90]他將韋桑島居民與休倫族（Huron）和阿爾袞琴族（Algonkin）進行比較；而坎布里在布列塔尼沿岸的旅程故事則彙集了啟蒙時代旅行者的觀察步驟，包含了醫療地形學研究——他仔細區分了「海岸居民」（l'homme de la côte）和「陸地居民」（l'homme de la terre），還調查了種種迷信玄虛。外號「菲洛潘」（Philopen）

的湯瑪斯・伊凡（Thomas Yvin）是個劫船奪財的社會邊緣人，與他的同伴一起藏身在龐馬爾克海岸的岩石堆中；坎布里在伊凡身上看到「海灘野人」的化身，就像奧裡諾科河（Orénoque）河畔的原始居民。他所編排的分析對照脈絡，甚至可以延伸到堪察加人（Kamtchadales）、薩米人（Lapons）、北極圈的野蠻人、加利福尼亞的原住民和火地群島人（la Terre de Feu）。坎布里召集了沿海地區的人民，向當地耆老請益禮儀和古代習俗，他希望能從沿海地區的方言中發現原始語言的痕跡。[91]一種新的感受不經意地潛入了啟蒙運動弟子坎布里的作品中：賢者德魯伊之輩對他的吸引力已經漸漸與野蠻人並駕齊驅，凱爾特民族文化在他心目中也開始與海岸居民這種帶有異域色彩的社會影響不分上下。他描寫年輕女孩乞求海鷗將她的未婚夫帶回她身邊，而對於海藻女工神思恍惚的描述更是精彩，這些內容受到黑色小說（roman noir）*影響，脫離了詩情畫意的田園詩風格，讓我們進入浪漫主義色彩的海岸居民紀實之中。

「想像……一名女子，不得不在嚴冬之夜，在暴風巨浪之中、在黑暗深處，踏在濕滑的礁石上，有時水深及腰、有時如臨深淵，用耙子撿拾大海飄來的海藻」。[92]自稱客觀的坎布里意圖忽略撿拾海藻的工作通常在白天進行的事實，更何況海藻採收有嚴格規定的日期，撿拾海藻的人也不會如臨深淵，他們都是在天氣晴朗的時候才工作；但真相如何並不重要：歷史事實在於意象的變化，以及情感思緒的新見解。

* 譯註：主打犯罪情節的小說。

第三章　人物的透明度

追尋意義的模式

旅人觀看海岸居民的視角日新月異，他們凝望海岸風景也是如此。關於視覺影象、概念界定和觀察方式，彼此往往互相重疊、輪番交替或緊密結合。然而，我們得避免去高估創新這回事，因此在解讀意義如何轉化變遷之前，有必要先重申過往意義的連續性。醫療地形學到了十九世紀仍然蓬勃發展，也讓新希波克拉底思想能夠繼續賴以為生幾十年。[1]藝術家克里斯托夫・維爾納夫—巴傑蒙維爾納夫—巴傑蒙（Christophe de Villeneuve-Bargemon）對占據佛斯（Fos）和拉西奧塔（La Ciotat）之間海岸線的「馬賽族」（race marseillaise）描述，就很明顯屬於這種古板的思維；[2]伯特蘭醫生專為布隆涅（Bonlonnais）海岸人民撰寫的篇章，則是以一個世紀前德瑪醫生構思的範本為基礎；[3]他們讓水手的刻板印象臻至完善，而弗傑（Forget）醫生稍後更讓這些刻板印象拍板定案。[4]一八四四年，布雷奧就勇於將布雷阿島（Bréhat）北部與南部的居民兩相對照。他寫道，「前者渾身有種粗獷、甚至是兇猛的感覺，與南方人的禮貌形成鮮明對比」；他們的語言不一樣，口音不一樣，習俗也不相同。[5]在十九世紀中葉，人們仍持續深信著「特殊性」和「地方性」之間的關聯。

然而，在這個奠基於氣候，並以空氣、水和土地等具體特徵為主的分析框架中，社會地位的差別具有公認的影響力。因此，伯特蘭醫生娓娓闡述教育、職業別和布隆涅地區每個「階層」自己的習慣，都會帶來影響，並根據這些社會學資料來調整氣候所產生的作用。此外，性格學說再次刷新內容，引入了新的八股概念。血液系統更從此占上風，有助於解釋嗜酒如命又愛逞兇鬥狠的沿海居民那股情不自禁的奔放情感。[6]

儘管鮮少有人重提海洋水域生命力衰退的問題，但對於海洋物產減少的恐懼依然揮之不去。在法國，這種恐慌與波旁復辟時期的意識形態一致，因此人們順理成章地批評革命政府當局怠忽職守，並指出一七九一年廢除海事法庭以及宣布魚類為無主物（res nullius）已經造成法律上的真空狀態，[7]因而出現要求恢復實施舊條例的呼聲。[8]自一七八九年之後，擁有漁場的私人業主與日俱增，他們與沿海社群之間的衝突愈演愈烈。因此從一八一六年起，該領域也考慮恢復舊時秩序；只是與其他有爭議的領土空間，特別是森林和河流地區有所不同，這些衝突造成的緊張局勢並沒有推動任何法律的頒布。在這段猶豫不決的模糊時期，深刻的動盪此起彼落，許多漁民以前沿著海岸追蹤魚群，現在卻偏好在罐頭廠附近定居。與此同時，捕魚業為了打擊赤貧，逐漸形成組織步入正軌。[9]

另一方面，學者和官員對海灘勞動群眾進行了更詳細的描述。因此我們可以看到，米爾恩—愛德華茲和奧杜安用了浩大篇幅來研究聖米歇爾山港灣的徒手捕撈漁民，這個地區現在是喜愛探索退潮海灘的人高度關注的地方。格蘭維爾（Granville）擁有七千兩百一十二名居民，其中一千多名都在淺灘捕撈漁獲。

但其實，重點還是在於旅人需要深入了解海灘的勞動群眾。儘管障礙多如牛毛，但人們也逐漸渴望縮短距離，渴望潛入探索這個既野蠻又無邪的自然原始人性。

因此，旅人在北部海岸和地中海沿岸分別採取了截然不同的調查步驟。在靠近古代海岸（rivages antiques）*的地方，居民的認知學習系統還沒有完全與時俱進，還在繼承者（héritier）和外來者（étranger）這兩個相互競爭的形象之間擺盪，有時仍相當模糊不清。除了仍屬鄂圖曼帝國統治的領土外，最常見到的情況是他們仍然忠於傳統形象。古代海岸的人們繼續在海岸上奉行歷史悠久的風俗習慣，這讓旅人流連忘返，就像喜歡徜徉在大海沿岸的史威本一樣，追尋著他們行為特徵的連續性。維爾納夫－巴傑蒙戮力構建一幅隆河河口省（Bouches-du-Rhône）的詳盡圖景：在他的眼中，「馬賽族」[10]的漁民不是別人，正是一代傳一代的福西亞人（Phocéens）。**他們的語言、習俗、「癖性」（inclinations）以及女人的相貌，都無一例外地證明了這一點。只有人民知道如何保

* 譯註：這裡指涉古典時期的海岸，也就是希臘羅馬文明發源的地中海地區。

** 譯註：希羅多德記載最早從事遠洋航行的希臘人，在地中海各處建立殖民地，包括南法的馬薩利亞（Massalia，即馬賽）。

存民族的印記，如何擺脫時間的摧殘；因此，「馬賽族」也化身唯一的資料檔案，告訴我們關於古希臘人的事情，然而，愈是往社會金字塔的頂端，民族的印記就愈是模糊。同時，人類學和考古學的工作也合為一體，或至少是相互支援。維爾納夫－巴傑蒙還進行了一項集體調查，包含文物挖掘、製作檔案、口頭訪談和儀式記錄，拜其調查所賜，我們才有幸一睹濱海聖瑪麗（Saintes-Maries-de-la-Mer）城鎮節慶歷歷如繪的生動描述。[11]

在古代遺跡中定居，或者說在此拓展生活的外來者，形象就完全不同了——他們讓觀察者覺得有點勉強，有點倒胃口，甚至還會產生敵意，而親希臘獨立主義者（Philhellènes）的鬥爭更加深了這種不友善的態度。**來源已不可考的外來民族，與當地的土地繼承者是完全相反的**，後者具有明確而顯赫的親族關係。旅人必須能明辨兩者的分別。約瑟夫・拉瓦萊（Joseph Lavallée）於一八〇一年描述路易・卡薩斯（Louis François Cassas）在達爾馬提亞（Dalmatie）海岸的旅程，他認為哲學家可以在這裡研究「在遺跡周遭呼吸的民族」，並分析「他們雙腳每天踩踏著壯觀的斷壁頹垣，會為他們的靈魂中留下什麼印象」。[12]這裡要討論的不再是辨別所維持的身分，至少也不是辨別居民和聲名顯赫的遺跡之間有何相關性，而是衡量居民與遺跡文明之間的距離，並分析兩者是否產生共鳴。在伊斯特里亞半島（Istrie）和達爾馬提亞海岸，我們可以看到富麗堂皇的宮殿和簡陋茅屋分庭抗禮，華貴的羅馬浴場和達爾馬提亞婦女用來容身的臭稻草堆也在互別苗頭，[13]在在讓人沉痛地領悟歲月一逝不復返的深刻意義，和褻瀆遺跡行徑的激烈程度。

當地的「繼承者」與寄生於海岸的「外來者」難免產生集居狀況，旅人必須避免混淆兩者。在史賓尼克（Sebenico）附近，旅人會遇到最「愚蠢」、「最低能」的種族，這些濱海居民「只以大海沉積在海岸上的昆蟲、魚類或貝類為食」。他們整天呆坐在礁岩上或寒愴的茅屋門口，「臉色憔悴黯淡，皮膚被太陽曬得黝黑，被苦難折磨得印堂發黑；眼神總是驚慌失措，還蓬頭垢面，不修邊幅，……與其說他們兇殘，不如說粗野；腦袋空洞，連最簡單的想法都一無所知；也沒有理解、記憶、模仿的能力」。[14]他們並不是野蠻人，因為他們既不傲慢，也沒有撼動人心的單純直爽，更不獨立自主；他們先天智力有些缺陷，「他們的種族根源已無從查證」，「在這個物種鏈當中，野蠻人是第一個環節，他們似乎就是最後一個」。

歷史進程的根本性差異讓我們對「繼承者」和「外來者」產生了不同的看法。這是兩個同樣貧窮，甚至可說是貧苦的小宇宙，旅人對其褒貶不一的評論，也在兩者之間拉開了一個無法斗量的隔閡：對一方極為欣賞，但卻蔑視和厭惡另一方。在拉瓦萊眼中，史賓尼克沿海的達爾馬提亞人也宛如遺跡，卻是個缺乏存在意義的遺跡，因為他們飄忽不定的存在，與始終代表著古典之美和質樸之風的「繼承者」相比顯得有悖常理，也只有「繼承者」才能讓人理解當地的文字作品、古蹟文物和景致風光。人種學調查遂從此建立了一套預先篩選機制，從根本上劃分兩條情感路線；雖然兩條路線呈現對立，但兩者都是根據傳統旅程的規則來安排布署。

北部海岸純真樸實的特質，[15]尚未被度假或旅遊活動毀壞殆盡，也是旅人能盡情發揮想像力的舞臺。對於波羅的海、蘇格蘭或阿摩里卡沿岸的那些滄桑礁岩、神祕的斷壁頹垣和在其間遊走的生物，人們愈來愈殷切地尋找任何能夠賦予其意義的東西。一開始，凱爾特主義和奧西安史詩浪潮的影響大為提升，[16] 蘇格蘭學術團體的研究首開先河，將遺跡記載入冊，約翰遜和博斯韋爾醫生的遊記則讓這種做法更形普及，但法國跟進的時間相當晚，要等到凱爾特學會（Académie celtique）的計畫起草之際，才實施這種做法。[17] 學者們忙著尋找歷史遺跡、記錄風俗習慣、描述習俗儀式、勾勒古蹟文物，試圖為激發其好奇心的各項主題找到線索。海岸居民對他們來說就宛如透明的描圖紙，能讓他們藉以進行觀察、發揮想像，有時還讓他們以為正在凝望著吟游詩人或德魯伊賢者。凱爾特主義的信徒因此找到豐富史料，與崇拜古典時期的支持者唱反調，並為此感到志得意滿；他們尚未被懷舊思維滲透，只是意識到海岸居民的風俗習慣正在消失，[18] 雖然有一部分只是他們自己的幻想，但他們仍然受其驅使，喜孜孜地讓視線回溯幾個世紀，說服自己可以直接從喀里多尼亞島民或阿摩里卡鄉民的形象中，讀出活生生的人類起源意象。

海岸居民與這些人類起源的調查息息相關，但這種調查也產生了刻板觀念，在日後數十年間大為流傳，最後甚至登上科普雜誌；這類雜誌從十九世紀初開始在英國不斷出現，在法國則是七月革命後開始百家爭鳴。因此，布列塔尼人，也就是貨真價實的的凱爾特人，就像是一塊人類學的化石，從遠古時代的深處完好無損地來到我們眼前。一八三二年，法蘭索瓦・哈巴斯克（François Habasque）院長向他的讀者介紹了普盧阿（Plouha）、凱華塞爾（Keroisel）和莫爾加特（Morgat）的沿海荒原。他寫道，「如果一個德魯伊設法抖落覆蓋在他身上長達一千二百年、一千三百年或一千四百年的塵埃，前來造訪這些偏遠地區的話，他仍然能夠了解這些地區的語言，對於他們的風俗習慣也不會太陌生，也會一眼認出他們的服裝。雖然古老的森林確實已經消失，但他會認出荒野、荊豆、岩石、歐石楠，還會再次看到史前石棚墓（dolmen）、環狀列石（cromlech）、立石；然而最讓他感到驚訝的，將會是我們已經忘記了這些神聖遺跡的主人和目的。不過他應該還是會很開心地注意到馬鞭草和橡樹槲寄生仍然受到阿摩里卡鄉民的崇敬……。他也會發現，下布列塔尼地區的人仍舊和他那個時代一樣幼稚」。[19]

這些原始風格海岸上終年如一日的見證，既不同於史威本提到的「繼承者」，也不同於卡薩斯在達爾馬提亞海岸所觀察到的退化變種「外來者」。富爾讓斯・吉拉德（Fulgence Girard）在《法國海事》（*France maritime*）雜誌上發表的一篇關於聖米歇爾山海灣沿岸居民的文章中指出，「它幾乎可以說是一個凱爾特漁民的部落」。[20]繼蘇格蘭莫文山和斯塔法島之後，法國有兩個地方異軍突起成為研究德魯伊的聖地，一個是離聖米歇爾山僅僅幾海鏈（encablure）*之遙的桐本連（Tombelaine）小島，[21]另一個是保存了相當罕見的貝里努斯（Belenus）神廟遺跡的韋桑島，令人遙想庇護眾生的處女神祇。[22]作家司湯達同樣老調重彈，在一八三七年七月六日指出：「今天早上，當我們離開瓦納前往歐雷（Auray）時，天氣真的非常德魯伊」。[23]然而，就在當時，渴望暫時切換時空並追求更微妙新鮮感的旅人，[24]讓原本迷戀「死寂之美」（beauté du mort）[25]或「猶如一頁無聲歷史的史前石棚墓」[26]的旅遊方式變得更為充實。

浪漫主義者對海岸人民的解讀帶著懷舊思維，而在意識到語言、儀式、習俗、神話或傳說的脆

* 譯註：舊時計量距離的單位，約等於兩百公尺。

弱性後，這種懷舊思維比先前更為強烈。感知到海岸族群的弱勢及其逐漸失去意義的文化，才足以讓旅人苦民所苦，達到旅行的高潮。這種新的旅遊宗旨使旅人耳聽心受的程度更為犀利。旅人總是夢想能深入探索小漁民的日常生活；他們竭力——或只是安於幻想——在小客棧裡、在漁民的小窩棚裡、在海灘上，處處洗耳恭聽。求知若渴的旅人也賦予了口訪調查另一層嶄新意義，但旅人的調查不再像凱爾特考古學所推崇的那樣，只是收集斷簡殘篇、保存頹垣斷壁和歷史遺跡的問題——雖然這樣的考古方式曾因約翰遜而聲名大振。這一次，旅人的探索將開啟全神浸潤的序曲，留連忘返於人性的清新、天真、毅力和強大的生命元氣之中，而人性被保存在族群語言、神話、儀式的中心所在，藉由代代相傳的故事和傳說，不僅維繫著民族先河的痕跡，也見證了過去幾個世紀的風華。

但是，若與當時蓬勃發展的海濱度假勝地諾德奈相對照，詩人海涅則感物傷懷，痛心當地居民將不再保有歷史遺跡的地位。有錢人愜意徜徉在海水浴場大廳的景致，以及他們顧影自憐、搔首弄姿甚至做作矯情的神色，都撩撥著小漁民心裡的欲望，也讓漁民之妻開始「心生豔羨」。事實上，這個在文化上岌岌可危的族群，已經有一些孩子生來就帶著賽璐璐娃娃般的胖臉頰。即使文化衰亡指日可待，在海涅心中卻更激起一探究竟的欲望，想深入漁民的「兄弟之邦」，體驗在屋內爐灶旁擁擠不堪的肢體親密接觸，甚至偷偷留意漁民的手勢、「面部表情」、「聲音腔調」，領略「無聲勝有聲的對話」。[27] 海涅一心夢想能進入漁民的「思想共同體」，唯有如此才能進行真正的交流，也才能滿足幸福和輝煌藝術不可或缺的條件。這位詩人渴望縮短與正被置於「新時代門檻」上的族群之間的距離，但是他無法克制自己習慣性地對女人的醜陋，尤其是她們令人厭惡的氣味倒胃口，渴望與厭惡之間的拉鋸戰，自然也讓海涅備受煎熬。

一八二〇年，諾迪埃公布了一個相當明確並且按緊迫性排列的登錄程序。察覺到文化的蹤跡稍縱即逝，讓他更加激動。「我們即將結束的這一代」與消失中的歷史遺跡，被「不知從何而來的群體所產生的頹廢和不幸的感覺」緊密團結在一起，並且渴望「欣賞被時間抹去之前的瞬間畫面」。優先需要保存的事物當屬人民的詩歌，因此務必得認真聆聽「鄉土嚮導娓娓敘事」，[28]或仔細地閱讀用來還願的獻祭品（ex-voto）。在諾迪埃看來，漁夫的小茅屋或小漁船，以及水手的小禮拜堂，是收集傳統文化的絕佳地點。漁夫的未婚妻通常很早就被死亡的陰鬱緊緊糾纏，其沉重心境讓大海的姿態更形悲愴動人；來自遠方的故事，以及原始野蠻的異國傳說，也讓海濱夜晚茶餘飯後的閒談更添趣味，而且只有口述的方式，才能忠實還原這種「感性和生動的歷史」。[29]

浪漫主義風格的旅人熱衷於想像所有場景，這些場景在現在和過去的時代之間建立起一系列的舞臺畫面。歷史軼事提及的各種年代讓旅人求知的夢想如願以償，追憶歷史的樂趣也大幅提升，不僅突顯出時間的深度，還能用層出不窮的人物填滿地處偏遠的海岸景致，因此，海濱廢墟、長滿青苔的岩石、海鷗的叫聲，都因為有這些人物完美輪廓的襯托，而短暫產生了不同於以往的意義。旅人對於繁複的歷史時代感到興味盎然，也認同海岸的新地質學解讀，他們知道海岸也是在幾千年來飽受大自然的侵蝕。充滿想像力的生動人物散發英雄氣概，暫時轉移了人們對海灘貧困工人的注意力，並將其貶為黯淡的配角。

克羅杜和莫里耶在上個世紀曾經提出的撒克遜海岸理論（Littus Saxonicum）在法國東山再

起。[30] 一八二三年，法國作家愛德華・李雪（Edouard Richer）提到了海岸理論假設引起的爭論，但在兩年後，約瑟夫・莫倫（Joseph Morlent）便承認其為科學真理。[31] 這個假設指出：野蠻的撒克遜人曾經控制從加萊到布列塔尼南部的海岸；克魯瓦西克（Croisic）地區的鹽業工人仍能被辨識出「具有撒克遜人的血統和性格，而且無論經過多少世紀都無法消退」。因此，歷史能解釋沿海地區和其腹地之間的明顯差異。旅人認為他們在法國沿岸的這裡和那裡，看到的是巴斯克人、凱爾特人、撒克遜人和諾曼人，[32] 而法國海岸線相對落後的景況也讓他們更堅信自己的看法。[33]

旅遊的樂趣就在流連於參觀港口景致和探索海岸歷史場景之間，在欣賞當今此刻的活動景象的同時，也幻想古代景致歷歷在目，這兩種樂趣不斷交替並日益茁壯。[34] 聖米歇爾山逐漸聲名大噪，其實是因為旅人可在此輕易感知介於古代德魯伊和現代工業時期之間的多重景象。吉拉德讓這些景象身歷其境地矗立在讀者的冥思遐想中並熠熠生輝。在朝聖成為一種旅遊活動之前，「德魯伊岩石」已然經歷過「修院迴廊的陰沉激情」，「武士鎧甲和修士道袍」[35] 交替來去或同時存在的顯赫時期，也知悉地牢和中央監獄源源不絕的恐怖氣息。

在旅人的眼裡，沿海居民一肩負起保管海岸傳說的重責大任。這個利害攸關的旅人視角，其實發展緩慢，比人們長久以來所認為的還要晚。以空間敘事為基礎的傳說地形學（topographie légendaire）建立後，更強化了領土的不確定性和空虛性；傳說地形學也讓原本應是亙古不變的大自然屬地，蒙上了一層荒蕪無文的形象。沿海地區與發展中的全套傳說文庫之間的對應關係，也因此需要進行更恰當的分析。很顯然地，傳說是一種虛擬活動，它否認了海岸地區的所有權與開墾情況，只藉由故事和傳說讓想像力自由駕馭這些屬地。從這個角度來看，海濱、荒野和沼澤的論述都如出一轍，不接受這些現代性的話術。[36]

阿摩里卡沿岸氣勢險惡的岩石礁群，因而化身成被施了魔法的雕像；據說亞瑟王傳奇中的摩根勒菲（Morgan le Fay）的名字便來自她出生的海洋。[37]與特雷帕瑟灣（Baie des Trépassés，死亡海灣之意）比鄰的哀悼海岸充滿悲傷氣息，克尼沃特人（les Kernewotes）在此世代相傳著有關船難者的傳說，據說這些充滿怨念的罹難者每年都會聚集在海灘附近唱輓歌。[38]諾迪埃戮力在諾曼第調查古老傳說，海涅忙於收集北海沿岸四處流傳的傳說，丹麥沿岸的民間傳說則啟發了尼雷普（Nyerup）的研究靈感。一八三七年，薩維耶・馬爾米耶（Xavier Marmier）更向法國人透露了一個由仙女、水神、精靈、巨人和巫師組成的民族，[39]這是一個關於被詛咒的獵人和放蕩老頭的海洋世界，以及由龍守護的寶藏、幽靈船和被褻瀆的教堂沉入水底的故事。

我們沒有必要在此將這些傳說或信仰編纂成冊，[40]更不需要去進一步分析。重點是必須指出，人們對於這些傳說的關注，在多大的程度上，讓人們對於海岸領地的憧憬遐思走向全新的視野。「我經常在這裡的海邊散步，遙想那些水手們世代相傳的精采故事」，[41]海涅在一八二六年時是這麼說的。對於《法國海事》等科普雜誌的讀者來說，一八二〇年代和一八四〇年代的海灘上到處都是通俗故事中的傳說人物。林林總總的傳說不約而同地強調大海的高深莫測。從詩人戴普一路到羅伯特・騷塞（Robert Southey）筆下的海底旅行，雖然聽眾數目有限，但具有傳說歷史性的城市被水吞噬的景象也從此深植於人們的想像之中。在許多類似的故事中，大海成了懲罰的場所，也再度坐實了古老的陳腔濫調；「煉獄般的暴風苦海」這種老舊的刻板印象，仍然倖存於水手阿什維魯斯（Ashvérus）的敘事、幽靈船、嗚咽的亡魂，以及從水中的索多瑪和蛾摩拉冉冉升起的哀戚輓歌中。其中一些傳說故事讓海岸蒙上了性欲色彩，這是自海洋維納斯誕生、海之信使崔萊頓（Tritons）和水中女神那伊阿得斯（Naiads）消失後就被遺忘了的氛圍，彷彿暮色降臨時，長著綠鬍子的水手會在海浪的邊緣呼喚孤獨的年輕女孩，然後帶領她們進入水晶洞穴的深處。

聆聽海濱居民的詩歌能推動夢想奔馳，讓人馳騁想像力，重新與被時間洪流淹沒的人類以及過去的自我產生連繫，也讓海洋和心靈深處新近確認的同源性更加根深蒂固。昔日荒蕪的海灘上居住著傳說中的幻想生物，在在引領我們重回無拘無束的天真童年，也讓我們與純樸的海岸居民擁有共同的原始信仰。通俗傳說與兒童故事於是在這裡交會融合，因為兩者皆屬社會逆行和心理回溯的過程。

基於想像的傳說世界讓旅人開啟了一種新的遣興陶情模式，使得與大自然元素接觸時的感受更為敏銳。海浪在夜間的踽踽獨白，或是礁岩在沙灘上映射出的陰影，都充滿了令旅人激賞的影像，而漁民純真的思緒也不免激盪著同樣的畫面，至少旅人是這麼認為的。讀者，或者該說有學問的旅人，在這裡找到了擁有共同信仰的擬像（simulacre）生活，不需大費周章即能滿足與人接觸交流的渴求。旅人在海中逐浪戲水的消遣，亦可想像成一種與其說是社會出走、不如說是返本歸源的潛航，潛入一個被假設為完好無損的原始人性之中；而可預見的是，人們對其產生的興趣也加速了該人性無法避免的崩毀。宣稱海岸居民都是海洋愛好者的傳說，似乎就是在這個時候落地生根。

從一八三〇年開始，[42]部分人士就竭力戳破這個擬像世界，揭穿這些旅遊行為背後的假象。他們開始嘲笑城市人竟然要尋找德魯伊的歷史；[43]然而，在這時對於文明蹤跡的追尋、暫時轉換時空的魅力以及成功貼近一般民眾的旅程，都已經改變並加深了人們對海岸領地的渴望。

類人類的化身

海濱淺灘是一個在生物學上難以清楚界定的過渡之地，在此可以清晰地解讀人與礦物、植物和動物領域之間的連結。觀察者能輕易推斷生物的蛻變過程，[44]進而回顧人類的不同面向，包含從最低階的本體存在到最高階的生物徵候表現。關於「場所神祕莫測的影響」[45]更引發另一波新分析，讓逐漸過時的新希波克拉底醫學原本簡單的定型觀念更為充實。人們察覺場所中主要岩石的質地與人類個性結構之間呈現出一定的協調性，而且很快就會成為常態。

巴爾札克在《貝雅特麗琪》（*Béatrix*）一書中描寫「在克魯瓦西克漫步」的情節時，說道「海邊總是這麼荒涼」；之後在《海濱悲劇》書中，他則塑造了花崗岩人物的形象：康布梅（Cambremer）。

康布梅是一個「發誓懺悔的男人」，因為殺死自己的兒子而幾乎被悔恨擊潰，鎮日枯坐在一塊岩石上；「他的堅韌頑強，一如身邊剛硬的花崗岩堆般紋絲不動……這個人為什麼在花崗岩上？花崗岩又為什麼在這個人身上？人在哪裡，花崗岩在哪裡？」毫不知情的敘事者如此納悶著。[46]

阿道夫－儒勒・道凡（Adolphe-Jules Dauvin）描述聖徒島（l'île des Saints）居民時也以這種同源性為主軸，而且不只是用簡單的隱喻。根據這位觀察者的看法，這些島民「像壓在他們頭上的天空一樣陰沉，像他們周圍陣陣咆哮的海浪一樣生性多疑，不善交際，輕信謠言又幼稚……他們的嘴上從來不見笑容，眼神也無精打采。他們看起來像是石頭人」，[47]宛如建造史前巨石群（mégalithes）的凱爾特人。韋桑島的居民也生活在「那種狀態下，只有人類身軀的律動才能分辨本身的存在與所居住的岩石之間的差異」。這種被動的生活被視為是人性化不完全的產物，特徵是缺乏思考能力、感受力、想像力，也欠缺衛生觀念。這些島民的存在似乎不是動物性，而是礦物性的；他們就跟史前石柱一樣，歷史沒有在他們身上留下任何滄桑痕跡。也因此，這裡沒有什麼十惡不赦的壞習慣和慢性病灶，更何況他們還非常長壽。這些海岸領地飄散著一種植物性、礦物性的幸福氛圍，雖然此番景象能使人強烈感受到文明的存在，卻是以空洞的形式呈現。

諾曼第海岸「小漁民」的圖示和畫像，格外鍾愛描繪淤泥、泥漿，還有令人難以界定為海水或陸地的淺灘景觀。[48]他們的破舊小屋櫛比鱗次，錯落在蒼白的泥灰岩山上，簇擁在蜿蜒起伏的碎石懸崖中，甚至雜亂無章地分布在鬆軟的海灘附近；彷彿藝術家這次想強調的不再是人和花崗岩之間的一致性，而是軟岩（la roche tendre）的脆弱性，以及這群多產漁民靠天吃飯的弱勢。從克雷布到巴爾札克，[49]眾多作家都不遺餘力地強調這股同源性。有時候，這些記述內容還大幅受到植物的影響。沙爾說他曾在那片英國海岸度過部分童年時光，礁岩上遍布著海洋苔蘚，連古老的教堂和窮人的房子上都是，延伸出一件「以數百年之齡的地衣織就的服裝，揮灑著灰色和紫色，閃耀著綠色和藍色；是肉眼視而不察、但永恆存在的植被」，[50] 在這裡，彷彿發霉的靈魂，讓觀察家樂於發揮犀利的洞察力，以便詳實描述這幅景觀。[51]

我們已然可在這段描述中窺見巢穴的形象、類人類的存在，以及部落的威脅。在海的邊緣，人類身上的動物本性會以更冷酷凶狠的狀態顯現。自從坎布里讓海難製造者（naufrageur）這頭「老虎」[52] 的眼睛在讀者面前凌厲一閃之後，這個人物形象就一直在海岸文學作品中揮之不去。這剛好搭上黑色小說的流行風潮，至少在法國是如此；同時也與波旁王朝復辟時期對於社會回歸野性的恐懼不謀而合，當時人民仍為弒君（régicide）的事件而心有餘悸。[53] 除外，岸上的搶劫者（pilleur grèves）是最可怕也最具震懾力的危險人物之一；他們是蟄伏在城市陰影中的危險階層的前兆。[54] 從坎布里、克里斯坦・科比埃（Tristan Corbière）、希波里特・博內利埃（Hippolyte Bonnelier）、歐仁・蘇（Eugène Sue），一直到蘇維斯特，[55] 再從緹葉到道凡或沙爾，最後是米什萊，在他們的作品中，這些制式觀念總不脫千篇一律的單調思維。他們想像這個群體有著動物性的狡詐陰險，猶如一群藏匿在礁岩後面的貓科動物。因此，受到理查・蘇西（Richard Southey）啟發的沙爾談到英國的海難製造者時，是這麼說的：「當天氣很糟的時候，你會看到成群男人走下泛白的暗礁，然後停留好幾個小時，渾身覆蓋著海浪泡沫，藏在一些高大的海藻之間，靜靜等著大海把人或財物的碎片殘骸扔給他們。」[56] 當船骸被海浪捲來時，這群烏合之眾迅速蜂擁向前，大肆瓜分船隻和水手們的遺骸。他們悻悻然地互不相讓，奮力搶奪船隻殘骸與漂流物。

從坎布里的記述（一七九五年）、博內利埃[57] 的《桑島的老婦人》（*Vieilles femmes de l'île de*

Sein）和蘇維斯特的《科努瓦伊爾》（*La Cornouaille*），「菲洛潘」（Philopen）的角色演變逐漸凸顯出原始野性。海岸野人原本感人和原始的純樸特質，現在成了野性大發的劫船奪財之輩。早在一八二六年，博內利埃就認為「菲洛潘」是「一個令人費解的人」，「一匹腰肢柔軟、腿蹄強健、張牙舞爪的狼」。與此同時，桑島的割喉老婦（les vieilles égorgeuses）手持利刃，在普魯旺（Plouvan）的海岸上組成了「嗜血成性的幫派」。[58]在蘇維斯特看來，「菲洛潘」就像一頭猞猁（loup-cervier），在心滿意足地逞凶鬥狠後，便在岩石上「遊蕩」，與他的狐群狗黨懶洋洋地躺臥在乾海藻堆成的床中，或帶著他的「劫船鉤」去釣魚，「像冰洋中的熊一樣不安分地晃來晃去」。[59]

岸上的搶劫者在透納的作品中再三出現；[60]畫中的強盜人物與作家們所描述的形象也相互吻合。他在《岸上的搶劫者：諾森伯蘭海岸的一艘蒸汽船出海救援另一艘船》（*Pilleurs d'épaves : La côte du Northumberland avec un bateau à vapeur allant au secours d'un navire en mer*）的畫作中描繪著闖進淺灘的海難製造者，對其兇猛野性的刻畫極為震懾人心。

在這片空曠的海濱，所有權被取消，物體也恢復原本可自由取用的性質，這個領域也成為能合法採摘收獲的地方。克尼沃特（Kernewote）的居民說：「大海，……就像一頭為我們分娩的母牛，牠堆積在岸邊的東西都歸我們所有」。[61]在此前提下，這樣一個人生劇場在觀察者的眼中或讀者的想像中，正全然展現著海岸蠻族的活力，他們強大的「元神真氣」（sève puissante）[62]彌補了文明匱乏的遺憾。

但是觀察家必須認清事實，在十九世紀前三分之一的時間過去後，沿海居民不再毀壞船舶，他們後來只是劫掠財物而已。作家和觀察家似乎在海難製造者和救難者（sauveteur）這兩個相互對立的角色之間猶豫不決。關於這一點，英國畫家透納在一八三四年的畫作中將兩者並列，相當發人深省。而蘇維斯特在前一年也同樣舉棋不定，他提出了兩者之間可能產生的轉折：「求救的大炮訊號一響，男女老少就提著燈籠和點燃的柴火衝向大海；我們看到人們沿著海岸奔跑、順著岬角衝下海，數以千計的火光中傳來奇怪又可怕的呼喊聲；海關人員的槍聲迅速響起，漁民和領航員在暴風雨中互相發出警告或傳達信號，聲音響徹雲霄，……而在岬角上，無數張被火光照亮的臉孔直盯著它（這艘船），一個跑來阻止搶劫的神父不斷低聲為垂死之人祈禱！」[63]

角色身分的蛻變（métamorphose）始終可行，也更能趨近於完美人性。海難製造者搖身變為救難者的過程，也是人類凸顯個人化的過程。熱血救援的場面總會讓人脫穎而出，進而與其他群眾產生區隔。救難者的英勇姿態使他瀟灑地擺脫無名身分，遠遠甩開那些因搶劫而更加凝聚的粗野群眾。因此，在觀察者的眼中，救難者提升到了人的地位，但並不代表從此進入野性馴化的階段，或是對旅人／作家有任何助益。野性舉止和海岸好人的行為以一種對立的方式渲染及美化，雄偉壯麗的海岸風光結合了人民高尚的英雄情操，讓英勇救援的故事更添非凡意義。毫無疑問地，救船難者（sauveteur grèves）的主題如日中天，形象輪廓也逐漸勾勒完善，完全證實野蠻人有可能蛻變，甚至比舊制度下的和睦情況更具說服力，除外，英雄氣概的舉止亦能見證善良好人的確存在，而且可以與社會調查在城市底層發現的危險和邪惡的勞工階層相抗衡。

一七七七年時，海牙沿岸那些可怕居民的蛻變已經讓緹葉大為讚賞，但他認為這完全是工業蓬勃興起的功勞。在波旁復辟時期，沿海居民樂於助人的主題開始風生水起，也搭上當時蔚為流行的慈善事業風潮。技術方面的一系列進步則大幅改善了西方國家沿海的安全狀況。不只大西洋和英吉利海峽沿岸穿插聳立著宏偉的現代燈塔，海岸和海底地圖的繪製技術也突飛猛進，法國製圖師波丹・波佩（Beautemps Beaupré）的作品就是鐵證。領航的技巧日趨完善，海岸的停泊場也精備著不沉的船隻。在英吉利海峽對岸，英國的救援機構與日俱增，歐陸也在隨後相繼跟進。一八二六年，英國的有錢人在布洛涅成立了人道協會（la Société humaine），致力協助有溺水風險的人。另外設立了巡邏警戒制度以保護泳者安全，搶救溺水者的技術也全面改良。[64]

水手大多是具有虔誠信仰的無名之輩，這群人身處危險、生命無比脆弱，引發眾人惻隱之心。拜浪漫主義的風潮及復辟時期的氛圍所賜，海洋的基督教象徵主義再度興盛活躍，也同時催生海岸族群野性或野蠻的形象。水手正是犧牲奉獻、捨己為人最活生生的例子，就像一根避雷針，為了所有人的幸福，心甘情願地將大自然或神性的雷電導入自己身上。[65]杜克斯在一八二六年談到救生制度時曾說：「人類對同類的援助，有時是基於天意，讓社會之間的連繫更為緊密」。[66]這個生性疏遠、生殖力強、對變幻莫測的大海逆來順受的民族，對一切都能引起憐憫之心，又不至於參雜過多的恐懼。

命運悲慘的韋桑島，位於英吉利海峽入口最危險的地方，曾經被比亞爾東・索維尼（Billardon de Sauvigny）譏諷為社會的天堂，卻又是個極具象徵意義的救生地點。[67]根據夏爾・凱格（Charles Rouget de Kerguen）的說法，努瓦爾穆捷島（Noirmoutier）的居民曾經是海難製造者，現在倒成了英雄般的救難者；[68] 而卡約（Cayeux）鎮是英吉利海峽沿岸的悲劇中心，居民則是天生的善良好人。[69] 英國的葛莉絲・達令（Grace Darling）是位渾身充滿英雌氣概的年輕女孩，在一八三八年拯救了「福法爾郡號」（*Forfarshire*）上的十幾名乘客，因此成為不容小覷的救難象徵。[70] 犧牲奉獻的故事範圍逐漸擴大，開始有人提及燈塔看守人的生活有多麼艱難，[71] 領港員的自我犧牲精神更被高度表揚。一八二三年，法國劇作家維克多—約瑟夫・朱伊（Victor-Joseph Étienne de Jouy）極力稱頌基耶伯夫（Quillebœuf）[72] 居民的大無畏精神，也公開了米什萊獻給吉倫特（Gironde）省領港員的讚美詩。

浪漫主義文學中的私掠者（corsaire）*和海盜人物，[73] 也以他們自己的方式參與了這場大肆讚美海岸人性的盛會。出現在畫作中的他們，可以有兇猛的群體形象，以及從中解脫後所產生的崇高人性所閃耀著的誘人神祕風采，兩者並列不悖。伯斯很高明地分析了私掠者形象緩慢改善的過程：「一個利欲薰心和貪得無厭的人」，「註定要衝動行事才能遂心快意」，[74] 總是陰沉、寡言、令人捉摸不透。她指出，這個神祕詭異的人物對當時人的想像力具有莫大的影響。在這方面，拜倫的作品確實是個相當有說服力的「圖庫」。還有巴爾札克作品中的海盜（《安妮特與罪犯》〔*Anette et le criminel*〕，《三十歲的女人》〔*La Femme de trente ans*〕），喬治・桑（George Sand）（《埋伏的海盜》〔*L'Uscoque*〕）、歐仁・蘇和西方海洋小說中所有響噹噹的人物，更不要忘了美國作家詹姆士・庫

* 譯註：受政府或君主的委託的船隻，可合法行使掠奪的權利。

珀（James Fenimore Cooper），他們都是這個圖像創作大隊的一員。

海灘上的沙丘形狀瞬息萬變，使得活在當下的意志在此找到合乎邏輯的場景。欲望倏忽的瞬時性，以及無垠海岸的虛空感，兩者間形成無以名狀的協調，也聯手打造這個地方的迷人魅力。

事實上，這種和諧並非一蹴可幾，而是逐步形成。在十八世紀時，私掠者和海盜群眾的兇殘形象占據主流地位，包括笛福的《魯賓遜漂流記》及法蘭索瓦—湯瑪斯—瑪莉德・達諾（François-Thomas-Marie de Baculard d'Arnaud）的《馬金島》（*Makin*）當中都有不少著墨。在地中海沿岸旅行的人總是提心吊膽，深怕被柏柏里海盜（barbaresques）攻擊，[75]還有法國大革命和帝國戰爭期間私掠船強行勒索的現象，都讓海盜的形象一落千丈，有很長一段時間，書中主角都只能在成群粗野人類的包圍中安身立命，而這群對打打殺殺感到麻木的人，窩在走私分子的洞穴內，狂喝白蘭地喝到爛醉。[76]羅薩畫作中的海岸強盜場景，完美延展出最出色的海盜形象，與英國作家瑞克麗芙書中人物思克東尼（Schedoni）的殘酷不謀而合。[77]除此之外，文學作品中的私掠者並不完全屬於海岸上的人物，私掠者對自由的渴望，使他將大海視為他的領地，而海灘上的停泊點只不過是他偉大航行中微不足道的小插曲。

海盜強大的身影讓人們對海灘和沿岸洞穴的想像力更為豐富，這些不尋常人物散發著神祕氣息，令在此散步消遣的人著迷不已，各式遐想於焉展開，想像這些海盜具有可怕的一面，但也同時擺脫了環境加諸其身的沉重野性。另外值得一提的，是與海盜非常接近的「綠林好漢」（Bandit d'honneur），他們擁有浪漫性格，也喜歡呆在海邊，諾迪埃筆下的讓・斯波加（Jean Sbogar）與亞得里亞海海灘之間的關係即足以為證。

海岸的黃金時期

在十九世紀前三分之一的時間裡，關於海岸、懸崖、岩洞的文學作品眾多，在初期跌跌撞撞、一路摸索之後隨即發展迅速。數不清的小說，尤其是短篇小說，非常熱衷在此取景，而歌劇和輕歌劇對於該場景的普及也居功厥偉。海洋期刊首先在英國如雨後春筍般出現，法國稍晚也躬逢其盛。這些期刊的內容不單只關於航海，而且還遠甚於此，不僅結合了海岸名勝的創始歷史掌故，還描述海難製造者、走私者、領航員或海盜等人的豐功偉業或昭彰罪行；另外也有一些寧靜從容、心平氣和的場景描寫，其中最常出現的是漁夫返航的情節；最後則是眾多戲劇風格強烈的短篇小說，一改海岸原本哀婉動人的姿態，有時還添上幾筆岩洞中賺人熱淚的旖旎情色。以上種種都勾勒出一個歷史學家尚未涉足的龐大研究領域。

描述海岸居民日常辛勤勞動之際，也免不了要談一下民眾的社交生活。海岸上不分什麼男人圈或女人圈，[78]他們一起欠身收網，圍坐在漂流木升起的火堆旁，或是共同為小艇塗上防水柏油，基本上是男女混雜的社會，但尚未與島嶼旅舍中男性至上的風氣呈現絕對的對立。[79]比起農民的妻子，沿海地區的婦女享有某種地位，也擁有權力和知識，更能抵禦社交形式逐漸男性化的趨勢。

事實上，關於所有這些主題，當時大部分描述都首重旅人的感受及社會想像力，例如凱格的精采描述就是很好的例子。他滿腦子都是文學和繪畫的參考資料，面對努瓦爾穆捷島漁民驛站（caravansérail）的酒客所散發的難聞氣味，他勇敢克服內心的厭惡，「這種破房子用小石塊蓋起，混合了一些沙子跟褐藻，上面覆蓋著海藻」，類似於下布列塔尼地區的牛欄馬廄。而房子內部的景象則猶如「霍夫曼（Hoffmann）或卡洛特（Callot）風格的詭異畫作」，「喝得醉醺醺的酒鬼漲紅著臉，穿著寬大的外套，長褲沾滿柏油，臉色粗獷不馴」；爐膛裡熊熊燃燒著「荒原荊棘和海藻」；男人、女人和小孩「用一個大大的錫罐啜飲著烈酒」。[80]

沿著阿摩里卡、科努瓦伊爾（Cornouaille）、喀里多尼亞或挪威的海岸，切割和採集海藻也成為一種老生常談的刻板畫面。[81]蘇維斯特是第一個取笑追尋德魯伊蹤跡的人，但他反而也從中發現了令人驚異的知識，還混淆了好幾個世紀的內容。[82]在聖米歇爾山海灣挖鳥尾蛤的群眾也讓諾迪埃靈感泉湧，寫下了《乞討仙女》（*La Fée aux Miettes*）書中最令人拍案叫絕的情節。

但人們對田園風光的遐想依然存在，與忙碌辛苦的工作畫面截然不同，若以風俗畫（scène de genre）*而言，則主要述及一些大眾的常規習俗。當城市資產階級熱衷於在城市近郊自甘墮落的時候，觀察家則來此探索海岸族群的生活樂趣，即使他們之前覺得這個族群有些嚇人。他們立刻無法自拔地愛上海濱「愉悅的饗宴」（parties de plaisir），那種原始的純真或潛在的情欲，讓當地人的野性氣息逐漸煙消雲散。包括野外狩獵、年輕獵鳥人夜間宿營，或是在淺灘的堅硬沙地上舉行鄉村婚禮舞會，還有巴斯克山區的人們每年到比亞希茲海邊集體下水，[83]林林總總不一而足，共同勾劃出一派和樂的溫馨畫面。

統治階級的喜好也已開始逐漸滲透到這種集體歡慶的現象。在帆船水上運動蓬勃發展的同時，賽馬會也開始大展身手，將海灘變成賽馬場。這種做法早期在英國很普遍，後來才傳到法國海岸。塞松（Cesson）和朗格（Langueux）的海岸一向有豬隻在海鳥群之中自由自在穿梭，現在一年當中更會有三天會搭滿賽馬活動的帳篷。「臨時的跳舞咖啡座裡擠滿了喝酒的人，省長、警察、軍隊和一支精銳的扈從」[84]前來觀看賽馬，數以千計的觀眾站在兩旁的岩石上。這個熱鬧的節慶於一八〇五年八月三十一日首度出現，自一八〇七年開始定期舉行，[85]讓不少「優雅的騎師」以及鄰近市鎮的農民趨之若鶩，也為海岸領地帶來一些不尋常的賽事交鋒。[86]

一八一〇年至一八四〇年之間，在文學作品著迷於海岸、石窟和潮濕沙地之際，海景畫作迎來了短暫的黃金時代。繼承了荷蘭海景風情畫傳統的透納，成為英國海景畫的開山祖師。他的許多油畫、水彩畫和素描，都在邀我們前往一窺由海灘工人領銜主演的景觀，其中《退潮的加萊海灘》（*La plage de Calais à marée basse*）靈感來自於他一八〇二年的旅行，而《斯卡布羅城鎮和城堡：早晨抓螃蟹的年輕人》（*La ville et le château de Scarborough : le matin jeunes gens attrapant des crabes*）則是一八一一年的作品。在法國，伊薩貝對「小漁民」的興趣就像他的朋友尚—路易・傑利柯（Jean-Louis André Théodore Géricault）對馬夫的興趣一樣熾熱。伊薩貝經常前往諾曼第海岸，

* 譯註：泛指以社會風情、民間習俗等日常生活為主題的繪畫。

也因此有很多機會能盡情畫「小漁民」畫個夠。他於一八三三年描繪的《退潮海灘》（*La plage à marée basse*）堪稱顛峰之作。此幅畫的構圖重點不再是與大自然力量的對抗，也不是尚－巴蒂斯塔・休特（Jean-Baptiste Huet）或波寧頓那種近乎海天合一的風格，更不是像透納或康斯特勃的某些畫作中所呈現的反覆易變的沙灘。伊薩貝只畫大地盡頭之絕域，一筆一筆描繪那些依附廢墟生存的潦倒人群，在泥濘不堪、滿布黏土和木頭的環境中工作和生活。他的畫中舉目盡是斷垣殘壁以及倒塌坡地，滿地黏呼呼的魚肉碎屑，讓已經很黏的爛泥地更加黏膩；還有四處散落的木樁、坍塌房子的屋架、翻倒在岸邊的船隻拱起的船尾，似乎都在絕望地抵抗著，避免被大地吞噬。[87]

瑞士畫家約翰・烏立克（Johann Jakob Ulrich）在一八二四年和一八二五年的一次旅行當中，也被特魯維爾（Trouville）海岸的人們所吸引。十年後他再度回到布列塔尼，研究徒手捕撈漁民的活動，[88]然而當時度假設施已經相當霸道橫行且無所不在，海灘勞動的場景早已不復從前。透納在一八二二年創作的《馬蓋特》（*Margate*）中，便將這股衝擊和緊張氣氛描繪得相當透徹。一八四五年之後，以海灘工人為主題的繪畫已成明日黃花，[89]有閒階級不斷追求能炫耀身分地位的方式，並因此一舉成為繪畫表現的主題。畫作從此不再直接表達人們對海岸的渴望，而是轉為關注有閒階級所呈現的社會景觀及愉悅景象，讓喜愛孤獨的浪漫主義者悵然若失。這種社會分化馬不停蹄地繼續深化，連米什萊都很快地感到痛苦不堪。[90]

從此之後，海岸居民幾乎失去亮相機會，只有在進入馴化過程，也就是為有閒階級提供服務的時候才會現身。在這裡分析這個蛻變過程太曠日廢時，總之這樣的模式是由那不勒斯傳統旅行的嚮導提出的，他還讓他的孩子任憑遊客使喚。這種做法很快就在喀里多尼亞的旅行現場重新上演。一旦和平重露曙光，在蘇格蘭和威爾斯的海岸上，旅人一個勁兒地要求海岸居民聽候差遣的景況，似乎就像在地中海沿岸那般，已然勢不可擋。[91]

英國的海浴療養地從一七五〇年代末開始，男女導泳員（guides-baigneurs et guides-baigneuses）、*魚販和客棧老闆都已可為水浴療養者提供服務，十分清楚明白地見證了這種蛻變過程。旅人確實需要精明能幹的勞動力以供差遣，但這還不足以解釋這個過程，有機會接觸海岸在地社會，才是馴化海岸居民的樂趣所在。貼近充滿活力的居民肯定能帶來好處，也因此旅人很期待與導泳員扯上點關係。更何況，能夠擺布這些以前看起來很可怕的人，也更令人引以為樂。

巴爾札克在他的小說《海邊的悲劇》中，就描述了小漁民是如何在一個偶然的機會下，被帶去效勞一對想沿著海灘走到蓋朗德（Guérande）的徒步旅行者。

蘇維斯特一八五二年出版了《河濱和海濱的場景和禮儀》（*Scènes et mœurs des rives et des côtes*），在其中一篇短篇小說〈海灘閒晃者〉（Traîneur de grèves）當中，他試圖追溯馴化蛻變過程的起源，並把故事場景設計在復辟末期的皮里亞克（Piriac）小海灘上。小說中的主角路易・馬卒（Louis Marzou）在此之前一直依靠大海的賞賜維生，是村裡窮人當中第一個率先轉行的人。「如果蓋朗德需要一名使者，一名經驗豐富又能預知任何危險的導泳員，一名對當地海灣奇聞軼事瞭如指

＊譯註：憑藉其職業和對游泳技術的了解，陪同泅水者下海，並隨時準備拯救溺水者的人。

掌的嚮導，那麼馬卒已經準備就緒」。[92] 根據蘇維斯特的描述，當地居民免不了同仇敵愾，看到這位原本在海岸撿拾漁獲的人竟如此不顧操守，紛紛大感震驚。

讀一下十九世紀頭四十年出版的海洋專題大眾雜誌，就可以看出海岸擁有多大的魅力，這片陰晴不定的空曠海域擁有無窮的力量：就像萬花筒，讓不同成分的組合產生千變萬化的圖案，或讓人物一個個驟然一現又隨著時間消逝，例如自吟遊詩人或德魯伊時代以來就未曾改變的岩石人；貝里努斯（Belenus）神廟的處女祭司；兇殘成性且具有強大精氣神的野蠻人；充滿英勇氣概的救難者；在淺灘和岩石上採集大海恩賜嗎哪、並焦急等待漁夫返航的婦女；以及激動地向海鷗詢問愛人下落的年輕女子。在海岸閒晃的人或漁夫耆老所口述的傳說當中，出場的人物不勝枚舉，具有豐富多重意義，為旅人的靈魂提供無限沉思和遐想的空間。長話短說吧，這個地方的優點在於它是大海、天空、大地的交匯點，有利於各種想像在此錯綜交會，也能迅速轉換時間與空間環境，不只讓心靈透透氣，也可作為想像力的跳板，激盪文學和繪畫創作。在一八一〇年至一八四〇年期間，這些文學和繪畫作品的豐富程度遠超過人們對鄉村生活的想像。尤甚者，這片令人發思古之幽情的領地也是個悲情的人生劇場，在一七五〇年至一八四〇年期間，其功能和運作方式都經歷了深刻的變革。

第四章　悲愴海岸與其轉變

戲劇化的情感

約莫十八世紀中葉，船難成為繼地震之後最具代表性的災難事件，一提及便能觸動敏感的心靈。的確，早在十六、十七世紀，這個主題就已經反覆出現在西班牙與葡萄牙的文學作品當中。而在英國與法國，因其政治象徵正確，[1]很快地也在這兩地流行普及，並在傳統經典的暴風雨模板裡找到一席之地。自一七四〇年代起，其觸角逐漸延伸，感人肺腑的策略變得更多樣，同時形容悲情的華麗辭令也變得益發豐富。

十八世紀法國藝術評論家艾蒂安・拉封德聖揚（Étienne Lafont de Saint-Yenne）記錄了一七四六年法國畫家韋爾內的船難畫作在沙龍展出時，觀賞者看畫當時表現出的強烈情緒波動。[2]一七六二年，蘇格蘭詩人威廉・法爾肯納（William Falconer）從「不列顛尼亞號」（*Britannia*）在克里特島海域失事的事件中獲得靈感，創作了《船難》（*le Naufrage*）一詩，獲得了巨大迴響，而他本人也於七年後在海上失去蹤影——他悲劇性的命運換來了這首詩的成功。

船難成為當時最常見的事故形式。數不盡的相關研究，見證了這個主題有多麼受到青睞。從一七七九年到一七九一年之間，有三十五艘船艦沉入敦克爾克港口或停泊場，只有十九艘是在附近的海域遇難。換言之，有百分之六十四點八的船難都發生在港口或港灣內的停泊場。[3] 由此可見，大多數的沉船事件發生在岸邊、港灣或海口。就算海面上風平浪靜，強烈的海流也常阻礙船隻行進，使得船身慢慢地朝海岸礁石傾斜擱淺。歌德在從西西里島返回的途中，就細數了心中的擔憂與恐懼，他總是與搭乘同一班桅桿小帆船的旅客們盯著底下的海水，看著它百折不撓、一心一意地只想帶著帆船衝向卡布里島岸邊的岩石。[4] 若遇上風雨交加，船長最後甚至只能採取下下策，轉向讓船身橫著擱淺上岸，希望這樣能夠穩住船體，不讓乘客被狂暴的大海捲走。岸上的目擊者就這樣全程目睹了整齣悲劇發生的經過，聽著爬上桅杆、緊抱著船帆不放的倖存者們哭喊哀禱。這群即將滅頂的人與眼睜睜看著他們滅頂的人，因著這份痛徹心扉的情感交流而產生連結。一七三九年二月十五日，「皇冠鯡魚號」（*Hareng Couronné*）在駛入敦克爾克港時沉沒，船員攀著「繩索，高舉著手向天，對著陸地上他們所能看到的人哭嚎求救」。[5] 這樣屢見不鮮、令人心痛不已的戲劇化展演自然讓人心生憐憫，最起碼也提高了公眾對此類悲劇畫面的好奇心。「不列顛尼亞號」事件，與法屬東印度公司的「聖哲倫號」（*Saint-Géran*）於一七四四年八月十七日在模里西斯島（Maurice）附近海域沉沒的事件，讓我們看清了一件事：親眼目睹慘劇發生，對人們心理會造成多大的衝擊。

如此一來，我們便能理解，那些冀望作品能被大眾接受的畫家及雕刻家，何以總是把這類慘劇當成他們情感調色盤裡的標準基礎色調，而文人又何以樂於利用這樣的機會來炫耀自己冒險出海旅行的英勇。[6] 造型藝術與文學之間彼此互相援引借用對方作品幾乎已成常態，這也使得親身犯險的體驗行動變得多此一舉。達諾在一七七七年出版的《馬金島》，開頭一段關於船難的描寫，等於是一篇針對韋爾內畫作的評論。十二年後，這位畫家又畫了《維吉尼亞之死》（*La Mort de Virginie*），這幅畫的複製品被大量流傳，也讓聖皮耶的小說《保羅與維珍妮》在往後超過半世紀的時間裡人氣始終不墜。直至一八二〇年，法爾肯納的詩篇《船難》更在英國再版超過二十四次以上，甚至到一八三二年為止一直是藝術家的創作靈感來源。

在通俗藝術方面，同樣也比以往更著力於表現大海的悲愴。法國歷史教授貝納・庫珊（Bernard Cousin）[7] 整理彙編了普羅旺斯宗教獻祭品的系列文獻，指出直到一七四〇年獻祭品上才首度出現有關船難的描述，之後這個主題開始漸漸地在沿海地區流行起來。慢慢地，需要處理的災難變了。還願獻祭的畫作構圖多側重遭逢劫難的船隻身上，這樣的轉變無異是要將觀者帶進悲劇的核心。神聖的蒼穹極速消失，憾事發生的瞬間取而代之，成了這類獻祭畫作的主角。在各大港口附近，船難事件亦成為吟遊文學的一大主題，造就了一種長篇絮叨的說書傳統。

遊記的讀者或沙龍的藝術鑑賞者，不僅把海岸當作是大自然噴發終極怒火的觀察站點，同時也將之視為以天然岬角為框架、任由底下浩瀚海水揮灑的遼闊舞臺。眺望海面的波濤洶湧，戲劇化的情感自然而然地在心底蠢蠢欲動。這些情感能輕易地具像化：可以是揮舞著手告別，或是佇立海邊思鄉情苦，[8] 抑或是眾人翹首期盼大船入港，[9] 以及，特別是，讓人哀痛逾恆的船難。

舞臺如此巨大，故能容納這許多悲劇在那錯誤的瞬間爆發；舞臺如此巨大，故能擁抱所有的掙扎與哀嚎。若不稍稍檢視這塊災難隨時可能爆發、上演的領域，以及箇中悲愴情緒的生成與運作過程，我們無法了解人們內心這股不斷攀升的對海岸的渴望。

想要深入了解啟蒙運動時期藝術鑑賞者對作品的分析解讀，必得把這些華麗辭令放入大眾的行為脈絡（ample réseau de pratiques）來探討，包括觀劇大眾的態度、傷感喜劇（comédie larmoyante）的大受歡迎、對姿態的特意強調，以及面對撕心裂肺的痛苦來襲時，內心悲憫之情的生成過程與表現出的對應手勢。然後，很矛盾地，對於含蓄矜持的堅持，這些都應該要考慮進去。更不能漏掉了眼淚的意義、[10]功能與流淚行為的演進。在分析韋爾內或盧瑟堡兩人的船難畫時，必須要提醒大家，眼淚除了表達悲痛，同時也能表現喜悅。別忘了，當時的人們還不懂什麼是性別二形論（dimorphisme sexuel）——該說法將哭泣產生的各種舉止予以逐條彙編——而此時公開展露悲傷的行為也還沒退居至私領域的嚴格規範內。

啟蒙運動時代的外在形貌史（histoire de l'apparence）衍生出大街上專有的戲劇性，讓人物更鮮明，並奠立了情感流露行為的社會模式。深入認識這一層，有助於我們進入這個隨時能讓人觸景傷情的世紀，以當時觀眾的角度來看待、認識這類悲劇所代表的意義，同時也有助於我們理解海岸場景出現的那些姿態與手勢，與之相對應的辭令，以及它們的演變過程。

在此再度重申，有非常多的繪畫鑑賞者從來沒有親眼見過大海；或許該這麼說，他們從來沒有親眼見過那觸動了他們靈魂深處的暴風雨之真實樣貌。但是，沒有親眼目睹悲劇的發生，並無礙於他們品味賞畫的樂趣。狄德羅在出發前往荷蘭遊歷之前，韋爾內的船難畫就令他感到震撼不已。這位畫家筆下的地中海、《保羅與維珍妮》裡的印度洋、還有《青年女囚》（*La Jeune Tarentine*）裡對大海的新古典風格描寫，在在透過了人們的心靈產生質變，成為靈魂的低語。文學藝術作品裡的大自然，甚至比現場實景更激動人心。我們都看到了馬蒙泰爾的例子。狄德羅這麼說：韋爾內成功讓當時對怒海無感的藝術鑑賞者打開了心房。

藝術評論界與沙龍的繪畫鑑賞者，他們的影響力可說是相輔相成。評論家與經驗豐富的鑑賞家，以讓藝術家們瞠目結舌的誇張詞藻，交織出一番博學知性的對話，美化了海景畫家的情感筆觸，拆解並細訴畫中精湛高明的虐人特質。海岸就這樣輕鬆成為左右畫中角色命運的戲劇性舞臺，畫中人物不再只是畫家，臨摹某幅代表性場景的單純複製品（就如同洛漢那樣），不再只是為了讓景色更顯壯闊而存在，他們已經跳脫了吉爾平的諄諄叮囑，不再是壯麗山河的些許點綴。畫中人物有了自己的作用，在戲劇表現上有了自己的學術歸類。觀者可以看到畫中人物極力與將要碾碎他們的猙獰大海對抗，可以看見他們的恐懼、哀禱、掙扎、力竭、犧牲與悲慘的命運，也能夠開始分析倖存者、傷者與亡者之間情感差異的微妙呈現。藝術家終於可以不再落入那一套從單純觀者角度出發的態度與感情模式。不過，他們還是常常利用這樣的偏門，一味只求觸發觀者悲天憫人之心，進而熱淚盈眶。藝術愛好者的鑑賞目光很快便從大海的震怒展演轉移到了災難場景。他們品味著在怒海深淵中進行的情感認同遊戲。賞畫的觀眾先是受邀進入畫面，有了身歷其境之感，再進入船難悲慘的情境中——這樣做的目的在於打破橫亙於畫中悲劇與他們之間的距離感，進而產生與被害者感同身受的情感連結。催淚的預備工作就是如此這般狡詐地進行著，其效率之高低則視藝術家的筆觸表現能力而定。[11]

拉封德聖揚不是唯一一個將繪畫鑑賞者凝視韋爾內船難畫時激動難抑的情感表露記錄下來的人。十九年後，法國科學期刊《百科日誌》（*Journal encyclopédique*）就寫道：「我們特別注意到有兩幅船難畫讓人不寒而慄。」[12]一七五九年，狄德羅就沉浸在畫家筆尖流露的情感魔力下，深信自己聽見了畫中人奄奄一息的哭喊。

情感撩撥的強勁力道為繪畫的華麗辭令注入蓬勃動力。海濱船難事件給了分類學（taxinomie）盡情發揮的空間，拿捏精準的分類更能激起觀畫者強烈的感同身受之感。這個主題的作品能輕鬆依循當時繪畫界非常看重的時間段分類，在「一日四時」系列類別中找到自己的位置，也就是說這類繪畫必須在同一展場展出。[13]一般最常見的時間段是中午，中午時分最能表現大海的悲愴意象，由平靜海面、船難、港口、月光下的船等組成的平常系列亦是如此，我們在前面已經看到瓦朗謝訥認為此一刻板策略背後的動機為何。災難的發生能為這個單調枯燥的時刻添加動態效果，並激出觀者「無從壓抑的熱淚」。說真的，船難只是眾多方法當中的一個而已。從新古典主義的角度來說，也就是瓦朗謝訥的觀點，容我們不厭其煩地重複，可能的方案還有：村莊大火、被蛇咬傷的痛苦少女、被狗咬的可憐孩童，甚或是焦急等著戰艦遭砲火劈裂。有這麼多災難可供畫家搭配運用，用以牽動「觀者的各種情感：痛苦、憐憫、恐懼、好奇、甚至冷漠毫不在意」。[14]

戲劇性舞臺的多種面貌，能讓觀者回溯裡頭各種各樣受苦受難的人物。只要目光一趟梭巡，便能看出畫中人物的年齡層、性別，並品鑑各類人物的特質描繪。正當個人主義在社會群體逐漸鞏固深化之時，海景畫，跟災難文學一樣，正好呼應了人們對生命曲線越發看重的需求。[15]

船難的畫面同時也提供了逐一編錄情感、詠讚情感的機會。母愛、牽手情、家庭親情都在這裡找到了該有的重視。那些遲遲未得解析評論的畫作，搖身一變成為讚美家庭的頌歌。從更廣義的角度來說，這樣的畫是在**詠讚情感羈絆**（exalte le lien），同時也是邀請敏感細膩的心靈與這齣明顯浮誇的悲情擬劇產生連結，它抹去了獸性、狂暴與自私的部分，僅呈現出愛的羈絆力量。

關於這部分，藝術家能輕鬆提供觀者許多範例，列出一系列的姿態與手勢，對應它們所表達的情感。畫家按照所有藝術鑑賞者一致公認的情緒目錄，來分配畫中各個情緒對應角色的位置。海岸船難畫，一如舞臺劇表演，運用了心理學上的主導科學信念：悲劇突如其來的降臨，將加深人們內心的驚恐、煎熬與感恩之情，也為觀者帶來伯克所言的那種謬誤危機所引發的無上快感。就這樣，凝視悲愴海岸滿足了內心求生的熱切欲望，每個人都能在其中找到平息死亡衝動的方法。

海岸風景畫尚不曾公開大膽地呈現情色的場面，這部分屬於度假勝地與文明海灘的範疇。儘管如此，這類的需求已經悄然不懈地滲進了船難畫裡。海水造成的裸露就是個很好的託辭，允許藝術家挑戰部分人體的裸露，好比腳、足踝甚至大腿。這樣的裸露描繪持續挑戰著無謂的羞恥：因為拒絕救援者別無他意的上前擁抱施救，維珍妮死了。濕透的衣裳黏在她身上，人體曲線畢露，透出身形線條的美與肉感，誘發淫虐欲望。船難的女性受害者百依百順地癱軟在配偶或情人懷中，彷彿是在臨摹男女性愛高潮。這些都向讀者指明了，害維珍妮喪命的羞恥心，其實與肉欲系出同源，暗示著這位新婦是在新婚之夜被大海吞沒，或慘遭尖銳岩石割裂。女性死亡景象衍生出的肉欲快感，在那具慘白泛綠屍體的迷惘中達到最高潮。沒有鮮血橫流的死者，特別是當這死亡場景沐浴在朗朗月光下時，這份美感正好讓滿腦子浪漫幻想、緊盯著法國畫家吉羅代那幅《阿特拉入土》（*Enterrement d'Atala*）不放的觀者，內心浮現出難以啟齒的遐想。

達諾並未留意這些約定成俗的顧忌。在《馬金島》中，從馬金的未婚妻不省人事，與情人同困在一艘小船上、緩緩隨波逐流，小船擱淺再穿越黑暗地洞，他描繪出了一段懵懂的禁忌啟蒙旅程。這是蛻變成大人的前奏，預告了這對愛侶將在伊甸園般的荒島上演出一段魯賓遜漂流記，佐以點點激情與無以倫比的性欲歡愉，以及他們的後人意料之中的不倫戀情。第二個船難事件為這個故事畫下尾聲：這一次來了位教士，他重新鞏固了社會規範，再次確立了家庭與夫妻倫常，安慰了這位因道德規範中斷，以及被自然之怒逼得鑄下大錯而痛苦不已的善感女子。一八一二年，梅納哲夫人（Madame Ménage）的《幸運的船難或自然的呼喊》（*Heureux naufrage ou le cri de la nature*）一書就暗示了海上災難蘊含著情欲色彩。這些災難接連將孤零零的伴侶扔進誘惑的魔爪，並默許有婚約的男女自然而然地順勢結合。

海岸的悲情與夢境形式的歷史，兩者間的關聯值得探討。船難的文字描寫像是某種形式的惡夢，打從十八世紀開始就被認為是開啟失去意識之人內心深處的契機，也常以體內臟腑發出的聲響來比擬。狄德羅在他對「一七六七沙龍」（salon de 1767）的批判為出發點長篇大論所寫就的故事裡頭，就有一段用惡夢的形式來包裝船難的文字，見證了「五臟六腑的警覺性」，賺得許多讀者的熱淚。[16] 一七六九年和一七七一年，盧瑟堡的海景畫所觸發的顫慄驚悚，[17] 也給了狄德羅機會，再次強調這幅戲劇化的作品裡蘊含著如夢魘般的內涵。

二十五年後，瓦朗謝訥在他給年輕後輩準備的教科書裡，高明至極地展現這類情感策略裡蘊含的虐心意味。在他看來，海岸四周的景色能中和船難的悲情，同時淡化畫面的殘酷。明亮的燈塔及救生艇上的巡岸船員都能和緩情緒波動，正如畫家不無遺憾地料中，誰都會因此覺得落海之人就要得救了；然而海面無際洶湧波濤，觀畫者心知肚明，船注定將沉入海底，估量著人們再怎麼掙扎都沒有用，觀者更能感受到人們面對這注定無望的命運之際，內心必然會有的驚惶恐懼。「觀畫者看著他們（落海之人）落入此等殘酷的境地，雙眼緊盯著他們，悲憫之情油然而生，隨即痛心不已，眼眶開始泛淚。那種痛苦情緒強烈到，連想到這些人可能還有一線生機的時間都沒有，根本沒法去想這些可憐人有可能登岸，或是什麼上天有好生之德願意伸手拉他們一把，帶他們脫離海底深淵、拯救這些對他們的孩子來說可能非常珍愛，或對他們的國家來說可能有重大貢獻的生命。」[18] 瓦朗謝訥似乎想忘卻大多數船難都發生在岸邊的框架，並忽略觀畫者目睹災難時自然感同身受的認同感，他在此畫出了海岸悲愴的界線，同時導入了偏離航線的想像高潮。

大海的血淚

當瓦朗謝訥闡述論點時，繪畫構圖的血腥恐怖也更上一級。一股風潮興起，推著海景畫家開始走向描繪船艦砲戰的可怕路途，至此海上不幸事故的戲劇化哀嚎逐漸式微，挑動悲愴情感的運作模式有了改變。海洋史再一次地說明了這其中的拉鋸變化。七年戰爭之初（一七五六年）直至英法兩國爆發特拉法加（Trafalgar）海戰（一八〇五年）的這段期間，海上的搏鬥幾乎從沒中斷過（一七六三至一七七八年，以及一七八三年至一七九二年）。這段時間的海戰，多偏向小規模、短時間的戰役。不過，十七世紀那種強權艦隊間的大規模衝突仍不時出現，舉例來說，法屬加勒比海地區的桑特群島（Saintes）與英吉利海峽的韋桑島一日大戰就是見證。不過，船上砲火武器的長足進步增加了雙方強登敵艦的難度，船艦更加迅速的移動力也使得想完全摧毀敵艦難上加難，故雙方只得不斷加強炮火攻擊船體。[19]這樣的對決場面給了藝術家機會，更深入地細細描繪痛苦。特別是，海景畫家取材的戰役多接近礁石密布的海岸，這些戰役很快地便讓畫家筆下的船難畫面變得更為複雜多樣。

海上戰役的入畫自此加深了恐懼之情。他們丟掉了過去藝術家秉持的保留含蓄手法，放大痛苦的特寫與姿態，恣意描繪身體承受的痛楚。船上熊熊的火光令人膽寒，也映照出砲彈、子彈、彎刀、火藥爆炸下血流成河的景象。那片染紅了的海水，好整以暇地等著吞噬斷手斷腳的傷兵殘員。這類畫作拋棄了浮誇的船難戲劇性舞臺，改以強調人性殘酷面的可怕，讓人不忍卒睹。

在此同時，許多地方的海岸也變身成鋼鐵堡壘以抵禦外來者入侵。自英國攻入與聖卡斯特（Saint-Cast）一役（一七五八年）之後的布列塔尼北部海岸線，還有更顯著的是一八〇四年正對著布洛涅敵方大營的綿長英國海岸線，都增建了許多軍事稜堡，派駐了滿滿的軍團。[20] 海岸的悲愴氣氛在可怕的浮橋襯托下更顯悲情。[21] 浮橋上躺著慢慢腐爛中的囚犯屍體，與此相隔不到幾海鏈的地方卻是陽光燦爛的海水浴場。海戰的策略目標在俘虜對手兵員，以削減對方戰力，也因此當時海軍的傷亡數居高不下，為海濱增添了一股新的死亡氣息。[22] 反之，被逼得出逃流亡的法國貴族，則競相踏向海上之旅，這群人完全不了解海上風險，等到了茫茫大海才猛然發現自己要面對的是海盜、暴風雨與海上祝融。[23]

這波海上的集體冒險悲劇激發了藝術家的靈感，形塑了觀者的品味，其實是可以理解的。一七八一年開始，大批倫敦市民蜂擁聚集，爭相一睹盧瑟堡的機械自動展演劇（Eidophusikon）展演的各種幻象。其中幾幅畫面恰如其分地呈現了暴風雨、船難與海戰的場景。天災是「環景畫作」偏好的一大主題，這種繪畫形式始於一七八七年。[24] 一七九二年到一八一五年間，海上戰事始終糾纏著英國人，以海戰為主題的繪畫總能在英國人當中帶起一股不可思議的風潮。他們反覆利用英國海軍上將約翰・傑維斯（John Jervis）、山繆・胡德（Samuel Hood）、喬治・羅德尼（Georges Rodney），特別是霍拉蒂奧・納爾遜（Horatio Nelson）的大捷，來助長國人澎拜的民族情緒，因為此時一國國力之強大比起任何時刻都更仰賴於對海域的控制。海上戰役的勝利往往會被畫在瓷盤和陶器上以茲紀念，海戰畫家於是訂單接不停，還能獲得公家的賞賜。隨著盧瑟堡轉而將全部才華放在這股新民族情感上，更加以激化此現象。「六月一日光榮日（一七九五年）」，還有發生在澳洲的坎伯當（Camperdown）戰役（一七九九年）為他帶來了機會，以一種全新的細膩工筆筆法描繪士兵們的慘狀，並以無限誇張的驚懼手法，把大自然的憤怒與人類的殘暴劃上等號。法國也有這樣的畫師：舒瓦瑟爾公爵（duc de Choiseul）庇蔭下的路易─尼古拉・布拉朗貝爾（Louis-Nicolas Van Blarenberghe），還有皮耶與尼古拉・奧扎納兄弟（Pierre Ozane & Nicolas Ozanne），均能以最精細的工筆技法還原戰場，促進了悲愴題材如一種惡夢形式的法則建構。

濃濃煙霧、砲彈噴出的冒火砲口，彈火重擊後的血液噴濺，巨大爆炸的威力震撼下殘骸散射的空間，煉獄般的火光，閃電劃破的蒼穹下捲起的巨浪，都是觸發驚駭情緒的典型構圖，偶而還會灑下一點蒼白的微弱月光。[25]以海戰為主題的繪畫不再忌諱描繪血肉模糊、開始腐敗的肉體，這為浪漫主義者往後能津津有味地品味多種殘酷畫面作出了準備。除此之外，雖說這些畫的背景通常都是在海上，卻未能稍減海岸的悲劇特質。

沙灘擱淺

浪漫主義者的腦中時時縈繞船難，[26]船難可說是那個時代的一大噩夢。即便戰事平息了，船難事故件數也沒有下滑。在英國，每年約有五千多人命喪大海。許多家庭痛失親人，縈繞在英國人腦海的災難名單長長一大串：「聖哲倫號」與「不列顛尼亞號」事件想當然爾，必然榜上有名；還有葬送了詩人法爾肯納的「歐羅拉號」（*Aurora*）事件（一七六九年）；「南西巴克號」（*Nancy Packet*）（一七八四年），「哈爾斯威爾號」（*Halsewell*）（一七八六年），「霍巴特女勳爵號」（*Lady Hobart*）；與在普利茅斯（Plymouth）港附近岩石觸礁的「達頓號」（*Dutton*）（一七九六年）；再來就是英國浪漫派詩人威廉・華茲沃斯（William Wordsworth）的兄弟擔任船長，奮力搶救仍無效，最終在韋茅斯外海沉沒的「亞伯格文尼號」（*Abergavenny*）（一八〇五年）；此外還有「佩姬號」（*Peggy*），與一八一〇年十二月二十二日深夜沉入海底的「米諾陶號」（*Minotaure*），該船搭載的六百八十名乘客中有多達五百七十人罹難。透納的知名畫作便是取材自這起慘劇。另有「梅杜莎號」（*La Méduse*）事件，以及多虧了燈塔看守員女兒葛瑞絲・達林（Grace Darling）[27]奮不顧身地加入救援，拯救了部分船員的「福法郡號」（*Forfarshire*）事件（一八三八年）。

船難故事受到大眾青睞，可從後來興起的黑色小說風潮得到佐證。愛爾蘭作家查理・馬圖林（Charles Maturin）[28]筆下的暗黑恐怖慘劇，以及雨果的《冰島凶漢》（*Han d'Islande*）一書中對於怒海的描述亦為明證；而且說真的，那時雨果還沒親身體驗過驚濤駭浪。

就這樣，從一八一五年至一八四〇年間，有關船難的文學作品一時蔚為風潮。在英國歷史學者們極力吹捧皇家海軍[29]的豐功偉業並昭告天下的背景下，《船難》與《保羅與維珍妮》不停的再版又再版。克雷布也有好幾部故事付梓，還有古柏於一七九九年發表的《浩劫餘生》（*The Castaway*），再加上英國小說家莎拉・伯爾尼（Sarah Burney）於一八一六年在巴黎與倫敦同步發行的小說《船難》（*Naufrage*），在在使得啟蒙時代的災難文學影響力更加深遠流長。

反倒是自一八二九年起，出現了一股革新風潮：此時開始出現海洋小說（le roman maritime）。這其實是伯斯精心規劃傳承下來的路線，從美國作家庫珀、法國小說家歐仁・蘇到美國小說家赫爾曼・梅爾維爾（Herman Melville），一脈相傳。這類文學作品以全新的手法來描述冒險故事與海上戰役。在法國，這類文學作品從來沒有像一八三〇年代初期那般，幾乎全靠作者憑空想像。一種「文學支系」（infra-littérature）出現了，大量取材自十八世紀海上旅途的人際關係，或是從一七八一年尚—路易—胡貝特—西蒙・德貝特（Jean-Louis-Hubert-Simon Deperthes）的《船難史》（*Histoire des naufrages*）中汲取靈感。這個「文學支系」的出現再次鞏固了災難文學作品的地位，並切斷了以沿海一帶為故事背景舞臺的偏好。[30] 此時，人們開始統計船難事故。一八三二年，奧杜安與米爾恩—愛德華茲率先發布了首批統計數據。他們以事故發生地點、年度與月分為依據，將近十二年間發生的一千五百零八件船難分門別類，再進行分析。[31] 專業期刊如《遇難水手季刊》（*Shipwrecked Mariner*）、《航海雜誌》（*le Nautical Magazine*）（一八一六年創刊）與《海上法蘭西》（*La France maritime*）等提供讀者鉅細靡遺的事件報導，甚至還有精確的技術性文章，也經常附上罹難者名單。一八三五到一八四一年，《船難總會》（*La Société Générale des naufrages*）還每日發布新聞。單單一八二九年，《大航海家》（*Le Navigateur*）刊出的一百一十三篇文章中，就有二十七篇是有關船難事故的報導。[32]

雖然沉船的表現模式多有革新，但仍有一批愛好者鍾情於海戰畫。在英國就有固定的客群，包含業餘收藏家、靠征戰致富的軍官、來自三教九流的船員等等，他們許多人退役後就當起了藝術品掮客。[33] 湯瑪斯・魯尼（Thomas Luny）、湯瑪斯・威金（Thomas Whitcombe），[34] 以及許多才華有限的畫匠依舊持續頌讚皇家海軍的光榮事蹟，並強調大海的恐怖。透納竭力將自然之怒與慘烈戰鬥融於一體，[35] 其作品更透過雕版複製廣為流傳。法國也一樣，畫家們無不極盡誇張地強調畫面的戲劇化，無不百般強調大海的殘暴。伯內特與尚─安東尼・古丁（Jean-Antoine Théodore Gudin）很快便以極盡誇飾的船難畫風格而聲名大噪，爾後的石版畫工匠費迪南・佩羅（Ferdinand Perrot）更是懂得迎合客戶對驚駭與痛苦的需求。法國將重心都擺在布列塔尼地區危機四伏的海岸。在藝術家的催情下，聖馬修海角成了船難悲劇展演的匯萃地，象徵了人們對海岸的新悲情觀點，也就是米什萊在一八三三年寫下並日漸普及的感受。[36]

還願祭品藝術（art votif）同樣順應了這股陰鬱畫風。沿著地中海西部的沿岸城鎮一路行進，所到之處，以船難為題的獻祭畫俯拾皆是。[37] 專門為還願信徒做畫的畫師，好比馬賽的魯氏家族（Les Roux de Marseille），多半毫不遲疑地在圖上落款，作品求真求確的程度達到新猷：船隻遭難的當時情況、日期、時間、船身的姿態、船隻的名稱、船長的名字乃至收藏者的名字通通都標註在小小的畫幅裡，以編年體體裁印證這些看似像是虛構的災難。社會對於怒海驚魂的偏好與流行普及，其實是伴隨著大眾對任何型態的天災人禍都逐漸高漲的看熱鬧心態而來。這就是「鴨鳴報」（canards）這類諷刺媒體能大獲成功，而地方新聞社會版報導意外事件的篇幅愈來愈大的原因。

之後，船難更是毫無忌憚地躍升到表演藝術的層級。人們將船難包裝成沿岸地區的觀光賣點，船難不再是那些想當英雄的狂妄旅者才能獨享的場景。觀光客，甚至連癡癡盼著大浪能連番拍岸的單純浴場戲水者，都夢想著能夠親眼目睹船下沉時人員奮力搶救的過程。[38]「真是一場驚心動魄的奇特演出」，蘇維斯特在一八三三年如是說：「就像是我們這裡的海灣在深夜裡發生了船難一樣。」[39]遊客全神貫注地盯著這幕慘劇，就像是在公共海水浴場裡公開上演偷窺秀一般。這項展演被歸入休閒娛樂的範疇，與一般的海灘遊樂設施、堤防與海堰步道同屬一類。總而言之，觀光產業將原本只有海岸居民能目睹的船難景象，變成通俗的體驗活動。一八三六年，巴黎公社的主要領導人物菲力克斯・皮亞（Félix Pyat）就察覺到了這個流行現象，還幽默地描述了他在奧斯滕德海濱的情景，拿著小型望遠鏡，與同在堤岸臨時設置的小咖啡館裡消費的客人一起盯著大海，盼望能尋到一絲天氣變壞的蛛絲馬跡，好親眼目睹災難發生。[40]紀堯姆・哈特維奇（Guillaume Hartwig）醫生也提到了這座海水浴場的浴者在一八四五年親眼目睹兩起海灘船難時溢於言表的欣喜之情，當時還有遊客正在浴場的俱樂部裡跳舞呢。他還說每個人都全程目睹了「這起動人心魄的劇碼」，聽見了絕望的哭喊。[41]

對於專欄編輯與發行商來說，船隻沉沒意外已經變成單純的新聞報導事件。可憐水手蒙受的慘痛能讓讀者心生憐憫，他們於是再也沒有任何顧忌地放膽挖掘九死一生的倖存者內心的懺悔自白，或追著質問遇難船長及漁夫的家人。[42]

隨著船難體驗行程與文章的普及，人們慢慢見怪不怪，船難悲劇自然不再是激發酷愛船難文學的讀者或繪畫鑑賞家們想像力的唯一泉源了。海岸的悲愴逐漸變得更多樣，並增添了新的驚悚元素。「梅杜莎號」的命運，以及倖存者在木筏上遭遇的悲劇，就深深地打動人心。這起悲劇完全符合浪漫主義者細膩心靈之需，相關描述文章也漸漸演變成不間斷的恐怖轟炸報導。至此，船難文字已然成了恐怖的北國傳說，它在這裡只不過是一段序曲，預告了如虐人酷刑般的連番綜整報導即將開演。那條木筏上，跟在救生艇裡一樣，是難以形容的全新避難所。筏上的人害怕落海溺斃，或成為飢餓鯊魚群的大餐，更怕自己慢慢地被逼得不得不吃人肉。[43]落入吃人的絕境，加之被大海吞噬的危險虎視眈眈，讓波旁復辟時期的法國人深怕蟄伏內心的獸性就將被喚醒。那時，人們都深深領悟到人類的獸性深埋在內心的最底層，只需要出現如弒君、法國大革命時期的恐怖大屠殺等這類令人髮指的罪行，便能喚醒內心沉睡的不滅獸性。我們也可以這麼想：人們對於殘酷與肉體所能蒙受的各種形式的折磨慢慢地變得愈來愈無感，反而使得大自然所降下的磨難讀來更讓人心驚膽顫。

事故伴隨並刺激了想像力的發展。「梅杜莎號」遇難之所以能引發廣大迴響，歸功於這起悲劇展開的過程與新的驚悚模式之間的相互配合。《馬金島》裡的戀人偏離航道，預告了大船在塞納加爾（Sénégal）外海的悲慘意外，然而這起意外卻給了拜倫創作《唐璜》的靈感。這部史詩對後世的影響無須多言，法國浪漫派畫家歐仁・德拉克羅瓦（Eugène Delacroix）也受到啟發，著手創作《唐璜遇海劫》（*La Barque de Don Juan*）一圖。

但就本書而言，這並非重點。事實上，在此同時，這些無謂的掙扎哀嚎劇碼上演的舞臺沙灘，本身也成了驚悚的核心。自此，悲劇的起源不再是海上旅程或偏離航線漂流，而在於沙灘本身。沙灘地形隨時在變，難以界定，浴者因而易遭海底湧浪捲走，或受困於高漲的潮水。不言自明，這樣的悲劇起因於陸地的背叛。人們對沙灘的嫌惡感逐漸加深，繪畫裡呈現的那種大海疆界永遠不變的信念開始式微，一些跟上時事腳步的地質學家提出的新地質時間尺度也慢慢地為大眾所接受。在地下水長年不眠不休的作用下，沙灘因此蒙上了欺人的外衣。[44] 狡猾的大自然與之不斷進行交換，沙地進而獲得了這種看似堅實的質地，與人們對社會秩序與價值觀所產生的新一波不確定性正好吻合。

沙灘事故的模版就這樣出現了雛形，而後慢慢臻至完備。這類事故多半是肇因於潮汐生成的「裹屍布般的白霧」[45] 籠罩地面所致。這已不是出海的故事了，走上這片不時流動、危機四伏的沙岸，才是這類充滿象徵意涵的冒險故事主軸。

悲劇舞臺的轉換，逼得讀者去建立一種新的熟悉感。為了要讓讀者能夠讀得懂陷入沙地的相關描述，往往需要先對沙灘的堅實度、沙地騙人的外表，與來回沖刷沙粒的海水有一定程度的了解。對於十八世紀常到訪沙龍的法國民眾來說，他們很難理解這類的文字敘述，因為他們多半只對取材自地中海沿岸船難的悲情畫作比較熟悉。他們沒有體驗過光著腳踩上濕軟沙地的觸感，無法明白被流沙吞噬的驚恐。[46]

伴隨著新的悲劇畫面而來的，是新形式的文學惡夢，它拋棄了人物遭到煉獄般折磨的過時刻畫，轉而呼應夢囈般的水元素流體所蘊含的意義。[47] 海潮在後窮追不捨，雙腳卻恍如被釘入地面，堅信自己就要被怪物追上的驚恐油然而生；還有直覺認定那宛如蛇怪的水流渠道，[48] 切斷了所有逃脫的可能性，這些都給人們帶來有如惡夢一般的感覺。

新的悲劇場景加劇了人們可能就此無聲無息消失於世間的焦慮感。比起落水溺斃，[49]甚或被大火吞噬，深陷流沙更能營造出完全消失的效果。這跟人們愈來愈希望在身後能葬入單人墳，確保後人能永懷自己，並永享家族祭祀香火的渴望背道而馳。哈巴斯克院長一提到那些常在不列塔尼北方的荒涼沙灘出沒的恐怖劫匪，就全身顫抖。那些劫匪會把他們可憐的手下亡魂埋進沙裡，把指認他們罪行的一切痕跡都消滅得乾乾淨淨。[50]共濟會（Francs-maçons）成員則認為屍體被埋進沙裡本身就是一種懲罰，他們在內心認定那是保留給叛會弟兄的命運。[51]

一對男女深陷流沙之中，跟戀人雙雙遭大海吞噬，[52]便是一樣符合浪漫主義熱戀愛侶該具備的意象——也就是真愛至死不渝。被流沙慢慢吞沒的畫面，比起落海瞬間滅頂，更能滿足心理退化的渴望；在此同時，女孩或未婚妻慘遭吞噬的情節，以全新的角度滿足了自古以來的虐心想像。被肥沃沙泥（tangue）、*濱海流沙、流動沙灘吸走吞入，跟無法抗拒的殘酷漲潮潮水一樣，助長了好人也免不了遭吞噬的離奇想法。

這類慘遭流沙活埋的場景吸引了小說家躍躍欲試。當敘事者發現維珍妮的遺體時，她「半個身子被沙土覆蓋」。[53]四十四年後，諾迪埃在《乞討仙女》裡大篇幅描寫了聖米歇爾山海灣附近的海濱流沙。雨果的《悲慘世界》裡頭有段描述人深陷泥淖的文字，亦可說是該書最廣為人知的段落之一。然而，不論如何，史考特的《古董商人》，更精確的說，有關亞瑟・沃篤爵士（Sir Arthur

---

* 譯註：tangue，英吉利海峽沿岸一種可作肥料的沙泥。

Wardour）跟他的女兒與一位老乞丐被突然上漲的海水包圍、最後獲救的那一段，一直是沒有多少才華的二流作家的寫作範本。這個在沙灘文學裡屢見不鮮的主題，也是推動海洋雜誌屢創銷售佳績的重要原因。大潮，即「冰冷邪惡的」海水，[54]湧入淹沒海灣沙洲，一直是聖米歇爾山吸引觀光客的最大賣點。吉拉德就講述了一個「沙灘孩子」的悲慘命運：一八一六年的某一天，一位美麗的少女慘遭海潮吞噬，就只是為了想逃開一名小混混的戲弄糾纏。[55]當時這類文章總是冠上改編自真實事件的名號，但往往無從辨別真假。哈巴斯克院長曾針對一起發生於一八二八年的意外提出報告：「人們在這片看似無害的沙灘上（介於法國西北普魯萊克〔Ploulech〕與拉尼翁市〔Lannion〕之間）圍著圈跳舞。突然間，人們行走其上的沙地就在一名少女的腳下消失了。該名女子的未婚夫是一名從事海上貿易的船長，立刻衝過去拉住她，雖然救下了女孩，他自己卻慘遭吞噬，失去了生命」，「一位夢想成為公證人的才俊也在這個情況下丟了性命」。[56]

退潮時才現蹤的古瓦通道（passage du Goa）一直是通往努瓦爾穆捷島的海底道道，最能攪動讀者內心的多種情感。凱格就大加利用，以此地為舞臺，講述了他跟幾個朋友登島的探險旅程。一名「沙灘導遊」毛遂自薦，保證會帶這一小群來自內陸的旅客安全歸來。半路上，這名導遊迷路了，他竟然像印地安人一樣，「整個人趴在地上，耳朵貼著沙灘，之後冷靜地站起來，聲稱：『潮水，小伙子，要漲潮了！快走！聽見了嗎？快走！』沙子已經開始鬆動，我們沉重的雙腳踩上的沙泥業已下陷。我們個個心頭一涼，彷彿聽見了這片泥潭底下傳來了陣陣大海的低吼。潮水或許離這裡還有四公里遠，也就是離死亡只剩半個小時……海水張開巨大的嘴，眼看著就要將我們吞沒。[57]

夜幕低垂，絕望的導遊雙腳一軟，跪地大聲祈禱，我們這群年輕人將他圍在中央。」很幸運地，這群落難者成功攀住一塊方向標示牌，直到第二天，才有一艘「沙丁魚漁船」來將他們接回去。有一名來不及過來的同伴慘遭滅頂，死了。這可說是《佩里雄先生之旅》的沙灘假期悲劇版。被沙子覆蓋的森林與城市的故事，正遭吞噬的鄉村景象，就像哈巴斯克院長筆下的聖米歇爾山海灣，早在埃米爾・左拉（Émile Zola）動手描寫美好鎮（Bonneville）之前，[58]就已將流沙噬人的意象深深植入大眾的腦海裡了。

繪畫也訴諸了同樣的情感訴求。「一八三七沙龍」（Salon de 1837）展出了一幅陰暗的作品，名為《家人忙於釣魚，女僕卒不及防被潮水捲走》（*Une famille occupée à la pêche, la domestique s'est laissé surprendre par la marée*）；兩年後，藝術鑑賞者再次欣賞到了類似的畫作《大潮圍困的下布列塔尼農民》（*Paysans Bas-Bretons surpris par la marée montante*）。[59]

泛著虹彩的美麗遼闊沙灘，造就了一波由「沙灘導遊」主導的觀光活動風潮。早在一七七五年，英國作家威廉・烏拉克索（William Wraxall）就已經跟著一位專業導遊橫渡了聖米歇爾山海灣。[60]到了下個世紀中葉，更有完整的導遊網絡為那些想橫渡濱海沙洲、[61]又不肯冒大險的旅客提供服務。

沙灘之美暗藏凶險廣為人知後，個人自詡為自殺式的冒險行為所帶來的歡愉，出現了本質上的改變。深陷流沙的場景塑造了新的惡夢樣板，但不必冒多少風險就能輕易跳脫。一種前所未見的沙灘悲劇式解讀，也就這樣幾乎不廢任何工本的，讓人對海岸的渴望型態變得更豐富。

第五章　創建海灘

欣賞海洋的方式，以及海岸遊客所引起的觀感，其影響因素並非僅只局限於每個人各自的感受能力、慣習以及文化水準。遊客之間的默契、共同相處的方式、認同或不認同的表現、區辨不同階級的手段，以上各種因素亦決定了該場所的享樂形態。種種社交方式在海邊組織成形、發揚光大；因之而生的時間表與空間規劃，以及消遣娛樂的種類、享受的範疇、強制約束的等級，都描繪出當時漸漸成形的濱海休養旅遊形式。人們對享受海岸的欲求，刺激了這幕簇新社會景象的形成。這番風景是如何建構，從前的慣習又是如何因應如今的新目標而重新改造，值得好好分析。

濱海慣習的系譜學

在此探究慣習的起源與流變，乃是十足複雜的工作，因為最初的樣本接連不斷地被重新詮釋。我們必須在一開始便說明古代的「閒暇」概念，否則種種影響的前因後果將會使人無法理解。的確，這方面的直接起源，很難找到量化的證據，然而，我們都知道羅馬共和晚期以及羅馬帝國前兩個世紀的拉丁文學是如何深入人心。「啟蒙時代的生活」，羅奇如此寫道，[1]「是從前的『閒暇』概念的產物。」受過教育的人士，知道長期荒蕪並使人反感的海岸，往昔曾是人們沉思默想、休憩養神、聚眾作樂或縱欲尋歡的場所。西賽羅隱居於古城塔斯庫勒姆（Tusculum）或科馬諾（Cumanum）的景象、政治家小普林尼（Pline le Jeune）棲身於奧斯蒂亞附近的勞倫圖（Laurentes）的畫面，以及斯塔斯描述波利烏斯・菲力克斯位於蘇連多的別墅，還有塞內卡的建議，都揭示了文人雅士休閒時光的風貌。

關於這一點，我們必須留心時代差異引起的詞彙誤讀。在啟蒙時代的人們心中，古代所謂的「閒暇」，[2]並非游手好閒的同義詞；它亦和後來因為時間安排觀念而誕生的休息時段，也就是我們口中的假期有著天壤之別。基於倫理目的優先至上，「閒暇」乃是一種**「尊嚴的閒暇」**（otium cum dignitate），是一種人們建構自我的方式。在西賽羅的作品中，「閒暇」指的是經過選擇的空閒，專供羅馬共和國貴族派（optimates）暫時忘卻他們身為執政官的繁忙，得以隨心所欲安排私人生活的一段時間，同時避免怠惰與無聊的雙重危險。這段休息可促使腦力激盪，並在必要的情況下籌備將來的行動。矛盾的是，[3]這段回歸本源的時刻，卻符合一六八八年光榮革命與輝格黨時期的英國主流倫理觀。後來，塞內卡建議以斯多葛主義的觀點，將「閒暇」與沉思生活視為一體。

古羅馬的「閒暇」亦指休閒別墅的舒適喜悅（amœnitas），而該概念的形象亦由貴族參與建構。小普林尼在勞倫圖的別墅可以俯瞰海洋與岸邊，[4]該處遼闊的視野得以盡享海陸彼此鑲嵌的美景。據傳，古羅馬的菁英人士喜愛大自然的怡人聲響輕拂耳畔，喜好聆聽噴泉的囁語、風起長林的聲息、海岸浪濤的擊樂節奏。若有需求，他們會品味細沙在腳底下陷的歡愉感受，看著最後的波浪前來此處消亡覆滅。[5]「閒暇」亦包含豐富多樣的特色：閱讀；享受蒐集的樂趣與通信之樂；將時間用於沉思默想，進行哲學對話，抑或散步，輪番品味這些活動。戶外休憩有時會伴隨一些孩子氣的遊戲，海岸可供種種活動：釣魚、撿拾貝殼或鵝卵石、游泳。友誼與歡待之情將這些活動匯聚一地。

「閒暇」經常是在海邊度過的時光。富裕的古羅馬人若擁有數幢別墅，當中必有一幢面海。自羅馬共和晚期至羅馬帝國的第二個世紀中葉，[6]拉齊奧與坎帕尼亞海岸的水浴療養地數量遽增，確實地流行起來，使當地因而受益。在小普林尼的時代，奧斯蒂亞附近的沿海地帶已是一道由眾多別墅構成的長線，自泰拉奇納（Terracine）至那不勒斯沿著灣岸興建，幾乎沒有一處空地。富人喜好的地點包括安丁姆（Antium）、阿斯特拉（Astura）和加埃塔，他們熱愛米賽諾海角、波佐利、龐貝古城，或奧斯蒂亞海灣。其中，斯塔提烏斯和詩人馬提亞爾（Martial）認為奧斯蒂亞在眾多度假勝地當中榮登后冠，而塞內卡和普羅佩提烏斯則將之視為罪惡的溫床。凱撒（César）、龐培（Pompée）、安東尼（Antoine）等政治家與軍事家，以及為數眾多的許多人都和西賽羅一樣，在波佐利近郊擁有一座別墅。他們偏好在春季造訪該地，[7]呼吸新鮮空氣、沐浴硫磺溫泉。作為休閒消遣的航海之行、水上運動、戶外宴會、以及音樂，在在促成一種感官享樂生活的建構，使得其中一些療養地與古代「閒暇」的典範漸行漸遠。[8]另一種關於休閒的典範，形塑了英國鄉間或內陸水療浴場的社交儀式；歐陸壯遊、以及那不勒斯的濱海休憩，則強化並更新了旅客想像中的這份典範。

法國的影響媒介顯得較不複雜，旅行休養的風氣較為新興，系譜學的相關脈絡因而清晰許多。羅奇曾分析這項社會學術實踐在舊體制末期的法國外省如何推廣普及，並清楚證明古羅馬「閒暇」典範對旅行休養的影響多麼重大，尤其是來自塔斯庫勒姆學院的影響。[9]交友圈的網絡，以及殷勤款待的儀式，在有教養而習於旅行的菁英階級當中日益風行。該階級於啟蒙時代的歐洲發掘自我，而他們若非借鏡古代的典範，則無法全然理解自己。造訪愛丁堡之後，若想以文壇巨擘約翰遜的方式體驗高地行程，得仰賴各地領主熱心而開明的招待。如同往昔傳統的義大利之旅，造訪當地權貴乃是必做的行程。

然而，我認為最能說明本主題的案例，發生於法國大革命期間。一七九五年，坎布里至布列塔尼旅行後，[10]轉往友人莫杜伊（Mauduit）在凱爾傑谷（Kerjégu）的住所。該屋面向大海，窗外可見格魯瓦島（Groix）與格雷南群島（les Glénans）等，以及海岸的鋸齒狀缺口。除外，該屋有一條步道通往濱海沿岸的森林、果園與花園。莫杜伊是一名「高尚的賢達智者」，書房收藏包括提布魯斯、尤維納利斯（Juvénal）、馬提亞爾、維吉爾等人的著作；他能輕鬆閱讀托爾夸托・塔索（Torguato Tasso）、阿里奧斯托（l'Arioste）與佩托拉克等詩人的著作。他的好客程度永無止境，義務接待所有「造訪海岸」的旅客。他的妻子、女兒羅姍（Roxane）、一名年輕的技師，以及另外幾位年輕姑娘，構成了該地的交友圈。他們在人稱「黛安娜浴場」（bains de Diane）的海螺狀岩礁群中成群浸浴、在海灘上漫步，並去參觀岸邊城堡的廢墟。凱爾傑谷的賓客們在山毛櫸的樹蔭下閱讀拉伯雷、哲學家皮耶・貝爾（Pierre Bayle）、莫里哀；他們享用生蠔，佐以「塞居堡（Ségur）或艾伊（Ay）的酒，比法勒內（Falerne）的酒美味多了」。儘管如此，坎布里仍在工作，他整理自己的筆記，準備發表遊記。總之，坎布里這位督政府的行政官員，透過書寫凱爾傑谷的文字，使讀者接受「尊嚴的閒暇」。

到了十九世紀中葉，海灘的岩礁或細沙從原本僅限於家族親友的小圈子，擴展為當時逐漸成形的海浴休療養地社交圈。後來湯瑪斯・曼（Thomas Mann）在《布頓柏魯克世家》（*Buddenbrook*）一書中描述的德國城市特拉沃明德（Travemünde），便是這社交同心圓向外延伸的形貌。不可忽視的是，自古代的「閒暇」典範，至上述有教養菁英階級的友人圈與款待行為，二者之間的演變過程尚有諸多屏障，使得相關行為的系譜學探究工作更形複雜。

此外，亦不可忘記義大利文藝復興時期的別墅所扮演的休息站角色，而文藝復興建築師安德里亞・帕拉第奧（Andrea Palladio）對英國貴族建築的影響，眾所皆知。別墅後來廣為流行，拉雷尼爾於一七九一年將之定義為「工作後的享樂」[11]——馬賽地區的眾多農舍即是如此。這些小屋的數量往往使遊客震驚。實際說來，社會日益普及的風氣與生活節奏，使得如今的週末與古代的「閒暇」漸行漸遠。「週末」是現代化的勤奮特質所昭示的習慣，不久後便將於英國眾多大都會生活圈附近的海水浴場成為慣習。[12]

「稍有閒錢的馬賽居民當中，」涉獵廣泛的學者米林於一八〇八年寫道，[13]「沒有一個不建農舍，……連農民都擁有一間他們稱為農舍的破房子。……他們於週六晚上出發，在那兒度過週日並招待親友，週一早上返家。」在馬賽富商的圈子裡，人們強烈表示希望能夠「生活在一個不同於平日煩憂的地方，感覺自己遠離工作、遠離可能聊到工作的人，以及所有讓人想起工作的事物。」米林甚至表示，馬賽居民週間工作，只為了能在週日前往他們的農舍。「超過五萬人於週日出城」，分散於五千座農舍之間，當中有些建於維斯塔（Vista）山坡上，擁有能夠眺望大海的露台。

鄉間度假屋在當時的北歐各國蔚為風潮，依照不同的形式流行開來。週末小屋的風氣並非英國人或普羅旺斯人的專屬特權，旅人在荷蘭與丹麥皆有相關見聞。然而，馬賽農舍的「富商式的閒暇」，與凱爾傑谷大為不同。這些多樣化的活動，將會重新集結成海濱度假的形式。

在這方面，英國人的創造性至關重要。水療浴場這類內陸休養旅遊地所提供的模式，深深影響了海灘的創造。就許多方面而言，英國的布萊頓海水浴場都像是巴斯浴場的分身，且無論是水療浴場抑或海水浴場，醫療功效都是首要目標。不論是布萊頓或巴斯都陸續受益於相同的流行效應，貴族與紳士階級成為最初於六月至九月造訪該地的族群。對他們而言，相較於英國鄉間城堡必須維持的上流社會交際活動，前往尼斯、巴斯或布萊頓度假，花費通常較為經濟實惠。珍・奧斯丁筆下《勸服》（*Persuasion*）的主角艾略特（Elliot）一家，便是出於經濟考量，而決定前往最知名的水療浴場度過假期。在巴斯以及後來的布萊頓，社交活動都非常標準一致而規範化，因此能以最低的花費，在一個比倫敦更緊密的交際空間中確認自身地位，並「物色夫婿」。水療浴場的客群組成一個縮小的社交圈，眾人一同散步、郊遊，還有為數不多的聚會廳與劇場，都為訪客間的邂逅製造了機會，而他們希望這些邂逅看來是偶然的。醫生證明這類度假場所確實有益健康，而該地的店鋪與書店之奢華、來客的素質、風流雅士的密集程度，更是使其錦上添花。最後，由於年長人士有時不願遠行，這類度假地點因此較易逃離長輩的目光，除外，此地更沒有總是過度緊盯著虔誠基督徒貞操的鄉村教士。

布萊頓的消遣娛樂與日常生活節奏，對於巴斯或唐橋井（Tunbridge-Wells）的常客而言，是早已習慣的作息。海水療養地與內陸的水療浴場一樣，都備有沐浴設施、書店與閱覽室；即使是最簡陋的機構，亦設有流動書庫。每座水療浴場都提供鄰近區域的漫遊路線，以及各式各樣的出遊活動。浴場的客人能夠參觀凱爾特遺跡，眺望美景。若是濱海的浴場，尚有乘船出遊的行程，其中尤以駕駛遊艇為最，該活動與海水療養地同時興起，日益風行。[14]夜間時光亦歡樂怡人，有舞會、談話沙龍、遊戲廳等。位於布萊頓的城堡飯店（Castle Hotel）與老船飯店（Old Ship）這兩間設施不斷競爭以吸引人潮。一七六六年，城堡飯店建了一間附設舞廳，老船飯店則在隔年增建一整組聚會場所，[15]包括舞廳、牌戲專用廳、音樂廳。一七八三年，這類場所的第一場賽馬會於唐斯海岸舉行。葛羅孚散步大道（la promenade de Grove）於一七九三年開幕，是第一座隸屬水療浴場的公園。自一七七〇年至一八〇七年之間，司儀威廉・韋德（William Wade）效法巴斯著名的美男子博・納什（Beau Nash），來安排布萊頓的社交生活：他負責介紹、調解場內紛爭、決定老船飯店與城堡飯店各個沙龍內部的頭銜與規矩；他還堅持在書店設置登記簿，讓所有初抵該地的人寫上他們的姓名，為當地報紙的上流社會專欄提供素材。

年復一年，醫師與殘廢者的會面，作家、藝術家或時尚界人士的聚會，使得度假勝地的禮俗規矩日益豐富，小說家伯尼的日記便可資佐證。[16] 她是寫過一本備受歡迎遊記的伯尼醫生的第二個女兒。一七七九年五月，伯尼住宿於布萊頓之時，她是一名二十七歲的單身女子。前一年，她的《艾娃蓮娜》（*Evelina*）獲得了相當的成功。她是水療浴場的常客，往返於巴斯、唐橋井與布萊頓之間。一七七九年十月與一七八二年十月，她再度入住布萊頓，這次由約翰遜醫生陪同。如前所述，她訴說自己幾乎每天自破曉時分便開始享受浸浴海中的歡愉。反之，她對海景的如畫風光隻字未提，頂多只是偶然提及海濱距離賽爾一家只有數公尺之遙，因為她曾住宿於賽爾家位於西街（West Street）的住所。反之，她表示自己對於沁涼清爽的海風感受非常深刻：當她漫遊於絲坦妮（Steyne）花園大道時，微風給予她一種彷佛重生的感受。

布萊頓沉悶的社交場景讓人窒息，是伯尼最關注的焦點。她身邊總有人陪同，一刻都無法獨處。一七八二年十一月一日，她決定不再離家出遊，因為她發覺自己極度厭倦那些沒完沒了的單調姿態與禮節。她表示在該地度過的日子總被對話占滿，還舉例說明這些對話的內容：談論惠斯特牌（Whist）*或是茶飲的對話；在書店那兒談論文學作品，關於作家波普、格雷、約翰·德萊頓（John Dryden）的談話；在這類聚會場所，有時還會公開朗讀仍在籌備中的劇作。伯尼也提及了刺人的目光：青年及其家族成員盯著她瞧。人們認為她相當有魅力，外型**看上去**充滿法式風情（這一

* 譯註：橋牌的前身。

點可由她的母系血統找到根源）。這如同審問的氣氛讓她深受其擾，因此打算不再出門。她自己則表示該地的年輕人士賞心悅目，並以極為深入的心理描述來論斷療養地的這群風流雅士（beaux）。社會控制、以誘惑為目的，以及物色夫婿等行為，在此毫無保留。賽爾女士便承認，她幾乎永遠生活在絲坦妮花園大道，以便鎮日觀察在此漫步的伴侶，和他們造訪此地的目的。街上的書店，亦使這條建在岩石上的散步道成為社會劇場的焦點。人們在此備受評估，依他們的收入多寡來被品頭論足。此時正值美國獨立戰爭，年輕的海軍軍官在此深受尊榮款待，如同他們每晚在老船飯店的舞會或遊戲廳的待遇。至於該地的劇場，在伯尼眼中相當可憎，她認為德萊頓的《暴風雨》徹底毀了莎士比亞的劇作，並因此感到難受。總之，若我們不知伯尼熱愛海水浸浴的話，著實看不出這濱臨英吉利海峽的生活有什麼樂趣可言。

托靈頓伯爵憎恨韋茅斯，因為身在此地，就彷彿活在一座被硬生生搬到海邊的巴斯。儘管如此，相較於布萊頓，韋茅斯的海灘更加顯而易見地集中了度假勝地的禮俗。他於一七八二年的旺季前往此地，拜訪住在一間出租房屋的妻子和她的兩位女性友人。他以全身感官來享受濱海活動的快樂，卻痛恨當地社交生活的風格。[17] 我們必須說，托靈頓伯爵與伯尼的不同之處，是他不與作家來往。他痛恨該場所過度誇大的女性氣質，還有純屬想像的病痛、女性早熟的倦怠、風流雅士的存在、以及物色大筆嫁妝的男性；而那些正在美國奮戰的青年勇士，卻在此地完全缺席。茶宴與對話使他反感，這裡的人們只談「旺季」。托靈頓伯爵厭惡強迫性質的郊遊。若他遷就潮流出席帆船比賽，或接受策劃一場波特蘭島（île de Portland）的「出遊」，他亦會迅速回復原樣，並哀嘆時下風氣導致原本有道德操守的島民敗壞墮落。他宛如希臘悲劇人物阿爾克斯提斯（Alceste），認為療養地的價格過高，並希望這些療養設施能夠專門為殘疾人士與正在康復期的病人服務。他想念狩獵、競技與飲酒聚會等等紳士階級的寶貴活動。這名惱怒的遊客充滿男子氣概、曾經參與美國獨立戰爭的約克鎮（Yorktown）圍城戰役，他對韋茅斯的抨擊謾罵，值得我們注意一七八二年該地社交生活的制式化。

自一七五五年羅素醫生進駐布萊頓起，至一七八〇年代末這段期間，典型的濱海度假勝地漸漸在波羅的海、北海與英吉利海峽的海岸興起，這些設施與前述地點的時間差異，很難只以海上戰爭來解釋。英國沿岸的療養地乃是一點一滴隨著人們的需求與渴望而建，[18]而歐陸海岸的療養地則不然，它們通常是有計劃的一次大舉興建整體設備，充滿意志主義，有時甚至由政府贊助扶持。這些建設往往以唯一一所浴場為中心，意圖獨占當地所有涉及療養、遊樂與節慶的相關活動。該過程可分為三個階段。自一七八三年戰爭結束至一七九二年海戰再度爆發，這段期間出現了幾個當時不甚起眼的機構，譬如奧斯滕德和布洛涅的浴場，試圖滿足多佛航線的港口附近居住的英國客群。一七九二年至一八一五年的戰爭期間，在德國統治者要求下，許多療養地紛紛於濱臨波羅的海與北海的省分大舉興建。反之，那些原本擁有許多英國客人的浴場則面臨蕭條，而奧斯滕德、席凡寧根或布洛涅太靠近戰場，無法自由發展真正的海水浴場度假勝地。一八一五年再度恢復和平後，來自英國的人潮再度促進療養地蓬勃發展，而歐陸這邊的居民亦開始習慣蒞臨這類場所。就這一點來看，一八二〇年代是極為關鍵的時期。最早的大型浴場設施於此時開始興建，而來自英國的參考範例經各國依民情與習俗重新調整後，構建了一種特殊的社交生活。然而，以上的概述仍須詳加闡明。

德國的濱海度假風氣，較法國更早興起。[19]因此，格奧爾格—克里斯托夫・利希滕貝格（Georges-Christophe Lichtenberg）醫生於一七九三年介紹海水療效的嶄新觀念時，[20]德國學者早已知曉相關論述。早在一七七四年與一七七五年，利希滕貝格醫生已住過馬蓋特海水浴場，並對迪爾地區印象深刻，該地成為他的參考範例。利希滕貝格醫生對此行非常滿意，並認為療效極佳，他在哥廷根（Göttingen）的年報發表一篇影響深遠的文章，[21]文中如此寫道：「為何德國沒有海水浴場相關機構」，而中歐國家卻擁有遍布各地、享譽盛名的水療浴場？一七九四年是決定性的一年，討論設置地點時，兩派人馬針鋒相對。北海的擁護者得到利希滕貝格醫生的支持，他們提出的優勢包括海潮的強度、浪濤的洶湧、海水的鹹度與沙子的細緻程度；喜愛波羅的海的支持者則宣揚它較容易親近、較為平靜、海水則因為潮汐較弱而通常較為溫暖。波羅的海明顯勝出，部分原因是一名權威人士的支援：塞繆爾・沃格爾（Samuel Gottlieb Vogel）醫生。

在他的指導之下，德國於一七九四年開始興建國內第一座有規模的療養地，該設施位在巴特多波蘭，坐落於梅克倫堡—施威林大公國（grand-duché de Mecklembourg-Schwerin）的領土。沃格爾醫生每年都會發表該處的成果報告。著名的衛生學工作者克里斯托夫—威廉・赫夫蘭（Christoph-Wilhelm Hufeland）醫師分別於一七九七年與一八〇九年大為讚揚巴特多波蘭。一八二二年，一位不具名的遊客詳盡描述該處當時已極為豐富的社交生活。[22]當時該設施擁有一座浴者俱樂部、一間劇場、一條建於城堡附近的散步道；大公爵的交響樂團固定於每天中午至下午一點於露天音樂台舉行音樂會；一座圖書館，供人閱讀當日報紙；此外還有下午茶舞會，以及盛大的舞會。當年七月造訪的浴者高達二百四十人，甚至包括君王的兒子。除此之外，羅斯托克（Rostock）城的居民亦會前往巴特多波蘭度過週日，當地的浴場建於一座花園中央，柱廊矗立於海灘之上，除外更建有一座浮橋，可供遊客漫步水上。

自一七九四年起，波羅的海沿岸建了許多療養地。當蒙圖萊造訪特拉沃明德這座建於一八〇〇年至一八〇二年、距呂貝克自由市（la ville libre de Lübeck）不遠的浴場時，該處已經非常熱鬧。「那兒建了幾座海水浴場；為此興建的建築物非常可觀，而且照料得比英國的巴斯好。沙灘深入海面，海洋消逝於細沙之上，一幢漂亮的建物矗立在這片海灘上，廊柱齊列，室內是溫水浴場；往後方走兩百步的距離，便是一間很有規模的旅館，還有一間偌大的咖啡館，飾有極為通風的遊廊；周圍環繞一座英式庭園，園內有一棟房子，內部隔了許多漂亮的公寓，雖是茅草屋頂，但並不妨礙整體設施的如畫景致。北方所有富裕居民都會蒞臨此地。」[23]

一八〇二年，在普魯士國王推動下，科沃布熱格（Colberg）建了一座海水浴場。波羅的海其他大型療養勝地，尚包括普魯士波美拉尼亞省（la Poméranie prussienne）海岸的盧根華爾德（Rügenvald，一八一五年）；呂根島上的普特布斯（Putbus，一八一六年）；腓特烈的養護院（l'asile de Friedrich），位於但澤（Dantzig）附近、在哈弗內醫生（dicteur Haffner）推廣之下發展起來的索波特（Zopot，一八二一年）；希維諾烏伊希切（Swinemünde）。此外，還有巴特多波蘭附近的瓦爾訥明德（Warnemünde，一八〇五年至一八二一年），[24]以及當時屬於丹麥領地的兩座海灘：

奧本勞（Apenräde，一八一三至一八一五年）與基爾（Kiel，一八二二年），當時都是霍爾斯坦大公國（grand-duché de Holstein）的土地。

一八一九年，希維諾烏伊希切已有許多海水浴愛好者，[25]在普魯士國王要求之下，現代化的療養地於一八二二年至一八二六年於該地興建。一八二七年，有兩千兩百名浴者光顧其俱樂部與浴場設施，這些遊客多半住宿於當地居民家中，其他則入住客棧，而所有租客都於旺季光顧。俱樂部供餐，亦可享用清涼飲料；裡面可以打撞球，亦可閱讀雜誌；館內還有一間音樂沙龍，以及可以容納一百三十人的演奏廳。外出郊遊的行程包括參觀小島或是奧德河（Oder）的出海口。

北海沿岸的相關設施數量較少，但腓特烈・哈雷姆（Friedrich Wilhelm von Halem）醫生仍於一七九七年以巴特多波蘭作為參考範例，在諾德奈島上興建療養地，儘管一開始遭到當地居民強烈反對。一八〇〇年，開幕後的第一個旺季，迎來兩百五十名浴者入住；一八二〇年，一所國家級「海水浴場」開張後，遊客人數達到八百三十二人。附屬於奧爾登堡公國（duché d'Oldenbourg）的旺格奧格島（île de Wangerooge）自一八〇一年開始便有人前往浸浴，該地於三年後興建相關設施。除了上述這些地方，還有漢堡共和國（République de Hambourg）領地內的庫克斯港（Cuxhaven，一八一六年）、霍爾斯坦（Holstein）西岸外海弗爾島（île de Föhr）上的維克（Wyk，一八一九年），[26]以及當時由英國管轄的黑爾戈蘭島（Helgoland，一八二六年）。

就席凡寧根浴場的創建年代來看，荷蘭海岸極晚加入該行列，讓人訝異。當地第一所浴場直到一八一八年才興建，而且不過是一名漁夫自己蓋的小型建物。一八三〇年，史提爾靈（Stierling）

認為荷蘭最出色的浴場，是哈倫市（Harlem）附近的贊德福特（Zandvort）。[27]奧屬尼德蘭（Pays-Bas autrichiens）海岸的開發幾乎同樣晚，這片海岸先後成為法蘭西第一帝國與荷蘭的領土，而後於一八三〇年納入比利時。然而，奧斯滕德當地的海水浴業已歷史悠久。[28]約瑟夫二世（Josef II）統治期間（一七六五年至一七九〇年），為數眾多的英國人入住該地，他們深受天然海港吸引。自一七八四年起，歐陸方面有了新法規，威廉・赫爾克特（William Herket）取得國王許可，在該地建造一間小屋，販售冷飲給浴者。一七八七年，奧斯滕德出現了由一群文人所組成的圈子。然而，戰爭遏止了療養勝地的興起。法蘭西第一帝國期間，海水浴成為當地常見的行為，但並非日常規律，直到和平到來之後，風氣再度開始流行。當時奧斯滕德與斯帕（Spa）城是主要競爭對手，一如巴斯與布萊頓之間的較勁。儘管如此，直到比利時獨立之後，奧斯滕德才開始興建相關設備。一八三七年，當地第一間賭場與浴場設施陸續開幕，奧斯滕德的遊客就此絡繹不絕。馬克思於一八四六年住宿該地，而不久之後（一八五四年），喬治・哈爾特韋格（Georg Hartwig）醫生便會在他遲來的重要著作中書寫這座療養地，並啟發了米什萊。

丹尼爾・列卡里耶（Daniel Lescallier）男爵於一七七五年造訪布洛涅時，發現該地住了許多英國人。他們當中有些像從前的斯莫利特或後來的湯利一樣，前來浸浴海水，鍛鍊身體；另一些則在結束歐陸壯遊後前來此地，僅只短暫歇腳；還有一些則只是將家中女兒送至法國修道院，好讓她們的教育更臻完美；另一些家庭則進行所謂的語言交換。[29]三年後，政治家雅克・布里索（Jacques Brissot）動身前往英國列島之前，在布洛涅的蘇格蘭友人家中住了一段時日。[30]賽謬爾・愛爾蘭於一七九〇年描寫這座城市時，城裡剛建好一座同時備有熱水浴與冷水浴的浴場。[31]這浴場建造過程所費不貲且極度耗時，雖然皇室成員非常關切進度，卻因故無法前往布洛涅監督，再加上該浴場的建造者當時剛結束一場義大利之旅，因此以地中海風格作為參考範例，而非英國人熱愛的海水浴場風格。或許是因為以上種種原因，使得該設施儘管外型亮麗，卻不受浴者青睞。[32]

直到和平到來，英國人亦隨之回流後，韋爾薩爾（Viersal）先生才決定在港口入口處建造浴場。這座港口浴場於一八二四年開幕，採「古羅馬多利安的柱式」[33]風格，參考對象包括布萊頓、拉姆斯蓋特（Ramsgate）與法國第厄普鎮等地的浴場。女性浴者擁有一間寬敞的專屬沙龍、一間休息室、一間乘涼室，以及一間音樂沙龍；男性客人則擁有專屬的會議室、撞球室，以及好幾間沙龍。建築物兩側的廂房通往可供集會或舉辦舞會的寬敞大廳，內部以愛奧尼亞式的壁柱與圓柱裝飾。淑女與紳士們舒適地坐在優雅的裝潢中閱讀、遊戲。主建物朝海的入口是寬敞前廳，面向城市的入口則是一道門廊。若沿著樓梯登上屋頂平台，便可在優雅的蓬帳遮蔭之下凝望大海，天氣晴朗時還能看見英國海岸。

這全套設備雖然奢華，但若與第厄普的浴場相較，則顯得黯淡無光。第厄普的工程始於一八二二年，由建築師夏特蘭（Chatelin）為了布蘭卡斯侯爵（le comte E.W. de Brancas）而建，[34]這是一場真正的海洋禮讚，一場創新革命。一八二二年之前，希望直接浸浴海水的遊客，只有幾台行動車輛和數量極少、隨意設在海灘上的帳篷。第厄普與布萊頓之間的固定船班於一八二四年啟航，由於第厄普距離塞納河谷與聖瓦萊里昂考的鄉間風景如畫景點很近，其美景使得英國旅客紛紛選擇經由此路線前往巴黎。相應而生的，便是建設豪華海水浴場的計畫，並同時在城內興建一間海水暖泉飯店。

第厄普的浴場和布洛涅的浴場一樣，是一套真正的綜合活動中心，規劃安排療養地的全部社交生活。面海處是一道全長超過三百尺的遊廊，外觀極似一座由長矛支撐的篷帳。「柱廊的拱頂覆滿層層凹格和圓花窗，外面是由拱腳柱石砌建的希臘式壁龕，當中是代表主要海洋的四座雕像。角落建了一些小亭，用以放置書籍、報紙，以及發送入場卡。」[35]遊廊中段是一道形似凱旋門的拱門，兩側各自通往一幢方形樓閣。其中一座專屬女性，內部包含包一間大廳，「供她們在浸浴前後集會」。大廳連接兩個小房間，一間用來休息，另一間則是救護站，對象是「處於需要特別照護情況的女性浴者」。[36]這些室內空間都面向大海與用來散步的英式庭園。男性專用樓閣的空間配置完全相同，除了一點例外：「大廳亦是撞球廳。」[37]一道旋轉梯通往環繞柱廊的露天休憩所。該處設有望遠鏡，能夠細看大海……以及海灘。樓閣對面架設浮橋，配有欄杆，浴者可沿此來到海畔。「這些浮橋的支撐架下方是移動式的篷帳，由白色帆布與亞麻布構成」，人們「將衣服留在此處，浸浴後亦在此著裝」。[38]至於庭園西側，有間餐廳在此供餐。

於是，在英國福克斯通鎮（Folkestone）與布萊頓對面的海峽彼岸、波旁復辟時期的法國海濱便設有上述兩處奢華名所，其建築布局充滿野心而規劃縝密，與英國海岸繁華旺盛卻又帶點無政府風格的設施形成鮮明對比。然而，除了英吉利海峽兩側的競爭之外，亦有其他地區的海岸：魯瓦揚自一八二〇年代初開始吸引遊客；此外尚有比亞希茲，我們都知道，這兒原本幾乎空無一物。[39]

暫且不論一八二七年專為浴者設置一間「小屋」的格蘭維爾。[40]塞特市的第一間海水浴相關設施直到一八三四年才開幕，而且只是木造的臨時建物，蓋在架空底層的吊腳柱上，一八三九年另一棟建物取代了原有的設施，但新設施同樣是木造，而且並未建設得更加耐久。[41]卡爾瓦多斯省（Calvados）海灘之荒涼程度，非常能夠顯示法國這方面的進度遲緩，[42]只要閱讀大仲馬的特魯維爾遊記，便能夠清楚體會這一點。一八三二年，大仲馬住宿於該地女修道院院長歐薩黑（Ozeraie）[43]所開設的客棧，它很簡樸，位於貧窮的漁村中心，彷彿與世隔絕。該地的常客亦包括保羅・修特、伊薩貝，以及最常造訪的畫家查爾斯・莫津（Charles Mozin）。[44]當時用以定義「海水浴療養勝地」的上流社交生活，在此並不存在。儘管庫爾瑟勒（Courseulles）、呂克（Luc）、卡羅勒（Carolles）、波爾尼克（Pornic）等地均有零星海水浸浴行為的相關記載，但其數量並不足以否定法國的進度緩慢。

比亞希茲的情形錯綜複雜，值得多加著墨。如前所述，此地的海水浸浴原本是以享樂為主要目的，而非以醫療為目的。長久以來，巴約訥的居民早已習慣在比亞希茲的岩礁環繞下，在浪花中洗滌夏日煩躁，巴斯克地區的村民有時亦會加入他們。巴約訥在半島戰爭（la guerre d'Espagne）中贏得的重要性，使該地的人氣更加鼎沸。一八〇八年六月，拿破崙便曾兩度於該地浸浴，目的是為了事先認識環境，防範英國入侵。[45]在實施納稅選舉制的七月王朝期間，海灘的面貌益趨複雜。從前的傳統浸浴慣習，就此全然與英式潮流並行不悖。根據奧古斯特・布耶（Auguste Bouet）的描述，[46]一八三七年的比亞希茲有來自巴黎、波爾多與里昂的遊客租屋度過旺季。自一八三五年起，因半島戰爭而流離失所的難民潮紛紛湧入，接著則是西班牙卡洛斯派的逃亡人士。此後比亞希茲成為卡斯蒂亞王國（Reino de Castilla）的公爵們、英國勛爵與法國伯爵的居留之處。除了那些後來寧可隱居於蓋塔里（Guétary）或聖讓德呂茲（Saint-Jean-de-Luz）的人士之外，這些貴族在比亞希茲遇見的族群包括巴約訥習於縱樂的年輕女工（grisettes）、「俊小子」，以及工匠們。七月每個週日早上，巴約訥的西班牙門（la porte d'Espagne）總是壅塞不已；週日晚間前往比亞希茲的路上，來往車輛絡繹不絕。但此地並無類似布萊頓、第厄普或巴特多波蘭等地特意規劃的社交生活。早在一七八四年，市長與市政官吏已拒絕一名承包人「在舊港興建專供浴者使用的窩棚或小屋」；[47] 到了一八三七年，遊客在當地能夠更衣的場所，只有十來間木造迷你小屋。

在這些自然場所上演的浸浴場景，是自發性的、屬於平民的日常喜樂。在利哈佛市或聖布里厄（Saint-Brieuc）周遭海濱，[48] 亦能發現形式稍有不同的相似行為。這類自然場所不同於前述的海水浴場，二者應當審慎區分。專為尊貴階級客戶設置的、規劃縝密的海灘設施，乃是由石塊、細沙與綠意構築的奢華闊綽場景，置身其中的激動之情，是經過精心引導、操縱、崇高化了的一種感動。第厄普海灘高高矗立的新古典風格宮殿，巧妙地將女浴者與出水仙女的形象合而為一，讚頌其美、歌詠低調的敏銳感受與女性脆弱的特質，以卓越的場景布局來頌揚並集中人們對海的渴求，讓對海的渴望在輝煌閃耀的奢華與肉體害臊的展示之中得到滿足。

協調空間與欲望

一八二二年，遵循第厄普風格的浴場設置了露天平台與浮橋，使得浴者對於海洋的欲望，能和他置身其中的空間達成一致。但當時的英國已經以更大的規模來協調空間與各種渴求，此過程已持續數年之久。值得注意的是，這樣經過深思熟慮的場地規劃，時間點其實非常晚。在此之前許久，人們早已開始大舉論述海洋的如畫景致，追尋美景，傾吐他們接觸細沙、岩礁、海水之愉悅感受。直到一八二〇年代，我們所熟知既龐大又豪華的濱海建築才開始蔚為風潮。[49]此時正值浪漫主義作家的肺癆疾患最受注目之時，這類濱海建築的急速發展，符合了當時人們對於呼吸海濱空氣急遽增加的渴望。

關於這一點，布萊頓是最顯著的新創建築開發地。[50]伯尼與友人們漫遊的著名絲坦妮花園大道，在十八世紀末時不過是一片寬廣的空地，歸市政府所有。漁民前來此地晾曬散發惡臭的魚網；小黑豬在此自由遊盪；骯髒的小溪偶爾暴漲，化作泥塘。當時的絲坦妮花園大道還只是條步道，前來散步的人們甚至無法彼此拉開距離。很長一段期間，海濱療養地的散步道路線圖顯示出一種矛盾的現象：如畫的海岸風景並不受重視。波旁復辟時期，第厄普幾乎所有專供浴者租貸的住屋，都是背向海洋。比亞希茲直到一八四一年才建造第一幢「別墅」。直到十九世紀初，一套規劃準則開始成形，其設計與起源可於作為參考範例的布萊頓找到解答。

無論是標準的參觀港口行程、歷史悠久的散步慣習，或是在沙丘及海灘上閒聊、浸浴之後的種種活動，皆依每人各自的興致來決定。自一八一〇年代開始，所有療養地（即使是野心不大的療養地）都建造或整理了一道專供散步的棧橋。對水手而言，這些棧橋給他們一種船舶甲板的錯覺；對於習慣遊艇與海上出遊、觀賞帆船比賽的遊客而言，這景象使他們憶起美妙的感動之情。港口的舊堤以堅硬的石塊砌建，龐然巨大，引人在海灘漫步後情不自禁地沿著堤岸繼續前行：英國小鎮萊姆里傑斯（Lyme Regis）的寇柏（Cobb）堤道很早便成為珍・奧斯丁《勸服》書中艾略特一家行走漫步的地點，在這條散步道上，徐徐海風為滿懷柔情的安妮（Ann）喚回青春的吉光片羽、那消逝的時代；一七八九年，道格拉斯堤岸則是湯利最愛的散步終點。

最早創建這類設施的似乎並非布萊頓，而是馬蓋特海水浴場。一八一五年建造的新碼頭（New-Pier），是首度將堤防設計為大道的範例。[51]遊客可支付一便士，在該處看海度過一天，天氣好的時候還能浸淫在交響樂團的樂聲之中。布萊頓沒有真正的碼頭，來自第厄普或前往第厄普的旅客，都必須先以小船來回接送，才能上下船舶。攝政王不願建造商港，因為煤灰煙塵可能汙染海水。一八二一年，當地計畫興建一道僅供路人散步、供郵船泊岸的棧橋。海軍上校山謬・布朗（Samuel Brown）建議在一座又一座塔樓上懸掛鐵鍊，用以支撐一道懸空的路。該設施於一八二三年啟用，全長一千一百三十四尺，寬度則為十三尺，盡頭是一座平台。儘管多次遭受暴風雨侵襲破壞（一八二四年、一八三三年、一八三六年這三年尤其嚴重），但該棧橋直到一八九六年才被摧毀。

這座「懸鍊碼頭」（Chain Pier）始於新絲坦妮（New Steine），透過一道鑿在岩石裡的階梯連接濱海散步大道（Promenade Marine）。碼頭的入口位於懸崖下方，遊客可支付兩便士入場，亦可以一幾尼的價格成為當季會員自由進出。場內有一間沙龍、圖書館與閱覽室，公布欄貼有當日演出劇碼，以及氣象資料。塔樓所在的棧橋旁，是販售紀念品的商店。盡頭的濱首碼頭（Head Pier）平台上可聆聽樂隊演奏，透過望遠鏡眺望風景，或是觀賞暗箱（camera obscura）的投射影像。更遠處，遊客可於海中泅泳。夜間，煙火經常照耀棧橋。

患病之人與怯弱者無需承擔任何風險，尤其不需擔憂暈船，便可在懸鍊碼頭大口呼吸醫生囑咐必須汲取的含鹽空氣。自一八二四年起，根據布朗基的描述，[52] 人們在暴風雨侵襲之際蜂湧而至，群集觀賞壯美之景。一些知名人士並不排斥與平民共處，他們會與友人們相偕遊走於棧橋上。一八二九年，克拉倫斯公爵（le duc de Clarence），也就是後來的英王威廉四世（William IV），[53] 也喜愛漫步於懸鍊碼頭，此處讓他想起自己船上的甲板。登基為王之後，他仍繼續造訪該地，在十一月中至隔年二月中，他會居住於布萊頓，隨意地和漫步的人交談。根據拉加德．尚博納（La Garde Chambonas）一八三三年十一月住宿於該療養地時的紀錄，接待他的荷蘭勛爵（lord Holland），也就是查理．福克斯（Charles James Fox）的侄子，每日下午一點至兩點都會騎馬前往懸鍊碼頭，其妻則乘坐人力車伴他一同前往。抵達之後，荷蘭勛爵會坐在棧橋盡頭，朋友聚在身邊，組成一個談論政治的「露天俱樂部」。[54] 那段期間行人眾多，使得「有彈性的棧橋」風行一時。尚博納於該處見到的名人尚有奧地利大使帕爾．埃施特哈齊親王（Paul Esterhazy）夫人、德文郡公爵（Duc de Devonshire）、考斯洛斯基親王（le prince Koslowsky）、烏克絲布麗姬夫人（lady

Uxbridge）等。造訪此地的各方君主有時也會由此登陸上岸：維多利亞女王曾於一八三七年十月與一八四三年穿越懸鍊碼頭；其後尚有流亡國外的奧地利前首相梅特涅（Klemens Wenzel von Metternich）與法國七月王朝的路易—菲利普一世（Louis-Philippe I）。貴族階級在此尋獲新的炫示場合，先前在倫敦花園與內陸水療浴場內展演的社交場景，在此結合了看海的欲望，人們冀盼感受海洋、接受它的考驗。

歐陸海岸的療養地，亦紛紛設置可供散步的棧橋，但經常只是草草改建原本便已存在的設備。一八二四年，貝里公爵夫人（la duchesse de Berry，亦即瑪麗・卡羅琳〔Marie-Caroline〕）住宿於第厄普，漫步海灘與棧橋；[55]法國作家暨政治家皮亞則安然置身於奧斯滕德的棧橋上觀賞船舶遇難。而根據哈巴斯克院長一八三二年的記載，在規模極小的療養地波特里約（Portrieux），幾乎所有散步客都集中於棧橋上。[56]

因應種種嶄新用途而生的濱海空間規劃與使用方式，有其自身歷史，不可簡化為棧橋的歷史。譬如當時英國療養地為了使人更易欣賞自然奇景，並使統治階級能夠輕易誇耀炫示，因而規劃了複雜的海濱長廊（Esplanade）、露天平台（Terrace）、海濱大道（Marine Parade）等系統。此外，對於不同典範的追求，更是迂迴曲折。這些新創設備來由多樣，不只是來自內陸水療浴場與倫敦的影響。

遊客在地中海地區觀察到並敘述出來的慣習，顯然對上述海岸空間的規劃影響深遠，譬如「瑪麗娜」（Marina，意指海洋）或「蒙彼利埃」（Montpellier，意指「少女的山丘」）等詞彙所能引發的聯想。此處指的聯想倒不一定是威尼斯（儘管其潟湖上的夜間散步大道確實享譽盛名），反而是那不勒斯的基艾亞海灣值得我們多加著墨的炫示場所。每年的九月八日，國王與所有朝臣會乘車穿越基艾亞的碼頭。其他日子裡，貴族成員在此散心。聖農修道院院長（l'abbé de Saint-Non）於一七八一年寫道：「城內最愉快的享受之一，是在碼頭與海邊組隊賽車或兜風。由八匹或十匹馬牽引的車輛聚集一處，數量如此眾多，一眼望去，樂趣十足。除了貴族階級的浩大裝備之外，尚有許多人稱『輕便馬車』（Calesse）的小型車輛。儘管是老百姓以非常便宜的價格租來的公用車，也幾乎全數鍍金，馬匹亦配備齊全。群車齊驅的動作構成一場極為熱鬧、充滿活力的景象，在海景點綴之下，更是美不勝收。那不勒斯海灣沿岸處處美景，滿布許多小船與漁人。」[57]

巴勒摩的瑪麗娜廣場（Piazza Marina）似乎是最引人遐思的典型。幾乎所有造訪西西里島的遊客都表示驚嘆。[58]瑪麗娜廣場於費莉絲門（Porta Felice）右側沿著海岸建造，路面舖設大片石板，廣場旁有護牆遮蔭，沿途以雕像裝飾。瑪麗娜廣場不受烈日曝曬，布滿噴泉與舒適方便的座椅，而護牆內部是涼爽的店鋪，遊客可進入店內驅逐暑氣。在大理石砌築的劇場內，交響樂團翩然演奏。此地人們通常乘車兜風，因為巴勒摩人習慣「被載」，但布朗切達（banchetta）一區設有一條地勢較高的步道，介於大海與車道之間，行人可於此步行。

瑪麗娜廣場沿途都是前來透氣、乘涼的巴勒摩人，可以在此滿足眺望無垠無際地平線的需求。[59]這裡和那不勒斯一樣，絡繹不絕的車陣即是社交劇場，乘車兜風是上層社會的雅緻表演。據說，沒有一名丈夫膽敢禁止他的妻子在夜間的瑪麗娜廣場陰涼處兜風。在四月、五月與十月等月分，貴族階級住在鄉間，但夏日會前來巴勒摩享受牆垣遮蔭的沁涼。這些上流人士深受英國作風影響，社交遊戲更形複雜。他們習慣中午起床，在卡薩羅街（Cassaro）兜風至下午三點左右，[60]接下來則是用餐時間。自下午六點開始，這些貴族前往瑪麗娜廣場，先前負責滿足大眾口味的交響樂團，如今為高貴人士演奏。[61]即使氣候惡劣，這些上流人士亦會沿海兜風，哪怕只是裹著厚外套遛達半小時。晚間九點至凌晨一點左右，他們觀賞歌劇，抑或「談話」。之後他們再度回到瑪麗娜廣場，直到凌晨四、五點。「巴勒摩永不入眠」，德儂寫道：「就去一趟瑪麗娜廣場……統率這趟夜遊的，是最神祕、最令人敬畏的黑暗：所有人都變得模糊不清，迷失其中，相互尋找，彼此尋回。這兒是宵夜時光，我們在沿牆開設的小館外帶，隨即野餐。」[62]「瑪麗娜廣場是巴勒摩全城的會面地」，「一天當中最饒富興味的副歌」。[63]相較於那不勒斯的夜晚或威尼斯雅緻的聲色生活，巴勒摩這趟闃黑夜間漫遊，似乎更使旅人神往。

讓我們再將焦點轉回布萊頓。一直到一八〇五年至一八一〇年左右，也就是海水浸浴的風氣誕生之後半世紀，根據安東尼・達勒（Antony Dale）的筆記，[64]似乎都無人想到，在高處漫遊、俯瞰大海景致，亦是一種享樂。在絲坦妮花園大道上，人們僅忙著呼吸有益健康的海風，必要時則前往接受海浪的考驗。然而，在四分之一個世紀之內，尤其是一八二三年至一八二八年這幾年之間，懷爾德父子（Amon Wilds & Amon Henry Wilds）與查爾斯・布斯比（Charles Busby）等建築師的重要工程紛紛落成，雄偉壯麗的海岸建築漸漸蔚為風氣，而絲坦妮花園大道在此之前已完成清潔整頓（一七九三年）、植栽、鋪上石板（一八〇六年）、空間規劃等步驟。從今而後，像海濱行宮

（Marine Pavillon）*一樣窗戶面海的豪華住宅大量增加。海濱行宮於一七八六年開始興建，這幢建築為半印度風格、半中國風格，是為了威爾斯親王而建的。再過不久，人們便可在居高臨下的海岸高處暢遊無阻。

由建築師尚—巴蒂斯塔・奧圖（Jean-Baptiste Otto）設計的十四座出租房屋於一七九八年動工，一八〇七年落成。坐落於皇家新月樓（Royal Crescent）的這批建築儘管規模不大，卻是臨海建築的主要參考樣本，而其風格亦可看出巴斯浴場的影響。一八二二年，喬治四世為城市東側與西側發展起來的濱海住宅區的交叉口鄭重舉行了開幕式。一八二三年至一八二七年之間的建設[65]包括兩座濱海露台以及構成肯普敦（Kemp Town）的雷威斯新月樓（Lewes Crescent）兩側側翼與廣場，設計圖出自約翰・納什（John Nash）之手，而他本人則以倫敦的攝政公園（Regent's Park）作為靈感來源。同一時期，霍夫區（Hove）興建了一幢濱海住宅，成為布倫瑞克露台區（Brunswick Terrace）的協調示範代表作，也是海岸興建的行列建築（processional architecture）當中最純粹的例子。一八二九年，匯連大道（The Grand Junction Road）也大功告成，自東街（East Street）延伸至海濱大道。

一八三三年，派瑞（J. D. Parry）指出：「如今布萊頓的海岸自肯普敦的東側盡頭起始，一路綿延至阿德萊德露台（Adelaïde-Terrace）的西側大長廊之外，全長超過三海里；沿線聚集的建築物，唯有聖彼得堡能夠與之媲美。」[66]海濱長廊、露天平台與海濱大道綿延不絕、層層疊疊，讓遊客驚嘆不已。布朗基於一八二四年寫道，在海拔高度超過兩百尺的高處露台上，只有「一連串的車馬隨從、眾多男性與女性或步行或騎馬」，來回穿梭「同一個地方上百次」。[67]尚博納則於一八三四年左右表示：「洶湧的車馬隨從人潮、騎著馬的優雅騎士、步行者，人們像過節一樣匆匆忙忙、尋尋覓覓。雙篷四輪馬車、雙門四輪轎式馬車、四輪敞篷馬車等等，與大量的小車混在一起，這些小車幾乎都是低級庸俗之物，人稱飛車，唯一的優點是極度輕便。」[68]

布萊頓當時的確是皇家住所，而這些屬於上流社會的散步道，確實是所有首都城內都能看見的大道，使人聯想到七月王朝期間的巴黎郊區森林。然而，此處自懸鍊碼頭至海濱大道，空間規劃的目的是讓人呼吸新鮮海風、欣賞英吉利海峽的海景。行人散步道沿著一座又一座的廣場設置，途中是前往海水浴場的出發點，[69]面海處更設有一些長椅，人們在此閱讀、刺繡、陪孩子玩耍。

布萊頓建築的建設意圖格外顯著，但不可因此忽略其他例子。在這些場所的系譜學考證工作之中，北海岸的斯卡布羅也非常重要，是另一座海水浴場建築的發源地；格蘭維爾令人讚嘆的新斯帕（New-Spa）散步廊道亦同：[70]它採用哥德復興式的建築風格，以眾多小塔點綴，窗戶面海，雨天亦可在此散步、呼吸海風並眺望大海。除此之外，斯卡布羅的其他建設亦引人入勝：「您可在此發現幾幢專供出租的漂亮屋子，面海、附帶家具，人稱海濱屋。與這些屋子相連的小建築內，設有熱水浴與冷水浴。春季潮汐之時，海面幾乎漲至花園這邊的入口處。」[71]

從今而後，所有療養地都相互較勁空間規劃的技藝，譬如廣受歡迎的英國新地標黑潭市

---

* 譯註：後來增建為如今的英皇閣（Royal Pavilion）。

（Blackpool），便於一八四一年在懸崖上建了一千五百棟外型美觀的屋子，[72] 此外尚有露天平台與濱海步道，行人與騎士可由此前往格蘭維爾舉世無雙的廣袤海灘。

貴族階級最初的優先地位

前述種種，使人一窺海濱休養勝地普及過程的社會型態與意義。這些旅遊地形成的整體慣習，原本僅只局限於皇親貴族、優秀人士、名流、紳士階級等相關族群的同心圓小圈圈。某些神職人員雖不排斥前往海濱度假，但他們對當地的社交形式總有諸多批評。而工廠主或商人資產階級開始頻繁造訪這些療養地時，無論是否有意模仿貴族階級，他們使用相關設備的方式與節奏都跟貴族有所不同。在此應特別強調最初專屬於貴族階級的優先地位：根據歐陸社會學家的普遍分析，濱海休養勝地是城堡貴族生活典型的複製品，由資產階級所創造，這前所未見的度假模式，乃是資產階級渴望確認其權勢地位的合理性而創建——但以上論述實屬謬誤。濱海勝地顯然受到奧斯滕德與多維爾（Deauville）遲來的輝煌所影響，甚至是受普魯斯特的度假地卡堡（Cabourg）影響所致。在英國與法國，有時遠至波羅的海沿海各國，都是由高級貴族主導，甚至經常是皇室成員親自決定建造浴場設施、開創風氣。無論如何，帶動流行的是貴族階層。[73]

此外，實際的進程仍是直接由那些促進水療浴場繁榮的人所掌控。格蘭維爾指出，斯卡布羅一七三三年的浴者名錄便是一本名人錄，[74]而我們都知道此地所扮演的過渡角色。一個世紀多之後（一八四一年），斯卡布羅客層變得多樣，但依舊有許多高貴人士蒞臨；在旺季之際，城內小報仍舊試圖引領風潮，刊登療養地最新的貴客名單。[75]

韋茅斯的例子更是饒富深意，雖然該海灘距離倫敦一百三十哩。一七八〇年，[76]國王的弟弟格洛斯特公爵（duc de Gloucester）在該地過冬，並建造了後來成為皇家寓所的格洛斯特莊園（Gloucester Lodge）。後來，國王喬治三世因健康因素前往該地，他於一七八九年的第一次海水浸浴，成為一樁感動人心的入水儀式。[77]從此之後，國王便定期前往韋茅斯居住。若分析《紳士雜誌》（*The Gentelman's Magazine*）的專欄報導，便能得知皇室成員自一七八九年七月二十五日至八月十四日之間的作息時間表。他們於八月十四日啟程前往普利茅斯並久留該地，參觀城市、港口、城堡，並航海視察。[78]因此，國王、皇后、公主與較晚抵達的格洛斯特公爵，都在這一年居留韋茅斯。他們的一言一行都刊登於報章雜誌，連最無關緊要的小事亦是。若有必要，首相小威廉・皮特（William Pitt the Younger）會與各部長在當地召開祕密會議，但他們在該地的生活並非皇室成員的等級。

最初令人訝異的是船隻的重要性，以及濱海生活對格洛斯特莊園這些貴客所展現的魅力。將近半個世紀之間，頂級貴族確實欣然享受乘船出遊的樂趣。停留該地的二十日期間，皇室成員在美閣霓翡森（le Magnificent）喝茶；在南安普敦沿岸兜風三次；較遠的一次出遊，則是前往附近的一座城堡。反之，他們只出席一次私人宴會，亦即阿米莉亞公主（la princesse Amelia）的慶生宴。此外尚有各式各樣其他消遣。喬治三世曾在海中浸浴兩次，身旁陪伴著公主或皇后，在首度浸浴之後，他還大口呼吸清晨的空氣。國王一家兩度於夕暮時分漫遊在格洛斯特莊園前方的大長廊與新露台，直至晚上九點。除此之外，國王經常騎馬或乘車外出郊遊，至沙灘或鄰近鄉間散心；公主們則蒞臨韋茅斯的諸多商店。

此時正值法國大革命的一七八九年夏季，路易十六在陷入混亂的凡爾賽宮看著自己的特權遭到廢除、無暇享受田園風光；在此同時，英國國王則和家人遠離朝廷種種排場，在海洋與人民的簇擁之下，品味由此而生的自然之樂。[79] 當時的英國國王雖然尚能治國，卻因精神抑鬱而必須前往海濱療養，這是英國人民觀感與法國產生如此落差的原因之一，但並非唯一的原因。英法兩國的國體與政治國情差異甚大，雙方貴族階級賞玩自然之樂的方式亦截然不同。

布萊頓的皇家色彩較韋茅斯更為鮮明，與倫敦的距離也比較近。自攝政時代（Regency era）、喬治四世（George IV）直至威廉四世掌權期間，*布萊頓宛如英國的第二首都。這裡自始便是貴族階級經常造訪之地。[80] 一七五六年，格洛斯特公爵在此短暫居留；隔年則是國王的另一個弟弟約克公爵（duc d'York）前往布萊頓。自一七七一年起，這兩位公爵的小弟坎伯蘭公爵（duc de Cumberland）定期造訪該處，而國王的姑姑阿米莉亞公主（la princesse Amelia）則於一七八二年光顧。不難理解，眾多貴族紛紛前往絲坦妮花園大道附近租賃住所。一七八三年九月，太子喬治三世與威爾斯親王意見不合，於是前去拜訪他的叔叔坎伯蘭公爵，在沙丘上騎馬馳騁、玩板球；一七八七年，他再度回到此地，浸浴於海水之中，因為醫生認為這可以協助他治癒甲狀腺腫大。威爾斯親王就此成為布萊頓的常客，連續四十四年皆前往該地，住在海濱行宮（後來的英皇閣），這是濱海皇宮（Marine Palace）最著名的代表建築，更勝格洛斯特莊園。威爾斯親王（亦即後來的攝政王、國王喬治四世）熱切造訪之後，這處溫泉療養地便成為休養旅遊勝地及享樂中心，[81]其自由歡樂的氣氛，長期與溫莎城堡拘泥的風格形成對比。總之，這類場所首度從醫療目的轉變為享樂主義，而十九世紀歐陸所有主要療養地皆是如此。許久之後，莫尼公爵（duc de Morny）將會在別的地方完成這項變動。

直到一八三七年卸任之前，威廉四世皆於布萊頓度過冬季，並由阿德萊德王后（la reine Adélaïde）相伴；繼任的維多利亞女王則不然，她很快就認為布萊頓太過喧囂，壅塞的人潮則讓人厭倦。她厭惡濱海行宮的建築造型，無法在這樣的條件下，過她期望的私人生活——況且，她的家庭不斷擴張，再加上女王的王夫艾伯特親王（prince Albert）無法在布萊頓享受園藝之樂，海水浸浴亦變得極為困難。一八四五年之後，維多利亞女王仍繼續將她的幾個孩子送至布萊頓，她自己則偏好懷特島上的奧斯本（Osborne）莊園，並藉此繼續保持她和法國新皇室之間的反差。新的法國皇室鄙棄海洋與海岸。此外，自一八四八年起，梅特涅流亡英國期間最明朗的歲月，正是於布倫瑞克露台區度過。

最初，所有療養地都需要一名皇室成員的蒞臨，否則便無法吸引高貴人士。沃辛（Worthing）

＊譯註：分別為一八一一年至一八二〇年，一八二〇年至一八三〇年，以及一八三〇年至一八三七年。

便是在阿米莉亞公主於一七九八年光顧之後受惠；紹森德（Southend）則是在一八〇一年威爾斯的夏洛特公主（princesse Charlotte de Galles）因醫囑要求居留該地後才開始發展；一七九一年，西德茅斯（Sidmouth）因喬治三世造訪而揚名；另外，法王查理十世（Charles X）流亡英國時前往懷特島，他在考斯（Cowes）沙灘上的憂鬱漫步，[82]再加上維多利亞女王的蒞臨，使該島獲益良多。

一八三〇年代，諸如布萊頓等主要療養地的社交生活，依舊專屬於上流社會。尚博納透過諸多細節來描述所謂「甜蜜的閒暇」（otium dulce），[83]在這個圈子裡，它能幫助人克服憂鬱，同時又讓人能遵守世俗社交那些難以忍受的禮俗。在這裡，懂流行的紳士最感興趣的活動是馬術、狩獵、航海、板球；他們在老船飯店跳舞；他們打聽消息，想知道幾點能在懸鍊碼頭遇見名人；他們熱烈渴求小道消息與軼事，將之作為聊天的話題。淑女們將上午時光用來閱讀、繪畫、聆賞音樂；下午則是訪友、逛街、參加慈善活動、在海上漫遊；夜間，她們「談話」、跳舞。[84]

海濱度假的起源地法國，亦是相同情形。如前所述，與布萊頓緊密相依的第厄普，在波旁復辟時期已擁有豪奢闊綽的浴場建設。第厄普一向是巴黎人前來看看海、吃吃魚的地方，如今遠遠不僅如此。旺季期間，它成了上流階級的居住地。一八二四年七月三十一日，貝里公爵夫人首度造訪第厄普，之後除了一八二八年之外，她年年光顧，直到王朝再度覆滅。貝里公爵夫人致力發揚海浴風氣，並試圖將第厄普塑造為波旁王朝的象徵，因而在該地加上許多皇家印記。路易十六曾經對航海表現出熱切的關注，並屢次視察利哈佛市，而法國海軍戰勝英國海軍的輝煌凱旋，與後來對抗大革命以及第一帝國的慘敗形成強烈對比。海上的勝利，促使皇室頌揚海洋與王朝。刻意提昇第厄普象徵地位的另一個原因，是第厄普不遠處即是阿爾克（Arques）城堡，亦即波旁王朝創建者亨利四世最著名的勝戰地點。貝里公爵夫人便在附近為自己建了一座行館。波旁復辟晚期的貴族於夏日相約此地，欣然前往該處體驗「英國瘋」（anglomanie）。[85]

貝里公爵夫人非常悉心維護她的個人外在形象。[86]她的馬術裝束、以黑絹領帶豎起領口的白色短衫、飾有飄逸薄紗的帽子，塑造出一道讓人難以忘懷的身影。每年「旺季」貝里公爵夫人抵達第厄普時，入城儀式至尊顯貴。城內的點燈裝飾、人民的歡呼、禮砲以及歌曲，都熱烈迎接她的蒞臨。進城之後尚有向她致意的種種儀式：頒發禮物、戲劇演出、舞會。一八二四年八月三日，同意贊助浴場的貝里公爵夫人，由負責監督浴場的夏爾─路易・莫格（Charles-Louis Mourgué）醫生帶往海邊「迎向海浪」。[87]自此之後，她便定期迎擊潮浪。她曾於某次居留布洛涅時，於清晨八點入海浸浴，四周環繞著一群女泳者。[88]此外，她亦常漫步港邊，享受堤岸盡頭的海洋景觀、參加船舶下水典禮，以英國方式出遊。她試圖拉近皇家與百姓之間的連結，她喜愛王朝及人民之間的信賴關係與美好風景：在第厄普鎮的街上，她融合在人潮之中；她在市政廳收到波萊區「女魚販子」的禮物；她曾在港口參與一場救援行動，隔年的沙龍展因而舉行儀式來褒揚她的英雄事蹟。總之，貝里公爵夫人在第厄普塑造了一種受到英國王政啟發的言行典範。如果三榮耀（Trois Glorieuses）*當初做出不同決定走向，或許這樣的典範能夠改變法國皇室的形象。

* 譯註：即指一八三〇年的七月革命（Révolution de Juillet），波旁復辟時期因而結束。

奧地利大使阿波尼侯爵（comte Apponyi）在日記中指出：療養地的生活，交替於兩種截然不同的節奏之中。屬於貴族階級的客群於七月中左右大舉到訪，在那之前，這裡是醫生與浴場專員的地盤；此時的第厄普，只有希望恢復健康、期望好好休息的人們造訪。一八二八年七月初，阿波尼侯爵在海中浸浴，打羽毛球，速寫阿爾克城堡，和一名友人一起釣鯖魚，航海出遊；格蘭維爾伯爵夫人哈莉葉・卡文迪許（Lady Granville, Henrietta Elizabeth Cavendish）的女兒在她們的畫冊上作畫；參與慈善活動的女士心平氣和地前去幫助她們的可憐人。社交生活僅是英國少婦少女的幾個小圈圈，「沒有訪客、沒有交際晚會、沒有團體協會。啊！多麼美妙的身心休憩。」[89]

到了七月中之後，便是另一種節奏，來自巴黎與布萊頓的浴者開始大批抵達。[90] 這裡的當地報紙和布洛涅一樣，會刊登到訪的來客名單，阿波尼侯爵則鉅細靡遺地悉心抄寫。[91] 當時，互相拜訪是不可或缺的行程，即使必須橫渡海峽也一樣。充滿節慶氣氛與遊戲氛圍的活動日益增加：宴會接二連三，公爵夫人在阿爾克城堡舉辦數場亨利四世風格的扮裝晚宴，義大利作曲家焦阿基諾・羅西尼（Gioachino Rossini）於其中一場晚宴譜曲清唱劇（cantates）。羅西尼曾於第厄普度過兩個夏季。貝里公爵夫人在市政府主持「俱樂部」，而城內「聚會」日益增加。煙火、舞會、業餘者的平庸表演，一切都試圖妝點第厄普度假勝地的時髦外表，但所有記述者都指出，和布萊頓的奢華排場相較，這些活動著實貧乏。

貝里公爵夫人和英國皇室成員一樣，擁有她自己的遊艇。這艘船的顏色是波旁王朝的代表色，白底襯金，客廳是金色與緋紅色，飯廳則是全白。歡慶時節，建築物會點燈裝飾。居留第厄普的貴族會模仿貝里公爵夫人在港邊漫遊，乘船航海，學習英國貴族的親水特質。一日晚間，貝蒂納郡主（la princesse de Béthume）、聖阿爾德貢德夫人（Madame de Saint-Aldegonde）與夸尼公爵夫人（duchesse de Coigny）在碼頭上親手接住阿波尼侯爵的船舶纜繩，三人一同將船拖行至港口。[92]貝里公爵夫人親自主持慈善活動，贊助教堂舉辦的募捐，促進慈善義賣市集。此時所有名流都群集於鄉間聚會，比如一八三〇年七月二十四日在厄鎮（Eu）城堡舉行的聚會。

然而，四天之後，駛往布萊頓的蒸汽船人滿為患。英國遊客趕著回國避難，夏多布里昂才剛抵達第厄普，又旋即返回巴黎。然而事發當下，身在第厄普的人們並未意識到七月底這樁事變的嚴重性。三榮耀的隔天（七月三十日），阿波尼侯爵在日記中寫道：「我認識的女士們正準備去海邊浸浴。」[93]

一八三〇年這場革命並未打破法國貴族與濱海度假勝地的象徵性連結，反而強調了此連繫。新國王為了他在厄鎮的住處而拋下第厄普，而厄鎮並非濱海療養地。奧爾良派（Orléaniste）試圖象徵的資產階級，較常蒞臨內陸水療浴場。直到拿破崙三世登基之後，濱海度假勝地的風氣才再度興起，這番遲來的復興，並不像貝里公爵夫人當時試圖宣揚波旁王朝那樣，有象徵性的企圖。早在一八一二年，年僅四歲的拿破崙三世便已在第厄普浸浴海水，陪伴他的是母親奧坦絲王后（reine Hortense），[94]以及年輕時常去巴斯克地區海灘的歐珍妮・蒙提荷（Eugénie de Montijo）。

儘管如此，一八三〇年之後，一小群擁護正統王權的貴族階級，在波旁王朝最後的歲月當中發展出一種獨特的生活方式並為之著迷，他們期望能夠表露自己對這種生活的低調忠誠，於是避居於一些零星的濱海偏遠處。一八三二年與一八三三年，在呂克鎮與庫爾瑟勒，便發展出一種隱晦的懷舊行為，預告了後來的國內流亡潮。到了隔年，作家法蘭索瓦－阿道夫・婁艾弗－威瑪斯（François-Adolphe Loève-Veimars）在《雙世界雜誌》（*Revue des deux Mondes*）當中提及這批人：「七月革命使得人們所謂的美好世界煙消雲散。貴族階級才剛遭逢不幸，尚無法現身於諸如巴登（Bade）、特普利策（Tœplitz）、斯帕等地的歡慶饗宴尋歡作樂。資產階級的社交圈乃是建立於另一個階級的殘骸碎屑之上，這一年他們大舉進占庇里牛斯山、艾克斯萊班（Aix-les-bains）與普隆比耶爾（Plombières）。第厄普喚起的回憶，著實太過強烈，貴族們因此退避於呂克的憂鬱海岸。一些青春美麗、氣質不凡、顯然出身名門（譬如巴黎聖傑曼區〔faubourg Saint-Germain〕**最高貴**的世家）的女性，以及幾名不幸下台的部長……每晚聚集在客棧的淒慘大廳裡。晨間，只見他們一小群一小群出門，尊貴的太太們騎在驢背上、老爺們則是步行，悲傷地沿著海岸遊走，宛如敗戰後的詹姆士二世走在霍格溪（La Hogue）溪畔的小院子裡一樣。」[95]

在德意志各邦、荷蘭以及後來的比利時，建造浴場的經常是由商人、官員或醫生們所組成的團體協會。儘管如此，掌政者非常重視療養地的發展，他們身為小型的開明專制獨裁者，有時會自掏腰包來鼓勵建造或擴增相關設施：一七九四年，沃格爾醫生乃是在梅克倫堡－施威林大公爵的協助之下，設置巴特多波蘭的第一座海水浴場。四分之一個世紀後，該地一位不具名的遊客表示，能與君王的繼承人一同浸浴，他非常高興；[96]一八〇一年，奧爾登堡公爵夫人捐贈了一座浸浴用的華麗四輪車轎給旺格奧格島上新落成的療養地；普魯士國王曾於一八二〇年促使科沃布熱格興建海水浴場，一八二四年更直接任命希維諾烏伊希切療養地的管理經營者，並給予補助金、參與俱樂部的美化改良，而希維諾烏伊希切當地則於每年國王生日時，舉辦一場盛大的慶祝會。[97]除外，日耳曼漢諾威國王（Le roi de Hanovre）在諾德奈島上擁有一幢別墅，這一點可於一八三七年找到證據；冰島的行政首長也經常蒞臨特拉沃明德；席凡寧根在一八一八年之後再度成為吸引人潮的勝地，主要理由應可歸功於霍根多普侯爵海斯貝特・卡雷爾（comte Gijsbert Karel Van Hogendorp）的定期造訪——霍根多普侯爵乃是促進奧蘭治—拿索王朝（maison d'Orange-Nassau）取回荷蘭主權的頭號推動者；[98]自一八三四年起，比利時國王利奧波德一世（le roi Léopold Ier）與路易絲—瑪麗皇后（la reine Louise-Marie）會在奧斯滕德度過「旺季」，[99]他們的蒞臨也刺激了該療養地擴增相關設備。

儘管如此，若以為夏日的海灘是由歐洲貴族、英國紳士階級、少數藝術家與名流獨享，那就錯了。[100]如前所述，當時平民或小資產階級的自發性浸浴行為，尚屬少見，不足以衍生出濱海度假地特有、精心規範化的社交模式。然而隨著時代變遷，醫生們的指令更加權威、人們日益渴望模仿上流，再加上交通運輸的發達，使得大都會附近的尋歡取樂變得便於規劃，促使種種慣習在不同社會階層擴展、擬仿，以多樣的方式重新詮釋。新訪客蜂湧而至，各個療養地的品質落差加劇，出現了極不穩定的差異，許多地方的旺季時程表因此有了變動。

布萊頓火車站於一八四一年通車，根據格蘭維爾於同一年發表的詳細調查，可以得知海灘旅遊如何去階級化。自一七五四年起，廣受歡迎的季節已有所轉變。[101]貴族、紳士、知名藝術家與作家原本習慣在六月、七月、八月造訪布萊頓，直到攝政時代仍是如此。當時的秋季住客只有一種，亦即為了醫療目的前來、偏好冰涼海水的人士。之後，由於此處靠近倫敦，吸引了不同社會階級的新客群，不少貴族人士因而退避至拉姆斯蓋特、黑斯廷斯（Hastings），或是德文郡的新海灘。上流階層的忠實顧客，從此偏好於九月或十月造訪布萊頓，此時一般民眾已經離開，使得夏季的海灘因而成了倫敦富商的地盤。到了一八四一年，九月的海灘開始專屬於法律界人士，高貴人士轉而開始習慣在十一月、十二月和一月入住此地，雖然這時的海水較難浸浴，但冷水浸浴的風潮業已不再流行。

維多利亞時代初期，夏日的布萊頓海灘經常擠滿商人，連女王本人都認為此處過度喧囂。早在一八二七年，普克勒－穆斯考王子已經此地視為倫敦「圈子」的冬季住處。[102]

根據格蘭維爾伯爵夫人的說法，英國另一端（北海岸）的斯卡布羅，旺季時程亦有所變化。來自東瑞丁與西瑞丁（East et West-Ridings）等地的鄉紳貴族仍繼續造訪該地，但如今他們會等到八月在海灘上舉辦的賽馬會結束之後才蒞臨。格蘭維爾伯爵夫人寫道，這場賽事結束後，大群「出身鄙俗」[103]的遊客才會將海岸留給上層階級的人士。

一八四〇年左右，某些療養地的旺季全程皆由大眾百姓占據。查爾斯・狄更斯（Charles Dickens）於一八三六年寫下的涂葛斯（Tuggs）一家，[104]便是基於上述原因而拒絕前往格雷夫森（Gravesend）或馬蓋特度假，認為這些地方是商家小販的聚集地。格蘭維爾伯爵夫人則認為泰恩茅斯（Tynemouth）滿是凡夫俗子，這裡距離新堡（Newcastle）太近、人潮太多，使她不願在如此貧窮而醜陋的人群當中入海。[105]

夏季，許多住在工業大城的居民試圖逃離城內的暑意。格蘭維爾伯爵夫人寫道，曼徹斯特（Manchester）的居民若渴求讓他們的肌膚擺脫工業廢棄物、逃離工廠黑煙，便會前往紹斯波特（Southport），該地因而成為富裕工匠與工廠主的聚集地，他們會在那兒待上一、兩週；海灘亦開始吸引勞動百姓，曼徹斯特便出現一則引起轟動的廣告，提議工人們以低廉的價格，在紹斯波特休憩五個小時。[106]

較北方的黑潭市，則是來自蘭開郡（Lancashire）的工廠主與普雷斯頓（Preston）的資產階級同處。一八四〇年，遊客會在尼克遜旅館（Nixon's Hotel）的餐廳遇見來自哈利法克斯（Halifax）或布拉福（Bradford）郊區的打鐵師傅，一旁則是來自利物浦的退休商人。普雷斯頓的上流階級因此不屑造訪黑潭市的漂亮沙灘，而寧願前往較為高尚的蘇賽克斯海水浴場。[107]

稍晚，歐陸方面將會出現同樣的社會區隔。不同的是，歐陸的管理制度往往較為嚴格、更注重社會階級的劃分，因此較能保護某些階級，使他們不需忍受龍蛇雜處的折磨，在德國尤其如此。關於這一點，值得一提的是，北方所有療養地都確實分隔男女空間，並嚴格禁止公然裸露；[108]這些療養地因此遠離了前述巴斯克海灘的典型——由於醫療目標客群與貴族浴者尚未進駐該地，巴斯克地區的浸浴習俗因此較為輕鬆隨性。

一八二七年，希維諾烏伊希切療養地共有一千兩百名浴者造訪，[109]其中多數是貴族與極富裕的資產階級。人潮眾多之下，不得不嚴格分流。根據文獻記載，該海灘隔年被分為五個區域。中間的區域寬達五百尺，必須保持空曠，用途是分隔男性專用區域與女性專用區域。小男孩年滿四歲後便無法和母親一同進入女性區域，必須交由一名監督人帶往男性專用海灘。不同的是，布洛涅、格蘭維爾與第厄普這些浴場行之有年的男女分區系統，此地再增加了一道社會階層的隔離。專屬男性的區域，又分為兩個區塊：其中一區專供中下階層的浴者在此嬉戲，他們沒有更衣室或浸浴車轎；沙灘的另一區則專屬富裕人士，他們擁有二十或三十間配備齊全的更衣室以及浸浴車轎，還有一道由木板搭建的步道，以免他們纖細嬌嫩的雙腳不慎割傷。女士專用的第一區亦配有相同設施，而另一區的中下階層女性則毫無相關設備。

可想而知，民眾自發性的浸浴習俗，很快便因這類規定而消失殆盡。百姓在席凡寧根、布蘭肯貝赫（Blankenberghe）或奧斯滕德的「免費浴場」自發浸浴取樂的行為，[110]遠遠早於度假勝地的發展。從前，羅斯托克城的一般民眾習慣前往巴特多波蘭沙灘聚會取樂，他們會來此買魚，並在沙灘上烹煮食用；海水浴場開幕後，該習俗因而式微，於一八二三年完全消失。[111]

濱海療養地的大眾化，無論是已然成真的確切事實、抑或確實成真之前的預感，都引人批評、嘲諷，甚至招致反感，在一八四〇年之前已是如此。幾部虛構作品和一些私人書寫片段，都描述了這方面日益高漲的抨擊，以及這些批評的形式如何嬗變。一八一七年，珍・奧斯汀寫出了《桑迪頓》，就我所知，這是海水浴場相關社交生活首度成為小說作品的中心主題。作者在書中表現的諷刺，不僅只是針對談論所謂如畫海景風光的平庸言論與對話，[112]亦批評桑迪頓海灘這些訪客的無教養、愚蠢、缺乏道德。她也抨擊了資產階級因為渴望模仿名流、散播新的審美感受（la nouvelle sensibilité cénesthésique）而衍生的休憩藝術。

桑迪頓海岸本身呈現的形象，就是一個可笑的濱海勝地；某方面來說，它是布萊頓的反例。[113]建造桑迪頓浴場的帕克先生（Mr Parker）是個可悲的人，只顧著「狩獵」租客，剝削那些執著於追求健康的人。書中荒謬場景上演的地點，包括幾間匆匆命名為「遠景館」（Prospect House）或「美景小墅」（Cottage Bellevue）的房舍，還有一座簡陋的海濱長廊，設有兩張長椅，主人翁們便在這長廊上趾氣高昂地大搖大擺行走。海灘在書中只是背景，令人發噱的小資產階級才是主調：有貌似勞夫力斯（Lovelace）*的翻版、試圖謀取豐厚嫁妝的招搖做作男子；毫無品德的暴發戶太太；來自安地列斯群島（Antilles）並繼承大筆遺產、在桑迪頓誤入歧途的女子；不斷大吃大喝的懶惰胖男孩……這些人物都在年輕而頭腦清楚的觀察者眼中展演，她孤身一人、匱乏而滿心熱望，觀察著蘇賽克斯海水浴場的資產階級。這本未完成的小說，絲毫未曾提及真正屬於平民百姓的客群。

儘管調性不同，但記者暨政治家威廉・科貝特（William Cobbett）於一八二二年、畫家約翰・康斯特勃於一八二四年針對布萊頓的批評，[114]都是早先托靈頓伯爵的論點之延伸。康斯特勃所闡述的苦惱，來自壯麗的海洋美景與城內紛擾之間的反差，對他而言，布萊頓的大街，宛如將倫敦喧囂的皮卡迪利街（Piccadilly）搬到海邊：大自然的壯闊，與擠滿紈綺公子哥的棧橋或海濱大道極度

* 譯註：英國作家塞繆爾・理查森（Samuel Richardson）的小說《寇蕾莉莎》（*Clarissa, or the History of a Young Lady*）之男主角，是一名生性浪蕩的誘惑者。

人工化的社交儀式，二者之間的對比如此鮮明。

狄更斯於一八三六年發表的小說作品《涂葛斯一家蒞臨拉姆斯蓋特》（*La famille Tuggs à Ramsgate*），[115]正如法國的諷刺漫畫家亨利・莫尼耶（Henri Monnier）或後來的劇作家歐仁・臘必盧（Eugène Marin Labiche），展現的是純然的嘲諷。小說主人翁是一名食品雜貨商，繼承了大筆遺產，便決定趕時髦。他因此決定和妻子與兒女一同前往拉姆斯蓋特度假，於是便有了這幅風光如畫的海灘景象：「女士們忙針線活、串鍊帶、編織、閱讀小說。男士們翻閱報章雜誌。孩童拿著木鏟在沙灘上挖洞，海水接著淹沒這些洞。女傭懷裡擁著嬰孩追逐海浪，然後拔腿就跑，換浪花追逐她們。偶爾出現幾艘小帆船，載著興奮聒噪的遊客出航，不然就是返航的船隻，但回程的遊客極度安靜，顯然身體不適」。[116]我們的主人翁穿著黃鞋坐在藤椅上，一家之主斜眼瞟著年輕人披上浴巾踏入浸浴車轎，準備迎向海浪。

涂葛斯一家吃了蝦子，然後「盯著螃蟹、海草與鰻魚出神」。夜裡，他們聚在擠滿人的賭場裡，身邊滿是騙子、矯揉造作的年輕人，以及為年輕女子物色夫婿的已婚婦女。單調的生活日復一日，就這樣持續六個星期：「早上，海灘；中午，騎驢；下午，堤岸；晚上，賭場；到處都是一樣的人。」[117]於是只剩一些可笑的曖昧情節，最後以誘惑出軌來趁機敲詐。

本文就此以狄更斯的小說作結。涂葛斯一家造訪的拉姆斯蓋特，表明了一種日益普及、業已根深蒂固的慣習，自波羅的海的希維諾烏伊希切、至大西洋岸的聖塞巴斯提安（Saint-Sébastien）盡皆如是，甚至在維多利亞時代之前已是如此。一八四一年鐵路開通，人潮大量湧入布萊頓，該地就此人氣鼎沸，遠遠勝過往日的對手巴斯，但其主掌社交儀式的功能意義已然散佚。現代海灘於焉誕生，本文謹此竭力概述其系譜淵源。

結語

「他喜愛浪花泡沫，遠勝於沼澤瘴氣。」[1]

本書的目的就是了解海濱愉悅的萌生及其如何被形塑。我們來到了一七五〇年到一八四〇年的海濱舞台，消逝的欲望與過時的情感又再度悄悄甦醒。在這裡，我們小心翼翼觀察人們時而可笑，卻是最為根本的追尋，窺視著他們面對大海自命不凡的姿態、長期處於牙牙學語階段的行為，與隱晦深藏的歡愉感受。在沙丘與海水之間，讀者目睹了家庭原始核心的重組建構和海灘的全新發明。

透過過去人類的雙眼，他們對黯黑岩石、透明海水、赤裸海濱、升漲黏水與破碎浪花有著前所未有的迷戀，我們就能明白當時社會欲翻閱地球歷史檔案的深層渴望。

當時間的意象被翻轉，墳墓停滯不前的恐懼加深，海灘這片由元素交織碰撞而出的空曠海濱，為所有想遠離瘴氣，追求浪花泡沫的人們，展現了波濤洶湧的海景奇觀。

研究方法考量

歷史學家是時候去質疑反思「長時段」這個禁錮人們的觀念，以及費爾南‧布勞岱爾（Fernand Braudel）時間性（temporalité）概念裡步調不一致的規律。布勞岱爾的概念衍生出或多或少湍急的河流意象，彼此之間並未產生交集。這種信念讓我們難以去追溯起源、描繪系譜，更有甚者，去探究特定時代構築的再現之間的連貫性。簡言之，這種模式為建構真正的社會文化史造成了難以逾越的障礙。

如今，重要的是去探究每個時代的人們——如果可能的話，每個社會階層的人們，是透過什麼機制與方式來詮釋古代的模式，並將之重新整合到一個再現與實踐相連的系統裡。這就是為什麼古典作家們對聖經的註解、他們留下的文學和美學文化、部分受古代啟發的醫學，以及那些近代偉大航海家的遊歷經驗等，都能共同在十七世紀提供大量有關大海與海岸的論述與實踐，也讓人們在海濱的行為活動構成了一股歷史現象。

即便我提到了巴舍拉與杜宏的直覺，特別是在關於浪漫主義的部分，但這並不意味著我深信有著永恆不朽想像的人類學結構。自然風景擴張了促進人們從有意識到無意識過渡轉化的意象，而地形分析（topo-analyse）提供了感性反應的符號（symbole）。然而，在我看來，其操作手法隨時代而異，並非一成不變。

此外，本書的研究也涉及了風景感知的歷史。然而，我早已放棄構築有關海岸的任何風景閱讀框架，如芬恩斯（K. D. Fines）[1]和夏爾・埃伏卡（Charles Avocat）[2]曾經做過的那樣。從歷史學家的角度來看，量化「景觀的吸引力」[3]的方法一點都不可行，因為一旦如此，就要為每一個可追溯的感知系統建立一套框架，還得在缺乏真實感知與情緒的狀況下，辨認出阻礙相關論述的刻板印象，甚至得考量到論述實踐的歷史、描述性文風的結構轉變，以及支配什麼能說與不能說的社會規範之演變。簡言之，這種研究方法將會變成是針對某種文學體裁的演變來進行研究，而不是在探討風景感知的歷史。所以，最好的方法則是去探討欲望、好奇心，以及構成這些說法的感知與論述系統之歷史。[4]

謝辭

本書最後特別感謝所有以自己的獨特方式，讓這部作品成為可能的人們：特別為本書翻譯未於法國出版之主要英國作家引文的英國文學教授安德烈・波爾多（André Bordeaux）先生、為本書提供十七世紀法國文學豐富知識的尚・拉豐（Jean Lafond）教授、幫助本書收集有關德國部分之文獻的羅伯特・貝克（Robert Beck）先生、親切檢閱本書一些有關古代文化內容敘述的伊莉莎白・德尼歐（Elisabeth Deniaux）女士、為本書貢獻許多關於比亞希茲深度知識的約瑟特・龐特（Josette Pontet）女士，以及負責本書相關圖像學研究的多米尼克・拉烏爾—杜瓦爾（Dominique Raoul-Duval）女士。

les paysages, *colloque cité*, pp. 39 – 59.

4 關於所有這些議題，也可參見：Jacques Bethemont, «Elément pour un dialogue: géographie et analyse du paysage», in *Lire le paysage*..., pp. 101 – 111。

〇年才開始有泳客光顧。在布蘭肯貝赫，「沿海居民……不像奧斯滕德的當地人那樣在港口躲躲藏藏，而是四下散布於光天化日之下。」

111 援用自不具名著作：*Reise eines Gesunden...*, *op. cit.*。

112 請參照本書第一九七至一九八頁。

113 關於珍・奧斯丁筆下布萊頓的崇高地位，請見《傲慢與偏見》。

114 William Cobbett, *Rural Rides*, Londres, Reeves and Turner, 1893, t. I, 10 janvier 1822, pp. 91-93. *Memoirs of the Life of John Constable, Composed chiefly of his Letters,* par C.R. Leslie, Londres, Londres, The Phaidon Press, 1951, p. 123（一八二四年五月二十九日寫於布萊頓的信件）。

115 本書引用之譯本為：«La famille Tuggs à Ramsgate» in *Esquisses par Boz*, Paris, Stock, 1930, pp. 90-119。

116 *Op. cit.*, pp. 103-104.

117 *Ibid.*, pp. 110, 113. 騎驢漫遊海灘的風氣，似乎誕生於馬蓋特海水浴場。一八〇〇年左右，一名女士以每小時一先令的價格提供該服務。布萊頓於一八〇六年跟進。以上請參見：Edmund W. Gilbert, *op. cit.*, p. 20。

結語

1 Victor Hugo, *Les Misérables*. 3e partie, Livre IV, ch. I，此為年輕的公白飛（Combeferre）對當時政治氛圍的感受比喻。

研究方法考量

1 K. D. Fines, «Landscape Evaluation: a Research Project in East-Sussex», *Regional Studies*, 1968, 2, pp. 41 – 55。

2 Charles Avocat, «Essai de mise au point d'une méthode d'étude des paysages», in *Lire le paysage/Lire les paysages*, Actes du colloque des, 24 – 25/11/1983, Publications de l'université de Saint-Etienne, 1984, pp. 11 – 37.

3 *Cf.* H. Flatrès-Mury, «L'évaluation des paysages bretons», in *Lire le paysage/Lire*

以及英皇閣的歡樂生活。一八三七年，當他再度造訪布萊頓時，他將會認定該地已變得面目可憎。請參見：*The Creevey Papers. A Selection from the Correspondence and Diaries of the late Thomas Creevey, 1768-1838*, édité par sir Herbert Maxwell, Londres, John Murray, 1903, notamment t. I, pp. 47；146 sq。一八三七年的部分請見：op. cit., t. II, pp. 325 sq。一八一七年在攝政王邀約之下前往布萊頓的布瓦涅女士（Mme de Boigne），亦詳盡描述她在英皇閣居留期間的生活，請參見：*Mémoires*, Paris, Mercure de France, 1971, t. I, pp. 460 sq.。

101 關於其變遷，請參見：Edmund W. Gilbert, *op. cit.*, pp. 108- 109, 184；以及 Antony Dale, *The History...*, *op. cit.*, p. 39。

102 Prince Pückler-Muskau, *op. cit.*, t. I, p. 320。

103 A.B. Granville, *op. cit.*, t. I, p. 188。

104 請參照本書第三六八頁。

105 *Op. cit.*, t. I, p. 269。

106 Cf. Granville, *Ibid.*, pp. 346 *sq*。

107 *Ibid.*, pp. 348-349。

108 布洛涅海灘的管理制度相關資料引述自歐內斯特・賽希爾（Ernest Deseille）的著作，請參：Ernest Deseille, *op. cit.* 反之，奧斯滕德海灘的控管似乎較為困難。雖然時間較晚，但布魯日（Bruges）一份報紙報導了相關民怨：「我們眼前就是令人作嘔的淫穢場景，猥褻的裸體，可恥的散步道自沙丘延伸至海邊，使人為難失措」。在燈塔附近浸浴的幾名女士，被幾名可疑男子搭訕，「她們差點嚇昏」。「已有一些家庭離開這無法保障道德觀念與孩童品德的地方」，參見： Yvonne du Jacquier, *op. cit.*, p. 27。但我們亦可考量一點：一八一一年至一八五〇年這段期間，關於羞恥心的禮俗規範，以及對於不同社會階層融合的驚恐、對於兩性接觸的恐懼，較其他時期更為顯著（請見本書第一一三至一一四頁）。

109 接下來的描述取材於：docteur Richard Kind, *op. cit.*

110 Yvonne du Jacquier, *op. cit.*, p. 33. 但這些文獻屬於一八五〇年代，顯得略遲。關於布蘭肯貝赫，請見：docteur G. Hartwig, *op. cit.*, p. 63。此地直到一八四

91 一八二八年八月六日，自布萊頓訪友歸來後，阿波尼侯爵在第厄普見到了「馬伊葉公爵夫人（la duchesse de Maillé）、阿博瑞克・舒瓦瑟爾侯爵夫人（la comtesse Albéric de Choiseul）、夸尼公爵（le duc de Coigny）、鮑弗雷蒙家的王子與公主（le prince et la princesse de Beauffremont），瑚傑伯爵夫人（Madame la comtesse de Rougé）和她的女兒……，聖阿爾德貢德夫人（Mme de Saint-Aldegonde）和兩個小孫女，皇家司儀（grand maître des cérémonies）的兒子德勒—布雷澤先生（M. de Dreux-Brézé），聖莫爾先生們（MM. de Sainte-Maure），柏德蘇勒將軍（le général de Bordesoulle），夏斯泰勒侯爵夫人（la comtesse de Chastelux）和她的兩個女兒，巴宏特小姐（Mlle de Barante）與其父巴宏特侯爵（le comte de Barante），《勃艮第公爵史》（*Histoire des ducs de Bourgogne*）的作者，阿瓦赫伯爵與夫人（le comte et la comtesse d'Avaray），傅朵涅夫人（Mme de Fourdonnet）……」以及薩克森—科堡的王子（le prince de Saxe-Cobourg）。

92 Comte Apponyi, *Journal cité*, 15 août 1828, t. I, p. 146.

93 *Op. cit.*, t. I, p. 284.

94 Simona Pakenham, *op. cit.*, p. 25.

95 A. Loève-Veimars, «Souvenirs de la Normandie», *Revue des Deux Mondes*, décembre 1834, pp. 94-95。

96 *Reise eines Gesunden*, *op. cit.*

97 Docteur Richard Kind, *Das Seebad zu Swinemünde*, *op. cit.*

98 Docteur W. Francken, *Scheveningen, sa plage, ses bains*, Paris, J.B. Baillière, 1899, p. 1.

99 Yvonne du Jacquier, *op. cit.*, p. 23. 可惜國王與皇后居住的宅邸並無窗戶面海，於是路易絲—瑪麗皇后以人力升降機讓人將她拉至高處的屋後空地，她可在檐廊乘涼，一面看海一面編織。

100 關於這一點，且讓我們回想，時髦紳士博・布魯梅爾（Beau Brummell）亦曾現身於布萊頓的英皇閣。一八〇五年至一八〇六年，英國政治家湯瑪斯・克里維（Thomas Creevey）應邀前往布萊頓度過四個月，之後又於一八一一年回到布萊頓。他以諸多細節來描述自己伴隨威爾斯親王出席的種種晚宴，

以波蒙為導師，他的著作將使蔚藍海岸在英國成為當紅的旅遊地。值得一提的是，擁有海景的房舍、堤岸上的漫步，以及乘船出海，這些都是尼斯至維羅納自由鎮（Villafranca）一帶居住的英國人的日常活動。請見：Albanis Beaumont, *Travels...*, *op. cit.*, pp. 90-106。

74 Granville, *op. cit.*, p. 151.

75 *Ibid.*, pp. 182 et 188.

76 Cf. Edmund W. Gilbert, *Brighton...*, *op. cit.*, pp. 15-16; Antony Dale, *The History...*, *op. cit.*, p. 30.

77 Edmund W. Gilbert, *Brighton...*, *op. cit.*, p. 15.

78 Gentleman's Magazine, «Diary of their Majesties's Journey to Weymouth and Plymouth», 1789, vol. 59, pp. 1046-1047, 1142-1144.

79 前引之普利茅斯居遊記，對兩者相近的時間點有精闢分析。

80 一七六九年建造的馬爾堡莊園（Marlborough House），將於一七七一年賣給公爵，直到一七八六年，公爵都留著這幢宅邸。他亦買下了一七七九年建造的葛羅孚莊園（Grove House）。

81 Cf. Antony Dale, *The History.... op. cit.*, p. 32.

82 Léon de Buzonnière, *Voyage en Écosse. Visite à Holy-Rood*, Paris, Delaunay, 1832, pp. X-XI。

83 La Garde Chambonas, *op. cit.*, p. 376.

84 布萊頓一名淑女極為詳細的時間表，參見：*Ibid.*, p. 261。

85 該用語的負面形象，使得兩世紀以來英法兩國的交互影響遭到曲解。

86 相關後續請參照：Pihan Delaforest, *op. cit.*; docteur Mourgué, *op. cit.*；以及阿波尼侯爵一八二八至一八三〇年期間，三年夏季的日記，參見： Journal du comte Rodolphe Apponyi, Paris, Plon, 1913, t. I, 26 juin – 17 août 1828, 4 août – 26 août 1829, 19 juillet – 30 juillet 1830, pp. 120-147, 176-194, 276-289。

87 Pihan Delaforest, *op. cit.*, p. 169.

88 Ernest Deseille, *op. cit.*, p. 8. 此指一八二五年八月二十五日。

89 Comte Apponyi, *Journal cité*, 2 juillet 1828, p. 123.

90 當年主要包括德文郡公爵、漢米爾頓夫人、達令普夫人（lady Dalrymple）。

58 接下來的敘述乃是取材自以下著作：des *Voyages* cité d'Henry Swinburne, t. V, pp. 74-76, du récit de Roland de la Platière, *Lettres écrites..., op. cit.,* t. II, pp. 349 sq. et du travail de synthèse effectué par Héléne Tuzet (*La Sicile au XVIII*[e] *siècle, op. cit.*, pp. 431-448).作者在其記敘中引述了約翰—海因里希・巴爾特斯（Johann-Heinrich Bartels）一七八六年一場旅行的遊記（發表於一七八九至一七九一年）。

59 巴爾特斯指出了這項需求，但他是在冬季造訪瑪麗娜廣場，請參見：Hélène Tuzet, *ibid.*, p. 438。

60 這份作息表乃是德儂的觀察，請參見：*op. cit.*, t. V, pp. 74 sq.。

61 Roland de la Platière, *op. cit.*, t. II, p. 349.

62 *Op. cit.*, t. V, p. 74.

63 *Ibid.*, pp. 74 et 76.

64 Antony Dale, *The History..., op. cit.*, p. 54.

65 該地所規劃之全部工程，直到一八四〇年之前都尚未竣工。

66 Cité par Edmund W. Gilbert, *Brighton..., op. cit.*, p. 101.

67 Adolphe Blanqui, *op. cit.*, p. 387.

68 La Garde Chambonas, *Brighton..., op. cit.*, p. 125.

69 *Ibid.*, p. 25.

70 A.B. Granville, *The Spas of England and Principal Sea-Bathing Places*. Londres, Henry Colburn, 1841, t. I, «Northern Spas», p. 160.

71 *Ibid.*, t. I, p. 183.

72 *Ibid.*, t. I, p. 350.

73 人稱蔚藍海岸（la côte d'Azur）的濱海區域亦是如此；請參照：J. Voisine, «Les Anglais en Provence au XVIIIe siècle.» *Revue de littérature comparée*, 1956, pp. 15-27。蔚藍海岸自一七六〇年開始發展為氣候療養地，此時患者已習慣造訪同樣位在南部的蒙彼利埃；跟隨詹姆士二世逃難至法國的大批英國人，於一七一五年最後一次對抗英國當權者敗北之後，這股氣候療養的風潮便更加穩固了。首批在尼斯避寒過冬的訪客當中，除了托比亞斯・斯莫利特之外，尚有喬治三世的兩名弟弟，約克公爵與格洛斯特公爵。第二批避寒者則

43 Alexandre Dumas, *Mes mémoires*, Poissy, Bouret, 1866, t. II, pp. 275 sq.

44 Jean Chennebenoist, *Trouville et De autille vus par Charles Mozin, 1806-1862*, Deauville, 1962。

45 E. Ducéré, *Napoléon à Bayonne*, Bayonne, 1897.

46 Auguste Bouet, «Les Bains de Biarritz», *art. cité*, pp. 317 sq.較近代的資料可參考：Ch. Hennebutte, *Guide du voyageur de Bayonne à Saint-Sébastien*, Bayonne, 1850。

47 Pierre Laborde, *art. cité*, p. 27.

48 哈巴斯克院長指出，一八三〇年夏季，一些泳客前來塞松這個小海灘：「這裡完全沒有浴場設備，每個人以自己想要的方式，在自己選擇的地點浸浴。第一帝國期間，放假時可以看見許多學生。」後來，他們便被禁止海浴，「以便維護善良風氣，以及他人自身的安全。」請參見：*Notions historiques...*, *op. cit.*, t. II, p. 313 et 314.

49 這項研究始於法國的濱海建築；請參見：Nathalie Glou, «villas balnéaires de la Manche». in *Monuments Historiques*, n° 1, 1978, pp. 34 sq.。在這篇精采的文章中，作者非常精確地描述了濱海別墅的特色，以及這些別墅在不同地區與不同社會階層的多樣性。

50 接下來的分析，亦必須歸功於安東尼・戴爾（Antony Dale）與愛德蒙・吉伯爾特的著作（見前引）。

51 這則海濱建築用語，乃是借用自巴斯療養地。

52 Adolphe Blanqui, *Voyage d'un jeune Français..., op. cit.*, p. 387.

53 而非喬治四世。

54 Comte A.L.C. La Garde Chambonas, *Brighton, scènes détachées d'un voyageur en Angleterre*, Paris, Aillaud, 1834, pp. 79-85 et 281-288.

55 A. Pihan Delaforest, *op. cit.*, p. 207.

56 *Op. cit.*, t. I, p. 362. 某年四月三十日，作者前來此地凝視海洋作夢，持續十五分鐘。

57 Abbé de Saint-Non, *Voyage pittoresque ou description des royaumes de Naples et de Sicile*, Paris, 1781, t. I, p. 226。

Paris, Hachette, 1983。此外亦有較偏軼事性質的文章：Paul Jarry «Bains de mer du temps passé» *in* John Grand Carteret, *L'Histoire, la vie, les mœurs et la curiosité*, Versailles, Société générale d'imprimerie, t. V, 1928；Georges Renoy, *Bains de mer au temps des maillots rayés*, Bruxelles, Rossel, 1976。

35 Pihan Delaforest, *op. cit.*, pp. 130-131.

36 *Ibid.*, p. 129. 本書作者之參考來源為莫格醫師，*op. cit.*, pp. 17-18.

37 *Ibid.*, p. 130.

38 *Ibid.*, pp. 131-132.

39 維克多—約瑟夫・朱伊亦列舉了拉羅歇爾的瑪麗—德雷莎浴場（les bains Marie-Thérèse），我們無法找到相關資料，但作者表示該設施在一八三〇年之前便已吸引不少外國遊客（Louis Garneray, *Vues des côtes... op. cit.*, IIe partie (1832), p. 19）。本書第一部則有關於布洛涅與第厄普等浴場的描述。

40 共和三年（一七九五年）穫月二十七日，芒什省（département de la Manche）的省政府會議紀錄提及一名夏沃（Chavoy）先生的要求，表示希望能「確定他在格朗維爾的旅遊」，因為他的妻子想「泡海水浴」。一八三六年五月二十四日，格朗維爾市長在寫給阿夫朗什（Avranches）專區區長的信件中表示，直到一八二七年之前，泳客人數並不多。該市於一八二七年在濱海的巨岩上建了一座「小屋」供泳客使用。一八三〇年，該設施「變成一間寬敞的大廳，泳客得以每日聚集於此，甚至每週舉行兩次舞會」，以鋼琴伴奏；海灘設有九間「輕便的小型更衣室」，每年蒞臨該地的泳客人數高達七百或八百人。海涅自一八三七年開始與瑪蒂爾德（Mathilde）一同於格朗維爾度假。前述各點，請見前引之展覽特刊：*La vie balnéaire et les bains de mer à Granville*。

關於阿夫朗什地區的海水浴場，請參見：Marius Dujardin, «Histoire des bains de mer à Carolles et à Jullouville», *Revue de l'Avranchin*. 1954。以及探討浴場推廣普及的著作：Elie Guené, *Deux siècles de bains de mer sur les plages de l'Avranchin et du Cotentin*, Manche-tourisme, 1985。

41 Docteur Viel, *Bains de mer à Cette, op. cit.*, pp. 7-10.

42 Cf. Gabriel Désert, *op. cit.*, pp. 15-18.

Docteur Georg Hartwig, *Guide médical et topographique du baigneur à Ostende...*, *op. cit.*；Docteur Louis Verhaeghe, *Traité pratique des bains de mer...*, Ostende, 1855.；Yvonne du Jacquier, *Ostende et Spa*, Ostende, 1965。以及第二手資料：Robert Lanoye, *L'épopée ostendaise*, 1971。

29 Daniel Lescallier, *op. cit.*, pp. 12-13.

30 *Mémoires de Brissot... publiés par son fils*, Paris, Ladvocat, 1830, t. I, pp. 271 sq.

31 Samuel Ireland, *A Picturesque Tour...*, *op. cit.*, t. II, pp. 191-193.

32 建築物正面寬達五百呎，入口是由兩座大理石柱支撐的鑄鐵大門，並有一座方尖碑作為裝飾。浴場分為數層，在第三道拱頂的頂部，有露台與與花壇可供漫步。

33 Docteur Pierre, J.B. Bertrand, *op. cit.*, t. II, pp. 165 sq. 亦請參照 Souquet, *Essai sur l'histoire topographique physico-médicinale du district de Boulogne-sur-Mer*, *op. cit.*, pp. 53-59。根據本書的說法，臨床醫生自一七五六年便開始以海水作為治療方式。布洛涅浴場早期的歷史紀錄，資料極為豐富：Ernest Deseille, *L'ancien établissement des bains de mer de Boulogne. 1824-1863*. Boulogne, Aigre, 1866。關於泳客、浴場、浸浴車轎、價格等等，本書均有詳盡的統計。一八三五年，布洛涅浴場共有三萬人次浸浴。

34 請參照第厄普海水浴場莫格醫師的描述：*Journal des bains de mer de Dieppe*, *op. cit.*；亦請參考：Ange Pihan Delaforest, *Premier voyage de S.A.R. Madame la Duchesse de Berry en Normandie*, Paris, Pihan Delaforest, 1824。高德醫生（docteur Gaudet）亦有一些詳細描述，參見： docteur Gaudet, *Notice médicale sur l'établissement des bains de mer de Dieppe, op. cit.*），緊接其文章之後的，是蓋森（Guersent）、李斯弗蘭（Lisfranc）、布斯克（Bousquet）針對該主題合著的醫學院報告（一八三七年）。

關於第厄普的歷史，請參考：Simona Pakenham, *Quand Dieppe était Anglais, 1814-1914*, Dieppe. Les informations dieppoises, 1971（英國版之年分為一九六七年）。

關於法國與比利時的海水浴場史，觀點較為概括的著作為Gabriel Désert, *La Vie quotidienne sur les plages normandes du Second Empire aux années folles*.

Seebäder im allgemeinen und besonders über das Seebad Cuxhaven。此後，大型療養勝地紛紛出版年報，譬如：*Annalen des Travemünder Seebades*, 1817。一八二一年尚有相關著作描述普特布斯（C.G. Hecker, *Uber das Seebad bei Putbus*, 1821）以及旺格奧格島（Johann Ludwig Chemnitz, *Wangerooge und das Seebad*；Lasius, *Beschreibung von Wangerooge*）。哈弗內醫生書寫索波特、馮寇第茲（von Colditz）書寫弗爾島（île de Föhr）、卜帕弗（Pfaff）書寫基爾、馮德迪肯（Van der Decken）書寫黑爾戈蘭島、弗爾梅（Formey）書寫巴特多波蘭。赫夫蘭醫生日記中，許多文章探討德國海水浴場。相關主題尚有許多書目，在此特別感謝羅伯・貝克（Robert Beck）蒐集文獻，使上述條目更臻完善。

21 L'article (*Warum hat Deutschland noch kein grosses öffentliches Seebad* ?) sera plusieurs fois réédité, cf. *in Vermischte Schriften*, von Ludwig Christian Lichtenberg, t. V, Göttingen, 1803, pp. 93-115 et en 1818, *in* Abendroth, *Ritzebüttel und das Seebad zu Cuxhaven*, Hambourg, 1818.

22 *Reise eines Gesunden in die Seebäder Swinemünde, Putbus und Dobberan*. Berlin, 1823.此書出版年分為一八二三年，但描述的是一八二二年的見聞。

23 Edouard de Montulé, *Voyage en Angleterre et en Russie... op. cit*., t. II, pp. 58-59.

24 不同文獻記載的日期，有時有所出入，此乃情有可原之事。若無論如何都堅持明確指出開幕日期，未免顯得專橫。

25 一八二八年，理查・凱因得醫生如此描述希維諾烏伊希切的旺季，請參見：Docteur Richard Kind, *Das Seebad zu Swinemünde*, Stettin, 1828。

26 一八二三年，經常接觸丹麥朝廷的腓特烈・華恩斯戴德特（Friedrich von Varnstedt）以諸多細節，描述維克的泳客享有哪些娛樂設施。請見前文引用之展覽特刊*Saison am Strand...*, p. 22。

27 Stierling, *Über Seebäder in den Niederlanden*, paru dans le *Hufeland's Journal*。特拉沃明德海水浴場的年報曾被譯為荷蘭文，並似乎因而促動贊德福特海水浴場的興建。

28 關於奧斯滕德海水浴場的歷史，請見：Pasquini, *Histoire de la ville d'Ostende et du port... suivie d'un vademecum du Voyageur à Ostende*, Bruxelles, 1843；

17 接下來的後續請見：*The Torrington Diaries [...], op. cit.*, pp. 87-103.

18 不同派別的地理史學專家業已分析濱海療養地的興起過程，並區別舊有的漁村、港口大城郊區新建的新興住宅區、以及原本空無一物的海灘沿岸與景點區後來出現的建設。尤請參照社會地理學家愛德蒙・吉爾伯特（Edmund W. Gilbert）的所有相關研究。下列優質著作亦十分值得參考，儘管研究目的不同於本書主題：H.G. Stokes, *The Very First History of the English Seaside*, London, Sylvan Press, 1947；Ruth Manning Sanders, *Seaside England*, London, Batsford, 1951；Anthony Hern, *The Seaside Holiday: The History of the English Seaside Resort*, London, Cresset Press, 1967；Janice Anderson et Edmund Swinglehurst, *The Victorian and Edwardian Seaside*, London, 1978。

19 關於其過程，可在德國漢堡阿爾托納博物館（Altonaer Museum）於一九八六年四月十六日至八月三十一日舉辦展覽之特刊中找到極為近期的年表與書目資料，參見：*Saison am Strand: Badeleben an Nord-und Ostsee, 200 Jahre*, Herford, Koehler, 1986。

20 一七八三年七月，一名牧師向普魯士國王腓特烈二世（Frédéric II）遞出請願書，希望能在諾德奈附近的猶依斯特島（île Juist）上開設一所海水浴場。這份請願書收錄於前文引用之特刊，參照：*Saison am Strand...*, p. 12。亦請參照：J.D.W. Sachse, *Uber die Wirkungen und den Gebrauch der Bäder, besonders der Seebäder zu Doberan*. Berlin, 1835。還有一本著作亦相當重要，請參照：*Histoire naturelle de la mer*, publiée par Otto à Berlin en 1792 (*Naturgeschichte des Meeres*).

一七九三年，《英國歷史年鑑》（*Annalen der Brittischen Geschichte*）卷七描寫了迪爾、韋茅斯、哈維奇（Harwich）等地的英國海水浴場。這一年，利希滕貝格醫生偏好北海，而沃特曼醫生則傾向波羅的海。

十九世紀初，德國開始出現許多描寫海水浴場的文學作品。一八〇一年，已有第一部關於諾德奈島的著作；哈雷姆這本作品於一八一五年與一八二二年以新書名《諾德奈島與其濱海療養勝地》再版，請參：Friedrich Wilhelm von Halem, *Die Insel Norderney und ihr Seebad*。一八一八年，奧古斯特・魯吉（August Ruge）出版了一本關於庫克斯港海水浴場的著作，請參：*Uber*

10 Jacques Cambry, *op. cit.*, pp. 203-205 sq.

11 Alexandre Grimod de la Reynière, *op. cit.*, p. 12.

12 請參照本書第三六四頁。

13 Aubin-Louis Millin, *op. cit.*, t. III, pp. 350-351. 地理學家阿爾巴尼・波蒙（Albanis Beaumont）曾於一七九五年指出尼斯地區這類農舍的相同功用（*Travels through the Maritime Alps from Italy to Lyons across the «col de Tende» by the Way of Nice, Provence, Languedoc*, Londres, 1795, pp. 89-90）。

14 丹尼爾・列卡里耶（Daniel Lescallier）男爵清楚指出這道趨勢的興起：「富裕的軍官將領、海軍上校們，以及領主爵爺、許多富有的人們，即使是平時毫不關心海軍的人士，亦樂於為自己建造並管理遊艇或休閒用船舶，這些船隻大約八十或一百噸重，用途是在晴朗的季節出遊，沿著法國或荷蘭的海岸航行，有時甚至行駛至里斯本或加的斯（Cadix）。……這些船主人組織了一個團體，他們稱之為「航海俱樂部」（le Club navigant），並設計了一套綠色制服，襯以白色袖飾、鑲有金色飾帶。海軍部長每年搭乘遊艇巡迴國王各個港口……國王與皇后亦擁有他們各自的遊艇，裝飾華美，精心鍍金…」，請參照：Daniel Lescallier, *Voyage en Angleterre, en Russie et en Suède fait en 1775*, Paris, Didot, an VIII, pp. 37-38。

一七八五年八月，作家蜜菈笛・克拉梵（Milady Craven）自熱那亞出航時，因搭乘斜桅小帆船而懊悔不已：「沒有什麼比擁有一艘英國遊艇更為舒適了，英國遊艇既乾淨又方便，航程隨行的是四五名有見識的人員。沿著海岸航行前往義大利時，正如我親眼所見——風景極致曼妙。」請參見：Milady Craven , *Voyage de Milady Craven à Constantinople par la Crimée en 1786*, Paris, 1789, p. 49。如前所述，亨利・菲爾丁亦體驗了相同的欣喜之情。

15 Cf. Edmund W. Gilbert, *Brighton..., op. cit.*, notamment pp. 89 sq. 關於布萊頓相關設施的精確敘述，主要歸功於以下兩本書：Antony Dale, *The History and Architecture of Brighton*, Brighton, Bredon and Heginbothom, 1950；*Fashionable Brighton*, 1820- 1860, Londres, Country Life, 1947。

16 Fanny Burney, *Diary and Letters of Mrs d'Arblay. op. cit.*, t. I, pp. 217-228, 280-311 et t. II, pp. 158-183.

第五章　創建海灘

1 Daniel Roche, *Le siècle des Lumières...*, *op. cit.*, t. I, p. 232.

2 關於此概念，可參見：Jean-Marie André, *L'otium dans la vie morale et intellectuelle romaine des origines de l'époque augustéenne*. Paris, P.U.F., 1966 et uzanne Barthélemy, Danielle Gourevitch, *Les loisirs des Romains*, Paris, C.D.U.–S.E.D.E.S., 1975；此外尚有經典著作：John H. D'Arms, *Romans on the Bay of Naples*, Cambridge, Mass., 1970。

十九世紀中葉，相較於維克多・拉帕德（Victor de Laprade）、丹尼爾・尼薩（Daniel Nisard）與莫姆森（Mommsen）等作者，呂多維克・費蘭德（Ludwig Friedlander）這位哲學家顯得更加注重濱海休養勝地之主題，請參見：Ludwig Friedlander, *Mœurs romaines du règne d'Auguste à la fin des Antonins*, Paris, Reinwald, traduction Ch. Vogel, t. II, 1867, pp. 333-401 et 480 sq. et t. III, pp. 110-113。反之，前文引述之歐仁・聖丹尼斯（Eugène de Saint-Denis）的著作出版於一九三五年，本書學識淵博，卻因時代變遷而理解有誤，書中對於古代休養勝地的描述，明顯受到現代海灘的形象影響，請參見：Eugène de Saint-Denis, *Le Rôle de la mer dans la poésie latine...,* notamment pp. 97 sq., 105 sq., et 467 sq.。

3 請參照本書第一六七至一六九頁。

4 Cf. Suzanne Barthèlemy et Danielle Gourevitch, *op. cit.*, p. 20 des textes cités.

5 範例請參考：«Une excursion à Ostie», texte d›un chrétien du IIIe siècle cité par Suzanne Barthèlemy..., op. cit., pp. 83-85.

6 Cf. l'analyse déjà précise de Ludwig Friedlander, op. cit., t. II, pp. 391 sq.

7 上議會會期結束之後。這些臨海別墅當中，最豪華的例子之一，是提比略位於斯佩爾隆加（Sperlonga）的寓所。該處位在拉齊奧南部，洞室中飾有尤里西斯與波利菲莫斯的雕像。請參見：F. Coarelli, *Lazio, Guide archéologique de Laterza, Rome*, 1982, pp. 343-352。

8 請參照夏爾・布羅斯。

9 Notamment, *op. cit.*, t. I, pp. 157 sq.

49 關於這一點，雨果的詩說得好：「迷失的可憐腦袋，您翻滾著越過這片陰暗」。沉沒海水深處後，屍體帶來的驚駭有時會因為詩篇主題延伸出的海洋意象而稍稍減緩平息，這種意象建立在人們堅信躺在深深海底裡的屍體會換上新的外貌，全身上下被貝殼、海草，甚至罕見的石頭包覆。

50 Président François Habasque, *op. cit.*, t. I, p. 20.

51 Daniel Ligou, «La franc-maçonnerie des lumières et la mer», in *La Mer au siècle des Encyclopédies, op. cit.*, p. 77.

52 戀人遭險的傳奇故事（一如前述故事，參見：Charles Souvestre，«Le traineur de grèves»），包含《笑面人》的主角格溫普蘭（Gwymplaine）與蒂亞（Dea）雙雙遭大海吞沒，以及《海上勞工》主角吉利希特（Gilliatt）最後慢慢自人間蒸發的結局。

53 J.H. Bernardin de Saint-Pierre, Paul et Virginie, éd. citée, p. 60.

54 Monique Brosse, *thèse citée*, t. I, p. 182.

55 吉拉德寫道：「千種文章深深印在沿海居民的記憶中。黑暗驚悚、一律只有兩位人物登場的制式悲劇。」就這個層面來說，「大海本身並未殺人」。請參見：Fulgence Girard, «Mont-Saint-Michel, un drame sur les grèves», *art. cité*, p. 215。

56 Président François Habasque, *op. cit.*, t. I, pp. 30-31. 比亞希茲海灘也有人被流沙吞沒的恐怖事件，而且說法更加離奇，參閱：*Rapport sur les opérations et les résultats de l'association de bienfaisance pour la sureté des bains de mer établie à Bayonne,* juillet 1834, p. 7.

57 Charles Rouget de Kerguen, «l'île de Noirmoutier», *art. cité*, pp. 314-315.

58 Président François Habasque, op. cit., t. I, p. 25. 左拉的《生活的樂趣》（*La Joie de vivre*）故事發生的背景就是美好鎮。

59 Denise Delouche, *thèse citée*, t. I, pp. 58-59.

60 William Wraxall (senior), *Voyage en France*, 1806, t. I, p. 19.

61 Cf. Audouin et Milne-Edwards, *Recherches, op. cit.*, t. I, p. 192.

海水拍打在聖馬修海角岩石之上，掀起五十呎、六十呎、八十呎高巨浪。激起的浪花甚至濺向了母親與姐妹們虔心祝禱的教堂。就算大海安靜下來了，波浪稍歇，只要行經這晦暗的海岸，誰的心底不在默念，或是靜靜地感受到那種至死方休的悲傷（Tristis usque ad mortem）？……大自然是殘酷的，人是殘酷的，雙方似乎能夠相安無事。」請參閱：Jules Michelet, *Tableau de la France*, Paris, les Belles Lettres, 1949,pp. 24-28.

37 Cf. numéro spécial de la *Provence Historique*, 1983, I, et Bernard Cousin, *op. cit.*, pp. 253 sq.

38 莫尼可・伯斯特別點出教堂在這類驚悚小說（thrillers）中扮演的角色，請參閱：Monique Brosse, *thèse citée*, t. I, p. 295。

39 Emile Souvestre, «La Cornouaille», *art. cité*, p. 691.

40 Félix Pyat, «Une tournée en Flandres», *Revue de Paris*, t. 33, septembre 1836.

41 G. Hartwig, *Guide médical et topographique du baigneur à Ostende, op. cit.*, pp. 20-21.

42 貝爾納丹・聖皮耶似乎是聽到康城式祝禱（prière de la Cauchoise）後，心情激動的停下腳步的第一人，請參閱：Pierre Trahard, *Les maîtres de la sensibilité française au XVIIIe siècle, 1715-1789*, Paris, Boivin, 1933, t. IV, p. 105, à propos d'un texte des Études de la Nature, t. I，p. 510。

43 Monique Brosse, *thèse citée*, t. I, pp. 368-369.

44 當時對水的看法一如黑格爾，相當的正面。參閱：Yvon Belaval，«Encyclopédie et la mer»，布雷斯特研討會開幕講座。

45 Fulgence Girard, «Mont-Saint-Michel. Un drame sur les grèves.» *La France maritime*, 1837, éd. de 1852, t. IV, p. 217.

46 史考特爵士小說中人物，亞瑟・沃篤爵士（Sir Arthur Wardour）與他的女兒「欣喜地踩上濕潤、清新與堅實的沙」，請參閱：Walter Scott, *L'Antiquaire*, Paris, Firmin-Didot, éd. de 1882, p. 81.

47 Jean Bousquet, *op. cit.*, 參見本書第二二四頁。

48 Cf. J.-J. Baude, «Les Côtes de la Manche», *Revue des Deux Mondes*, juillet 1851, p. 31.

亡》（*Une tempête en mer avec la perte du Halsewell*）最為知名。

25 有關船艦發展的部分，請參見：Denis Delouche, *thèse citée*, t. I, pp. 117-118。

26 關於此節，請見：Monique Brosse, «Littérature marginale; les histoires des naufrages», *Romantisme*, 4, 1972 et T.S.R. Boase, *art. cité*, pp. 332-346。

27 此後，這股風潮跟著大眾對驚駭的欣賞逐漸退燒而消退。海岸港口歷經修整，加以海洋科學有了巨大的進展，蒸氣汽船逐漸在短程航線上獨領風騷；比起帆船，汽船的安全性高出許多。

28 特別是馬圖林的「恐怖」小說，請參閱：*Melmouth ou l'Homme errant*（*Melmouth the Wanderer, 1820*）, cf. in *Romans terrifiants, op.cit.*, pp.662-665。英國小說家瑪麗・雪萊（Mary Shelley）刻劃的海邊場景也同樣驚悚，尤其是發生在蘇格蘭東北奧尼克群島上（l'ile des Orcades）的情節，請參閱：Mary Shelley, *Frankenstein*, édition de 1979, Paris, Garnier-Flammarion, pp. 249 sq.

29 Cf. William James, *The Naval History of Great-Britain from 1793, to 1820.* London, Baldwin, 1822-1824.

30 Cf. Monique Brosse, ainsi que pour ce qui suit, *thèse citée*, t. I, pp. 339-376.

31 Audouin et Milne-Edwards, *op. cit.*, chap. VI, «Recherches sur les naufrages».

32 *Le Navigateur, Journal des Naufrages...*, 1829. 編輯團隊聲稱在各港口派駐有特派員。其他版面則分屬海盜劫掠、「海上風景畫」、「奇異現象」（如海上的幻象、法國南部聖艾姆軍事堡壘〔Saint-Elme〕失火）、海洋刑事法規、蒸氣汽船駕駛與海上旅程等各主題類型。

33 David Cordingly, *op. cit.*, pp. 96-113.

34 魯尼早期在海軍服役，因傷在一八一〇年退役，隱居英格蘭德文郡，日日面對大海。買他畫的人多為海軍軍官。

35 他最著名的海景畫《船難與一艘試圖拯救船員的漁民之船》（*Le Naufrage, bateau de pêcheurs tentant de sauver l'équipage*），被大量印刻發行。想想看，透納（最少）有兩幅畫作以特拉法加海戰為主題。

36 米什萊談到了「布雷斯特的海岸」：「在那裡，兩方人馬對峙：陸地與海洋，人與自然。大海風起雲湧的時候，我們真應該來看看，那怒濤，恐怖的一起監察艦（*Surveillante*）與魁北克艦（*Québec*）的對戰；而在法蘭西共和曆二年牧月十三日，法國北部港口布雷斯特海域的人民復仇者艦（*Vengeur du peuple*）戰敗後沉沒。以上請參見：Denis Delouche, *thèse citée*, t. I, p. 103。

20 社交形式隨著這樣的轉變而出現變化，英吉利海峽沿海地區的年輕軍官因此得以成婚。為國出征的他們不僅獲得人們的敬重，若能戰勝奪下敵方軍艦，更有機會發一筆橫財。請參閱：珍・奧斯汀的《傲慢與偏見》或《勸服》。

21 普利茅斯、樸茨茅斯與羅什福爾（Rochefort）皆有。

22 戰俘獲釋之後，滿腦子想的是什麼？磊斯韋恩（M. De Lezeverne）提到了樸茨茅斯的海上監獄，請參見：M. De Lezeverne, *Les Plaisirs d'un prisonnier en Écosse*, Paris, 1818, pp. 14-15。法國軍官勒內—馬丁・皮萊（René-Martin Pillet）提到了一八一三年間在英國肯特郡查塔姆（Chatham）停泊場裡船艦的慘況，請參見：René-Martin Pillet, *L'Angleterre vue à Londres et dans ses provinces*, Paris, 1815, pp. 372 sq.。加內雷則讓這個主題廣泛的流行起來。

23 《拉吉・沃魯德侯爵夫人的移民回憶，一七九二至一七九四年》（*Les souvenirs d'émigration de Madame la marquise de Lage de Volude, 1792-1794,* Evreux, 1869）傳神地記錄了在暴風雨、火災與海盜威脅下，船上旅客忐忑不安的心境。

24 Geneviève Levallet-Hang, «Philippe-Jacques Loutherbourg, 1740-1813.» Archives alsaciennes d'histoire de l'art, 15e année, 1936, pp. 124 et 129.現今已散佚的工藝極品機械自動展演劇裡的海浪呈現，工法極盡繁複細緻。首先以黏土形塑出海浪的型態，然後分別切割插入軟木。之後上色，再覆以一層厚厚的釉彩呈現閃耀的光芒。每一團浪都有獨立的基軸控制，如此便能讓一波波的浪呈現出怒海的架勢。一七八七年後沒多久，蘇格蘭畫家羅伯特・巴克（Robert Barker），也就是第一位環景畫的創作者，在倫敦展示了一幅繪製了停泊在樸茨茅斯的一艘英國戰艦的畫作。此後，陸續推出《一七九五年六月一日的海戰》（*La Bataille navale du 1er juin 1795*）、《布萊特赫姆斯通浴場》（*Les Bains de Brighthelmstone*），以及《阿布基爾海戰》（*La Bataille navale d'Aboukir*），其中尤以一七八六年的《海上風暴與哈爾斯威爾號的死動，全都在這陡峭的海岸邊表露無遺。」參見：*op.cit.*, pp.110-111。

10 Cf. Anne Vincent-Buffault, *Histoire des Larmes*, Marseille, Rivages,1986.（譯按：中文版請見，安・文森布佛著、許淳涵譯，《眼淚的歷史》〔臺灣商務，2022〕）至於前一個世紀的眼淚史，則請參閱：Sheila Page Bayne, *Tears and Weeping, An Aspect of Emotional Climate Reflected in Seventeenth Century French Literature*, Tübingen, Narr, 1981.

11 那是因為人們認可了藝術家有能力創造並改善美化真實景況，韋爾內就以帶有強烈情感的獨特筆觸震撼了藝術愛好者。參閱：Else-Marie Bukdahl, *Diderot critique d'art*, Copenhague, Rosenkilde er Bugger, 1980, t. II, p. 262.

12 Cité par E.M. Bukdahl, op. cit., t. II, p. 250.

13 請參閱瓦朗謝訥的指引，見本書第二〇八頁。

14 P.H. Valenciennes，*Eléments de perspective..., op.cit.*, p. 437.

15 大型風潮席捲了法國歷史學家菲利浦・阿列斯（Philippe Ariès）在內，他敏銳地感覺到人們對童年的重視逐漸升高，但這也只強調了其中一個階段而已。

16 Denis Diderot, Salons in *Œuvres complètes*, Paris, Le Club du livre, 1970, t. VII, p. 180. «Salon de 1767».法國藝術史學家丹尼爾・阿拉斯（Daniel Arasse）的導讀非常有意思。

17 說到菲利浦—雅克・盧瑟堡的海景圖，舉例來說：「啊！我的朋友，多可怕的暴風雨啊！……翻騰的海水中，出現了一個可憐人的腳，那人困在船隻殘骸中，已經溺斃。人們看得渾身不停顫慄；還有，一具被包裹在皺褶呢絨衣底下的女性軀體則隨著海水載浮載沉，人們看得渾身不停顫慄; 另一處，一名男子正與捲著他往礁石衝的大浪搏鬥，人們看得渾身不停顫慄……」。請參見：*op. cit.*, t. VIII, pp. 440 et 441。

18 P.H. Valenciennes, Éléments de perspective..., op. cit., p. 491.

19 Cf. Alain Cabantous, *La mer et les hommes...*, op. cit., p. 152.這類對決戰役比較知名的有：一七七八年六月十七日，美禽艦（*la Belle Poule*）與阿雷圖斯艦（*Aréthuse*）之役；一七七八年九月十一日，朱諾艦（*Junon*）與福克斯艦（*Fox*）在韋桑島附近海域之戰；一七七九年，韋桑島的鄰近海域上，另有

客。

91 一八二六年，當遊客到達愛奧那島時，穿著破破爛爛的孩子們成群跑來；當地的嚮導也紛紛靠近；遊客離開時，被賣海藍寶石（aigues-marines）的孩子們團團圍住。在威爾斯地區，沿著巨人堤道的情況也是如此（Ducos, *op. cit.*, t. III, p. 297）。

92 Emile Souvestre, «Le traîneur de grèves», in *Scènes et mœurs des rives et des côtes, op. cit.*, p. 9.

第四章　悲愴海岸與其轉變

1 關於國家船艦的寓意，參閱：S. Pressouyre，«L' emblême du Naufrage à la galerie François Ier»，*in L'art de Fontainebleau*，Paris，1975。

2 Lafont de Saint-Yenne，*Réflexions sur quelques causes de l'état présent de la peinture en France, avec un examen des principaux ouvrages exposés au Louvre, le mois d'août 1746*，La Haye，1748，pp.100 sq.

3 Alain Cabantous, *La mer et les hommes..., op. cit.,* p. 148.

4 Johann-Wolfgang von Goethe, *op. cit.*, pp. 318 sq.

5 Alain Cabantous, *La mer et les hommes..., op. cit.,* p. 148.

6 關於此點，特別可以從羅蘭的遊記中窺知一二。

7 Bernard Cousin, *Le miracle et le quotidien. Les ex-voto provençaux, images d'une société,* Aix-en-Provence, sociétés, mentalités, cultures, 1983, pp. 90-102, 131-135, 253-254, 282-284.

8 讓我們再次強調，芬乃倫極其廣泛地將之運用在他的小說《忒勒馬科斯歷險記》中。

9 坎布里的遊記就是很好的範例，「那是聖馬修岬角，朋友、母親、戀人伸出雙臂，對著他們的孩子，看著船將啟航，哭成一個個淚人兒……也是那裡，人們等著他們，跟他們揮手致意……，沿著海岸追著他們……急切的，酸苦的哭泣，空中飛舞的手帕，加快疾行的步履，憂心忡忡，心跳加速，臉色漲紅；各式各樣的情感、激動、愛戀、友誼、熱切，心靈主宰的所有行

boissons en France, 1879-1919, thèse, Paris I, octobre 1979）注意到菲尼斯泰爾的咖啡館經常有這種混雜狀況。

80 Ch. Rouget de Kerguen, *art. cité,* pp. 313-314. 這種描述似乎很可能是受到華特·史考特《威佛利》（*Waverley*）一書中對高地旅館描述的影響。

81 在所引用的奧杜安和米爾恩—愛德華茲的作品（t. I, pp. 60-67）中可以找到又長又精確的描述。另見：La Tocnaye, *Promenade d'un Français en Suède et en Norvège*, Brunswick, 1801, t. II, p. 174，峽灣沿岸的農民用海藻餵養牲口。或者是：Marc-Auguste Pictet, *Voyage de trois mois..., op. cit.*, p. 112，作者描述了在愛爾蘭海灘上收集海藻的情況。

82 「男人、女人、小孩、拉車，都已經向崎嶇的礁石前進，岩石上披掛著濕透的海帶，就像船難者屍體上的頭髮，看起來非常荒涼。」「亂哄哄的隊伍」沿著淺灘前進；「那裡聳立著一塊岩石，從遠處看會誤認為是一座古老的大教堂；這裡則是另一座門廊形狀的岩石；再往前走是一座城市廢墟或是成堆的殘破框架。」（Emile Souvestre, *Le Finistère en 1836*, p. 212）

83 參見本書第五八頁。

84 Président François Habasque, *op. cit.*, t. II, pp. 315 et 316. 這些海灘位於北濱海省。

85 一八一六年到一八一八年除外。

86 來自普勒比昂（Pleubian）的農民克勞德·貝爾圖（Claude Berthou）贏得了一八〇七年的比賽；他按照下布列塔尼地區居民的方式穿著，在他的木鞋上插著釘子，而不是馬刺。據說為了提高他的座騎卡納西斯（Canaris）的士氣，他讓牠喝了一整瓶白蘭地（*ibid.*, t. II, pp. 316 et 317）。

87 對抗吞噬威脅的絕望鬥爭，與左拉《生命的喜悅》（*La Joie de vivre*）書中主角的命運相對應，後者的背景是海岸線。當他描述這些的時候，波琳和拉札爾在岸邊散步已經是非常普遍的常態。

88 德洛奇（*thèse citée*, t. I, p. 178）強調了烏立克在一八三五年左右創作《布列塔尼景觀，低潮時的海岸》（*Paysage breton, côte à marée basse*）的思維。

89 這並不妨礙它被反覆提及。

90 米什萊（《大海》〔*La Mer*〕）抱怨那些大舉入侵、對大海漠不關心的遊淺權（droit d'échouage）的框架之中。

61 Émile Souvestre, «La Cornouaille», *art. cité*, p. 691.

62 Fulgence Girard, «Le Mont-Saint-Michel», *art. cité*, p. 165. 我們都很清楚特拉斯提弗列（Trastevere）人民所謂的活力讓司湯達留下的印象。

63 Émile Souvestre, «La Cornouaille», *art. cité,* p. 691. 這裡描繪了虔誠神父和野蠻教民之間的緊張關係；在二十世紀時，激發了亨利．克菲萊克（Henri Quéffelec）小說《桑島的神父》（*Le Recteur de l'*île de Sein）和尚．德蘭諾伊（Jean Delannoy）電影《上帝需要人類》（*Dieu a besoin des hommes*）的靈感。

64 Docteur Pierre Bertrand, *op. cit.,* t. II, p. 168.

65 羔羊的獻祭形象與港口信號燈的形象相呼應。

66 B. Ducos, *op. cit.*, t. II, p. 328.

67 A. Dauvin. *art. cité.*

68 Ch. Rouget de Kerguen, «L'île de Noirmoutier», *La France maritime*, t. III, 1837, p. 312.

69 Article anonyme, «Cayeux», *La France maritime,* 1837, t. III, pp. 343 *sq*.

70 *Cf.* T.S.R. Boase, «Shipwrecks in English Romantic Painting», *Journal of the Warburg and Courtauld Institutes*, XXII, 1959, p. 343.

71 B. Ducos, *op. cit.,* t. III, p. 51.

72 E. Jouy, in Louis Garneray, *Vues des côtes de France..., op. cit*., p. 22.

73 這是個非常好的研究，但只略微涉及本書的主旨。

74 Monique Brosse, «Byron et la mer», *art. cité*, pp. 71 et 76.

75 *Cf.* Custine et Lavallée, *op. cit*., passim.

76 *Cf.* Monique Brosse, *art. cité*, p. 71.

77 Ann Radcliffe, *L'Italien ou Le Confessionnal des Pénitents noirs*, traduction in *Romans terrifiants*, Paris, Robert Laffont, 1984.

78 例如：Amédée Gréhan, «Les côtes de Normandie», *La France maritime*, éd. 1852, t. I, p. 394.

79 後來的某一天，賈桂琳．拉盧埃特（Jacqueline Lalouette, *Les débits de*

docteur Bertrand, *op. cit.*, t. II, p. 51.

50 Philarète Chasles, *art. cité,* p. 85.

51 關於岩石和地衣在普克勒—穆斯考親王旅行記憶中的重要地位，有一段奇特的說明；他敘述了（*op. cit.*, t. III, p. 290）拜訪歐康諾（O'Connell）的過程，並提到了這條道路：「我首先注意到一塊非常漂亮的岩石……黃色、紅色和紫色三種苔蘚生長在這些岩石裂縫中，並以最驚世駭俗的方式勾勒出黑色的線條。」對於親王來說，最難能可貴的是這種印象值得一寫，甚至被認為難能可貴。

52 Cambry, *op. cit.*, p. 105。關於布列斯特地區沿海「部落」（peuplades）的問題：「他們像餓虎撲羊般殘暴地衝向大海帶給他們的獵物；誰都無法從他們手中搶走。」

53 關於這層隱憂的來源，參見：Jean-Pierre Peter, «Ogres d'archives», *Nouvelle revue de psychanalyse*, automne 1972 et, sous la direction de Michel Foucault, *Moi, Pierre Rivière, ayant égorgé ma mère, ma sœur et mon frère...* («L'animal, le fou, la mort», par J.P. Peter et Jeanne Favret), Paris, Gallimard-Juillard, 1973；另外參見我們對所引用作品的序言：Alexandre Parent-Duchâtelet, *La Prostitution à Paris au XIXe siècle,* Paris, Le Seuil, 1981.

54 這種先例在歐仁．蘇的作品中相當明顯。劫船奪財者的形象先於拾荒者的形象，而拾荒者是城市人的野性原型。德洛奇（Denise Delouche, *thèse citée*, t. I, p. 19）指出坎布里打算研究整個布列塔尼沿海地區的海盜。

55 科比埃在《黃蜂》（*La Guêpe*）和他的詩歌《大海子民》（Gens de mer）中提到了劫船奪財者的行為。

56 Philarète Chasles, *art. cité,* p. 93.

57 Paris, Kilian, 1826.

58 這可能是法國黑色浪漫小說中最瘋狂的一部，其作者最初聲稱自己是華特．史考特和坎布里的後代。

59 Emile Souvestre, *art. cité,* pp. 691-692.

60 據說，畫家在一八三一年從蘇格蘭回來時目睹了這樣的場面。但有必要考慮到一個對公認做法感到敏感的意外證人所做的解釋，當時這種做法被納入擱

siècle». *La Nature et le Rural*, *colloque cité,* non paginé. 從這個角度來看，我們更應該重新閱讀保羅·塞比洛（Paul Sebillot）的作品，尤其是：*Contes de terre et de mer*, Paris, Charpentier, 1883, *Légendes, croyances et superstitions de la mer,* Paris, Charpentier, 1886，還有與本書相關的：*Contes des landes et des grèves*, Rennes, Caillère, 1900。

37 Président François Habasque, *op. cit.,* t. I, p. 281.

38 例如：Alexandre Bouet, «La baie d'Audierne», *La France maritime*, t. III, pp. 155 *sq.* et Emile Souvestre, «La Cornouaille», *art. cit., Revue des Deux Mondes,* 1833, 3, p. 690.

39 例如：Xavier Marmier, «Souvenirs de voyages», *Revue de Paris,* juin 1837. 對利穆贊地區大眾閱讀狀況的調查使我得出一個結論：馬爾米耶是本世紀後三分之一時期，在該地區最受廣泛閱讀的作家之一。

40 我們想到的當然是雨果在《海上勞工》之前的偉大作品《英吉利海峽群島》（*Archipel de la Manche*）。

41 Henri Heine, *Reisebilder, op. cit.*, p. 112.

42 關於布列塔尼半島和布列塔尼居民，凱薩琳·貝爾特（Catherine Bertho）也強調發生了轉變。據她說，描繪該地區黑色形象的制式觀念來自巴黎的菁英階層，從一八三〇年起已經非常到位；而浪漫主義的大旅行家只是讓這種根深蒂固的觀念看起來更合理。但布列塔尼的菁英們，在波旁王朝正統派（légitimistes）撤到各省之後，藉由成功的民族原則政策，從今爾後將與來自首都的刻板印象宣戰（*art. cité*, p. 51）。

43 例如：夏爾·蘇維斯特。

44 奧維德《變形記》（*Métamorphoses*）中的許多場景已經在海岸發生。

45 Mona Ozouf, *art. cité,* p. 227.

46 Honoré de Balzac, *Un Drame au bord de la mer, op. cit.,* pp. 699-700.

47 A. Dauvin, *art. cité,* pp. 321 et 322.

48 *Cf. infra*, à propos de l'œuvre d'Eugène Isabey.

49 Crabbe, *Peter Grimes*; Balzac, évocation des paludiers de Guérande, in *Un drame au bord de la mer*. 關於艾基恩（Equihen）漁民的「巢穴」（tanières），參閱

23 關於這一點：Denise Delouche, *thèse citée*, t. I, p. 21.

24 因此，諾迪埃責備杜羅荷一味沉迷於德魯伊的世界，而對其他居間的時代聲量無動於衷（*cf.* Mona Ozouf, art. cité, p. 225）。

25 *Cf.* Michel de Certeau, *La Culture au pluriel*, Bourgois, 1980, chap. III, «La beauté du mort» (en collaboration avec Dominique Julia et Jacques Revel).

26 Fulgence Girard, «Le Mont-Saint-Michel», *art. cité,* p. 166.

27 Henri Heine, *op. cit.,* «L'île de Norderney», pp. 103-106 et pp. 100-101.

28 Charles Nodier, J. Taylor et Alph. de Cailleux, *Voyages pittoresques et romantiques dans l'ancienne France*, *op. cit.,* t. I, «La Normandie Ancienne», 1820, pp. 4-5.

29 *Ibid.*, pp. 5 et 94.

30 Lépecq de la Cloture, *op. cit.*, 1778, p. 35. J.B.J. Noël de la Morinière, *op. cit.*, t. II, p. 106.

31 Edouard Richer, *Voyage...*, *op. cit.*, lettre 7, pp. 58-59- J. Morlent, *Le Havre ancien et moderne...*, Le Havre, Chapelle, 1825, t. II, p. 2.

32 例如：夏爾注意到英國北海沿岸存在著十二世紀的諾曼人：「彷彿回到五六百年前歷史上的歐洲。」（Philarète Chasles, «Scènes d'un village maritime en Angleterre», *Revue de Paris*, 1829, t. 7, p. 82）作者提到的場景是在一八一六年之前。另一個例子請見：E. Jouy in Garneray, *Vues des côtes de France dans l'Océan et dans la Méditerranée*, Paris, 1823, à propos des habitants du Pollet, faubourg de Dieppe habité par des pêcheurs, p. 40.

33 *Cf.* M. Demonet, P. Dumont, E. Le Roy Ladurie, «Anthropologie de la jeunesse masculine en France au niveau d'une cartographie cantonale (1819-1830)», *Annales, Économies, Sociétés, Civilisations*, juillet-août 1976.

34 但前提是沒有任何東西可以阻礙發揮想像力。朱伊因此很憎恨這種混合狀況，他不能忍受設置在古蹟廢墟當中的工廠，讓人完全無所適從（Vues des côtes... *op. cit.*, p. 44）。

35 Fulgence Girard, «Le Mont-Saint-Michel», *art. cité,* p. 163.

36 除了沼澤以外的所有這些問題，請參見：le bel article de Marcel Calvez, «la dimension naturelle de Brocéliande. Analyse à partir de récits d'espace du XIXe

9 正是她提出了魚類養殖的嘗試，後來又提出了增加海洋水域人口的宏偉計畫。關於所有這些觀點，參見：Geneviève Delbos, *art. cité*.

10 *Cf.* Villeneuve-Bargemon, *op. cit.*, t. I, pp. 896 *sq*.

11 *Ibid.*, t. II, pp. 1130 *sq*.

12 Joseph Lavallée (d'après l'itinéraire de L.F. Cassas), *Voyage pittoresque et historique de l'Istrie et de la Dalmatie,* Paris, an X, p. II.

13 *Ibid.*

14 *Ibid.*, p. 108. 關於啟蒙時代人類學對退化的概念，特別是布豐伯爵的看法，參見：Michèle Duchet, *Anthropologie et histoire au Siècle des Lumières,* Paris, Flammarion, 1977, pp. 202 *sq*.

15 因此，我們也在此特別再次關注歐洲大陸的狀況。

16 關於高盧人形象的古老意義，參見：Corrado Vivanti, «*Les Recherches de la France* d'Etienne Pasquier. L'invention des Gaulois», *Les Lieux de Mémoire*, t. II, «La Nation», vol. I, pp. 215-245 et Pierre Ronzeaud, *Les représentations du peuple dans la littérature politique en France sous le règne de Louis XIV*. Thèse d'État, Tours, 1985; 也別忘了亞雷特・儒安那（Arlette Jouanna）與克勞德—吉爾伯特・杜波伊斯（Claude-Gilbert Dubois）最早期的研究。

17 關於這一點：Mona Ozouf, «L'invention de l'ethnographie française: le questionnaire de l'Académie celtique», *Annales, Économies, Sociétés. Civilisations*, 36e année, n° 2, mars-avril 1981, pp. 210-230.

18 *Cf.* Catherine Bertho, *op. cit.*, p. 47；約翰遜在一七七三年的高地之行中已經表現出這種恐懼。

19 Président François Habasque, *op. cit.*, t. I, pp. 279-281.

20 Fulgence Girard, «Le Mont-Saint-Michel», *La France maritime*, 1834-1837, 2e édition, 1852, t. I, p. 165.

21 *Cf.* Vérusmor, «Le Mont Tombelène» (Tumba Beleni), *La France maritime*, t. III, pp. 262-264.

22 *Cf.* tardivement, A. Dauvin, «Les îles des Saints et d'Ouessant», *La France maritime*, 2e éd., t. II, 1852, pp. 321-323.

民的服裝。」

87 Cambry, *op. cit.*, pp. 203 *sq*.

88 *Cf.* Catherine Bertho, art. cité, p. 46 et 51. 索維尼特別讚美了韋桑島（*L'Innocence des premiers âges en France*, Paris, 1768）。另一方面，一七九二年，拉瓦萊認為他在格魯瓦島找到了善良島嶼，而坎布里在兩年後的巴茨島也達成心願。

89 值得強調的是蘇格蘭高地之旅對於這種感覺的影響。早在一七七三年，詹森和博斯韋爾的旅途就旨在觀察習性、迷信以及方言和傳統習俗的符號。詹森博士的書中還附有對記錄程序的即時批評，特別是指導口頭調查的程序。

90 想想亞瑟・楊在旅行中使用的比較。

91 Cambry, *op. cit.*, p. 181.

92 *Ibid.*, p. 38.

第三章　人物的透明度

1 雅克・倫納德（Jacques Léonard）明確強調了新希波克拉底思想在十九世紀西方醫生心目中歷久不衰；更普遍來說，他證明了這個歷久不衰的思想如何成為公共衛生的依據（*cf. La France médicale au XIXe siècle*, Paris, Gallimard, 1978, pp. 173 *sq.*）。例如：Gigot, *essai sur la topographie physique et médicale de Dunkerque*, Paris, 1815.

2 Christophe de Villeneuve-Bargemon, *Statistique du département des Bouches-du-Rhône*, Marseille, Picard, 4 vol., 1821-1829, t. I, pp. 895-898.

3 Docteur Bertrand, *op. cit.*

4 *Cf.* A. Corbin, *Le miasme et la jonquille, op. cit.*, pp. 56-57.

5 A. de Quatrefages de Bréau, *art. cité*, p. 606.

6 *Cf.* docteur Pierre Bertrand, *op. cit.*, t. II, p. 299.

7 在此要注意的是，《民法》第五三八條規定：「海岸、海濱沖積地、港口、潮汐水準以下的岩石，皆屬於公共領域的一部分，不允許私人占有。」

8 例如：Audouin et Milne-Edwards, *op. cit.*, t. I, pp. 173-180.

75 Docteur Tiphaigne, *op. cit.*, pp. 51 et 150.

76 Desmars, *op. cit.*, p. 50.

77 Mémoires de l'enquête citée.

78 關於布列塔尼的海岸的重點；引用的調查。

79 Diderot, Voyage en Hollande..., *op. cit.*, p. 426.

80 *Op. cit.*, p. 252.

81 克羅杜寫道（*op. cit.*, p. 37）：「諾曼人普遍生殖力都很強，生性傾向於物種的繁衍。特別是在靠近海邊的教區，在長達一百多里格（lieue）的海岸線上，我們看到確鑿的證明。」關於波萊的居民，作者強調了反常現象：「他們很少見到自己的妻子，但繁殖力卻很強。」（p. 172）一七七五年，迪耶普的前市長勒莫恩（Lemoyne）手寫了一本回憶錄，頌揚了上諾曼第地區農村漁民的質樸和多產。兩年後，這個主題被一位來自格朗維爾的商人重新引用（A. Cabantous, *op. cit.*, pp. 689 *sq.*）。卡邦圖（thèse citée, pp. 193-201）已經科學地證明了敦克爾克地區存在著這種高生育率。

82 關於這一點，參見：Michel Mollat du Jourdin, *art. cité*, Alain Cabantous, article cité, *passim*，以及來源參考：le père Fournier, *op. cit.*, pp. 674-677.

83 關於這一點請參見：réflexions de Marie-Noël Bourguet, «Race et folklore. L'image officielle de la France en 1800», *Annales, Économies, Sociétés, Civilisations*, juillet-août 1976, notamment pp. 815-818. 人類的科學是建立在距離感之上的。

84 十七世紀的宗教雕塑使人體這個區域變得特別性感。十八世紀更是如此，尤其是天使的性感腿部更令人著迷。

85 參見本書第五五至五六頁。

86 事實上，對地中海沿岸的描述是經典航行整體的一個部分，正如我們所看到的，這些描述往往是為了達到另一個目的。杜羅荷在一七八八年出版《法國主要地區的描述》（*Description des principaux lieux de France*）的序言中（t.I, pp. 33-34），受到新希波克拉底信念的啟發，在沿海地區的人和內地的人之間建立了嚴格的二分法。「那些居住在海邊，乾旱和沼澤地區（海灘）的人；以捕魚為生的人，既沒有內地幸福生活的農民的習俗，也沒有農

64 Darluc, *op. cit.*, t. I, p. 6. 因此，她們與「因為在海洋城市逗留，以及令人懶散的氣候而委靡不振的那一類人」（*ibid.*）截然不同。

65 Cambry, *op. cit.*, p. 68. 這種長壽的情況可以與極高的早期死亡率共存，這取決於物競天擇的自然淘汰過程。蘇傑（Souquet）醫生也強調沿海人口的長壽情形：*Essai sur l'histoire topographique, physico-médicinale du district de Boulogne-sur-Mer*, Boulogne, an II, p. 49-52.

66 從這個角度來看，必須高度重視這種鬆懈的概念，它與決定體液流動性的空氣濕度有關，也意味著道德力量的薄弱和道德觀念的鬆散。

67 關於這種類型的食物及其形象，以及所謂的優點，參見：Keith Thomas, *op. cit.*, le chapitre «Meat or Mercy», pp. 289 *sq*.

68 Desmars, *op. cit.*, p. 57.

69 關於這一點參見：Michel Mollat du Jourdin, *art. cité*.

70 一言以蔽之，這些元素的有限反映似乎已經脫離伊里亞斯所重視的關於規範的爭論和內化過程，關於更普遍的看法，參見：*Images du peuple au XVIIIe siècle*. Centre aixois d'Études et de recherches sur le XVIIIe siècle, Paris, 1973.

71 十七和十八世紀神職人員調查的經典主題，參見：l'abbé Jean-Baptiste Thiers, *Traité des superstitions*, Paris, Dezallier, 1679. 值得一提的是，一七二〇年左右進行的調查紀錄提供了一個不同的情況：因此，很少有沿岸的「徒手捕撈漁民」或「小漁民」相信擱淺海怪的存在（參見羅什福爾、魯瓦揚、奧萊龍、布萊等地區簡報中所載的否定答覆）。與此同時，許多科學家相信在「陸地化」進程之前，確實有海洋人的存在；請參見本書第二部第二章。

72 Desmars, *op. cit.*, p. 22.

73 例如：docteur Tiphaigne, *op. cit.*, p. 262. 作者對這些作品大加讚美。大自然「將恩賜之物撒在沙子裡，綁縛在礁岩表面，封閉在石頭內部；甚至經常把它們一個一個堆積在一起。大自然還在貝類上安置植物，這些植物又有其他的貝類，然後又有其他植物附著在這些貝類上；大自然不斷的累積恩賜之物，彷彿擔心空間會不夠用」。

74 蒂菲涅・羅樹醫生強調的平等主義的美德（*ibid.*, p. 9），關於魯西永海岸的備忘錄也證明了這一點，Archives Nationales, cote citée。

51 Mémoire cité concernant Belle-Ile.

52 Knox, *op. cit.*, t. I, p. 362.

53 例如：docteur Tiphaigne, *op. cit.*, p. 101；作者將他們與在河口作業的「河道漁民」區分開來。

54 Mémoire concernant la pêche sur les grèves d'Oléron (1717) et dans la région de Blaye (s. d.). Archives Nationales, 127 AP 2.

55 Mémoire concernant la région de Nantes et de Royan. Ibid。問卷調查的目的是全面研究王國漁民的著裝方式。

56 例如：Darluc, *op. cit.*, t. I, pp. 6 et 7. 著重部分為原作者標註。

57 我們僅研究那些出現特定人物描繪的作品，直到十九世紀中期，這種描繪會一直不停被重複。

58 Lépecq de la Cloture, *Collection d'observations sur les maladies et constitutions épidémiques*, Rouen, 1778；特別是專門介紹位於迪耶普附近的波萊（Polet）地區漁民（pp. 172 *sq.*）和科鎮（Caux）海岸各鄉鎮的章節。

59 Desmars, Médecin, *De l'Air, de la Terre et des eaux de Boulogne-sur-Mer*, Paris, Pierres, 1761.

60 他原本和比格．莫洛格斯（Bigot de Morogues）一樣，認為大海「吸收了空氣中的漂浮物」，覆蓋海平面的空氣是「人們所能呼吸到，最健康也是最沒有異質物的」空氣；但他在一七六一年改變了想法，因為大海在自己周圍形成了一種大氣，充滿由「大量的動植物在其懷抱中生存與死亡」所組成的物質（*op. cit.*, pp. 24-25）。因此這個大氣和人類的體液之間的類比關聯被打破。而緹葉則將責任歸咎于海洋蒸汽的含鹽量。

61 J.A. Dulaure, *Description des principaux lieux de France... Paris*, 1788, t. I, préface, p. 34.

基於這一推動革命文化政策的根本信念，參見：M. de Certeau, Dominique Julia, Jacques Revel, *op. cit.*, passim.

62 Desmars, *op. cit.*, p. 21.

63 我們在此看到體魄強健所依據極為古老的科學根源，傅柯的門生，特別是維嘉雷洛，曾著重指出該根源的出現。

35 在法學家們開始區分自由取用的無主海藻、經常被鄰近的農民用來當土壤肥料的岸上海藻，和保留給登記在冊海員的海底海藻之前（cf. Charles Le Goffic, «Les faucheurs de la mer», *Revue des Deux Mondes*, 1906, I, p. 364）。

36 *Cf.* François Habasque, *op. cit.,* t. I, p. 68. 作者一六一八年在萊扎爾德里厄（Lézardrieux）提到了這種大拉網。第一共和第十一年十二月的一項法令禁止使用這種木筏，但法令實施情況不盡理想。

37 這些島嶼的居民也使用土塊。關於這些做法，參見：vice-amiral Thévenard, *op. cit., t. II,* p. 58.

38 Tillet, mémoire, cité, *passim*.

39 La Rochelle, mémoire, 1723, *Archives Nationales*, 127 AP 2 [1].

40 Michel Darluc, *Histoire naturelle de la Provence*, Avignon, 1782, t. I, p. 419.

41 Knox, *op. cit., t. I,* p. 267.

42 Tillet, mémoire cité, p. 37.

43 *Ibid.*, p. 21.

44 下面的描述是根據孟梭、蒂菲涅・羅榭醫生、諾克斯所引用的作品，更重要的是國家檔案館的文件，參考文獻編號127 AP 2。

45 甲殼類不太受美食家青睞，甚至拉羅謝爾或蘇格蘭等地區的漁民也不屑一顧。特別是龍蝦，被認為難以消化，只有窮人才會吃。

46 特別是黑海番鴨（macreuses）。在梅多克（Médoc）、拉羅謝爾地區的海岸和蘇格蘭都有這種狩獵活動，不過據諾克斯說，這種活動正在減少。

47 例如：在「北濱海省」，在朗格、伊菲尼亞克（Yffiniac）或伊利永（Hillion）的海灘上（président François Habasque, *op. cit.*, t. II, pp. 331-341）。

48 一五五四年時，這些特權就已經被禁止在未來使用了！

49 參見蒂菲涅・羅榭醫生的描述：*op. cit.,* p. 289.

50 Mémoires concernant Belle-Ile (1717) et la région de Brest. 羅亞爾河（Loire）三角洲的漁民把七鰓鰻「放在用鹽、胡椒、丁香和幾片月桂葉調味的葡萄酒混和白醋的醬汁裡」，再烤熟食用（Mémoire concernant la région de Nantes）。Archives Nationales, 127 AP 2.

直走到了古耶納（Guyenne），走訪了每一個村莊，有時是逐戶拜訪，參見 Madeleine Pinault, *art. Cité*；卡邦圖報告了西卡德（Sicard）警官的活動。

29 Tillet, *mémoire cité*, p. 20.

30 參見我們對帕宏—杜夏特雷的介紹：*La prostitution à Paris au XIXe siècle*. Paris, Le Seuil, 1981（譯按：中文版請見，阿蘭·柯爾本著、謝佩琪譯，《歡場女孩》〔臺灣商務，2022〕）。

31 Tillet, *mémoire cité*, pp. 25 et 26.

32 從法蘭索瓦·帕克到緹葉或諾克斯。一七八六年，諾克斯被英國協會派去增加漁場和改善王國的海岸，以便研究漁場和發展受新蘇格蘭模式啟發的活動。他在六個月內沿著蘇格蘭海岸走了三千英里，大部分時間是步行。

33 根據哈巴斯克院長的說法，他引用了布蘭卡斯元帥（maréchal de Brancas）一七三九年的一份回憶錄，當時有超過九萬名海岸警衛。理論上，一個簡單的信號就能召集他們（*cf.* président François Habasque, *Notions historiques, géographiques, statistiques et agronomiques sur le littoral du département des Côtes-du-Nord,* Saint-Brieuc, Guyon, 1832, t. I, p. 363）。

34 這啟發了狄德羅（參考皮諾〔*art. cité*〕關於法蘭索瓦·帕克調查文本和版畫影響的說法）。狄德羅在親眼看到席凡寧根的漁民之前，就透過為孟梭的作品繪製插圖的無名畫師版畫，對海洋事物有了初步的視覺認識。我們也知道《百科全書》在這一點的表現相當平庸。關於海洋生物學的參考文章只收集了普林尼、波以耳或龍德萊（Rondelet）的文獻，並沒有提到利用潛水觀察海洋生物群落的情況（*cf.* Pierre Niaussat, «Regards actuels sur la biologie marine dans l'Encyclopédie» in *La Mer au siècle des Encyclopédies, op. cit.*, pp. 223-241）。同樣地，《百科全書》中專門介紹這一主題的插圖可說是幻想的極致，但還是顯示了某種社會現實主義，也就是精確地呈現一些破爛衣服收藏以及插畫家可能看過的漁網、船帆和捕魚工具；中世紀的海洋怪物仍然收錄在內，也添加了不少關於廢墟遺跡的介紹，在在反映了人們對於秀麗景色構圖的渴望（cf. J.F. Pahun, «Précision et fantaisie dans les planches marines de l'Encyclopédie», in *La Mer au siècle des Encyclopédies*, colloque de Brest cité, pp. 333-342）。

遺的調查之後，一七二六年四月二十二日和一七二七年三月十八日的官方宣告又擴大了禁令。一七二九年十二月十日的宣告，以及一七四四年四月十六日和十月三十一日旨在保護魚類產卵期的法令，都具體規定了禁止事項。然而，與其他許多領域一樣，法律規定似乎仍然是一紙空文。而在海濱當地，相關規定有時非常精確。一七七五年十月十七日雷恩（Rennes）議會的一項法令嚴格規定特雷吉耶（Tréguier）地區的牡蠣採集。牡蠣沙洲的管理方式和其他地方一樣，似乎是受到漁民社群過去的地方習俗啟發，將地點、行事曆、技術和採收的行為都編纂成冊（*cf.* Michelle Salitot, «Formes de l'activité huîtrière à Cancale depuis le XVIIIe siècle», *La Nature et le Rural*, colloque cité de Strasbourg, non paginé）。在英國的管理方式則是由地方當局負責。

儘管理論上海洋領域的所有權是不可讓渡的，但幾十年來也產生了獨攬專斷的過程；因此，除了各種漁場的發展外，坎卡萊地區的私人牡蠣養殖在十八世紀下半葉逐漸成形，以「牡蠣棚架」（étalages）為主，類似用來調節販售的倉庫貨架（*cf.* Michelle Salitot, *art. cité*）。

22 Geneviève Delbos, *art. cité*.

23 Père Menc, *op. cit.*, pp. 7-9.

24 法蘭索瓦・帕克調查報告中的圖樣已經提供了關於這種做法的資訊。

25 一七二〇年八月二十一日盧昂總督加斯維爾（M. de Gasville）先生的回憶錄中已述及（*Archives Nationales*, 127 AP. 2 [1]）。

26 Tillet, *Observations faites par ordre du Roi sur les côtes de Normandie, au sujet des effets pernicieux qui sont attribués, dans le pays de Caux, à la fumée du varech, lorsqu'on brûle cette plante pour la réduire en soude*...1771。以及以下詳細資訊。

27 一八〇二年左右，在挪威海岸也發生了一場類似的辯論，只是比較晚一些，參見：Jean-Chrétien Fabricius, *Voyage en Norvège*..., op. cit., p. 303.

28 *Cf.* Jean-Claude Perrot, *L'*âge d›or de la statistique régionale française. An IVe-1804. Paris, Société des études robespierristes, 1977.

一七二三至一七三七年間，法蘭索瓦・帕克已經在一名嚮導和一名司法行政人員的陪同下，騎馬沿著皮卡第、諾曼第和大西洋沿岸認真地走了一遍，一

9 Geneviève Delbos, «De la Nature des uns et des autres. À propos du dépeuplement des eaux», in *La Nature et le Rural*, colloque de Strasbourg cité, non paginé.

10 Docteur Tiphaigne, *op. cit.*, p. IV.

11 孟克神父撰寫的回憶錄：*Quelles sont les causes de la diminution de la pêche sur les côtes de la Provence*, Marseille, Sibié, 1769.

12 *Cf.* S.B.J. Noël de la Morinière, *op. cit.,* p. VI-VII. 一八一五年只出版了該論文的第一卷。

13 蒂菲涅・羅榭醫生提到了這個觀點：*op. cit.*, pp. 117-118.

14 Jean-Chrétien Fabricius, *Voyage en Norvège..., op. cit.*, p. 285.

15 這是閱讀國家檔案館引用的資料檔後得出的結果。

16 關於十八世紀初冰川的威脅性和隨後幾十年的冰川大潮研究，參見：Emmanuel Le Roy Ladurie, *Le climat depuis l'an mille*, Paris, Flammarion, Collection «Champs», 1983, t. I, pp. 245 *sq.*

17 Docteur Tiphaigne, *op. cit.,* p. 121.

18 Père Menc, *op. cit.*, p. 6 et p. 37.

19 英吉利海峽沿岸有一系列法規，以確保國王餐桌供給無虞。

20 Père Menc, *op. cit.*, p. 23.

21 以下是關於法國方面進一步的說明：自一五四四年以來，根據皇家法令，海岸是皇家領土的一部分，不可轉讓亦不受時效限制。一六八一年制訂的《科爾伯特法令》（*ordonnance de Colbert*）重申了這些規定，並廢除一五四四年詔令之前的法律權限。然而，由於無法嚴格遵守這一原則，皇室在授予捕魚特權的同時，又增加了一些規定。自一五六六年《穆蘭敕令》（édit de Moulins）以來，天然沙洲特別是牡蠣沙洲，一直是皇家管轄的領域，一五八四年三月的詔書和上述一六八一年的科爾伯特法令重新確認了這點。按照慣例，漁獲必須留給皇家海軍。但在很早以前就有必要監管漁獲開發。參見：Geneviève Delbos, *art. Cité.* 亨利三世於一五八四年三月頒布的一項法令（第八十三條）已經禁止用流刺網（地曳網）捕魚，而拖網捕魚只有在供應國王餐桌的前提下才被允許。一六八一年八月關於商船的法令重申禁止使用地曳網和流刺網。該法令仍然未被實施。在一七二〇年代初期進行了鉅細靡

況並非如此。

35 D. Delouche, *thèse citée,* t. I, p. 52.

36 Victor Hugo, *Œuvres complètes citées,* t. V, p. 1108.

第二章 沙灘百科全書

1 幾乎只提到法國的海岸線；在英吉利海峽對岸，海岸景象太快受到度假勝地干擾，無法讓我們輕易追蹤人們對於海岸居民的看法如何演變。

2 關於這個看法，參見：Jacques Revel, «Une France sauvage», in Michel de Certeau, Dominique Julia, Jacques Revel, *Une politique de la langue. La Révolution française et les patois*, Gallimard, 1975, p. 49.

3 特別是喬瓦尼·卡西尼（J.D. Cassini）及其兒子，路易·費耶神父，拉伊爾（Lahire），拉瓦爾（Laval）的著作。例如 ：J.M. Homet, «Les astronomes et la découverte du littoral méditerranéen» in *La Découverte de la France au XVIIe siècle*, Colloque cité, pp. 319-327.

4 *Cf.* Jean Meyer, *article cité*, et Alain Cabantous, thèse citée, pp. 51 sq. 正如瑪德琳·皮諾（Madeleine Pinault）所指出的（«Diderot et les enquêtes de Le Masson du Parc» in *La Mer au siècle des Encyclopédies*, Colloque cité, pp. 344-345），法蘭索瓦·帕克在他進行的重大調查中，自我設定的目標之一是希望為當地徒手捕撈的漁民設定一個角色。

5 Docteur François Tiphaigne, *Essai sur l'histoire économique des mers occidentales de France*, Paris, Bauche, 1760, p. 117.

6 孟梭為編纂其著作而收集的檔案；特別是為執行一七二〇年五月二十六日的法令而進行的調查紀錄和法蘭索瓦·帕克進行的調查紀錄（1729）。*Archives Nationales* 127 A P 21. Réponses au questionnaire concernant Brest (1720), Oléron (1717) et le Poitou (s.d.).

7 John Knox, *Voyage dans les montagnes de l'*Écosse et dans les îles Hébrides fait en 1786, Paris, Maisonneuve, 1790.

8 Jean-Chrétien Fabricius, *op. cit., Voyage en Norvège,* pp. 285 *sq.*

23 Montesquieu, Œuvres Complètes, Paris, Nagel, t. II, 1950, pp. 1059, 1062 et 1073-1075.

24 Président de Brosses, *op. cit.*, t. I, p. 32.「港口的碼頭上，為了方便行走，用磚頭鋪地，不斷有各種人物，各種民族，各種性別的人出現……。」Grosley, *Nouveaux mémoires ou observations sur l'Italie et sur les Italiens par deux gentilshommes suédois*, Londres, 1764, t. II, p. 158 et Marmontel, *op. cit.*, p. 179.

25 Marmontel, *Mémoires..., op. cit.*, t. II, p. 179.

26 Johan-Georg Sulzer, *op. cit.*, p. 111.

27 J.B. Mercier Dupaty, *op. cit.*, t. I, p. 38.

28 Bérenger, *op. cit.*, t. I, p. 92.

29 Alexandre Grimod de la Reynière, *Lettre d'un voyageur à son ami ou réflexions philosophiques sur la ville de Marseille*, 2e édition, Genève, 1792, p. 10. Thomas Pennant, *A Journey from London to the Isle of Wight,* Edward Harding, 1801; 被瑪格麗特・侯德詳細引用：Margaret J. Hoad, *Portsmouth. as Others Have Seen it*, part. II, 1790-1900, Portsmouth, Arthur Coomer, 1973, pp. 4-5.

30 André Thouin, *op. cit.*, t. I, pp. 328-329.

31 Aubin-Louis Millin, *Voyage dans les départements du Midi de la France*, 1808, t. III, pp. 249-250.

32 *Cf.* J. Gury, «Images du port» in *La Mer au siècle des Encyclopédies, op. cit.*, p. 56.

33 Carlo Pilati, *op. cit.*, t. I, pp. 213 *sq*.

34 Citoyen Barbault-Royer, *Voyage dans les départements du Nord, de laLys, de l'Escaut, etc.*, pendant les années VII et VIII, Paris, Lepetit, an VIII, pp. 158, 187 et 189.

根據法蘭索瓦・克魯塞特（François Crouzet）的說法，英國港口的荒涼景象在當時並不明顯。他指出當代人不斷重複封鎖歐陸的嚴重後果，這一點特別值得導正。*Cf.* François Crouzet, *L'Économie britannique et le blocus continental (1806-1813)*, Paris, P.U.F., 1958, t. II, pp. 764-766. 一八一一年危機期間活動減少主要跟外國船隻有關，儘管利物浦和赫爾受創嚴重，但其他主要港口的情

de la mer du Nord et de la Manche orientale (vers 1660-1794), thesis, Lille III, December 1987, p. 693。遺憾的是，我們無法使用這項優秀的研究，而我們有感於此，也正力求改進；但它畢竟在總體上證實了我們的觀點。

12 阿蘭・卡邦圖（Alain Cabantous, *La Mer et les hommes. Pêcheurs et matelots dunkerquois de Louis XV à la Révolution. Dunkerque*, Westhoek, 1980,np. 71）強調英吉利海峽和北海港口群聚大量外國人，也特別提出海員向倫敦和聯省共和國港口遷移的重要性。

13 正如海軍副司令特維納在共和曆第八年所強調的那樣。（*Mémoires relatifs à la marine*, Paris, Laurens, t. II, p. 58）

14 Léon Lagrange, *op. cit.*, pp. 76-77.

15 Jean-Michel Deveau, «Le port de La Rochelle au XVIIIe siècle», Comité des Travaux Historiques et Scientifiques, 111e *Congrès des Sociétés savantes*, Poitiers, 1986.

16 德洛奇指出，在這之前，港口的繪畫延續了韋爾內作品的基本特徵。關於這個問題，參見：*thèse citée*, t. I, pp. 105-109.

17 這一系列由六十張畫作組成，不包括一七八六年之後的其他十六張畫作。

18 早在一六〇〇年左右，建在吉倫特河口的科爾杜昂（Cordouan）燈塔就象徵著皇室對抗風暴的「明燈」（*cf.* J. Guillaume, «Le phare de Cordouan, merveille du monde et monument monarchique», *Revue de l'Art*, n° 8, 1970, pp. 33-52）。而出現在凡爾賽宮阿波羅廳的《米塞諾港》（*Port de Misène*）畫作，則是為了頌揚羅什福爾港的建設（*cf.* Edouard Pommier, «Versailles, l'image du souverain», in *Les Lieux de Mémoire*, op. cit., «La Nation», vol. 2, p. 197）。

19 在這方面，一八〇七年一個英國中隊對哥本哈根的轟炸產生了巨大的影響。

20 在法國大革命時期，這種模稜兩可尤其明顯。

21 *Cf.* Florence Ingersoll-Smouse, *Joseph Vernet, Peintre de Marine. Étude critique et catalogue raisonné...,* Paris, Etienne Bignou, 1926, t. I, p. 22.

22 *Mémoires du duc de Croÿ sur les cours de Louis XV et Louis XVI (1727- 1784), Extraits de la Nouvelle revue rétrospective, 1895-1896.* p. 146.

第三部　社會景觀的複雜化

第一章　港口巡禮

1　在亞歷山大統治之前，古希臘似乎並沒有將港口作為風景畫的主題之一；儘管海景畫家的歷史非常古老。舉例來說，在邁錫尼（Mycéniens）時期已經存在，參見：Ch. Picard, «Pouzzoles et le paysage portuaire», *Latomus*, 1959, t. XVIII, pp. 23-51. 關於以下內容，另見：Michel Reddé, *Mare nostrum. Les infrastructures, le dispositif et l'histoire de la marine militaire sous l'Empire romain*，École française de Rome, 1986，尤其是第二部分。

2　Encyclopédie, t. 13, pp. 129-131.

3　*Cf.* David Cordingly.

4　笛卡兒（Descartes）在寫給桂茲・巴爾札克（Guez de Balzac）的信中已經吹噓過這種混合的風格（Jean-Pierre Chauveau, art. cité, p. 128）。聖安曼也將阿姆斯特丹描述為「世界的奇跡」(Jacques Bailbé, art. cité, p. 33)。

5　儘管如此，顯然韋爾內畫作人物的行為和姿勢，可以成為海景畫的典範。

6　參考羅浮宮收藏的《馬賽港》畫作。關於這方面還可參考：Léon Lagrange, *Joseph Vernet et la Peinture auXVIIIesiècle*, Paris, Didier, 1863-1864, pp. 69 sq.

7　特別是盧昂、普利茅斯、多佛和松德海峽（Sund）的著名景色。

8　在拉羅謝爾港尤其明顯。

9　Léon Lagrange, *op. cit.*, pp. 193-194.

10　關於這個問題，特別是關於巴約納港口的繪畫，請參見我們在一九八五年三月於洛杉磯舉行的法國歷史學會（French Historical Society）年度座談會上的論文。

11　自中世紀以來（*cf.* Michel Mollat du Jourdin, «Sentiments et pratiques religieuses des gens de mer en France, du XIIIe au XVIe siècle», in *Revue d'Histoire de l'Église de France*, July-Dec. 1984, p. 306），這個地方的腐敗被神職人員大力譴責。關於暴力，參見：Alain Cabantous, *Les populations maritimes françaises*

106 Jeffrey L. Sammons, *op. cit.*, p. 116。傑佛里・薩蒙斯（Jeffrey L. Sammons）強調了海涅的《北海》自由詩（vers libres）與記錄海水壯麗運動的荷馬史詩兩者之間的同源性，並將海涅的此詩系視為第一部以德文書寫描寫大海的著作。然而，其他專家們對上述觀點意見分歧。薩蒙斯的分析基於以下著作：Gerhard Hoppe, *Das Meer in der deutschen Dichtung von Friedrich L. Graf zu Stolberg bis Henrich Heine*, Diss, Marburg, 1929。

107 Henri Heine, *op. cit.*, p. 118。

108 實際上，旅者通常帶有多重的旅遊目的，正如匈牙利作曲家李斯特・費倫茨（Franz Liszt）的朝聖之旅。

109 庫斯廷侯爵寫道：「旅程通常只是用來讓我描繪評論跨過邊境之感受」，此浪漫主義者的破滅性感受最終也將會使旅行意義消逝殆盡，請參考：Astolphe de Custine, *op. cit.*, p. 84。在喬里斯—卡爾・于斯曼（Joris-Karl Huysmans）的《逆流》（*À Rebours*）小說當中，主角尚・德塞森特（Jean des Esseintes）的英國之旅也被濃縮成對啟程的感受分析。

110 *Cf.* Charles Nodier, *Promenade de Dieppe...*, *op. cit.*, p. 329.

111 然而，必須提醒，實際上多數遊記均夾帶複合目的，從一頁到下一頁之間，遊記作者可能已改變其旅遊意圖，或轉換所使用的大自然鑑賞系統。

112 這也間接劍指了某些歷史學者的盲目性，他們將此時代的遊記文本視為旨在描繪真實景觀之作品。

113 Charles Nodier, *Promenade de Dieppe...*, *op. cit.*, préface et p. 21.

114 *Ibid.*, p. 149.

115 Custine, *op. cit.*, p. 75.

116 *Ibid.*, p. 80.

117 François Guillet, mémoire cité, *passim*.

118 蘇維斯特分別於一八三三年在《兩個世界》與一八三六年的《菲尼斯泰爾》（*Le Finistère*），兩份期刊中發表了關於康沃爾的有趣文章，也勿忘他以布列塔尼海濱為背景的小說。

Livre, 1955, t. I, pp. 154-155。

97 請參照：Monique Brosse, «Byron et la mer», *op. cit.,* notamment pp. 60 et 62。一八一八年，拜倫在《恰爾德・哈羅德遊記》裡，結合了兩種浪漫主義作家對海濱浸浴的文學模型：「從孩提時代起／我就和你的破浪嬉戲。他們對我而言，／是種樂趣。如果沁涼的大海／將他們化作恐懼，那將會是種歡愉的恐懼，／因為我就像你的孩子，／我在任何地方都將自己託付給你的浪花，／我把手輕放在你的鬃毛上，於此亦是如此」，請參見：George Gordon Byron, *Childe Harold*, *op. cit*., p. 329, chant IV, CLXXXIV。

98 Monique Brosse, thèse citée, t. I, pp. 406 *sq*.

99 依此觀點而論，拜倫與斯托爾伯格對海峽地帶的熱愛，亦可理解成他們對該島嶼性地形的欣賞。

100 *Op. cit.*, p. 108.

101 出自二十世紀威爾斯精神分析學者歐內斯特・瓊斯（Ernest Jones），引述自：Gilbert Durand, *op. cit*., p. 274。亦可參照：Abraham Moles et Elisabeth Rohmer, *op. cit.*, pp. 63-64.

102 依此觀點論，法國女作家歐仁妮・蓋蘭（Eugénie de Guérin）依偎在她可憐的卡亞拉（Cayla）身上一行為，更隸屬上述對角落、家庭的渴望，而不是古典式的隱居欲望。

103 十九世紀法國社會學家艾彌爾・涂爾幹（Émile Durkheim）清楚地強調了以上社會現象對「失範型自殺」（anomique suicide）的影響。該自殺手法似當時的日記寫作或本節所述的羅賓遜式冒險，均是用來抵抗社會階級新衝突的解藥或避難所。

104 可於法國作家法蘭索瓦—湯瑪斯—瑪莉德・達諾（François-Thomas-Mariede Baculard d'Arnaud）的《馬金島》一作品中見得，請參照：Monique Brosse, art. cité, «Byron et la mer», p. 63。在實際的行為活動上，浪漫主義者賦予了古典的卡布里島之旅全新的意義。

105 Marcel Brion, *op. cit.*, p. 110。關於陪同弗雷德里希的三位海景畫家（德國繪者菲利普・龍格、挪威畫家約翰・達爾，以及德國醫生卡爾・卡魯斯），請參照: Hans Jürgen Hansen, *Deutsche Marinemalerei*, Oldenburg, Stalling, 1977。

七日於該地點的旅遊日記，見註84。除外，路易・西蒙德（Louis Simond）的著作指出，在蘇格蘭鄧巴（Dunbar）的岩石允許浪漫觀者鄙視大海的眼神姿態。一八一一年二月，法國遊記作家路易・西蒙德就用一天時間，在「壯麗的岩石廢墟」上盡情享受大海的駭人之景。然而，也必須承認，他更留心關注的是景觀的壯美性質，而不是海濱元素間的廝殺對抗。值得提醒的是，他也將書中的該章節命名為「岩石與海岸」，請參見：Louis Simond, *Voyage d'un Français en Angleterre pendant les années 1810 et 1811*, Paris, Treuttel, 1816, vol. II, pp. 66-68。

87 法國作家尤金・弗羅門廷（Eugène Fromentin）筆下的《多米尼克》（*Dominique*）在燈塔上觀景一舉，為相對晚期的文學例證。

88 Prince Pückler-Muskau, *op. cit.*, t. III, p. 60 (juillet 1828).普克勒—穆斯考王子腦海裡盡是拜倫的詩作，他帶他最愛的書籍們一同在海上旅行。

89 *Cf.* Gilbert Durand, *op. cit.,* pp. 266 et 289.

90 分析引自：Gilbert Durand, *op. cit.* p. 264。

91 關於此點，請參照：Jean-Pierre Richard, *op. cit.,* p. 33。

92 *Cf.* Shelley, *Révolte de l'Islam*, 1er Chant, XX.

93 Honoré de Balzac, *Un drame..., op. cit.,* L'Œuvre de Balzac, Paris, le Club français du Livre, t. 5, p. 686。值得補充的是，沿海炎日所激起的反感，使得以上浪漫主義的情色幻想和二十世紀以降海濱遊客的體感印象有根本上的差異。在書中六九三至六九四頁中， 巴爾札克筆下的寶琳表示：「中午的烈日賦予了這三種表達無限概念的景物（閃亮的金沙、蔚藍的天空和純綠的海洋）一種吞噬色調……」。敘事者接續回答：「我在其中僅看見了絕望，……」。隨後，敘事者自語：「我看著寶琳，問她是否有面對烈日的勇氣和在熱沙上行走的力量」。寶琳卻回答：「我有靴子，我們走吧」。

94 德國詩人斯托爾貝格曾寫下：「為了走向妳波浪的歡愉，為了讓我沉浸在妳的身體裡，讓我沁涼快樂，讓我學會堅強」，請參見：Friedrich von Stolberg, «À la mer», 1777。

95 «*Les Mers*», 1777。

96 引述自：Robert Escarpit, *Lord Byron, un tempérament littéraire*, Paris, Cercle du

蒙（Saint-Siméon）農場的兄弟會組織進行。在奧坦絲·博阿爾內女王（Hortense de Beauharnais）、法國作家熱拉爾·內瓦爾（Gérard de Nerval）、畫家古丁和作家諾迪埃的支持與籌劃之下，這些年輕藝術家的聚會成功推動了巴黎文化圈裡海岸鑑賞的風潮。這些畫家大量描繪海灘場景，以至於到了一八二四年法國政治家阿道夫·梯也爾（Adolphe Thiers）認為這些畫作已成了陳詞濫調的海景作品，相關分析請參照：Pierre Miquel, *op. cit.*, t. I。

83 Edouard Richer, *Voyage pittoresque dans le département de la Loire-inférieure, op. cit.,* lettre 7, pp. 112-113。

84 關於此點，在雨果的日記中，可見到以下重點描繪：一八三四年八月八日，在布雷斯特，他在海水中浸濕了雙腳。一八三五年八月六日，住在勒特雷波特的他漫步遊走於該地的海濱懸崖上。隨後，又沿著海邊遊走，從特雷波爾直至利哈佛。步行約莫十六公里後，到達了埃特勒塔。然後，再從埃特勒塔走到蒙蒂維利耶（Montivilliers）。退潮時，他穿過溼滑海藻、泥濘水坑和巨大鵝卵石。一八三六年六月，在朱麗葉·杜洛埃（Juliette Drouet）和塞萊斯廷·南特伊（Célestin Nanteuil）的陪同之下，前往諾曼第和布列塔尼。在多爾（Dol）和聖馬洛之間，走了近二十四公里。他也描述了自己在浸浴時是如何迎擊浪花：「四天以來，我已在烈日下走了近四十八公里。最後，臉頰層層脫皮，又紅又可怕」，引自：Victor Hugo, *lettre à Adèle*, 25 juin 1836, *op. cit.*, p. 1094。同年七月十七日， 在聖瓦萊里昂考，他共花了八小時觀望憤怒的大海。

一八三七年的八月至九月，在北歐與比利時之旅中，他在奧斯騰德的海邊走了整整兩小時，他寫道：「唯有在沙丘上行走，人們才能真正感受到大地與海洋形體間深刻的和諧性」，引自：Victor Hugo, *op. cit.*, t. V, p. 1292。相關分析，請參見：Claude Gély, «Notice sur les voyages de 1834 et 1835», *op. cit.*, t. V, pp. 1048-1050.

85 *Cf.* Monique Brosse, thèse citée, t. I, pp. 164-167.

86 關於聖瓦萊里昂考的描寫，請參照：Charles Nodier, *Voyages Pittoresques et romantiques dans l'ancienne France op. cit.*；亦可參考雨果一八三六年七月十

and Writings of Mrs Radcliffe», in *Gaston Blondeville*, 4 vol., London, H. Colburn, 1826, vol. I, pp. 41-42。

75 A. de Custine, op. cit., p. 300.

76 Denise Delouche, thèse citée, t. I, pp. 14-17.

77 自一八〇六年起年起，法國畫家赫維・特平（Hervé Turpin）就於沙龍展出了其描繪夏多布里昂之《勒內》在夜晚礫灘上漂泊遊蕩的作品。

78 關於此點值得注意的是，註57的學者與凱薩琳・貝爾托（Catherine Bertho），貝爾托指出布列塔尼世外桃源的意象早在一八三〇年代起就已誕生，請參考：Catherine Bertho, «L'Invention de la Bretagne. Genèse sociale d'un stéréotype», *Actes de la Recherche en Sciences sociales*, novembre 1980, n° 35, l'Identité。

79 Baron Ducos, *Itinéraire et souvenirs d'Angleterre et d'Écosse, 1814-1826*, Paris, Dondey-Dupré, 1834, t. II, pp. 327-328。一八二六年七月十日，法國遊記作者拜倫・杜克斯寫道：「我們還一度將海浪聲響誤作為氣憤的群眾」。在復辟時期，大海更時常被聯想為大革命群眾。關於較晚期的雨果作品裡，海洋與人群（茫茫人海）之間的關聯性，亦可參閱：Walter Benjamin, *Charles Baudelaire. Un poète lyrique à l'apogée du capitalisme*, Paris, Payot, 1982, pp. 88 sq，該書自一九五五年首次出版後，此主題便廣受研究雨果的專家們討論分析。

80 例如當時還年輕的法國畫家保羅・加瓦尼（Paul Gavarni）就時常在庇里牛斯山（Pyrénées）一帶的沿岸長途拔涉。

81 *Cf.* Pierre Miquel, Eugène Isabey..., t. I, *passim* (notamment pp. 33. 34). 其中一八三一年，畫家歐仁・普瓦圖，為了能在一天內的不同時段觀察大海，便於埃特勒塔懸崖上建造了一個工作室。

82 Paul Huet, *d'après ses notes, sa correspondance, ses contemporains*, publié par René-Paul Huet , Paris, Laurens, 1911, passim.其中，第一〇五頁指出，一八二八年八月十日，法國畫家保羅・修特致其胞妹：「我在費康（Fécamp）等待著嘉登（Jadin），和他一同步返巴黎……。正小跑步的我，腋下夾了個紙板箱與件襯衫，口袋裡則裝滿了鉛筆」。這些畫家的沿岸漫步活動是由聖西

65 *Mémoires d'Outre-Tombe*, Paris, Flammarion, 1949,t. I, p. 61.關於此點，可參考以下二手文獻：Paul Viallaneix, «Chateaubriand voyageur», in *Approches des Lumières, Mélanges offerts à Jean Fabre*, Paris, Klincksieck, 1974, p. 567。

66 Paul van Tieghem, *Ossian en France*, *op. cit.,* t. II, p. 194.

67 François-René de Chateaubriand, *René*, p. 187 et *Le Génie du christianisme*, 1re partie, livre 6, chap. VI, p. 311 de l'édition Ladvocat, 1826.

68 «*Hellebek*», 1776。

69 值得提醒的是，斯托爾伯格的以上見解源自其詩歌作品，並非取自其旅遊日記。

70 以上斯托爾伯格此體感印象，值得與盧梭曾描繪過在比爾湖（lac de Bienne）上內心空虛之感與由水花聲音所激起的遐想相互比對。

71 關於此點，請參照：Jules Douady, *op. cit.,* p. 226；Monique Brosse, *La littérature de la mer en France, en Grande-Bretagne et aux États-Unis (1829-1870)*, thèse citée, t. I, pp. 35-46。

72 令人直覺聯想起《荷馬史詩》中怒吼的大海。

73 Cf. Childe Harold, LXVII, *cf.* Monique Brosse, art. cité, «*Byron et la mer*», p. 61.（關於拜倫與大海全新的親密連結。）

74 Pierre Arnaud, *Ann Radcliffe et le fantastique, Essai de psychobiographie*, Paris, Aubier, 1976, pp. 268 et 311。一八〇〇年七月三日，英國小說家拉德克利夫和其丈夫穿越比奇角（Beachy Head）前往義本。炎熱的氣候使安筋疲力盡，並在沙灘上喘息，而她的丈夫威廉則繼續步行。此時此刻，年輕的安先是感到一陣不安，隨即恐懼：「潮水退去後，眼前只剩大海，白色的懸崖聳立於頭頂……。周圍的礫灘（僅是）一片混亂的岩石和墜入於海浪的崩塌懸崖，海鷗在四處盤旋尖叫」。在步行遊覽貝克斯希爾（Bexhill）與黑斯廷斯的旅程當中，安努力擺脫人潮擁擠之徑，她喜歡來到礫灘上散步。一八二二年十月，她在拉姆斯蓋爾寫道：「我在【拉姆斯蓋爾】與布羅德斯泰斯（Broadstairs）之間來回共走了二十公里，幾乎從未坐下休息，也因此感到疲倦至極」。

該學者所引用的主要文獻為：Talfourd (Sir Thomas N.), «Memoir of the Life

Cotman）也在家人的陪同下沿著海岸航行，不僅是為藝術工作，也是為滿足他對海上娛樂之渴望。關於以上種種綜合分析，請參見：David Cordingly, *op. cit., passim*。至於本節所及英國畫家丹尼爾的部分，見該書的一一五至一一七頁。

58 為此，或許值得深思乘小船在海中遊蕩對浪漫旅者的意義。在當時，該行為已隸屬海濱度假的典型儀式活動之一。此活動被浪漫主義者視為「試煉的承諾」與「成為英雄的途徑」。然而，它也卻更像是描繪湖泊詩歌裡的典型主題。代替了母親搖籃的船體與海上的微型島嶼，更能使浪漫旅者在波浪受地形限制的表面上尋覓最大的歡愉，請參照：Monique Brosse, *La littérature de la mer en France, en Grande-Bretagne et aux États-Unis (1829-1870), thèse citée,* t. I, p. 274；Gilbert Durand, *op. cit.,* pp. 286-287。

59 請參考托靈頓伯爵的旅居經驗，見本書第二部第一章第三節。

60 關於在浪漫主義中鋼琴和馬匹的關聯性，請參照以下專文中的唯美分析：Danièle Pistone, *Le Piano dans la littérature française des origines jusque vers 1900*, Lille III et Paris, Champion, 1975

61 關於此點，請參照：Jules Douady, *op. cit.,* p. 221。

62 Hermon von Pückler-Muskau, *Mémoires et voyages du prince Pückler-Muskau. Lettres posthumes sur l'Angleterre, l'Irlande, la France, la Hollande et l'Allemagne*, (traduites par J. Cohen)., Paris, Fournier, 1832, t. I, p. 325, extrait d'une lettre du 10 février 1827.在該書中，能找到許多普克勒—穆斯考王子對礫灘騎乘的描寫，請參考：t. II, p. 187, 22/09/1827；詩人寫道，斯卡布羅的潮間帶有著「若天鵝絨般的」柔軟質地。普克勒—穆斯考王子僅為當時眾多喜愛礫灘騎乘茫茫人海中的其中一人，請參考：t. III, pp. 289-293。

63 最佳例證：Honoré de Balzac, *Un drame au bord de la mer*, 1834，該小說啟發自巴爾札克一八三〇年的布列塔尼的加特蓋朗（Guérand）之旅。

64 關於礫灘與石楠荒原被納入野蠻之景的清單，此一現象請參見：Yves Luginbuhl, «Paysage sauvage, paysage cultivé. L'ordre social de l'harmonie des paysages», in 研討會：*La Nature et le rural*, Association des Ruralistes français, Strasbourg, 1989, non paginé.

Garneray）工作室學徒人數的激增上，也體現在一八二三年至一八三六年此主題在沙龍的流行風潮上。法國畫家路易—奧諾雷—弗雷德里克・加曼（Louis-Honore-Frederic Gamain）更是在一八三〇年的利哈佛與一八三八年的香榭麗舍大街架立起海上透視觀景儀器（Navalorama），詳細內容請參照：Pierre Miquel, *op. cit.,* t. II, p. 30。

在法國，乘船沿岸繪畫活動的興起，也與大革命與帝國戰爭將海濱多數軍事結構摧毀一事實有關，當時海濱僅剩可供人沿岸航行的小船。到了復辟時期，海岸繪畫也成了頌揚舊制度消逝的藝術創作，畫家們紛紛描述起歡愉幸福的海上風光。此外，此繪畫主體也展現出一種想要理想化良民苦難的意圖。對此，本書第三部會深入剖析。

57 David Cordingly, *op. cit.,* p. 96。在當時的英國，這種近距離觀察沿岸的寫生活動稱不上新穎之行為，但流行程度卻急速飆漲。一七三二年，英國畫家塞繆爾・史考特（Samuel Scott）環遊謝佩島（île de Sheppey）。當年，英國版畫家威廉・霍加斯（William Hogarth）也與他一同乘坐小船長達整整五天，在格雷夫森德（Gravesend）和謝爾內斯（Sheerness）地區航行觀察。一七五二年，另位英國畫家查爾斯・布魯金（Charles Brooking）也在謝佩島和肯特的沿岸進行了仔細的沿岸徒步探勘，為此可參照：David Cordingly, *op. cit.,* pp. 76 et 81。

一八〇三年，康斯特勃從倫敦到迪爾進行了一次沿海航行。一八一四年、一八一六年、一八二四年與一八二五年，他交替進行沿海遠足與海濱度假（鑑於其妻子健康因素）。自十三歲起，特納就對馬蓋特海灘的景觀極為熟悉，請參見：Luke Herrmann, «Turner and the Sea», *op. cit.,* p. 5。到了一七八〇年代末期，特納就對英國東南部與南岸的河口也有相當的掌握。一八一三年，特納進行了一次漫長的沿岸之旅，而他其餘的沿岸旅程也啟發了《英格蘭南岸的如畫風景》（*Picturesque Views of the Southern Coast of England*），以及一八一一年的《蘇塞克斯之景》（*Views of Sussex*）兩系列的創作。到了一八二六年，他又會在法國的布列塔尼沿岸觀察旅行，請參見：Denise Delouche, *Les peintres de la Bretagne avant Gauguin*, thèse citée, t. I, pp. 93 sq。約莫自一八〇七年與一八〇八年間，英國畫家約翰・科特曼（John Sell

46 尚—皮耶・理查（Jean-Pierre Richard）指出了海上航行對法國詩人夏多布里昂之重要性，參見：Jean-Pierre Richard, *op. cit.,* p. 114。

47 Jules Michelet, *Journal*, Paris, Gallimard, 1959, t. I, vendredi 7 août 1831, p. 83.

48 Charles Nodier, *Promenade de Dieppe aux montagnes d'Écosse*, Paris, Barba, 1821, p. 18; Victor Hugo, *Lettre à Adèle*, Saint-Malo, 25/06/1836, in Œuvres complètes, Club français du Livre, 1967, t. V, p. 1093。

49 可參考雪萊《西風頌》（*Ode to the West Wind*）一詩中對於海灘雙重女性特質的描述。

50 關於此點可發現：一方面，西方的放蕩、情色文學、十八世紀的浪漫文學均勇於且樂於描繪大自然中兩性交歡之場景，例如法國作家羅艾瑟・特蓋斯特（Loaisel de Tréogaste）的情色小說《多伯斯》（*Dolbreuse*）；然而另一方面，十九世紀初的作家們卻拒絕描繪此主題。兩者之間的分歧值得歷史學者對當時廉恥觀、海濱裸體禁令在西方社會的影響力多加留意。

51 例如夏爾・蘇維斯特的短篇小說：Charles Émile Souvestre , «Le traîneur de grèves», in *Scènes et mœurs des rives et des côtes*, Bruxelles, Lebègue, 1852,.t I, pp. 5-81, 以及所有描述法國比亞里茨「愛屋海灘」傳奇的相關文本。一八二三年，法國作家愛德華・里徹，在皮里亞克（Piriac）海濱就觀察到當地女浴者會赤裸沐浴於沿海水坑中，當地民眾甚至將該地命名為「瘋僧洞」（Trou du moine fou），相關內容請參考：Edouard Richer, *Voyage pittoresque dans le département de la Loire-Inférieure, Nantes*, 1823, Lettre 7, p. 23。

52 取自：Baron Taylor et Charles Nodier, *Voyages Pittoresques et romantiques dans l'ancienne France*, vol. I, «La Normandie»。

53 請參照法國詩人安德烈・舍尼埃（André Chénier）筆下的維吉尼亞（Virginie）以及《青年女囚》（*La Jeune Tarentine*）女主角的死亡成因。

54 *Cf.* Monique Brosse, «Byron et la mer», article cité, 見本書第六九頁。

55 *Cf.* Pierre Miquel, *Eugène Isabey, 1803-1886, la marine au XIX*[e] *siècle*, éd. de la Martinelle, Maurs-la-Jolie, 1980, t. II, pp. 21-23.

56 英國畫家特納為最佳實證。這種繪畫海岸的潮流不僅反映在法國海洋畫家西奧多・古丁（Théodore Gudin）和安布羅斯・加內雷（Ambroise Louis

romantique. Essai de poétique inter-textuelle», in *l'Imaginaire du romantisme anglais*, *op. cit.,* pp. 57-59。

33 Gilbert Durand, *op. cit.,* p. 256。

34 容易令人直覺聯想到：美國詩人愛倫・坡（Edgar Allen Poe）筆下阿瑟・皮姆（Arthur Gordon Pym）的海上冒險，以及雨果《笑面人》中攻擊船體的暴風雨。

35 伯斯分析了「海淵」一浪漫主題的複雜演變過程，請參考：Monique Brosse, thèse citée, t. I, p. 286。

36 *Cf.* Jung, cité *supra.*

37 Jean Perrin, *op. cit.* p. 205。除外 ，埃米娜・勒梅特（Hélène Lemaître）也指出了大海與海洋同時在雪萊詩中象徵著茫茫人海與集體潛意識，請參考：Hélène Lemaître, *Shelley, poète des éléments*, Caen, Caron, 1962, pp. 65-80, «*Sea et Ocean*»。

38 Jean Bousquet, *Les thèmes du rêve dans la littérature romantique (France, Angleterre, Allemagne)*, Paris, Didier, 1964, notamment pp. 95-96 et 148.

39 如同英語中夢境（*dream*）和河流（*stream*）兩字拼音僅存二字母之差，請參照：Jean Perrin, *op. cit.,* p. 116。

40 Henri Heine, «*L'île de Norderney*», Reisebilder (Tableaux de voyage), in Œuvres complètes, Paris, Michel Lévy, 1856, pp. 113-114 et 117-118.同樣的色調亦可見《北海》第一系列的第十首詩作當中。關於在海涅詩作中「感情誤置」的分析，請參照：Jeffrey L. Sammons, *Heinrich Heine, a Modern Biography*, Princeton University Press, 1979, p. 117。

41 Friedrich von Stolberg, «À la mer»。

42 Novalis, *Disciples à Saïs*, in *Romantiques Allemands*, Paris, Gallimard, Bibliothèque de la Pléiade, 1963, vol. I, p. 374.

43 Jean Perrin, *op. cit.,* p. 30.

44 Jean-Pierre Richard, *op. cit.,* pp. 112-113.

45 Astolphe de Custine, *Mémoires et voyages ou Lettres écrites à diverses époques*, Paris, A. Vezard, 1830, pp. 348-349.

Andrew Wilton, *op. cit.,* p. 46 。

21 Jean Perrin, *op. cit.,* p. 173。

22 Chateaubriand, *Les Natchez*, Paris, Ladvocat, 1826, t. I, p. 134.

23 身為虔誠主義（Piétisme）教徒的卡斯帕・腓特烈，深受康德、腓特烈・席勒（Friedrich von Schiller）與雅克・波墨（Jakob Böhme）等人的影響，也同時非常崇拜約翰・蒂克（Johann Ludwig Tieck）、諾瓦利斯、施萊格爾（Schlegel）兄弟、約翰・赫爾德（Johann Gottfried Herder）以及克洛普斯托克。簡而言，他匯集了德國浪漫文化各種流派於一身。

24 同一七七年代的狂飆突進流派，腓特烈宣稱自己偏愛夜間時段。夜晚不僅有利自我反省，還能為海灘步者展現冥界黑水的存在與冰冷月光的女性氣質。腓特烈的字句也容易令人直覺聯想英國詩人威廉・華茲華斯（William Wordsworth）在坎伯蘭海岸所寫下的《登月姿態》（*Stances à la lune*），請參照：Jules Douady, *La mer et les poètes anglais*, Paris, 1912, p. 218。

25 關於此點，可參考以下法文專論：Marcel Brion, «Caspar David Friedrich, inventeur du paysage tragique», in *Caspar David Friedrich, le tracé et la transparence*, Paris, centre culturel du Marais, 1983。

26 常見於法國詩人阿爾方斯・拉馬丁（Alphonse de Lamartine）的作品當中，請見：Paul van Tieghem, *Ossian en France*,, 1967, t. II, pp. 313-328。拉馬丁承認自己深受奧西安史詩用來描繪大海的悲情色調影響。

27 Gilbert Durand, *op. cit.,* pp. 103-122。

28 請參考雪萊詩中海底洞穴意象的分析：Jean Perrin, *op. cit.,* pp. 111-112。

29 Carl Gustav Jung, *Métamorphose de l'âme et ses symboles*, Genève, Librairie de l'université, 1967, 1967, notamment, pp. 352-356, 364-366.

30 Gilbert Durand, *op. cit.,* p. 227。

31 以上雪萊所提出的觀點，早於法國詩人雨果作品所示大海與母親的關聯，以及雨果對海洋／七頭水蛇的著迷。關於雨果作品的詳細精神分析，請見：Charles Baudouin, *Psychanalyse de Victor Hugo*, Paris, A. Colin, 1972 (1re édition, 1943), pp. 180-181。

32 Christian Lacassagnère, «Image picturale et image littéraire dans le nocturne

利海峽兩側景觀的計畫。也正是為此，自一八二九年至一八三二年，他造訪了法國諾曼第與皮卡第兩地區的海岸寫生，詳細內容見以下展覽型錄：nos 195 sq., catalogue de l'exposition J. M. W. Turner, Galeries nationales du Grand Palais, 14/10/1983-10/01/1984, édition des Musées nationaux, 1983。

11 請參照：Gilbert Durand, *Les structures anthropologiques de l'imaginaire*, Paris, Bordas, 1969, p. 261，以及二十世紀羅馬尼亞宗教史學者米爾恰・伊利亞德（Mircea Eliade）的相關分析。

12 在一八〇一年至一八〇五年間，特納對岸邊破碎身亡的海浪進行大量寫生練習，請參考：Luke Herrmann, «Turner and the Sea», *Turner Studies*, I, 1, 1981, pp. 6-9；較一般性的分析：Andrew Wilton, *Tuner and the Sublime*, British Museum Publications, 1980, notamment, pp. 37, 39, 46；Alan Ansen, *The Enchafed Flood, or the Romantic Iconography of the Sea*, University of Virginia, 1950, pp. 17-20，艾倫・安森（Alan Ansen）在書中指出海洋與沙漠的永恆不朽性對浪漫文人的重要。

13 也正為此，英國畫家特納將描寫中心放置於空氣、雲朵與海風之上，請參照：Andrew Wilton, *op. cit.*, p. 46 et pp. 78 sq.,（關於動態視角的部分）。

14 Jean-Pierre Richard, *Paysage de Chateaubriand*, Paris, Le Seuil, 1967, p. 64.

15 *Cf.* Jean Perrin, *Les structures de l'imaginaire shelleyen*, Grenoble, P. U. G., 1973, p. 49.

16 Jean-Pierre Richard, *op. cit.,* p. 65。英國詩人雪萊同法國作家夏多布里昂，兩人總會在作品中詳述風的特質。

17 關於此主題在特納畫作裡的相關分析，請參照：Andrew Wilton, *op. cit., passim.*

18 毫無疑問地，康斯特勃同其他浪漫畫家，藉此表達視覺感知的脆弱性，並打破了牛頓光學理論所誘發的樂觀主義。

19 或許，在康斯特勃一八二四年描繪布萊頓的畫作系列裡又更為明顯，請參照：David Cordingly, *op. cit.,* p. 123。

20 安德魯・威爾頓（Andrew Wilton）寫道：一七九六年後，特納就開始「有條不紊地探索起再現大海以及海洋人類相互關係的相關繪畫技術」，參見：

419。耐人尋味的一本日記，可於第二部第一章第三節殘廢者湯利的旅居日記對照比較。

2 Monique Brosse, thèse citée, t. I, p. 9.

3 想當然，浪漫文人們對大自然感受力的相關文獻不計其數，較近期的相關整理請參照：Georges Gusdorf, *les sciences humaines et la pensée occidentale*, t. XI, «L'Homme romantique», Paris, Payot, 1984；Michel Le Bris, *Journal du Romantisme*, Genève, Skira, 1981。以上兩本專書亦收錄極為豐富的參考文獻清單。礙於篇幅，本章僅簡明扼要的呈現浪漫時期海濱活動的行為演變。

4 斯托爾伯格主要被視為德國浪漫主義的狂飆突進（*Sturm und Drang*）運動者之一。

5 關於此主題之參考文獻不勝枚舉，請參照本章所引用的兩本專書：Pierre Miquel, *Eugène Isabey, 1803-1886, la marine au XIXe siècle*, éd. de la Martinelle, Maurs-la-Jolie, 1980；David Cordingly, *Marine Painting in England, 1700-1900*, Studio Vista, 1974。

6 如英國畫家特納、康斯特勃、波寧頓與法國的伊薩貝、修特。

7 David Cordingly, Marine Painting in England, 1700-1900. *Op. cit.*, pp. 117-118, 關於英國畫家特納的部分。

8 Jacques Carré, «Couleur et paysage dans la peinture romantique anglaise», in *l'Imaginaire du romantisme anglais. Romantisme*, vol. 49, 1985, p. 103。

9 關於此景幕的構圖分析，請參照：Hubert Damisch, *la Théorie du nuage*, Paris, Le Seuil, 1972, pp. 257 sq., «Les merveilleux nuages»。

10 如拜倫筆下「無邊無際的大海」：「遠方，是河口，是島嶼和白帆，是模糊的海岸，是如雲的山脈，是無邊無際的大海」。

也因此，在浪漫主義者眼中，無邊際的海洋構成了遼闊的地理空間，成為了自由之象徵，而大西洋和與其相連的英吉利海峽均為最佳代表。然而，相較於大西洋，英吉利海峽卻也被塑造成一個較私密的空間。它之所以更令人著迷是由於旅者能穿越海峽至對岸，相關分析請參照：Monique Brosse, thèse citée, vol. I, pp. 174 et 177；以及該學者的另篇專文：«Byron et la mer», *Romantisme*, vol. 7, 1974, p. 66。此外，英國畫家特納也曾抱持一項記錄英吉

1782, , t. I, p. 54，胡埃爾於一七七六年三月十六日旅經義大利之西西里島。

155 *Ibid.*, t. IV, pp. 87-88.

156 Jacques Milbert, *Voyage à l'île de France*, t. I, pp. 111-112，引述自：Barbara, Maria Stafford, *op. cit.,* p. 332。法國畫家雅克・米爾伯特（Jacques Milbert）表示：自然博物學者和藝術家們每晚都慣於站在主艙舷窗上，「花費數時，以觀察在海浪底部向四面八方流動的金銀巨大物質。在夜黑風高水波濤洶湧之際，該磷光現象會特別生動」。磷光返照更有利於旅者觀賞動物，尤其是箭魚。亦可參見：G. Hartwig, *Guide médical et topographique du baigneur à Ostende...*, Bruxelles, 1854, p. 170。該醫生也寫道：磷光現象也深深吸引者造訪比利時奧斯滕德海濱的觀光客，而該醫學專書也啟發了日後的法國史學之父米什萊。

157 Georg Forster, *Voyage autour du monde*, Gerhard Steiner, Francfort-sur-le-Main,1983, p. 170。關於德國哲學家福爾斯特的介紹，請參閱：Marita Gilli, *Georg Forster: L'œuvre d'un penseur allemand réaliste et révolutionnaire, 1754-1794*, Lille III, Paris, Champion, 1975。

158 Jean-Marie Roland de la Platière, *op. cit.,* t. II, pp. 310 sq.

159 André Thouin, *op. cit.,* t. II, pp. 463-464.

160 Jean Houel, *op. cit.,* t. I, p. 109.

161 Jean Houel, *op. cit.,* t. I, pp. 118-119.

162 Jean-Marie Roland de la Platière, *op. cit.,* t. III, pp. 7-10.

163 為此，二十世紀法國歷史學家費夫賀強調研究過去人們可思考與可感受限度的重要性。

164 Jaques-Henri Bernardin de Saint-Pierre, *Harmonies de la Nature*, *op. cit.,* p. 194.

165 *Ibid.*

第四章　蜉蝣一生的旅程

1 請參照：Dorothy Wordsworth, *Journal of a Tour in the Isle of Man, 1828*, in *Journals of Dorothy Wordsworth*, Londres, Macmillan, 1952, vol. II, pp. 400-

139 Henry Fielding, *op. cit.,* pp. 235-236.

140 Johan Georg Sulzer, *Journal d'un voyage fait en 1775 et 1776 dans les pays méridionaux de l'Europe*, La Haye, Plaat, 1781, pp. 151, 161 et 228.
上述的欣賞模式到了十九世紀中葉仍舊盛行，請參照：Honoré-Zénon Gensollen, *Essai historique, topographique et médical sur la ville d'Hyères*, Paris, 1820, p. 54。在該書中，作者讚揚起耶爾市的長廊，欣賞起橘園景觀、享受天然芬芳、小巧小樹林與溫煦氣候。然而，他卻對沿岸可能遇到的風景隻字未提，甚至沒有提到海洋景觀。

141 Aubin-Louis Millin, *Voyage dans les départements du Midi de la France*, Paris, Imprimerie impériale, 1807, t. II, pp. 384 et 435.

142 相關例證可參考以下通信：Edward Rigby, *Voyage d'un Anglais en France en 1789*, Paris, Nouvelle Librairie Nationale, 1910, p. 161。關於尼斯，該醫生寫道：「今早，我們朝海濱前行。然而，天氣實在過於炎熱，我們便無法繼續往前」。

143 Pierre-Henri de Valenciennes, *op. cit.,* p. 435.

144 關於此點，請參考以下博士論文：Hélène Tuzet, *La Sicile au XVIIIe siècle vue par les voyageurs étrangers*, *thèse citée*, 1955.

145 Pierre-Henri de Valenciennes, *op. cit.,* pp. 417 et 629-630.

146 Pierre-Henri de Valenciennes, *op. cit.,* pp. 417-418 et 427.現今的攝影觀光客或多或少也都遵循著瓦朗謝訥所曾列給學徒的觀賞建議。

147 P.H. Valenciennes, *ibid.*, p. 494.

148 J.W. von Goethe, *op. cit.*, p. 233.

149 Cf. Barbara, Maria Stafford, *op. cit.*, p. 406.

150 Pierre-Henri de Valenciennes, *op. cit..*, pp. 272 et 273.

151 Pierre-Henri de Valenciennes, *op. cit.*, p. 493.

152 Cf.Barbara, Maria Stafford, *op. cit.*, pp. 331, 356 et 405-406.

153 關於法國作家德儂之震驚感，請參照：Elisabeth Chevallier, Elisabeth Chevallier, *art. cité,* pp. 89-91 .

154 Jean Houel, *Voyage pittoresque des isles de Sicile, de Malte et de Lipari...*, Paris,

拒如畫美學熱潮的事實。

120 以下的義大利醫學家們，如達利（Dari）、巴雅利（Baglivi）與帕斯卡利（Pascali）等人皆繼續研討此主題。

121 Pierre Thouvenel, *Traité sur le climat de l'Italie considéré sous ses rapports physiques, météorologiques et médicaux*, Vérone, 1797.

122 此觀念會在拉瓦節化學理論萌生時期重出江湖。

123 Pierre Thouvenel, *op. cit.,* t. I, p. 175.

124 *Ibid.*, t. I, p. 177.

125 *Ibid.*, t. I, pp. 175-176, 本段接續引言出自同處。

126 對於現今讀者而言，此看法難以理解，因今日人們對地中海四季如夏的乾旱氣候特別敏感。

127 *Ibid.*, t. I, pp. 195 et 200.

128 Roland de la Platière, *op. cit.*, t. II, pp. 159 sq.

129 Pierre Thouvenel, *op. cit.*, t. I, p. 178, 本段接續引言出自同處。

130 Pierre Thouvenel, *op. cit.*, t. I, p. 207.

131 本句中援引的用字遣詞引自：Pierre Thouvenel, *op. cit.*, t. I, pp. 178-179。

132 Cf. Mikhaïl Bakhtine, *op. cit.*, p. 239.

133 Gilbert Burnet, *Voyage de Suisse, d'Italie et de quelques endroits d'Allemagne et de France, fait dans les années 1685 et 1686*, Rotterdam, 1687, livre II, pp. 101-102.

134 Président de Brosses, *op. cit.,* t. I, p. 215 (2 novembre 1739).

135 Marie-Gabriel-Florent-Auguste de Choiseul-Gouffier, *Voyage pittoresque de la Grèce*, 1782, t. I, 附錄第八篇評論。

136 Auguste Creuzé de Lesser, *Voyage en Italie et en Sicile fait en 1801 et 1802*, Paris, Didot, 1806, p. 161.

137 *Charles-Victor de Bonstetten, Voyage sur la scène des six derniers livres de l'Énéide, suivi de quelques observations sur le Latium moderne*, Genève, Paschoud, an XIII.

138 Auguste Creuzé de Lesser, *ibid.,* pp. 351 et 353.

113 John Hassell, *Tour of the Isle of Wight*, London, 1790.

114 Henry C. Englefield, *op. cit., préface.*

115 *Ibid.*, p. 66.

116 也請比較以下作者名不詳的遊記中，其同行之人的旅遊方式：*Tournée faite en 1788..., op. cit., passim*。

117 Simon-Barthélemy-Joseph Noël de la Morinière, *Premier essai sur le département de la Seine-Inférieure*, Rouen, an III (1795), 2 vol.
在該書尾聲，作者不僅提及了新古典主義美學，也談到了聖瓦萊里昂科地區的海灘和懸崖。當該沿海風光滲入法國文壇的同年，坎布里也在法國文學中引入了阿摩里卡海岸：「原諒我，孤獨之地。對不起，我擾亂了墳墓和死者神聖庇護所前的安寧（暗指墜死於在懸崖下的年輕少女）。已長滿苔蘚的土丘又被海藻覆蓋。懸掛著無味車薊與野生蘿蔔的開裂海崖也成了嘶啞烏鴉的住所。靜謐沉睡的大自然見證了泥灰岩山脈自海底升起的古老時代。現今隆起的高山成了遼闊海盆的邊界，勾勒出萊茵河魚群、貽貝、海藻、水螅等各種動植物生命的家園。你，似乎混合交融了大自然不同的層面，時而似曾相似，時而又變化多端。我會永遠記得英吉利海峽給我的各種感受，也永遠都會憶起埃萊托特（Eletot）的岩石並透過它們對逝去的過往沉思」（p. 244）。

118 關於此點，索敘爾的旅行方式極具參考價值。他會強迫自己參觀大量景點，以更好回收掌握自身情緒，並耕耘自己對歡愉的預感。於本洛蒙德（Ben Lomond）觀景台的頂處，他寫道：「一天的大部分時間，我都在山頂上度過。我無法厭倦對這些壯麗景色的凝視，我樂於重溫、複習我已知道的觀景網路，成千上百有趣的回憶都依附於我曾旅經的路線上。在頂處，我也喜於觀察那些我將拜訪的景點（如赫布里底群島）。這賦予我一種新的熱情，讓我預先享受著新風景即將帶來的歡愉」，原文請參見：Louis-Albert Necker de Saussure, *op. cit.*, t. II, pp. 215-216。

119 請參照：Pierre Goubert, *Jane Austen, Étude psychologique de la romancière*, Paris, P. U .F., 1975, pp. 75-82。在《勸導》（*Persuasion*）一小說中，珍・奧斯汀對萊姆里傑斯（Lyme Regis）市鎮周圍的描寫，證實了她晚期亦無法抗

於挪威壯麗海峽的沿岸上徒步賞景後寫下的紀載，請參照：M. P. H. Mallet, *Voyage en Norvège, appendice au Voyage en Pologne, Russie, Suède, Danemark, etc., par M. William Coxe*, Genève, 1786, p. 309。

105 勿忘，於此時代，喜歡孤獨的旅者仍能忍受熙熙攘攘的市容街景。對杳無人煙、廢墟之景懷舊的時代尚未到來。

106 Cf. François Guillet, *op. cit.*, passim.

107 車夫向阿曼德・馬松（Armand Narcisse Masson de Saint-Amand）道：「依我看來，先生您似乎熱愛美麗景點，我一路上都聽到您欣喜若狂的讚嘆」。後續，該車伕也時常自出主意，建議旅者許多路上不容錯過的驚鴻一瞥之景，請參照：Armand Narcisse Masson de Saint-Amand, *Lettres d'un voyageur à l'embouchure de la Seine*, Paris, Guibert, 1828, p. 133 。一八二〇年一月，肯特公爵（duc de Kent）成了他所熱愛觀景視點追尋的犧牲品，於德文郡西德茅斯（Sidmouth）附近的小山上，他在經歷一次疲憊遠足後不幸辭世，相關內容分析請參見：Edmund William Gilbert, *Brighton, Old Ocean's Bauble*, London, Methuen, 1954, p. 16。

108 William Gilpin, *Trois Essais...*, *op. cit.*, p. 42.

109 請參考托靈頓伯爵的英國韋茅斯浴場旅居經驗，見本書第二部第一章第三節。

110 William Gilpin, *Observations on the Coasts of Hampshire, Sussex and Kent, Relative Chiefly to Picturesque Beauty, made in 1774*, London, 1804.

111 以下也必須補充吉爾平欣賞海岸的手法。在他眼裡，海岸值得觀者注意力駐留：「海岸線具有多元景觀。有時，它會被突出的海角大肆剖開或被鋸齒狀海灣包圍。有時，則會沿著不規則的曲線蜿蜒，或在環形的海灣中膨脹。在每一種面向之下，海岸線都能非常美麗，也永遠值得觀者留意。它是海陸的分界，也正是為此在這條如此重要的界限上，任何輕微刺眼的景物都會特別引人注意。在我目睹過所有沿海風景當中，不止一個美麗的風景曾被海岸線上的突兀景物糟蹋破壞」。詳細內容請參見：William Gilpin, *Voyage en différentes parties...*, *op. cit.*, t. I, p. 160。

112 *Ibid.*, t. I, p. 207.

的有：Amédée Pichot, *Voyage historique et littéraire en Angleterre et en Écosse*, Paris, Ladvocat, 1825, t. III, p. 174. 該遊記作者寫道：「這（亞瑟王座）是全歐洲城鎮所能賦予最驚奇的全景」。

Louis-Albert Necker de Saussure, *op. cit.,* t. I, p. 102。

在拉托克納伊眼裡，唯有君士坦丁堡能超越卡爾頓丘陵的全景，請參見：Jacques-Louis de Bougrenet de La Tocnaye, *Promenade d'un Français dans la Grande-Bretagne*, 2e édition, 1801, p. 126 。

Louis Simond, *Voyage d'un Français en Angleterre pendant les années 1810 et 1811*, Paris, Treuttel, 1816, t. I, p. 371.

杜克斯也證實了此二景點的旅遊熱潮，請參見：Baron Ducos, *op. cit.,* t. II, pp. 352 sq。

瑪莉—奧古斯特・皮克特（Marie-Auguste Pictet）指出，卡爾頓丘陵的頂峰，「旅者能享受到能想像出最美麗的景致」，請參見：Marie-Auguste Pictet, *Voyage de trois mois en Angleterre, en Écosse et en Irlande pendant l'été de l'an IX (1801)*, Genève, 1802, p. 63。

作者名不詳, *Tournée faite, en 1788, dans la Grande-Bretagne, par un Français...*, Paris, 1790, B. N. 8° N 150, p. 164 ：「我們首先造訪了卡爾頓丘陵」。

對任何英國旅者而言，爬上卡爾頓丘陵為蘇格蘭環旅的必經之路。

102 英國小說家瑞克麗芙即為一例，請參見：Ann Radcliffe, *op. cit.,* t. II, p. 197。

103 一八一八年，湯瑪斯・弗羅格納爾（Thomas Frognall）徒步登上了「崇高的頂峰」，為的就是要享受「魯昂與其周圍小鎮知名的全景」。所有英國旅者無不錯過該景點，紛紛自第厄普的路徑前來，請參照：Thomas Frognall, *Voyage bibliographique, archéologique et pittoresque en France*, 法譯：Théodore Licquet, Paris, Crapelet, 1825, t. I, p. 149。

104 關於丹麥赫爾辛格所眺望到北歐海峽奇觀的驚鴻一瞥，布赫寫道：「景觀所帶來的效果遠超我預期。沒有比此更美麗、更磅礴的景致。在這個如此多變、如此生動的景觀當中，有一種類似魔法的神奇力量」，請參照：Leopold Von Buch, *Voyage en Norvège et en Laponie fait dans les années 1806, 1807 et 1808*, Paris, Gide, 1816, t. I, p. 31；以及一七五五年六月八日，馬利特

London, Frank Cass, 1967（首版：1927）, chapitre IV, «Picturesque Travel», pp. 83-127；Michel Conan, «Le Pittoresque: une culture poétique», 附記於 William Gilpin, *Trois essais sur le beau pittoresque*, Paris, Éditions du Moniteur, 1982。

89 請參照：William Gilpin, *Voyage en différentes parties de l'Angleterre et particulièrement dans les montagnes et sur les lacs du Cumberland et du Westmoreland*, Paris, Maisonneuve, 1789, 法譯：Guédon de Berchère, 3e édition, t. II, «Tableau du voyageur idéal», pp. 89 sq。

90 請參照：Odile Morel, «Les aveux d'un amateur de paysage», in François Dagognet, *op. cit.,* pp. 197 sq.；Carl-Paul Barbier, *op. cit.,* p. 104.

91 Cf. Barbara, Maria Stafford, *op. cit*., pp. 403-404.

92 E. Guitton, *op. cit*., p. 573.

93 關於地誌詩，請參考以下經典研究：John Barrel, *The Ideas of Landscape and the Sense of Place, 1730-1840, an Approach to the Poetry of John Clare*, Cambridge, 1977。

94 Pierre-Henri de Valenciennes, *Eléments de perspective pratique à l'usage des artistes*, Paris, an VIII, p. 340.

95 請特別參照：Carl-Paul Barbier, pp. 121-147。

96 為此，如畫風景的追尋之旅也就和古典旅遊有著根本性的差異。

97 William Gilpin, Trois essais sur le beau pittoresque, 編輯：Michel Conan, op. cit., p. 45，本段後續援引出自同處。

98 此外，如畫之旅也將風景中情感與想法間的連接關係，取代了古典旅遊中景色象徵標誌的位子，請參照：Marie-Madeleine Martinet, *Art et Nature en Grande-Bretagne au XVIIIe siècle, de l'harmonie classique au pittoresque du premier romantisme*, Paris, Aubier, 1980, pp. 6-7。

99 Cf. François Guillet, *op. cit*., passim.

100 也就是在馬賽，法國畫家韋爾內首次目睹了大海，而法國詩人貝朗瑞也曾讚揚馬賽當地的美麗海景。

101 在本書所收集的一手資料當中，讚嘆蘇格蘭的卡爾頓丘陵與愛爾蘭亞瑟王座倦（p. 387）。

76 *L'eau et les rêves, op. cit.,* pp. 206-211.

77 引述自：Michèle S. Plaisant, *op. cit.* t. II, p. 563。

78 *The Works of Henry Needler*, p. 15, cité par Michèle S. Plaisant, *op. cit.* t. II, p. 630.

79 John Gay, *Rural Sports, a Georgie,* in *Poems on Several Occasions*, Dublin, 1730, p. 4.

80 海濱礫灘為如畫風景的反面。在英國詩人戴普的詩作中，礫灘總引起其反感與噁心，見本書第一部第一章第二節。

81 戴普此本詩集，必須要一同與古希臘詩人歐比安（Oppien）所翻譯的五本《捕魚說教詩》（*Halieuticks*），以及文藝復興詩人桑納札羅的作品並行分析。值得補充的是，桑納札羅詩作為義大利海濱田園牧歌的先驅原型，請參照：Michèle S. Plaisant, *thèse citée*, t. II, p. 518。

82 此為二十世紀法國歷史學者米歇爾・沃維爾（Michel Vovelle）所提出的概念，詳見：Michel Vovelle, *Idéologies et Mentalités*, Paris, Maspero, 1982, chap. V, notamment p. 265。

83 Henry Fielding, *The Journal of a Voyage to Lishon*, London, 1755, p. 160.

84 Cf. Roger Martin, *Essai sur Thomas Gray*, Paris, P. U .F. 1934, p. 176.

85 英國詩人格雷寫道：「橡樹蔓延生長至沿海地帶。大海形成了大大小小不同的海灣，我們發現海水在茂密的樹林中閃閃發光。除了海水之外……，還有許許多行經的海上船艦……。從法勒姆（Fareham）到南安普敦，一路上我們與海岸平起平坐，享受不計其數令人陶醉的隱匿景點。但如果想要讓美味的景色盡收眼簾，就必須登上樸茨茅斯」。法譯：Roger Martin, *op. cit.,* p. 176。

86 舉例而言，英國詩人湯姆森就從未專注描寫沿海地帶。

87 Cf. Carl-Paul Barbier, *William Gilpin, His Drawings, Teaching, and Theory of the Picturesque*, Oxford, Clarendon Press, 1963, p. 7.

88 關於此主題二手文獻不勝枚舉，除註29與註87已列舉出的兩本專書之外，還可參見：Christopher Hussey, *The Picturesque. Studies in a Point of View.*

62 *Ibid.*, t. III, pp. 282-283.

63 *Ibid.*, t. III, p. 285.值得補充的是，日後法國復辟時期出差辦案的旅者亦有雷同的感受與觀景方式。

64 Denise Delouche, *Les peintres de la Bretagne avant Gauguin*, thèse, Université de Rennes II,1978, t. I, pp. 2 sq.

65 *Voyages de Guibert dans diverses parties de la France et en Suisse faits en 1775, 1778, 1784 et 1785*, Paris, D'hautel, 1806, pp. 35-36.

66 吉伯特伯爵的「先驅性」之作發表於一八〇六年，晚於坎布里。

67 Jacques Cambry, *Voyage dans le Finistère, Brest, Corne et Benetbeau, 1835-1838*, p. 34。坎布里文學作品的空窗期反映了他在沿海地帶的孤獨。

68 *Ibid.*, p. 37.

69 *Ibid.*, p. 111.

70 *Ibid.*, p. 158.

71 *Ibid.*, p. 167.

72 關於此點，請參考以下碩士論文：François Guillet, *Curiosité et comportements touristiques dans les régions côtières de l'Atlantique et de la Manche sous la monarchie censitaire d'après les guides de voyage*, Tours, 1984。

73 請參照以下論文所提供的詳盡分析。關於地誌詩萌生的分析，請參見：Michèle S. Plaisant, *thèse citée*, notamment, t. I, pp. 374 sq ；關於哲學感官主義中想像力和感官體驗的相關理論，以及艾迪生與沙夫茨伯里伯爵等人作品對地誌詩作家的影響，請參見：t. I, pp. 291 sq；關於隱居鄉村之品味在輝格黨布爾喬亞階級中的社會傳播，請參見：t. I, pp. 370 sq 。

74 請參照：Numa Broc, *La géographie de la Renaissance (1420-1620)*, comité des travaux historiques et scientifiques, Paris, Bibliothèque Nationale, 1980, pp. 211-218。

75 Édouard Guitton, *Jacques Delille (1738-1813) et le poème de la nature en France de 1750 à 1820.*吉頓指出，法國詩人德利勒，特別是從翁弗勒爾（Honfleur）至利哈弗的路程上，必須要交替騎馬、乘船，以減緩其厭惡感（p. 187）；此外，在其一七八四至八五年的近東之旅當中，德利勒也對遠洋大海感到厭

curiosités intellectuelles, Paris, Champion, 1931.

48 Martin Martin, *A Description of the Western Islands of Scotland*, 2e édition London, 1716.

49 *Op. cit.,* p. 21.關於蘇格蘭布坎海洞之造訪。

50 Charles Nodier, *Promenade de Dieppe aux montagnes d'Écosse*, Paris, Barba, 1821, p. 327.

51 Thomas Pennant, *Le Nord du globe..., op. cit.,* t. I, pp. 32-33.

52 Uno de Troil, *Lettres sur l'Islande*, Paris, 1781, pp. 373 sq. 譯自一七七七年於烏普薩拉出版的瑞典文原版，作者為瑞典林學坪市〔Linkoeping〕的主教。此外，該書附錄也包含一七七二年烏諾・特羅爾（Uno de Troil）之旅伴對斯塔法島的觀察筆記 ，請參見：«description de l'île de Staffa par M. Joseph Banks», pp. 392。

53 以下即為代表實例：Edouard de Montulé, *Voyage en Angleterre et en Russie, pendant les années 1821, 1822 et 1823*, Paris, 1825。

54 在蘇格蘭高地蓋爾語（erse）中，「斯塔法島」本意為一個歡唱動人旋律的洞窟。

55 請參照法國地質學家德聖豐的旅遊經歷，見前章第三節。

56 關於本段引言群，請參照：Jean-Didier Urbain, «Sémiotiques comparées du touriste et du voyageur», *Semiotica*, 58, 3-4, 1986, pp. 269-270。

57 當第二代的觀光客（亦即今日旅者）忘卻了最初的英雄探勘方式時，喀里多尼亞之旅的大眾化現象就此展開。觀光客們滿足於沿著前人走過的路途旅行，並採取類似古典旅遊模式的某些特徵，且會開心地指認道路上的景點。

58 Clement Cruttwell, *Description géographique, hydrographique, topographique, industrielle et commerciale de l'Angleterre, de l'Écosse et de l'Irlande*, Paris, Langlois, 1804, t. II, p. 210.

59 Adolphe Blanqui, *op. cit.*

60 Baron Ducos, *Itinéraire et souvenirs d'Angleterre et d'Écosse, 1814-1826*, Paris, Dondey-Dupré, 1834, 4 volumes.

61 *Ibid.*, t. III, p. 278.

volumes：*Ossian et l'Ossianisme dans la littérature du XVIIIe siècle*, Groningen, 1920。很早以前（二十世紀初），該學者就已仔細梳理文學奧西安主義在歐洲大陸的傳播年表。首先是，腓特烈・克洛普施托克（Friedrich Gottlieb Klopstock）與緊跟在後的斯托爾伯格的德國文壇。隨後才是在一七五〇年至一七七〇年間，英國奧西安潮流消逝很久之後，且十八世紀最後幾年新古典主義熱潮也相繼而過的帝國與復辟時期法國。

40 請參照：Barbara Maria Stafford, *op. cit.,* p. 400。注意，前提是必須先喪失對外部現象時空的概念意識。根據該學者，整體而言，十八世紀的西方文人對做夢遐想的矜持，揭露了他們對直線時間與遠古時間差異性的擔憂。

41 帕特里克・拉夫羅迪（Patrick Rafroidi）指出，這些浪漫歐陸所接收到的愛爾蘭歌曲實際上是奧西安史詩偽造者麥佛森所創，請參照以下博士論文：Patrick Rafroidi, *L'Irlande et le Romantisme*, thèse, Lille III, 1973, passim., p. 300。

42 James Beattie, *Le Ménestrel*, 法譯：M. Louet, Paris, 1829 , p. 147。（原版撰寫於一七六八年，出版於一七七一年。）

43 *Ibid.,* p. 151.

44 Thomas Pennant, *Tour in Scotland, A Tour in Scotland, op. cit.*；Samuel Johnson, *Voyage dans les Hébrides ou îles occidentales d'Écosse*, Paris, an XII（1803-1804年，法譯版僅涵蓋部分內容）。英國文人約翰遜博士於一七七三年，在英國傳記作家博斯維爾的陪同下完成其蘇格蘭之行。

45 邁耶揭露，航海戰爭最初僅為各國的軍備競爭，請參照：Jean Meyer, «Quelques directions de recherche sur les marines de guerre du XVIIIe siècle», *Bulletin de la Société d'Histoire Moderne*, 1985, n° 1, pp. 6-19。

46 對於大不列顛群島的全新探索此主題，參考文獻不勝枚舉。於此，筆者僅列舉以下代表專書：Esther Moir, *The Discovery of Britain; the English Tourists, 1540 to 1840*, Londres, Routledge et K. Paul, 1964。

在此時期，蘇格蘭的環旅（喀里多尼亞之旅）與紳士階級的歐陸壯遊，兩者在行程的安排與景點特色上具有極大差異。

47 Cf. Margaret Isabel Bain, *Les voyageurs français en Écosse, 1770-1830, et leurs*

Art, Science, Nature and the Illustrated Travel Account. 1740-1840. M. I. T., 1984, notamment, pp. 403-409。其中，芭芭拉・斯坦福德（Barbara Maria Stafford）強調了十八世紀出的美學觀念裡，始終有一股對抗視覺乏味性疲勞的意圖（p. 414）。

30 *Ibid.*, p. 421.

31 Edmund Burke, *op. cit.,* p. 244.

32 *Ibid.*, p. 247.

33 *Ibid.*, p. 240.

34 *Ibid.*, p. 241.

35 請參照以下博士論文：Robert Sauzet, *Contre-Réforme et Réforme catholique en Bas-Languedoc au XVIIe siècle. Le diocèse de Nîmes de 1598 à* 1694, thèse, Paris IV, 1976, t. I, p. 302。

36 Cf. Olivier Michel, «Adrien Manglard, peintre et collectionneur. 1695-1760», *Mélanges de l'École française de Rome*, 93, 1981, 2. «Moyen Age, Temps Modernes», pp. 823-926. 一七一五年，二十歲的曼格拉德定居羅馬，在一七二六年就成功擁有許多羅馬貴族的客戶訂單。關於義大利畫家曼格拉德與及海景作品分析，請參照：André Rostand , «Adrien Manglard et la peinture de marines au XVIIIe siècle», *Gazette des Beaux-Arts*, juill.-déc. 1934, pp. 263-272。

37 Jean-François Marmontel, *Mémoires de Marmontel...*, publiés par Maurice Tourneux, Paris, Librairie des bibliophiles, 1981, t. II, p. 179。關於法國南部的圖龍（Toulon）市，法國作家尚—法蘭索瓦・馬蒙泰爾寫道：「於此，本應帶來最深刻衝擊的景象卻最不讓我吃驚。我長期的願望之一即親眼目睹遼闊的大海。我見到了它，但它比想像中平靜許多。韋爾內的海景畫作深印於我腦海，以至於真實海洋無法激起我任何情感。我的眼睛已經習慣了（他畫作裡的）海景，就好像我誕生、成長於沿海地帶」。

38 Simon Pelloutier, *Histoire des Celtes*, Paris, Coustellier, 1741；Paul-Henri Mallet, *Monuments de la mythologie et de la poésie des anciens peuples du Nord*, Copenhague, Philibert, 1756.

39 請參照：Paul van Tieghem, *Ossian en France*, Slatkine reprints, 1967, 2

20 David Mallet, *The Excursion*, Londres, J. Walthoe 1731。在該詩作中可見，pp. 17-19：暴風雨摧殘時的「駭人氣象」；p. 28：北極海；飄浮的冰山；以及以下段落：「殘酷的韃靼沿岸，／沐浴在海洋的邊緣。／蔚藍的天空將它浩瀚的胸膛，／壓付在最後一波的浪潮之上」。詩人對駭人孤寂的描述引領其召喚位於海洋中心的巨大深淵。

21 引述自：Michèle S. Plaisant, *thèse citée,* t. II, p. 742。

22 請參照：John Sunderland, «The Legend and Influence of Salvator Rosa in England in XVIIIth Century», *The Burlington Magazine*, vol. CXV, n° 849, décembre 1973, pp. 785-789。然而，該作者與以下專書之論點有些微差距：Elizabeth Wheeler Manwaring, *op. cit.,* pp. 40 sq。

23 見本書第三部分第四章第一節。

24 Edmund Burke, *Recherche philosophique sur l'origine de nos idées du sublime et du beau*, 法譯第七版, Paris, 1803, reprint Paris, Vrin, 1973, avec une introduction de Baldine Saint-Girons, p. 21。根據導論中的分析，伯克的主要貢獻在於將壯美從其最初的修辭手法概念解放而出，並竭盡所能地在大自然本身中識別其特徵。此外，導論也分析了壯美一概念與浪漫詩歌小說中對悲情描寫之間的關聯，例如英國小說家塞繆爾・理查森（Samuel Richardson）的《帕梅拉》（*Paméla*），以及英國詩人格雷和楊的葬禮輓歌當中。

關於此主題，亦可參見以下兩本經典專書：Samuel H. Monk, *The Sublime, a Study of Critical Theories in XVIIIth century England*, New York, 1935；Théodore E. B. Wood, *The Word «Sublime» and its Context. 1650-1760*, Paris, Mouton, 1972。

25 Edmund Burke, *op. cit.,* p. 103.

26 「空洞」一詞取自：Richard Payne Knight, *An Analytical Inquiry into the Principles of Taste*, 1808, 4e édition, p. 370。

27 Edmund Burke, *op. cit.,* p. 127.

28 Edmund Burke, *op. cit.,* p. 116.

29 也就是英國哲學家大衛・休謨（David Hume）所稱的驚喜熱情。關於本段接續描述，請參見以下極佳著作：Barbara Maria Stafford, *Voyage into Substance,*

世紀裡多次再版更新。與此同時，海峽對岸的英國也深受劍橋柏拉圖主義者的美學觀影響，特別是亨利・莫爾（Henry More）等人。他們共同籌備了一種新的美學觀念，其「基本審美標準為浩瀚、宏偉和恐怖」，他們將上帝的概念與浩瀚空間、永恆時間與無所不在融合為一。詳細分析請參照：Michèle S. Plaisant, *these citée*, t. I, pp. 143 et 146。

11 *The Spectator*, vol. VII, 20/09/1712, pp. 58-59.

12 請參照：Alain Bony, *thèse citée*, pp. 427-428，本段接續引言源自同處。

13 然而，這卻與艾迪生欣賞坎帕尼亞沿岸的欣賞方式相互牴觸，見本書第一部分第二章第四節。

14 請參照：Louis Marin, «Le sublime classique: les tempêtes dans quelques paysages de Poussin», in *Lire le paysage, op. cit.,* p. 201。在十八世紀末，德國哲學家康德在其《判斷力批判》（*Critique du Jugement*）一書中，不將壯美視為景物本身的特質，而是流動靈魂的特性。

15 關於此點，請參照：Alain Bony, *thèse citée,* pp. 566 sq。該書作者分析了艾迪生享受原生樂趣的型式。同時，這也意味著艾迪生不在深信混沌大自然此一宗教性概念。的確，如果觀者面對的僅是墮落的自然景觀，他也就沒有多加欣賞分析的理由。

16 湯姆森的《四季》於一七三〇年出版。

17 Michèle S. Plaisant, *thèse citée,* t. II, pp. 625 sq.

18 Nicolas Grimaldi, «L'esthétique de la belle nature. Problèmes d'une esthétique du paysage», in *Mort du paysage ? Philosophie et esthétique du paysage, Colloque cité,* p. 120.

19 尤其是，若將英式花園視作人類強行布局的欲望牢籠。在花園內「沒有多餘的驚喜與意外，也沒有多餘的幸福與傷痛」，英式花園的散步也就成了壯遊漂泊的反照，請參照：Michel Cusin, «Le jardin anglais au XVIIIe siècle: aménagement imaginaire et déménagement signifiant», in *Lire le Paysage*, *op. cit.*, pp. 225-226。關於此議題，亦可參考：John Dixon-Hunt, Peter Willis, *The Genius of Place. The English Landscape Garden. 1620-1820*, London, Elek, 1975。

動掃射的視線僅是在預測隨後身體的運動途徑」。相關說明請參照：Michel Collot, «L'horizon du paysage», in *Lire le paysage*, Presse de l'Université de Saint-Etienne, 1984, p. 122。

3 Cf. Michèle S. Plaisant, *thèse citée, passim*.

4 在維蘇威火山腳下度過生命盡頭的義大利文藝復興詩人桑納札羅，在他的《牧歌》（*Eglogues*）中敘述著當地漁民的辛苦人生與工作辛勞。

5 引述自：Michèle S. Plaisant, *thèse citée*, t. II, p. 517。英國文學家蒂克爾的評論出版於《衛報》：*Le Guardian*, n° 28, 13/04/1713。

6 請見密爾頓《失樂園》裡對亞當與夏娃所作的相關描繪。

7 William Diaper, *Nereides or Sea Eclogues*, 1712，引述自：Michèle S. Plaisant, *thèse citée,* t. II, p. 473。

8 請參照以下博士論文：Alain Bony, *Joseph Addison et la création littéraire. Essai périodique et modernité*, thèse, Paris III, 1979, p. 565。

9 引述自：Michèle S. Plaisant, *thèse citée,* t. I, p. 303。此外，值得補充的是，早在一六七一年，法國作家布烏爾神父筆下的亞里斯特（Ariste）就曾提及以下對暴風雨的感受：「所有的一切都引發了一種恐懼夾雜喜悅的無法言喻感受」，原文請見：Dominique Bouhours, *op. cit.*, p. 5。

10 若要在美學筆戰的框架下，詳實討論壯美「修辭手法」與「自然景致」兩概念在西方世界的萌生，將會大幅超過本書範疇。於此，本節僅需留意法國詩人布瓦洛於一六七四年所翻譯的《論壯美》中對大海的描寫：「我們不會隨意對小溪流產生特殊的欽佩之情。但當目睹多瑙河、尼羅河、萊茵河和最浩瀚的大海時，我們會不自覺地吃驚」。此外，亦可參考近代法譯版本裡的相同段落：*Du Sublime*, 法譯：H. Lebègue, Paris, 1965, p. 51。在以上段落中，布瓦洛所運用的壯美隸屬修辭手法。然而，也必須承認，這種區別雖然常見但卻不見得正確。因為當時文人們在閱讀《奧德賽》壯美海景修辭時所感受到的歡愉，也顯然為日後西方世界欣賞地中海與其海岸開闢了先驅道路。

自一六七四年起，布瓦洛所譯《論壯美》的滲入英國文壇。然而，在幾十年之前（亦即一六五二年），英國作家約翰・霍爾（John Hall）就已著手翻譯許多希臘著作，而他所譯的《論壯美》（*Peri Hupsous*）更是在接續的半個

等也皆感興趣，請參照：Jean Ehrard, thèse citée, t. I, pp. 192 sq.。

81 Cf. Jean-Victor Audouin et Henri Milne-Edwards, *Recherches pour servir à l'histoire naturelle du littoral de la France. Voyage à Granville, aux îles Chausey et à Saint-Malo*, Paris, Crochard, 1832.

一八一五年的時間點是由米爾恩—愛德華茲本人提出，請見：Henri Milne-Edwards, *Observations sur les ascidies des côtes de la Manche*, Académie des Sciences, 11/11/1839.

82 Armand de Quatrefages de Bréau, «Souvenirs d'un naturaliste, L'Ile de Bréhat, Le Phare des Héhaux», *Revue des Deux Mondes*, 15 février 1844, p. 619.

83 Audouin et Milne-Edwards, *op. cit*., p. II.

84 兩位法國先驅性學者，奧杜安與米爾恩—愛德華茲，便是於格蘭維爾和布雷哈特島（l'île de Bréhat）之間旅居。隨後的法國生物學家布雷奧也於相同地點進行探勘研究。然而，兩位先驅學者曾一度抱持著「調查法國所有沿海地帶」，以完成對潮間動物系統性研究此一無法實現的計畫，請參照：Jean-Victor Audouin et Henri Milne-Edwards, *op. cit*., p. III。

85 Jean-Victor Audouin et Henri Milne-Edwards, *op. cit*., pp. 86 et 89.

86 Armand de Quatrefages de Bréau, *art. cité*, p. 613。

87 Cf. Richard J. Chorley, Antony Dunn, Robert P. Beckinsale, *op. cit.,* p. 183.

88 Armand de Quatrefages de Bréau, *art. cité*, p. 607.

第三章 面對奇景的新鮮感受

1 關於此點，請參照：Théodore A. Litman, *Le Sublime en France. 1660-1714*, Paris, Nizet, 1971, 第七章 «Saint-Evremond: l'aspect négatif du sublime et du vaste»。作者引述聖埃弗里蒙德的說法，請參見：Charles de Saint-Évremond, «Dissertation sur le mot vaste», 1685, notamment p. 153。

2 劃立邊界之必要，不僅單單侷限於視覺賞析，它也涉及了「視覺、身體與風景之間所達成的和諧性」。也因此，地平線的邊界功能在於：所有景觀的欣賞模式都是建構在它的基礎之上，地平線將景觀定義為觀者的領地，而「移

173。

67 例如，法國的普洛戈夫洞窟（Enfer de Plogoff）與蘇格蘭的布坎海洞（Chaudron de Buchan）等地。

68 Barthélemy Faujas de Saint-Fond, *Voyage en Angleterre, en Écosse et aux îles Hébrides ayant pour objet les sciences, les arts, l'histoire naturelle et les mœurs*, Paris, 1797, t. I, p. 370.

69 *Ibid.*, t. II, pp. 42 et 44.

70 Barthélemy Faujas de Saint-Fond, *Description de l'île de Staffa, l'une des Hébrides et de la grotte de Fingal*, Paris, an XIII, p. 13.

71 Louis-Albert Necker de Saussure, *Voyage en Écosse et aux îles Hébrides*. Genève, Paris, 1821, t. I, pp. 137-138.

72 *Ibid.*, t. II, pp. 492 et 498.

73 *Ibid.*, t. III, p. 39.

74 Thomas Pennant, *Le Nord du globe ou tableau de la nature dans les contrées septentrionales...*, Paris, Barrois, 1789, t. I, p. 34。博物學家彭南特推動了西方旅者對原始大自然感知能力的演進。

75 Cf. Keith Thomas, *op. cit.*, p. 283.該著作清楚呈現植物學、動物學，以及鑑賞自然景觀模式間的關聯。

76 Cf. les exemples exposés dans l'ouvrage cité de Margaret Deacon, pp. 251 sq.

77 Cf. François Carré, *Les Océans*, Paris, P. U. F., 1983.

78 Goethe, *op. cit.*, pp. 91-92.

79 漁市吸引旅客的緣由也隸屬相同原因。

80 Keith Thomas, *op. cit.*, p. 283。關於此點，亦可參考：Peter S. Dance, *Shell Collecting, a History*, Berkeley, University of California Press, 1966。事實上，自一七三〇年至一七四〇年的十年間，英國貴族女性，如博福特公爵夫人（duchesse de Beaufort）、波特蘭公爵夫人（duchesse de Portland）等人，均滿懷熱情地投入收集貝殼海藻的興趣當中。一七八四年，《貝類圖鑑大全》（*The Universal Conchologist*）甚至向其讀者提供了一份主要收藏家名單。與此同時，歐洲大陸的學者們對珊瑚、植形動物與岩生植物（lithophytes）

52 於此必須提醒，時常讀者會將馬樂特理論中海洋物種的「陸地化」誤解為生物物種的進化論（évolutionnisme）。事實上，法國博物學家馬樂特不能被定義為物種進化論的先驅，請參照：Miguel Benitez, *art. cité.,* p. 42。

53 Sandor Ferenczi, *Thalassa, Psychanalyse des origines de la vie sexuelle*, Paris, Payot, 1977, passim.

54 詳細解釋請參考：Miguel Benitez, *art. cite,* «Benoît de Maillet et l'origine de la vie dans la mer: conjecture amusante ou hypothèse scientifique ?», p. 42。

55 關於此點，可參考：Jacques Roger, *Les Sciences de la vie (...), op. cit.*, p. 524。

56 Benoît de Maillet, *op. cit.*, t. II, pp. 160-161.

57 參考上文提到的孟德斯鳩文本，本書第九四頁。

58 Benoît de Maillet, *op. cit.*, t. II, pp. 197 sq. et 215.

59 Edition citée, introduction de Jacques Roger, pp. LXX-LXXI, et texte de de Buffon, p. 155.

60 見本書第三部分第二節第一章。

61 關於此點，可參照: Roy Porter, *op. cit.*, pp. 90 sq。

62 更確切的時間點為一七三〇年至一七三五年間。在以下著作中，羅伊・波特（Roy Porter）強烈質疑在該時代英國中產階級科學探索活動凋零消逝的現象，請參照：Roy Porter, *op. cit.*, pp. 93 sq。關於此議題，亦可參閱：Keith Thomas, *op. cit.*, New York, Pantheon Books, 1983, passim, notamment, à propos de la botanique, pp. 281 sq；經典文獻：John Harold Plumb, *Georgian Delights*, Boston, 1980；易讀的總結性研究：Roy Porter, *English Society in the Eighteenth Century*, Penguin books, 1982。

63 Daniel Roche, *op. cit.*, Paris, La Haye, Mouton, 1978, t. I, pp. 125-126 et 155-176.

64 *Ibid.*, p. 125。

65 François Ellenberger, «Aux sources de la géologie française. Guide de voyage à l'usage de l'historien des sciences de la terre sur l'itinéraire Paris-Auvergne-Marseille», *Histoire et Nature. Cahiers de l'Association pour l'histoire des Sciences de ta Nature*, n° 15, 1979, pp. 3-29, ici, p. 28.

66 關於沿海探索模式的演進，可參考：Roy Porter, *op. cit.*, *The Making...*, p.

學者信念一致，他也對沖積層與「洪積層」作出區分。

40 請參照：François Dagognet, François Guéry et Odile Marcel, Colloque: *Mort du Paysage, Philosophie et esthétique du paysage*, Paris, Champvallon, 1982, préface, p. 27。以上學者們解釋道：懸崖並非指特定單一景物，而是「許多悲劇事件的積累結晶」。「風景本身涵蓋了導致它出現的悲劇事件……，它不僅保留了無意識大地的神聖記憶，也封存了其中消失褪去的地質力量」，此景觀歷史性即本段欲探討之面向。想當然，此地質觀點也吻合政治領域中對君權神授制不可動搖合法性的質疑，有助於激化地質學筆戰所揭示的熱情。

41 關於地質學語言的細緻化過程，可參考：Alexander M. Ospovat, *art. cité*, et Richard J. Chorley, Antony J. Dunn, Robert P. Beckinsale, *op. cit.*, pp. 85-86。

42 令人直覺聯想到，德國浪漫作家們對地底洞穴的眷戀與想像，例如德國詩人海因里希・諾瓦利斯（Heinrich von Ofterdingen de Novalis）本身既是礦物工程師，亦是德國地質學家維爾納的門徒。

43 Roy Porter, *op. cit.*, p. 142。

44 *Ibid.*, pp. 180-181。

45 關於此地質切面的分析，以下學者使用了所謂「人工懸崖」（artificial cliff）一詞，請參考：Martin J. S. Rudwick, «The Emergence of a Visual Language for Geological Science. 1760-1840», *History of Science*, vol. 14, 1976, pp. 149-195。

46 Henry C. Englefield, *A Description of the Principal Picturesque Beauties, Antiquites, and Geological Phenomena of the Isle of Wight*, London, 1816.

47 同時，風景紀錄的概念也日漸茁壯。

48 *Art. cité.*, p. 176。

49 關於黑色小說製造懸疑的寫作技巧，請參照：Maurice Lévy, *Le Roman gothique anglais, 1764-1824*. Toulouse, publications de la Faculté des Lettres, 1968。

50 Cf. Miguel Benitez, «Benoît de Maillet et l'origine de la vie dans la mer: conjecture amusante ou hypothèse scientifique ?», *op. cit.*, pp. 44 et 48.

51 Numa Broc, *La géographie de la Renaissance (1420-1620)*, op. cit., pp. 292-298.

de Réaumur）於法國都蘭（Touraine）所進行的探勘研究。然而，海濱懸崖始終是最容易收集「洪積」貝殼的地點之一。對本章而言，最重要的是，使沿海地帶被視為移動邊界的科學觀察研究。

29 關於攝爾修斯海水倒退的研究，請參考：Eugène Wegmann, «André Celsii: remarques sur la diminution de l'eau, aussi bien dans la Baltique que dans l'Atlantique», *Sciences de la Terre*, tome XXI, 1977, pp. 39-52。

30 更確切而言，依據攝爾修斯的觀察結果，瑞典陸地是在上帝創始以來距今三分之一的時間後才浮出水面，請參照：Eugène Wegmann, *art. cité*, p. 136。

31 更精確而言，是在一七六五至一七六九年間。

32 Cf. Eugène Wegmann, «Évolution des idées sur le déplacement des lignes de rivage, origines en Fennoscandie», *Mémoires de la Société vaudoise des Sciences naturelles*, vol. 14, fasc. 4, 1967, n° 88, pp. 129-190, notamment pp. 137 sq。

33 法蘭索瓦・艾倫伯格（François Ellenberger）指出環境在科學理論萌生過程所扮演的重要角色，請參照：François Ellenberger, *art. cité.,* pp. 50 sq.。

34 Benoît de Maillet, *Telliamed*, *op. cit.*, t. I, pp. 8 et 9.

35 Cf. Margaret Deacon, *op. cit.,* pp. 176-180.

36 關於法國地理學家菲利浦・布希理論的此面向，可參考：J. Thoulet, «L'étude de la mer au XVIIIe siècle. De Maillet, Buache et Buffon», *Mémoires de l'Académie de Stanislas*, 1908-1909, pp. 214-256。

37 R. P. de Dainville, «De la profondeur à l'altitude. Des origines marines de l'expression cartographique du relief terrestre par cotes et courbes de niveau», in *Le Navire et l'économie maritime du Moyen Age au XVIIIe siècle, principalement en Méditerranée*, dirigé par Michel Mollat du Jourdin, Paris, SEVPEN, 1958。

38 本段之所以引述德呂克之例，目的僅在展現地質歷史閱讀方法的多元性。

39 Jean-André de Luc, *Lettres sur l'histoire physique de la terre..., renfermant de nouvelles preuves géologiques et historiques de la mission divine de Moyse*, Paris, 1798, Lettres V, «naissance de nos continents», 01/07/1792, pp. 223 sq. 德呂克果斷宣稱：一目瞭然地，海浪對沿岸堅硬岩石「毫無任何肉眼可見之影響」（p. 259），因此海浪的侵蝕作用僅限於沙灘。此外，德呂克與同時代許多

Revolutionary France, Manchester University Press, 1984。

23 根據居維葉的理論，海洋最初為了占領陸地而棄離原本底床，而被海水拋棄的底座便成了今日的地表。此外，遠在人類被上帝創造之前，就已發生數次類似上述大海與陸地的相互轉移之現象。依此脈絡而論，聖經所示大洪水的功能在於引導海洋返回最初的底床。以上即居維葉為化解科學與宗教間分歧的一套假設性理論。

24 D. R. Oldroyd, «Historicism and the Rise of Historical Geology», *History of Science*, vol. 17, 1979, p. 192。

25 請參照：Numa Broc, *La géographie de la Renaissance (1420-1620)*, *op. cit.*, p. 603。值得補充的是，十八世紀初法國神父樂瑪斯克力（Le Mascrier）也曾隱晦地表示地球實際歲數遠超於幾百萬年，請參照：Le Mascrier, «Essai sur la chronologie», in *Le monde, son origine et son antiquité*, J. B. Mirabaud, 1778. cf. Rhoda Rappaport, *art. cité,* p. 4。

26 Numa Broc, *La géographie op. cit.,* p. 620.

27 請參照以下有趣專文：François Ellenberger: «De l'influence de l'environnement sur les concepts: l'exemple des théories géodynamiques au XVIIIe siècle en France», *Revue d'Histoire des Sciences*, t. XXXIII, 1. 1980, notamment pp. 66 sq., 關於「新災變說的報復」、「持續緩慢改造力」信念的凋零，以及讓—路易・吉羅—蘇拉維孤立的地質理論三部分。到了十九世紀初，認為地質歷史浩瀚無期的信念仍「帶有肆無忌憚的顛覆性色彩」。然而，隨著科學家們對古冰川（paléoglaciaire）現象的了解逐漸成熟，這種災變理論的反攻也於一八三〇年至一八四〇年的十年間消失殆盡。

28 本書不會對貝殼多作討論，貝殼很早就被比擬為地球歷史的獎章，並深深讓十七世紀的地質學者著迷，請參見：Jacques Roger, éd. citée des Époques de la Nature de Buffon, p. XVI。此外，只要出現關於傳統洪積論的筆戰，貝殼始終都會是科學家們研究的重點之一，特別是由於專家們時常訝異地在高山或內陸地區發掘貝殼化石。貝殼化石於內陸地區的發現，首先證實了聖經所述的大洪水，隨後有被新一代的科學家認為是扳倒聖經敘事的重要證據，相關說明，請參見法國科學家勒內—安東尼・列奧米爾（René-Antoine Ferchault

1978, p. 285。

13 Albert V. Carozzi, *op. cité.,* p. 81.

14 關於此布豐伯爵的論點，可參考: Georges-Louis Leclerc comte de Buffon, *Les Époques de la Nature*, Paris, éd. du Muséum, 1962, introduction de Jacques Roger, notamment pp. XVII sq. Voir aussi Jean Ehrard, op. cit., t. I, pp. 208 sq. et Numa Broc, *La Géographie des philosophes, Université* de Lille III, 1972, pp. 269 sq.

15 Georges-Louis Leclerc comte de Buffon, *Histoire et Théorie de la Terre*, *op. cit.*, p. 43.布豐伯爵寫道 ：「謠傳今日的陸地過去曾位於海底深淵」，並藉此推論：「若欲知過去陸地的歷史可從現今海底發生的事件中觀察而得」。以上論調與布豐在《各個自然時代》裡火成論（plutonisme）的觀點有相當之分野。

16 Rhoda Rappaport, *art. cité, passim.*

17 關於聖經大洪水與地質學洪災的區分，可參考：Alexander M. Ospovat, «Reflections on A.G. Werner's Kurze Klassifikation», in Cecil J. Schneer*, op. cit.,* pp. 242 sq. et article de Leroy E. Page cité *infra.*

18 關於均變說與災變說之爭，請參考：Roy Porter, *op. cit.*, pp. 196 sq。然而，也有其他學者指出，有些研究過分強化宗教觀點對十九世紀初地質科學理論的影響。為此可參照：Leroy E. Page, «Diluvialism and its Critics in Great Britain in the Early Nineteenth Century», in Cecil J. Schneer*, op. cit.,* pp. 257 sq.。

19 請參照：Richard J. Chorley, Antony J. Dunn, Robert P. Beckinsale, *The History of the Study of Landforms on the Development of Geomorphology*, London, Methuen, 1964, t. I, pp. 54-56。此外，該著作也對德國地質學家亞伯拉罕・維爾納以及水成理論有詳盡說明。

20 Roy Porter, *op. cit.*, pp. 201-202.

21 亦可參見：Reijer Hooykaas, *op. cit.*, p. 59。

22 關於法國古生物學家居維葉對大洪水的理論，請參照：Leroy E. Page, *op. cit.*, pp. 261-262。近期，以下專書大量提供對法國古生物學家居維葉的相關資訊：Dorinda Outram, *Georges Cuvier. Vocation, Science and Authority in Post-*

4 Cf. Rhoda Rappaport, «Geology and orthodoxy: the case of Noah's flood in 18th century thought», *The British Journal for the History of Science*, vol. XI, 1978, pp. 1-18, notamment pp. 14-15.

5 Feu Nicolas Boulanger, *l'Antiquité dévoilée par ses usages, ou Examen critique des principales opinions, cérémonies et institutions religieuses et politiques des différents peuples de la terre*, 1766, Amsterdam, Rey, p. 382.

6 Cf. Rhoda Rappaport, *art. cité*, p. 15.

7 Benoît de Maillet, *Telliamed ou entretiens d'un philosophe indien avec un missionnaire français*, Amsterdam, 1748, t. I, pp. 110-128.關於《特樂馬德》的二手文獻不勝枚舉，例如：Albert V. Carozzi, «de Maillet's Telliamed (1748): an Ultra-Neptunian Theory of the Earth», in Cecil J. Schneer, *Toward a History of Geology Proceedings of the New-Hampshire Inter-Disciplinary Conference on the History of Geology*, sept. 7-12, 1967. The M. I. T. Press, Cambridge, Massachusetts, 1969, pp. 80-100。較近期的還有：Miguel Benitez, «Benoît de Maillet et l'origine de la vie dans la mer: conjecture amusante ou hypothèse scientifique ?», *Revue de Synthèse*, IIIe série. n^oS 113-114, janv.-juin 1984, pp. 37-54；Miguel Benitez, «Benoît de Maillet et la littérature clandestine: étude de sa correspondance avec l'abbé Le Mascrier», *Studies on Voltaire and the Eighteenth Century*, vol. 183, 1980, pp. 133-159；Jacques Roger, *Les Sciences de la vie dans la pensée française du XVIIIe siècle*, Paris, Armand Colin, 1963, pp. 520 sq。

8 Articles «Déluge universel» et «inondation».

9 *Histoire et Théorie de la Terre*, discours prononcé à Montbard le 3 octobre 1744, Georges-Louis Leclerc, comte de Buffon, Oeuvres complètes, Paris, Levasseur, 1884, p. 94.

10 Cf. Reijer Hooykaas, *Continuité et discontinuité en géologie et biologie*, Paris, Le Seuil, 1970 (Ire éd. anglaise, 1959), notamment «Les uniformitariens», pp. 44 sq.

11 亦可參考：Roy Porter, *op. cit.*, pp. 192-196 et 109。

12 關於原始海洋為水成理論出發起點的主題，可參考：Martin Guntau, «The Emergence of Geology as a Scientific Discipline», *History of Science*, vol. 16,

議：「盡量選擇陽光普照、溫暖無風的中午，在溫暖的沙灘上漫步、盤坐，甚至打滾，隨後在潛入水中。重複以上操作四至五回。」他也補充：「我真誠推薦此手法，我經常以此流程協助病患。」

138 法國小說家福樓拜年輕時的書信中處處有跡可循。

139 Pierre Jean-Baptiste Bertrand, *op. cit.*, t. II, pp. 578-579.

140 Jean Viel, *op. cit.*, pp. 69, 90 et 92.

141 *Travels through France and Italy*, London, 1766.

142 *The Torrington Diaries, Containing the Tours through England and Wales of the bar... John Byng, between the Years 1781 and 1794*, London, Eyre and Spottiswoode, 1934, t. I, p. 90。

143 Whitehaven, 1791, 2 vol. 湯利的旅居日記記錄其在曼島自一七八九年四月到隔年四月的旅居時光。

144 *Op. cit.*, t. I, p. 30.

145 *Op. cit.*, t. I, (19/07/1789), p. 116

146 *Op. cit.*, t. I, (04/08/1789), p. 138.

147 *Op. cit.*, t. I, (12/12/1789), p. 293.

148 *Op. cit.*, t. I, (11/12/1789), p. 293. 湯利寫道：「我們無法妄想比此地更適合隱居且更保護隱私之處。」

149 *Op. cit.*, t. I, (27/11/1789), p. 277.

150 À ce propos, Keith Thomas, *op. cit.*, pp. 281 sq.

151 *Op. cit.*, t. I, (15/08/1789), p. 152。

152 William Cowper, «Retirement», 1782。

第二章　世界奧祕的閱讀與探索

1 À ce propos, Roy Porter, *op. cit.*, pp. 116-118.

2 啟蒙學者與聖經敘事分道揚鑣的過程，請參照：Roy Porter, *op. cit.*, pp. 104 sq. et pp. 197 sq。

3 Cf. *supra*, p. 325.

127 Patrick Brydone, *Voyage en Sicile et à Malte*, traduction, Paris, 1775, t. I, pp. 12-13 et p. 14 (citation suivante).

128 Patrick Brydone, *op. cit.*, t. I, pp. 352 et 13.

129 Joseph Monoyer, *op. cit.* 該醫學論文主要的一部分旨在分析法國醫學教授德爾佩奇治療肺結核的臨床經驗。

130 Jean Viel, *op. cit.*, p. 94 et 37（以下引用）。維爾醫生是繼英國醫生約翰・萊特森後，但在里昂醫學學派（l'école lyonnaise）之前，提出上述理論。採用生機論視角的他，推薦浴者前往灼熱沙地，並解釋道：「沙地的熱量有助於我們重拾身體活力」，並宣揚起日照的好處。必須補充的是，德國醫學家約翰・克魯尼茨（Johann Georg Krünitz）也自一八一年起，開始鼓吹起日照對患者的益處。

131 例如，十八世紀法國哲學家曼恩・比朗（Maine de Biran）於一八一六年在庇里牛斯（Pyrénées）地區的巴雷日泉水站，所撰寫的旅遊日記就充分體現兩者的關係。

132 Cf. Pierre-Jean Georges Cabanis, *Rapports du physique et du moral de l'homme*, Paris, 1802.

133 特別是受到瑞士科學家暨醫生阿爾布雷希特・哈勒（Albrecht von Haller）理論之影響。

134 Jean Viel, *op. cit.*, p. 42. 也因此，該治療策略「旨在觀察每個患者體質對不同浸浴法與空氣之反應」。

135 Jules Le Cœur, *op. cit.*, t. I, p. 214.

136 Pierre Jean-Baptiste Bertrand, *op. cit.*, t. II, pp. 579-583.一八二七年五月，伯特蘭醫生對一位五十五歲肌肉無力舞蹈症（musculaire-chorée）即將發作的患者「開立了在翻騰浪花中迎擊海水」的處方。一八二七年七月，他對一位因「循環神經症」而身體有「異常感覺」的二十八歲男患者，開立了七至八回三十秒的浸浴，以及在「每次浸浴間都需用法蘭絨布摩擦身體」的醫囑。該病人持續其相同浸浴療程直至十月中旬。然而漸漸地，浸浴對他而言僅成了一項「能帶來樂趣的行為」，這也揭示了浸浴從治療到享樂目地的演變。

137 Jules Le Cœur, *op. cit.*, t. I, p. 411. 關於此點，樂柯爾醫生還給予浴者以下建

115 朱伊（E. Jouy）的文字評論, in *op. cit.*, p. 28：「不論社會階層，利哈佛的海水浴場提供浴者截然不同的娛樂〔……〕。在其他浴場裡（如第厄普），無法見到同此地海灘上一個能匯集所有人的中心焦點。沙灘上，浴者均會在以帆布覆蓋的簡陋小屋或隔間換衣如廁，對所有前來享受浸浴之樂者幾乎沒有任何差別待遇」。

116 法國總督代理人莫拉辛（Moracin）的書信可見於以下專文：J. Laborde, *op. cit.*

117 Carlo Pilati *op. cit.*, t. II, p. 176.

118 Jean Thoré, *Promenade sur les côtes du golfe de Gascogne*, Bordeaux, Brossier, 1810, p. 297. 在該書中，法國醫生讓・托爾（Jean Thoré）便批評了比亞希茲當地居民在海灘上赤裸身體的行為，此為長久以來在法國西南海濱大量討論的社會議題。亦可參考以下優秀專文：Josette Pontet, «Morale et ordre public à Bayonne au XVIIIe siècle», *Bulletin de la Société des Sciences, Lettres et Arts de Bayonne*, 1974, pp. 127 sq。

119 Cf. docteur Le Coeur, *op. cit.*, t. I, p. 299. 亦可參考法國格朗維爾（Granville）市長瓦雷先生（F. Vallée）所訂立的相關法規，他將海灘分為三項區塊：一、女士專區；二、著裝男士專區；三、裸體男士專區，資料源自以下展覽型錄：*La Vie balnéaire et les bains de mer à Granville, 1840-1940*, Musée du Vieux Granville, 05/07/1987 – 05/10/1987, p. 9。

120 Ch. G. Hartwig, *op. cit.*, p. 18.

121 Paquet-Syphorien, *Voyage historique et pittoresque...*, Paris, Didot, 1831, t. II, p. 136。

122 Cf. Hélène Tuzet, *La Sicile au XVIIIe siècle vue par les voyageurs étrangers*, Strasbourg, Heitz, 1955, p. 447。德裔語言學家約瑟夫・海格於一七九五年維也納出版了其遊記，並於一八〇〇年譯成英文版發行。

123 L.P. Berenger, *op. cit.*, t. II, p. 131.

124 Abbé Coyer, *op. cit.*, t. II, p. 126.

125 Joseph Monoyer, *op. cit.*, p. 16。該作者出生、成長於法國的聖特羅佩。

126 Johann Wolfgang von Goethe, *Voyage en Italie*, p. 359.

Pierre Jean-Baptiste Bertrand, *op. cit.*, t. II, p. 552。隨後，也會在比利時的奧斯滕德海灘上冒出。

105 此主題涉及浴服歷史，超出本書範疇，本節僅討論穿裝泳裝一行為於西方社會的萌生。

106 Louis Garneray , *Vues des côtes de France dans l'océan et dans la Méditerranée* (texte de E. Jouy), Paris, Panckoucke, 1823, p. 16.

107 在一八四〇年代早期，法國諾曼第的康城（Caen）開始生產起羊毛針織泳褲。本段接續引言自：Jules Le Cœur, *op. cit.*, t. I, p. 307。

108 Jules Le Cœur, *op. cit.*, t. I, p. 317。

109 值得提醒的是，平民在海灘上的娛樂活動不見得會包含浸浴，如席凡寧根海灘（見本書第一部分第二章第三節）或德國沿岸的海水浴場，如巴特多伯蘭，參照：à propos de Doberan, Reise eines Gesunden, *op. cit.*。

110 Edmund William Gilbert, *op. cit.*, p. 12。

111 *Op. cit.*, p. 26。

112 Auguste Bouet, «Les Bains de Biarritz», *La France Maritime*, t. III, 1837, pp. 318-319：「於此，毫無所謂行為禮節或不得體之衣著。女人們僅披件淺色條紋的棉質長袍，而男人們則展現出自然所贈與他們的外貌。沿海盡是他們無拘無束的喧譁歌唱。」關於比亞希茲（Biarritz）海水浴場，可參見：Pierre Laborde, *Biarritz, Huit siècles d'histoire, 200 ans de vie balnéaire*, Biarritz, Ferrus, 1984, «Les bains de Biarritz, 1814 – 1854», pp. 27 sq.針對較廣法國西南地區的浸浴活動可參見該作者的博士論文：*Pays basques et pays landais de l'extrême Sud-Ouest de la France*, Étude d'organisation d'un espace géographique, Bordeaux, 1979。

113 Cité par J. Laborde, «Biarritz de ses origines à la fin du Second Empire», *Bulletin de la Société des Sciences*, Lettres et Arts de Bayonne, oct. 1965-janv. 1966. 關於一八一八年比亞希茲的浸浴活動，可參照：Louis Garneray, *Voyage pittoresque et maritime sur les côtes de la France, dans l'océan et dans la Méditerranée*, Paris, 1823, Commentaire de la «Vue de Biarritz».

114 *Op. cit.*, i. II, p. 531.

Gallimard, 1976。以及，從另外角度分析的專書：Peter Gay, *The Bourgeois Experience, Victoria to Freud*, t. II, «The Tender Passion», Oxford University Press, 1986。

90 Anthony Pasquin (又名：John Williams), *The New Brighton Guide*, 1796, p. 6. Cité par Edmund William Gilbert, *op. cit.*, p. 15。

91 Charles Wright, *The Brighton Ambulator*, 1818, cité par Edmund William Gilbert, *op. cit.*, p. 55。

92 Jacques Cambry, *Voyage dans le Finistère*, éd. de 1835, p. 205.

93 請參見本書第三部分第五章末節。

94 如本章下節將論及托靈頓伯爵之海濱經驗即屬一例，見本書第一二二至一二三頁。

95 不含一些怕癢的海浴患者，因他們會穿著帶有布邊與水牛皮底的半筒靴在沙灘上行走，請參照：Jules Le Cœur, *op. cit.*, t. I, p. 323。

96 Thomas Pennant, *A Tour in Scotland, 1769*, 3e éd., Warrington, 1774, p. 19.

97 Pierre Jean-Baptiste Bertrand, *op. cit.*, t. II, p. 535。在布洛涅海水浴場，法國醫生伯特蘭就非常注重患者的「雙腳必須在沙灘上處處腳踏實地」。

98 廣義而論，是指患者對適合自身浸浴地點的強烈認知。

99 Jules Le Cœur, *op. cit.*, t. I, p. 390。

100 Charles Londe, *Nouveaux éléments d'hygiène*, Paris, 1838, t. II, p. 296。

101 英國地理學家吉爾伯特之說法，請參照：Edmund William Gilbert, *op. cit.*, p. 14。

102 關於薩尼特半島沙灘上浸浴車輛景況之描寫，請參照：Alexander Peter Buchan, *op. cit.*, p. 71。

103 浸浴車輛所提拱患者的舒適度也是鑑別海水浴場優劣的指標之一。一八二二年，一位德國旅者就注意到，普特布斯（Putbus）和巴特多伯蘭的海水浴場有所差別，因為普特布斯浴場的車輛內還會多賦予浴者一套室內拖鞋，請參照：*Reise eines Gesunden in die Seebäder Swinemünde, Putbus und Doberan*, Berlin, 1823.（一八二二年的旅遊記事）。

104 一八二〇年代，這些帳篷開始出現於法國的布洛涅海水浴場，請參照：

或延遲月經週期。」

79 不久後，在以下醫學專書中亦可見到醫生對孩童浸浴時抽搐反映之擔憂：G. Hartwig, *Guide médical et topographique du baigneur à Ostende...*, Bruxelles, 1854, p. 98。

80 Pierre Jean-Baptiste Bertrand, *op. cit.*, t. II, p. 576.

81 Léopoldine Hugo, *Correspondance*, édition critique par Pierre Georgel, Paris, Klincksieck, 1976, pp. 218 et 220.

82 Fanny Burney, *Diary and Letters of Mrs d'Arblay*, London, Macmillan, 1904, t. II, p. 128。

83 一八二八年七月，法國第厄普海濱最厲害的「浴場專員」深受顧客所傾，請參照：Rodolphe Apponyi, *Journal du comte Rodolphe Apponyi*, Paris, Plon, 1913, t. I, p. 125:「貝里公爵夫人（duchesse de Berry）的浴場專員柯斯福（Cosvreau）特別受女浴者愛戴，她們爭鋒雇用。而我的浴場專員豐維特（Fonvite）則在男性顧客中非常熱門……」。

84 Anthony Dale, *The History and Architecture of Brighton*, Brighton, Bredon Heginbothom, 1950, p. 22。

85 除法國哲學家巴舍拉對此有所闡述之外，亦可參見以下學者對法國作家莫泊桑（Guy de Maupassant）游泳一舉之分析，以及含鹽海水與女性之間的同源關係：Elisabeth Roudinesco, *La bataille de Cent ans, Histoire de la psychanalyse en France*, Paris, Ramsay, 1982, pp. 79-80。

86 Gilbert Andrieu, «De l'art de surnager au XIXe siècle dans la Seine», *Revue des Sciences et Techniques des activités physiques et sportives*, vol. 5, n° 10, déc. 1984, pp. 64-74.

87 À ce propos, Georges Vigarello, *Le corps redressé*, Paris, Delarge, 1978, passim.

88 Gaston Bachelard, *op. cit.*, p. 224。然而必須提醒法國哲學家巴舍拉所列舉的為非常晚期的實例，這也意味著他對西方體感印象的歷史並非全然掌握。

89 於此，本書不討論伊里亞斯學派、認為廉恥觀僅隨時代調整其強度本身卻毫無變化的專家們，以及相信廉恥觀屬肉欲生成策略的學者們，三派學說之間的筆戰辯論。關於此點，請參照：Michel Foucault, *La volonté de savoir*, Paris,

爾伯特的說法，萊特森醫生似乎是西方首位肯定空氣與日照對肺癆患者有益之人，請參照：Edmund William Gilbert, *op. cit.*, p. 18。

67 Edmund William Gilbert, *op. cit.*, pp. 21 et 27.

68 Jules Le Cœur, *Des bains de mer, Guide médical et hygiénique du baigneur*, Paris, Labé, 1846, t. I, p. 31。法國醫生樂柯爾以上專書篇幅約莫八百七十頁，該著作的出版也意味著海濱度假村萌生的年代已成過去式。

69 Edmund William Gilbert, op. cit., pp. 79-80。英國地理學家吉爾伯特所作之分析參見以下醫學書籍：Authur Ladbroke Wigan, *Brighton and its three Climates...*, 1834, 2e edition, 1845。

70 James Currie, *op. cit.*, tome II.

71 Gaston Bachelard, *L'eau et les rêves*, Paris, José Corti, 1942, chap.VIII, «L'eau violente», pp. 214 sq。在該單元中，法國哲學家巴舍拉分析了浴者迎擊暴力浪花時身體所感受到的歡愉之情。

72 Jules Le Cœur, *op. cit.*, t. I, pp. 387-388.法國醫生樂柯爾就大力強調浴場專員對「天生膽怯」患者「精神上支持」的重要性。

73 尤其是英國醫生布坎以及法國醫生莫格，請參見：Alexander Peter Buchan, *op. cit.*, p. 72; Charles-Louis Mourgué, *op. cit.*, p. 118。法國醫生莫格還特別寫道：在法國第厄普浴場，患者對浴場專員的行為深感恐懼。

74 Louis-Aimé Le François, *op. cit.*, p. 20.一八一二年，法國醫生樂法蘭索瓦就注意到，在英國廣泛盛行的潑水手法，在歐陸海濱卻鮮少為人所用。

75 Pierre Jean-Baptiste Bertrand, *op. cit.*, t. II, p. 558。

76 *Op. cit.*, t. I, p. 339。在批評完此「荒謬浸浴手法」後，法國醫生樂柯爾寫道：「尤其對許多女浴者而言，這是種特殊且異常的感受，看著自己的軀體被結實的臂膀從地上抬起，在幾秒間焦慮等待著海水不尋常的入侵，無法確切掌握何時海水將會來臨，僅能用不停抗拒的身體體會浪潮所帶來的感受，我不知那究竟是什麼樣的感覺。」

77 *Op. cit.*, p. 17.

78 Jean Viel, *op. cit.*, p. 87. 法國醫生維爾寫道：「我有效地利用海水週期性的運動，並透過改變浸泡時間、調節海水對女性患者身體的感受等手法，來加速

a Remedy in Fever and Others Diseases, whether Applied to the Surface of the Body, or Used internally, 3e éd., London, 1805, 2 volumes.

60 Citée par Edmund William Gilbert, *op. cit.*, pp. 13-14.

61 英國地理學家愛德蒙・吉爾伯特（Edmund William Gilbert）曾研究該著作：Edmund William Gilbert, *op. cit.*, p. 63。英國醫生雷爾漢於一七六一年發表西方世界第一份布萊頓海水浴場指南，請參照：Anthony Relhan, *Short History of Brighthelmstone, with Remarks on its Air and on Analysis of its Waters*。

62 Jane Austen, *Sanditon*, passim. Wilbur Fisk, *Travels in Europe...*, New York, Harper, 1838, p. 557.菲斯克對海濱度假村在英國盛行一事感到非常吃驚，因為在島嶼型的英國處處都能享有海風，不需前往特殊海濱。此外，他也注意到英國浴場的流行度稍縱即逝，並嘲笑起英國專家們對許多相鄰之處所作的微型氣候分析，身為美國人的他實在無法置信。

63 Cf. Edmund William Gilbert, *op. cit.*, p. 43。

64 自一七九三年起，此筆戰由德國醫生沃特曼（Woltmann）、格奧爾格・利希滕貝格（Georg Christoph Lichtenberg）、赫夫蘭以及塞繆爾・沃格爾（Samuel Gottlieb Vogel）等人掀起，見本書第三部分第五章第一節。

65 支持第厄普浴場的有：路易—愛梅・樂法蘭索瓦就大量詠讚第厄普浴場的設施，參見：Louis-Aimé Le François, *Coup d'œil médical sur l'emploi externe et interne de l'eau de mer*, thèse, Paris, 26 déc. 1812, p. 29；查爾斯—路易・莫格（Charles-Louis Mourgué）更是果斷地推廣第厄普浴場，他認為該浴場應成為全國典範，即使其他浴場如塞特或馬賽也有其各自優點，參見：Charles-Louis Mourgué, *Journal des bains de mer de Dieppe*, Paris, Seignot, 1823, pp. 11-12；高德（Gaudet）醫生也有著相同的信念，參見：Docteur Gaudet, *Notice médicale sur l'établissement des bains de mer de Dieppe*, Paris, 1837。反觀法國醫生伯特蘭則是推崇布洛涅浴場的海灘，參見：Pierre Jean-Baptiste Bertrand, *op. cit.*, t. II, pp. 531 sq.

66 必須補充的是，英國醫生約翰・萊特森（John Coakley Lettsom）對日照先驅性的重視，啟發了位在英國肯特郡馬蓋特皇家海水浴醫院（Royal Sea-bathing Infirmary）的設計，該海療站也配有日光浴場。根據英國地理學家吉

44 特別是法國醫生泰奧菲爾・波爾多（Théophile de Bordeu）。

45 Richard Russell, *op. cit.*, p. 126.

46 *Ibid.*, p. 128.

47 «θάλασσα κλύζει p ??ta τάνθρώπων κακά», traduction de H. Gregoire, Euripide, Paris, Les Belles Lettres, t. IV, 1948, p. 159, vers 1193.

48 如身為羅素競爭者的英國醫生斯彼得即屬一例，可參見羅素專書一七六九年版本中斯彼得所撰寫的附錄。

49 法國醫生馬雷特的首獎論文撰寫於一七六七年，並於一七六九年的法國波爾多出版。

50 Maret, *op. cit.,* p. 94.引文粗體段落由筆者所標。

51 除非患者是於早晨浸浴。

52 Maret, *op. cit.*, p. 111。

53 英國醫生奧斯特著作：John Awister, *Thoughts on Brighthelmstone, Concerning Sea-bathing and Drinking Sea-water with some Directions of their Use*, London, 1768，相關二手資料請參照：Edmund William Gilbert, *op. cit.*, pp. 66-67。

54 Montesquieu, *L'Esprit des Lois*, «Des Ports de mer» .

55 不久後的伯特蘭醫生也會提出相同看法：Pierre Jean-Baptiste Bertrand, *Précis de l'histoire physique, civile et politique de la ville de Boulogne-sur-Mer et de ses environs depuis les Morins jusqu'en 1814*, Boulogne, 1828, t. II, p. 405.

56 一七六九年，英國布萊頓海水浴場矗立其首座創立石碑。

57 法國醫生維爾於一八四七年所描寫的法國南部塞特（Sète；古名 Cette）海灘一景，請參照: Jean Viel, *Bains de mer à Cette, de leur puissance hygiénique et thérapeutique, suivi de quelques observations cliniques par le docteur Viel*, Montpellier, Martel, 1847, p. 21。

58 這也就解釋為什麼在蒙彼利埃的醫生們，尤其是法國醫學教授德爾佩奇，很快就承認海水的醫用價值。德國醫學家克里斯托夫・赫夫蘭（Christoph Wilhelm Hufeland）則認為海浴的好處源自海水的鹽度、海浪的衝擊力，以及水中能激化身體活力的電流與磁流。

59 Docteur James Currie, *Medical Reports, on the Effects of Water Cold and Warm as*

31 *Ibid.*, p. 69.

32 請參考本書下章第二節。

33 Jules Michelet, *La Mer*, Paris, Gallimard, 1983, préface de Jean Borie, Livre IV, chap. I, p. 279.

34 Georges Vigarello, *Le Propre et le sale*, Paris, Le Seuil, 1985.在該書中，研究身體歷史的當代法國學者喬治・維嘉雷洛（Georges Vigarello）將冷水浴的流行歸因於西方世界布爾喬亞階層的興起。此外，西方的冷水浴風潮也與當時科學理論與人類感知的演進息息相關。

35 Docteur Speed, *A Commentary on Sea-Water*, p. 154. Appendice, traduit du latin, à l'ouvrage du docteur Richard Russell, cité *infra*.

36 相傳法國國王路易十四曾派專人將宮廷一位恐水症女性帶往海濱治療。十六世紀末比利時醫學家尚—巴蒂斯塔・赫爾蒙（Jean-Baptiste Van Helmont）也根據其對病原（morbifique）的相關理論，鼓吹此治療手法，他認為患者對劇烈浸入海水一動作之畏懼，能抹去其先前對海水之擔憂。荷蘭萊頓大學醫學教授布爾夫也曾將此手法列入其醫學箴言之中。關於以上實例，請參考以下論文：Joseph Monoyer, *Essai sur l'emploi thérapeutique de l'eau de mer*, Thèse Montpellier, 1818, p. 14。

37 Cf. Edmund William Gilbert, *Brighton, Old Ocean's Bauble*, London, Methuen, 1954, p. 12.

38 *Ibid.*, p. 11. s'inspire de Christopher Morris, *The Journeys of Celia Fiennes*, 1947.

39 引自弗里溫醫生至其友人兼同行羅素的一封書信，見註40，pp. 110 – 111。

40 本節所援引任何關於英國醫生理查・羅素的文獻皆源自：Richard Russell, *A Dissertation on the Use of Seawater in the Diseases of the Glands, particularly the Scurvy, Jaundice, King's Evil, Leprosy and the Glandular Consumption*, London, 1769。

41 請參考本書第四四頁。

42 Richard Russell, *op. cit.*, p. 32.

43 Richard Russell, *op. cit.*, p. 90 .羅素箴言：「因此，醫生必須隨時細心觀察大自然，將它視為醫學導師，學習它的手法、跟隨它的步伐。」

克（Thomas Laqueur）也即將發表關於此議題的專書；別忘了代表性文獻：Paul Hoffmann, *La Femme dans la pensée des Lumières*, Paris, Ophrys, 1977。

19 Cf. art. cité de Jean-Pierre Peter et l'édition du livre cité de Bienville.

20 Jean Meyer, *La Noblesse bretonne au XVIII*e *siècle*, Paris, S. E. V. P. E. N., 1966, t. II, pp. 1220-1224.

21 關於此論點的反思，可參考：Jean Starobinski, *Histoire du traitement de la mélancolie des origines à 1900, op. cit.*, p. 30。在其著作當中，日內瓦學派理論家讓・斯塔羅賓斯基（Jean Starobinski）將德國詩人歌德少年維特（Wether）對生命之厭惡感，歸咎為該角色「缺乏對自然韻律的參與」，並引述歌德字句：「生命之樂來自大自然萬物規律的循環回歸，如晝夜交替、四季更迭、花開花落〔……〕，這才真正是塵世生命的快樂泉源」。

22 請參照以下當時廣受歡迎的醫學著作：Samuel Tissot, *De la santé des gens de lettres*, Lausanne, Grasset, Paris, Didot, 1768.（首版以拉丁文撰寫，出版於一七六七年。）

23 Alexander Peter Buchan, *Practical Observations Concerning Sea-bathing with Remarks on the Use of the Warm-bath*, London, 1804。Les citations sont tirées de la traduction française de Rouxel, *Observations pratiques sur les bains d'eau de mer et sur les bains chauds*, Paris, Gabon, 1812.

24 Alexander Peter Buchan, *op. cit.*, pp. 97 et 14.

25 Alexander Peter Buchan, *op. cit.*, p. 118.

26 以上為英國醫生羅伯・懷特（Robert White）的信念，請參考：Robert White, *The Use and Abuse of Sea-Water...*, London, Flexney, 1775, p. 5。事實上，冷水浸浴所帶給病患的衝擊感更為粗暴猛烈。

27 Cité par Alexander Peter Buchan, *op. cit.*, p. 118。

28 John Floyer, ψυχρουσία or *the History of Cold-bathing both Ancient and Modern*. Nous utilisons l'édition de 1732 (S. Smith and Walford) augmentée d'un appendice du docteur Edward Baynard.

29 John Floyer, *op. cit.*,, p. 31.

30 *Ibid.*, p. 30.

8 Robert Burton, *op. cit.*, t. II, p. 70.於此，柏頓援引了義大利文藝復興百科全書學者吉羅拉莫・卡爾達諾（Jérôme Cardan）對奧克尼群島居民的分析。

9 Robert Burton, *op. cit.*, II, p. 78, 本段接續的相關分析出自同處。

10 在閱讀柏頓《剖析憂鬱》一書時，讀者易產生明顯的矛盾質疑。因為，若按循柏頓的邏輯推理，他所提出緩解憂鬱的原則應會導向對海濱度假治療模式的建議。然而，有鑒於在他時代裡海濱度假並非習以為常的行為活動，他也就因此未將此治療手法納入其著作當中。

11 Cf. Keith Thomas, op. cit., pp. 252-253, ainsi que, pour le développement qui suit, le chapitre VI: «The human dilemma», «town or country», pp. 243 sq.

12 請參考拙作：《惡臭與芬芳》（*Le Miasme et la Jonquille*），第一與第二部分。

13 關於此點，請參照：Paul-Gabriel Boucé, *Les Romans de Smollett, Étude critique*, Paris, Publications de la Sorbonne, 1971, pp. 257 sq。

14 *An Essay of the Externat Use of Water.*

15 Jean Deprun, *La Philosophie de l'inquiétude en France au XVIIIe siècle*, Paris, Vrin, 1979, p. 58。

16 Jean Deprun, *op. cit.*, p. 90。關於此主題亦可參考：Georges Gusdorf, *Naissance de la conscience romantique au siècle des Lumières*, Paris, Payot, 1976, pp. 137-145。

17 Jean Deprun, *op. cit.*, p. 88。

18 關於十八世紀法國與英國女性社會地位與角色之議題，可參照以下專書之參考文獻列表：Jean Starobinski, *Histoire du traitement de la mélancolie des origines à 1900*, *op. cit.*, 其中特別參照由法國醫生彭姆於一七六三年發表的文章：*Traité des affections vaporeuses des deux sexes*。研討此耐人尋味之議題，較近期的參考文獻有：Jean-Pierre Peter, «Entre femmes et médecins. Violence et singularités dans le discours du corps et sur le corps...», Éthnologie française, 1976; Catherine Fouquet et Yvonne Kniebielher, La Femme et les médecins, Paris, Hachette, 1982; J. D. T. Bienville, *De la nymphomanie...*, 引言與註解：Jean-Marie Goulemot, Paris, Le Sycomore, 1980; 當代英國醫學歷史學者湯姆士・拉

1782, t. IV, p. 115.

176 Fénelon, *Les Aventures de Télémaque*, Paris, Garnier, 1968, pp. 67 et 95.

177 *Ibid.*, p. 102。類似的動力學描繪也可見於英國劇作家菲爾丁一七五五年所出版的作品當中。請參閱本書第二部第三章第二節。

178 關於畫家對沙夫茨伯里伯爵的影響，請參照：Elizabeth Manwaring, *op. cit.* p. 17。

179 法國作家暨版畫家德儂充分體現上述態度。

第二部　海濱新愉悅的描繪

第一章　海水與身體間的新和諧

1 請特別參照：Raymond Klibansky, Erwin Panofsky, Fritz Saxl, *Saturne et la mélancolie*, New York, basic books, 1964, 法文版引言：Krysztof Pomian, 法譯自：*Saturn and Melancholy*。關於以上主題，亦可參考：Jean Starobinski, *Histoire du traitement de la mélancolie des origines à 1900, Acta Psychosomatica*, 3, Bâle, Geigy, 1960。近期關於憂鬱形貌的專文探討: *Le Débat*, n° 29, mars 1984, pp. 44 sq。

2 Cf. Jean Starobinski, *op. cit.*, pp. 38 sq。

3 關於英國作家羅伯特・柏頓與其作品之介紹，請參照：Jean-Robert Simon, *Robert Burton (1517-1640) et l'anatomie de la mélancolie*, Paris, Didier, 1964, 特別是 pp. 278 sq, «L'air» 與 «l'hygiène de la motricité» 兩部分。

4 這也間接表明了，研究描述性文學的歷史學家們並未充分考慮醫療禁令對大自然鑑賞模式的影響力。

5 Robert Burton, *The Anatomy of Melancholy*, London, George Bell and sons, 1893（首版：1621 年）, t. II, p. 70。

6 Ibid., *op. cit.*, t. II, pp. 73 et 74.

7 Ibid., *op. cit.*, t. II, pp. 73 et 74.

照：Jean-Baptiste Mercier Dupaty, *op. cit.*, t. II, p. 309。

164 關於賀拉斯對日後英國詩人湯姆士的影響，請參閱以下博士論文：Maurice Pla, *Les Saisons de James Thomson (1700-1748). Étude générique de la Géorgique*, Thèse université de Toulouse II, 1978。

165 除拜倒在古代巴亞海灣所賦予歡愉的法國作家布羅斯之外。

166 Joseph Addison, *op. cit.*, p. 162 。以上艾迪生對古羅馬人「閒暇」一概念之茫然，對本書關於義大利沿岸後續的分析相當重要。艾迪生無法想像古羅馬人可在夏天享受位於那不勒斯海灣的海濱度假勝地，他甚至宣稱古羅馬人是冬季才造訪那不勒斯沿海度假地。

167 然而，旅義作家們面對風景的情感生成策略會自十八世紀下半葉起逐漸擴大複雜，誠如以上法國文人杜帕蒂文字所展現出的。

168 Moisant de Brieux, *Œuvres choisies*, Caen, Le Blanc-Hardel, 1875, p. 211.

169 據筆者所知，要一直等到一八四五年至一八六二年，德國自然科學家亞歷山大・洪堡德（Alexander von Humboldt）五冊的《宇宙》（*Cosmos*）出版後，西方文人們才會開始放棄在《艾尼亞斯紀》中尋找、比對路線上的地形描述。

170 Joseph Addison, *op. cit.,* préface.

171 譬如在卡布里島眺望那不勒斯海灣的英國作家艾迪生，原文請參考：Joseph Addison, *op. cit.,* p. 183；或試圖在想像中重構古典海岸的法國作家布羅斯，原文請參考：Charles de Brosses, *op. cit.,* p. 252。

172 Henry Swinburne, *op. cit.,* pp. 196 sq.

173 Johann Wolfgang von Goethe, *Voyage en Italie*, 法譯：Maurice Mutterer, Paris, Champion, 1931, p. 325。關於歌德的義大利之旅以及其在環境空間中閱讀時間的能力，請參閱：Mikhaïl Bakhtine, *Esthétique de la création verbale*, Paris, Gallimard, 1979, «Le roman d'apprentissage», III, «L'espace et le temps», pp. 232-257。更一般性的分析，請參閱：Humphry Trevelyan, *Goethe and the Greeks*, réed. Cambridge, 1981。

174 Joseph Addison, *op. cit.,* pp. 192 sq。

175 Jean Houel, *Voyage pittoresque des isles de Sicile, de Malte et de Lipari...*, Paris,

中，學者們強調了當時旅者的三重感受：一、對古典文化的品味，如透過古典文獻感知拉克羅（La Crau）市鎮；二、原始基督教對旅者的吸引力，如抹大拉的馬利亞（la Madeleine）在普羅旺斯生活的傳奇；三、對城市商業活動以及富饒花園的好奇心。上述三重感受綜合造就了符合古典旅行形式的頌詞和目錄性文學，詳細內容請參照：Louis Godard de Donville, «Présentation de l'E.R.A sur la découverte de la Provence au XVIIe siècle», in *La Découverte de la France au XVIIe siècle*, Paris, éditions du C. N. R. S., 1980, pp. 551-562。

156 Jean-Marie Roland de la Platière, *Lettres écrites de Suisse, d'Italie, de Sicile et de Malte*, Amsterdam, 1780, t. III, pp. 118-119.

157 Joseph Addison, *op. cit.*, p. 186.

158 一七八五年，法國文人杜帕蒂就曾至維吉爾墓地朝聖：Jean-Baptiste Mercier Dupaty, *op. cit.*, t. II, p. 176。

159 Maximilien Misson, *op. cit.*, t. 1, p. 316。

160 例如古羅馬歷史學家蘇埃托尼烏斯（Suetonius Tranquillus）的文字就曾暗示了該地的情色幻想。關於此點，艾迪生提及了「蠻橫的歡愉」，參見：Joseph Addison, *op. cit.*, p. 185；科耶也曾提及了該地所誘發的情色幻想，參見：Gabriel-François Coyer, *op. cit.*, t. 1, p. 239。

161 例如：Maximilien Misson, *op. cit.*, t. 1, p. 317。

162 關於以上艾迪生提出的疑問，請參照以下博士論文：Alain Bony, *Joseph Addison et la création littéraire. Essai périodique et modernité*, thèse, Paris III, 1979, pp. 395 et 566 sq。

163 杜帕蒂是唯一例外。在一七八五年旅義之際，受新古典主義啟發的他，才以極具感受力的文字描寫地中海寧靜的沿岸景觀：「當面對這片寂靜時，我的思緒變得特別柔軟慵懶。這片寧靜之感在沿海地帶無限蔓延，晚間自寂靜深處緩緩升起，由遠處船槳划過波浪的憂鬱聲響、丘陵上牛群的散落低語、浪拍打岩石的竊竊私語、樹葉顫抖與不歇息微風的吹拂聲等，共譜而出一段動人演奏。簡而言之，所有散落在遙遠天空、海浪與大地上的寂靜聲響，於此刻匯集成一種曖昧不明的話語，彷若大自然沉睡時悠揚的呼吸！」請參

148 O. Brunet, *op. cit.*, p. 41.

149 Joseph Addison, *op. cit.*, pp. 130-131.

150 Charles de Brosses, *op. cit.*, p. 225.

151 Gabriel-François Coyer, *op. cit.*, t. 1, p. 223.

152 Jean-Baptiste Mercier Dupaty, *Lettres sur l'Italie en 1785*, Rome, 1788, t. II, p. 176.

153 在亨利・斯溫伯恩（Henri Swinburne）該遊記中處處可見斯威本上述描寫，特別是一七七年四月他對從那不勒斯至塔蘭多（Tarente）的旅程記載，請參照：Henri Swinburne, *Voyages dans les Deux Siciles de M. Henri Swinburne, dans les années 1777, 1718, 1779 et 1780*, Paris, Barrois, 1785, passim, notamment p. 81。

154 鑑於此時期大量標準化文獻的出現，古典大自然審美觀支配文人義大利旅行的方式變得更容易被學者們解構分析。除本節所引用著名的作品之外，法國劇作家米歇爾・梅爾維爾（Michel Guyot de Merville）、法國神父傑羅美・理查與天文學家熱羅姆・拉朗德（Jérôme de Lalande）等人的義大利遊記也均可堪稱當時的暢銷書。

155 Pierre-Jean de Bérenger, *Les Soirées provençales ou Lettres de M. L. P. Bérenger écrites à ses amis pendant ses voyages dans sa patrie*, Paris, Nyon, 1786 (écrits en 1783), t. 1, p. 99。約莫一七七〇年，年輕的法國詩人貝朗瑞熱對家鄉普羅旺斯的沿海美景十分著迷。在馬賽海灘遊蕩漫步時，他興致沖沖地重讀了古希臘小說《達芙妮與克洛伊》（*Daphnis et Chloé*）、古希臘作家塞阿戈奈斯（Theogène）、詩人所羅門・格斯納（Salomon Gessner）與芬乃倫等人的作品，他自言自語道：「在那兒，為建立我今日的家園／古希臘人穿越眼前水域，／自愛奧尼亞（Ionie）前來，／錨定了他們的船隻。／於此，這群令人敬畏的居民、／這群驕傲的古羅馬人和我呼吸著相同的空氣，／米羅（Milon）曾於此地哀嘆，／凱撒也曾踩踏同片沙灘。」

自一九七八年，法國國立科學研究院（Centre national de la recherche scientifique，CNRS）的歐洲研究計畫組（European Research Area，ERA）就致力於系統性分析十七世紀「發現」普羅旺斯的方式。在目前的暫定結論當

Heinemann, 1967；Christopher Hibbert, *The Grand Tour*, Londres, Weidenfeld；Nicolson, 1969。

138 關於黃金時代、十八世紀羅馬之旅的符碼化現象，以及由羅馬之旅所產生的公式小說（paralittérature），請參照：Jean Rousset, «Se promener dans Rome au XVIIIe siècle», in *Thèmes et figures du siècle des Lumières; Mélanges offerts à Roland Mortier*, Genève, Droz, 1980, pp. 239-250。

139 在那不勒斯度過餘生的沙夫茨伯里勳爵安東尼・柯柏（Lord Shaftesbury, Anthony Ashley Cooper）可謂西方敏感靈魂潮流最初的發起者之一，他的所作所為有助於以上鑑賞系統的構築。也因此，若不能掌握英國紳士的壯遊之旅，便無法理解英國的新古典主義，請參閱：Georges Gusdorf, *Naissance de la conscience romantique au siècle des Lumières*, Paris, Payot, 1976, pp. 219-244。

140 例如法國哲學家米歇爾・蒙田（Michel de Montaigne）。

141 例如，在十七世紀尾聲的英國作家艾迪生，就樂於建立義大利寶藏的目錄，觀察該半島各種政府體制，調查其「顯赫的音樂學院」，記錄著名的圖書館以及富含獎章與「古物」的珍物櫃，他還寫道：「相較地球上任何角落，在義大利可尋覓到最奇特的物品，在其自然環境中也最能發現驚人事物」，請參考：Joseph Addison, *op. cit.*, Préface。下段後續引用源自同處。

142 *Mémoires de Gibbon*, Paris, La Décade philosophique, an V, t. II, «Extraits raisonnés de mes lectures», 13 oct. 1763, p. 83.

143 關於此點，必須提及法國作家米森收錄於〈給旅者的回憶錄〉（Mémoire pour les voyageurs）中一系列給旅義觀光客詳盡的指示建議。該文獻對研究過去旅行方式演變的史學家們極為重要，請參照: Maximilien Misson, «Mémoire pour les voyageurs», *op. cit.*, t. II, pp. 290 sq。

144 例如以上所引述法國作家布羅斯與科耶的遊記。

145 一七八六年，德國詩人歌德的義大利之旅就是採以此形式。

146 Michel Butor, «Le voyage et l'écriture», *Romantisme*, 1972, n° 4, p. 14.

147 關於城市風景畫的詳盡參考書單，可參閱：Elisabeth Chevallier, *art. cité.* p. 106。

Nora), Paris, Gallimard, t. II, «La Nation», vol. 3, pp. 517-562.

130 Cf. P. A. Février, «La maison et la mer, réalité et imaginaire», in *L'Homme méditerranéen et la mer*, *Colloque cité*, p. 342.

131 Cf. Alain Schnapp, «Archéologie et tradition académique en Europe aux XVIIIe et XIXe siècles», *Annales, Économies, Sociétés, Civilisations*, vol. 37, n° 5-6, sept-déc. 1982 , pp. 760-777. Voir aussi Francis Haskell et Nicholas Penny, *Taste and the Antique, The Lure of Classical Sculpture. 1500-1900,* Yale Univ. Press, 1981；Kenneth Hudson, *A Social History of Archeology: the British Experience,* London, MacMillan, 1981；Glyn Daniel, *History of Archeology*, London, Thames and Hudson, 1981.

132 *Remarques sur divers endroits d'Italie par M. Addison pour servir au voyage de M. Misson*, t. IV, Paris, Pissot, éd. de 1722.

133 直到十九世紀中葉以前，古典的考古學一直在西方社會文化歷史中扮演著決定性角色，相關說明請參照：Alain Schnapp, *art. cité.*

134 關於英國業餘者協會（Société des Dilettanti）對古希臘文明再發現的重要性，以及收藏家、「古董商」與新古典主義建築師對古希臘文化的興趣熱情，請參照：Fani-Maria Tsigakou, *La Grèce retrouvée*, Paris, Seghers, 1984, pp. 18 sq。

135 關於法國法蘭西學院中藝評家的出現，請參照：Daniel Roche, *Le Siècle des Lumières en province. Académies et académiciens provinciaux. 1680-1789*, Paris, La Haye, Mouton, 1978。

136 關於此點，可參考以下文獻：E. Veryard, *An Account of Divers Choice Remarks... Taken in a Journey through the Low-Countries, France, Italy, and Part of Spain with the Isles of Sicily and Malta*, Londres, Smith and Walford, 1701, p. 201。遊記作者（在當時仍是相當罕見的身分）造訪了西西里島，記錄了巴亞（Baïa）海灣沙粒的質地與溫度，也描述了當地的洞穴和自然奇觀。然而，與此同時，他卻始終深受古典大自然審美觀影響，對城市景觀、古典遺跡與當地人生活習俗特別感興趣。

137 關於壯遊，可特別參考：Geoffrey Trease, *The Grand Tour*, Londres,

120 當然也必須提及威尼斯之旅與亞得里亞海沿岸的路線（有時也會被認為是條更便利的途徑）。

121 Cf. Elisabeth Chevallier, «La découverte des paysages de l'Italie du sud dans la seconde moitié du XVIIIe siècle: le voyage pittoresque de l'abbé de Saint-Non», *Caesarodunum*, *Caesarodunum, op. cit.,* pp. 89-108.
於此，也必須特別強調法國作家暨版畫家德儂一行人於一七七八年至一七七九年沿海旅行對上述的重要性。

122 Maximilien Misson, *op. cit.,* t. 1, p. 273。

123 引述自：Elizabeth Wheeler Manwaring, *Italian Landscape in 18th Century England. A Study chiefly of the Influence of Claude Lorrain and Salvator Rosa on English Taste. 1700-1800*, reprint, New-York, Russell, 1965, p. 9。

124 *Op. cit., Journal...*, t. I, p. 242 et p. 227.

125 *Voyage en Italie de Monsieur l'abbé Barthélemy*, Paris, Buisson, 1801, p. 55.

126 Gabriel-François Coyer, *op. cit.,* t. 1, p. 239.

127 在米歇爾・普萊桑（Michèle S. Plaisant）的博士論文中，作者對此主題的深入分析著實有趣，也舉用了切斯特菲爾德勳爵（Lord Chesterfield）的例子。切斯特菲爾德勳爵讓他的兒子進入西敏市（Westerminister）學校，使其可於校中獲得「一個有素質的青年在這個國家所必備的古典知識」，請參見：Michèle S. Plaisant, *op. cit.,* p. 73；亦可還可參照：S. W. Brewer, *Design for a Gentleman*, London, Chapman and Hall, 1963, p. 64。

128 一位英國貴族曾邀求與賀拉斯作品一同下土入葬。一七四五年，洛瓦特勳爵西蒙・菲莎（Lord Lovat, Simon Fraser）即將被斬首之際，也曾在斷頭台上援引賀拉斯名言。以上範例請參見： Michèle S. Plaisant, *op. cit.,* p. 74。

129 Cf. Georges Snyders, *La Pédagogie en France aux XVII*e *et XVIII*e *siècles*, Paris, 1965; Roger Chartier, Marie-Madeleine Compère, Dominique Julia, *L'éducation en France du XVI*e *au XVIII*e *siècle*, Paris, S. E. D. E. S., 1976; Jean de Viguerie, *L'Institution des enfants. L'éducation en France XVI*e*-XVIII*e *siècle*, Paris, Calmann-Lévy, 1978, Chapitre VI, «Les humanités», pp. 159-194; Daniel Milo, «Les classiques scolaires», in *Les Lieux de Mémoire* (sous la direction de Pierre

Dürer）一五九八年一件現今已遺失的版畫作品，請參照：Wolfgang Stechow, *op. cit.,* p. 101；以及 Erwin Panofvsky, *La vie et l'œuvre d'Albrecht Dürer*, 1943, p. 10。

105 最具代表即荷蘭黃金時代風景畫家阿爾諾・尼爾（Aert Van der Neer）。

106 例如韋爾德一六五八年的畫作《席凡寧根》（*Scheveningen*）。

107 例如弗利格一六四三年的作品。

108 或同批荷蘭畫家們。

109 Wolfgang Stechow, *op. cit.,* p. 109。

110 關於此點，請參照：David Cordingly, *Marine Painting in England, 1700-1900*, Studio Vista, 1974, notamment pp. 15-16。

111 塞繆爾・愛爾蘭即屬一例。

112 如英國旅遊作家馬歇爾。

113 *Op. cit.,* p. 426.

114 *Op. cit.,* t. 1, p. 227.

115 許許多多的古羅馬作家，都會同古羅馬歷史學家塔西佗讚美起坎帕尼亞壯麗的沿海景觀，一手文獻請參照：Tacite, *Hist*. t. III, 60。相關分析可見：D. Goguey, «La Campanie dans la littérature latine: réalités géographiques», *Caesarodunum*, n° 13, 1978, *Caesarodunum*, op. cit., notammentpp. 18-19；R. F. Paget, «From Baiae to Misenum», *Vergilius*, XVII, 1971, pp. 22-38。

116 Tacite, *Hist*. t. 1, 2.

117 安—瑪莉・泰絲內（Anne-Marie Taisne）就曾指出，儘管遠處大海隆隆作響，在菲力克斯位於蘇連多（Sorrente）的別墅內，還是可感受到水元素驚人的平靜程度所帶來的歡愉，請參見：Anne-Marie Taisne, «Peintures des villas chez Stace», *Caesarodunum, Caesarodunum, op. cit.,* pp. 40 sq。

118 Cf. Eugène de Saint-Denis, *Le Rôle de la mer dans la poésie latine*, Lyon, Bosc, 1935, pp. 159-176. 較一般性關於古典自然景觀的分析，則可參見以下經典之作：Henry Rushton Fairclough, *Love of Nature among the Greeks and Romans*, New York, reprint, 1963。

119 請參照本書第二部第三章第三節。

Librairie nationale, 1910, p. 234; André Thouin, *op. cit.,* t. 1, p. 282。

93 法國作家米森與奧布理・拉莫特雷（Aubry de La Motraye）均認為海牙地區是尼德蘭聯省共和國最美的地域，請參見：Maximilien Misson, *op. cit.,* t. 1, p. 11。至於拉莫特雷的相關分析，引述自：Roelof Murris, *op. cit.,* p. 33

94 Maximilien Misson, *op. cit.,* t. 1, p. 11; Carlo Pilati, *op. cit.,* t. 1, p. 47 (1778).

95 Pilati, *op. cit., ibid.*

96 Samuel Ireland, *op. cit.,* t. 1, pp. 72 –73.

97 Samuel-François l'Honoré, *La Hollande au XVIIIe siècle ou Nouvelles lettres contenant des remarques...*, La Haye, 1779, p. 67.荷蘭作家歐諾黑於一七七六年旅行。

98 Denis Diderot, *op. cit.,* pp. 425 sq。值得提醒的是，勿被狄德羅的《荷蘭之旅》（*Voyage en Hollande*）一書中所描寫地方風景的特殊色彩所迷惑，因狄德羅大量借鑒前人的作品，如十八世紀法國作家法蘭索瓦・德斯博伊斯（François-Alexandre Aubert de la Chesnaye du Bois）於一七五〇年所出版的作品。關於此點，可參照：G. Charlier, «Diderot et la Hollande», *Revue de littérature comparée*, t. LXXXII, 1947, pp. 190-229。

Ann Radcliffe, *Voyage en Hollande et sur les frontières occidentales de l'Allemagne fait en 1794,* Paris, Buisson, an V, t. 1, pp. 67-69。

99 *Op. cit.,* t. 1, p. 11.

100 該習俗活動記載於：Gabriel-François Coyer, *op. cit.,* t. II, p. 266；Carlo Pilati, *op. cit.,* t. II, p. 174；Joseph Marshall, *op. cit.,* p. 32。

101 Carlo Pilati, *op. cit.,* t. II, p. 176.

102 Joseph Marshall, *op. cit.,* p. 32.

103 例如，瑞士地質學家德呂克就是藉由想像著名風景畫作，來欣賞荷蘭自然風光。同樣地，英國作家塞繆爾・愛爾蘭也在一七八九年前往席凡寧根時寫道：「依我看來，自果衍、弗利格與其他著名荷蘭畫家的時代起，當地風景幾乎未發生任何改變，始終是值得被藝術家們描繪的景觀。」請參見：Samuel Ireland, *op. cit.,* t. 1, p. 74。

104 也必須考慮到日耳曼中世紀末期藝術家阿爾布雷希特・杜勒（Albrecht

是在歐洲北方國家），風景畫才逐漸晉身為次流的繪畫題材，一群專門的藝術家們也才開始為當時擴張的市場進行創作。然而，早在一個世紀之前，第一批主題無法被歸類的風景畫作也才於西方世界誕生，請參見：Ernst Hans Gombrich, «The Renaissance Theory of Art and the Rise of Landscape», in *Norm and Form*, London, 1966, pp. 107-121；斯韋特蘭娜・艾伯斯（Svetlana Alpers）凸顯了地形繪畫中「海港」對歐洲北方國家海景繪畫誕生的重要性。據她分析，十六世紀前往義大利旅行的歐洲北方畫家們多是被世界奇觀所吸引，而並非欲求凝視義大利半島所蘊藏的古典藝術遺跡，請參見：Svetlana Alpers, *The Art of Describing: Dutch Art in the XVIIth Century*, Chicago, 1983, p. 128。

87 引述自：Roelof Murris, *op. cit.,* p. 26。

88 *Op. cit.,* t. 1, p. 6.

89 David Hume, *Journal de voyage*，cité par O. Brunet, *Philosophie et esthétique chez David Hume*, Paris, Nizet, 1965, p. 41.

不只休謨，其餘旅客也曾分析上述印象：Madame du Bocage, *op. cit.,* t. III, p. 82 (La Haye, 20/06/1750)；Gabriel-François Coyer, *op. cit., Voyage de Hollande en 1769*, t. II, p. 238；較晚期的請參見：Joseph Marshall, *Voyages dans la partie septentrionale de l'Europe, pendant les années 1768, 1769 et 1770*, Paris, Dorez, 1776, pp. 11-12；Samuel Ireland, *A Picturesque Tour through Holland, Brabant and Part of France Made in the Autumn of 1789*, Londres, Egerton, 1789, t. 1, p. 23；以及更晚期，在一七九五年二月旅居在尼德蘭布斯庫（Buyskloot）村莊的法國植物學家圖因也曾表示擁有與上述相同的感受，請參見：André Thouin, *Voyage dans la Belgique, la Hollande et l'Italie*, Paris, 40 rue Laffitte, 1841, t. 1, p. 309。

90 *Op. cit.,* t. II, p. 259。

91 André Thouin, *op. cit.,* t. 1, p. 172。

92 狄德羅因此宣稱阿姆斯特丹是個骯髒城市，請參見：Denis Diderot, *op. cit.,* p. 429。以下作者也均認為外來遊客無法忍受海濱臭氣：Joseph Marshall, *op. cit.,* p. 88; Edward Rigby, *Voyage d'un Anglais en France en 1789*, Paris, Nouvelle

73 *Op. cit.*, p. 337.

74 例如神父科耶一七六九年的荷蘭之旅，請參照：Gabriel-François Coyer, *Voyage d'Italie et de Hollande*, Paris, Duchesne, 1775, t. II, p. 220。

75 例如一七七八年六月二十日的歷史學家皮拉蒂即屬一例，請參照：Carlo Pilati di Tassulo, *Voyage de la Hollande ou Lettres sur ce pays*, Haarlem, 2e éd. 1790, t. 1, pp. 74 sq。

76 *Op. cit.*, t. I, p. 142.

77 以上參考自：Wolfgang Stechow, *Dutch Landscape Painting of the 17th Century*, London, Phaidon, 2e éd. 1968, notamment pp. 110-123；F. C. Willis, *Die niederländische Marinemalerei*, Leipzig, 1911；Lionel Preston, *Sea and River Painters of the Netherlands in the Seventeenth Century*, 1937；Laurens J. Bol, *Die Holländische Marinemalerei des 17. Jarhunderts*, Braunschweig, 1973；George Shepard Keyes, *Cornelis Vroom, Marine and Landscape Artist*, Utrecht, 1975, t. 1, notamment pp. 17 sq。

78 Wolfgang Stechow, *op. cit.,* p. 110-114.

79 根據註72莫里斯的參考書目，也就是在約莫一七四五年，當荷蘭之旅在法國蔚為風尚的同時，筆者所研究西方社會對自然景觀的新感受力浮現而出。

80 Roelof Murris, *op. cit.,* p. 25.

81 *Ibid.*, p. 23.

82 Maximilien Misson, *op. cit.,* t. 1, p. 11; Carlo Pilati, *op. cit.,* t. 1, *passim.*

83 *Recueil des œuvres de Madame du Bocage*, t. III, «Lettres sur l'Angleterre, la Hollande et l'Italie», Lyon, 1764, p. 101(lettre à sa soeur, La Haye, 20 juin 1750).

84 例如法國作家奧吉爾早在一六三六年就非常欣賞海濱船隻啟航之景，請參見：Roelof Murris, *op. cit.,* p. 24；一七一九年，造訪荷蘭的法國神父皮耶・薩特（Pierre Sartre）也對船隻啟航所產生的視覺效果欣喜若狂，請參見：Roelof Murris, *op. cit.,* p. 21。

85 請參照以下荷蘭旅遊指南：Adam Boussingault（約莫一六六〇年）以及Lombard de Langre（一七九九年），引述自：Roelof Murris, *op. cit.,* p. 26。

86 恩斯特・貢布里希（Ernst Hans Gombrich）指出，直到十六世紀中葉（尤其

61 Dominique Bouhours, *op. cit.,* p. 31。

62 *Op. cit.*, p. 44.

63 *Op. cit.*, p. 149.

64 *Op. cit.*, p. 10-11.

65 絕不能輕忽目的論對十八與十九世紀初科學家們的影響力，請參照：Roy Porter, op. cit. p. 192-196。該書作者就分析了目的論觀點對十八世紀蘇格蘭地質學家赫頓之影響。

66 莫內也提供了對大海文學意象耐人尋味的見解，請參照：Daniel Mornet, *Le Sentiment de la Nature en France de Jean-Jacques Rousseau à Bernardin de Saint-Pierre*, Paris, Hachette, 1907, pp. 287-291。

67 Jacques-Henri Bernardin de Saint-Pierre, *Études de la Nature, in Œuvres Complètes*, Paris, Méquignon-Marvis, 1818, t. III, pp. 150-151.

68 *Ibid.*, pp. 154 et 213.

69 *Œuvres Posthumes de Jaques-Henri Bernardin de Saint-Pierre*, «Harmonies de la Nature», Paris, Lefèvre, 1833, t. II, p. 183。

70 對於以下兩位作者均是如此。米森於一六八八年的荷蘭之旅，請參見：Maxilimien Misson, *Nouveau voyage d'Italie fait en l'année 1688*, Paris, 1691, t. I, pp. 2 sq；狄德羅於一七七三年至一七七四年的荷蘭之旅，請參見：Denis Diderot, *Voyage en Hollande et dans les Pays-Bas autrichiens*, in Œuvres Complètes, Paris, Le Club français du Livre, 1971, t.XI, p. 365。

71 此密不可分之關係，隸屬十九世紀德國社會學家馬克斯．韋伯（Max Weber）所建立宗教與經濟發展相關性框架中的一環。

72 關於此點，請參照：Roelof Murris, *La Hollande et les Hollandais au XVIIe et XVIII$_e$ siècles vus par les Français*, Paris, Champion 1925, notamment pp. 30-31。羅洛夫．莫里斯（Roelof Murris）引述十七世紀法國記者法蘭索瓦．傑尼森（François Janiçon）對荷蘭人「為海浪設下邊界」一舉之讚嘆，也引述了法國醫生紀堯姆．戴釀（Guillaume Daignan）於一七七七年對荷蘭之讚賞，原文請參照：François Janiçon, État présent de la République des Provinces-Unies, La Haye, 1729-1730；p. 37。

Johann Albert Fabricius, *op. cit.,* p. 146.

45 *Op. cit.*, p. 339.

46 *Op. cit.*, pp. 66 sq.

47 *Op. cit.*, p. 41.

48 James Thomson, *Les Saisons*, traduction française, an III.

49 關於以上尼德蘭神學家紐文蒂的觀點，請參照：Bernard Nieuwentijdt, *op. cit.,* pp. 274 sq。

50 以上觀點可見於：Bernard Nieuwentijdt, *op. cit.,* p. 284；Richard Blackmore, *op. cit.,* p. 21；Noël-Antoine Pluche, *op. cit.,* t. III, p. 190；Paul-Alexandre Dulard, *op. cit.,* p. 38。

51 尤其是普魯什神父更是詳盡地闡述此觀點：Noël-Antoine Pluche, *op. cit.,* t. III, pp. 274-275。

52 請參照：Paul-Alexandre Dulard, *op. cit.,* p. 65。

53 Fénelon, *Démonstration de l'existence de Dieu*, 1re partie, chap. VIII，引述自：Jean Ehrard, *op. cit.,* t. II, p. 622。芬乃倫也因此駁斥了過去認為地球結構不一致以及陸地和海洋荒謬分布方式的論點。

54 *Op. cit.*, t. III, p. 211.

55 Dominique Bouhours, *op. cit.,* p. 25.

56 Cf. Bernard Nieuwentijdt, *op. cit.,* p. 278。

57 特別是聖經中滅世大洪水與上帝為大海設下邊界的兩種意象。

58 *Op. cit.*, p. 82.

59 Johann Albert Fabricius, *op. cit.,* p. 125.然而，在援引時，日耳曼神學家法布里修斯似乎濫用了中世紀日耳曼神父基爾學、愛爾蘭科學家波以耳、義大利科學家路易吉・馬西里和法國耶穌會教士暨植物學家路易・費耶（Louis Feuillée）的觀點。

60 出自於法國神父布烏爾所著《阿里斯特與尤金的對話錄》（*Entretiens d'Ariste et d'Eugène*）的尤金口中，請參見：Dominique Bouhours, *op. cit.,* p. 31。關於海底存在著陸生動物贗品一看法，也可見於：Erich Pontoppidan, *op. cit.,* p. 149。

Brémond, *Histoire littéraire du sentiment religieux en France, depuis la fin des guerres de religion jusqu'à nos jours*, Paris, Armand Colin, 1964, t. 1, «L'humanisme dévot», notamment pp. 431-443。

32 *Ibid.*, p. 336.

33 聖經《詩篇》第一〇四篇第六與第七節；第三十三篇第七節。

34 聖經《耶里米書》第五章第二十二節。

35 關於以上一系列的相關文本，尤其是聖巴西流的《創世六日》（*L'Hexameron*），可參考於一八六〇年以上述視角的分析：Émile Gebhart, *Histoire du sentiment poétique de la nature dans l'antiquité grecque et romaine*, Paris, Durand, 1860, pp. 199 sq。

36 引述自：Dominique Bouhours, *Les entretiens d'Ariste et d'Eugène*, Amsterdam, 1671, p. 27。

37 Louis Racine, *La Religion*, *op. cit.*, chant I, p. 4：「而憤怒的你欲求吞沒大地，／駭人的大海，在盆底是哪隻手在勒制著你？／即便你再怎麼想掙脫監獄，你終將徒勞無功，／你波浪的怒火終將在沿岸消失殆盡」。

憤怒暴風雨之景也可見於：François-Joachim de Pierre de Bernis, *La Religion vengée*, poème en dix chants, Paris, Kœnig, 1796,Chant III, p. 51：「在海浪朝沿岸奔進威脅之際，／一隻隱形的手臂阻擋它的力量。／順從且沮喪的大海，／在它面前軟化了叛亂的浪潮。」此詩作出版前就已廣為人知。

38 *Op. cit.,* p. 35.萬能上帝的命令手指也反映出當時反宗教改革（Réforme catholique）時期天主教知識分子們的感受力。

39 Richard Blackmore, 5e éd., Dublin, 1727, Book I, pp. 20-21, «the Sea».

40 以上概念可見於：Bernard Nieuwentijdt, *op. cit.*, p. 273；John Ray, *op. cit.,* pp. 82 sq；Jean Albert Fabricius, *op. cit.*, p. 147；Noël-Antoine Pluche, *op. cit.*, t. III, p. 195；Paul-Alexandre Dulard, *op. cit.*, p. 38。

41 *Op. cit.*, t. III, p. 197.

42 Noël-Antoine Pluche, *op. cit.*, t. III, p. 194.

43 Bernard Nieuwentijdt, *op. cit.*, p. 282.

44 Cf. Nieuwentijdt, *op. cit.,* pp. 274-275；Guillaume Derham, *op. cit.,* p. 66；

消失，地球上也見不到任何可容納廣闊水體的地理結構。

22 *Op. cit.*, p. 602.

23 Noël-Antoine Pluche, *Le spectacle de la nature ou entretiens sur les particularités de l'histoire naturelle...*, Paris, 1732-1750.Les références sont tirées de la 7e édition (1739), t. III, 289.

24 Jean Ehrard, *op. cit.*, t. I, pp. 186 sq.

25 Roy Porter, *op. cit.*, p. 102.

26 Michèle S. Plaisant, *thèse citée*, t. II, p. 592 et p. 990.

27 宗教詩歌創世主題的興起也呼應到了壯美美學的萌生。

28 在英格蘭一六八八年光榮革命之後，輝格黨人受約翰・洛克（John Locke）哲學的啟發。然而，洛克哲學思想卻與牛頓宇宙中的秩序性和諧感吻合，相關分析請參照：Michèle S. Plaisant, *thèse citée*, pp. 24-25。

29 Bernard Nieuwentijdt, *L'existence de Dieu démontrée par les merveilles de la nature*。英文首版出版於一七一七年至一七一九年；法文首版出版於一七二五年。本書所參考的為一七六〇年阿姆斯特丹的再版，而以上段落引自該書〈引言〉。

30 請參照：Paul Van Tieghem, *Le Sentiment de la Nature dans le préromantisme européen*, Paris, Nizet, 1960, pp. 14-16。該書作者提供對德國詩人巴托德・布洛克斯詳盡且有趣的分析。除布洛克斯之外，瑞士哲學家約翰・蘇爾澤（Johan Gerog Sulzer）也於一七五五年的法蘭克福發表了他的《自然美景集》（*Tableau des beautés de la Nature*）。他不僅轉述了聖經詩篇的第八章，也在該書〈引言〉中歌詠著上帝埋藏在海洋裡的豐富資源。在因渴望欣賞造物主所創自然美景而旅行之人當中，蘇爾澤算是較晚期的實例。

31 例如一六三三至一六三六年間法國神父伊夫・帕里斯（Yves de Paris）所出版的《自然神學》（*La Théologie naturelle*）。在該書中，他表示自己喜歡在戶外漫步、欣賞大自然奇觀。他以極高的感知敏銳度，美化了自地平線上冉冉升起的蒸氣，以及日出與日落之景。他在戶外的每一步都帶給他全新的愉悅，不論是蜜蜂、蝸牛或螞蟻都令他雀躍不已。對他而言，最細微的草葉都能刺激起他的沉思冥想，進而引發狂喜之情，相關分析請參照：Henri

行走時，幻想變得非常之自然簡單」，引述自：J. Rousset, *La littérature de l'âge baroque en France*, Paris, José Corti, 1954, p. 279, note 14。

15 關於英國物理神學在自然鑑賞系統中所扮演的銜接性角色，請參照以下博士論文：Michèle S. Plaisant, *Thèse citée*, notamment t. I, pp. 5-11 et t. II, 972 sq。

16 特別是英國博物學家約翰·雷又於一六九一年重新引入了上帝在大自然展演所扮演的重要角色，並以個人的獨到見解來回應當時對上帝介入、指揮大自然所引起的相關爭論。在其著作引言的一開始，他就駁斥了笛卡爾鐘匠上帝的形象，請參見：John Ray, *L'existence et la sagesse de Dieu manifestées dans les œuvres de la Création*, Utrecht, 1714。

17 該信念可見於：John Woodward, *Géographie physique ou essay sur l'histoire naturelle de la terre*, Paris, 1735, p. 27；William Whiston, *op. cit.*, 1708, p. 271。

18 Guillaume Derham, *Théologie physique ou démonstration de l'existence et des attributs de Dieu tirée des œuvres de la Création*, Rotterdam, 1726, passim.這一系列的形容詞自該書次頁開始湧現。德漢為埃塞克斯郡（Essex）上敏斯特（Upminster）的教區區長。

19 John Woodward, *op. cit.*, pp. 53-54 et pp. 56-57 。伍德華還寫道：在大洪水過後，上帝使世人執行起「偉大職業」，以使其永處「幸福狀態」。伍德華也因此解決了人性本惡的問題，他認為疾病、死亡、艱苦勞動均是造物主用來預防大洪水後人類重陷「瘋狂路徑」的手段。此外，英國哲人德漢也將現今地球視為被上帝重新安排組裝的廢墟。

20 *Op. cit.*, p. 35.自古典時代到伍德華時代以前，自然景觀始終被視為原始完美地球的殘骸，而上帝創世所雕刻而出的原始地球無時無刻不在凋零。然而，自然神學家們卻雙重否定上述傳統觀點：一、他們提出了上帝在大洪水過後重新塑造地表的想法；二、他們也拒絕相信地球不斷衰退凋零的偏見。關於此點，還可參照：Roy Porter, *op. cit.*, notamment, pp. 43-46。

21 *Op. cit.*, p. 368 sq.根據魏斯頓的分析，「末日大火災」（conflagration）將於千禧年來臨前清洗地球，以迎接聖人與殉道者們，而大火也將持續延燒直至最後審判且所有事物燃燒殆盡。魏斯頓將地球歷史區分為四個時代：天堂、大洪水後、原始，以及他所經歷的千禧年時代。在千禧年時代裡，大海將會

伊（Pierre Corneille）、皮耶・瑪爾博夫（Pierre de Marbeuf）都曾使用上述比喻。引述自：Jean-Pierre Chauveau, *art. cité,* pp. 113-115。

4 Tristan l'Hermite, *Mer*。

5 Jean-Pierre Chauveau, *art. cité,* p. 125。該學者所引用段落出自十七世紀法國詩人皮耶・勒莫因（Pierre Le Moyne）的詩句，請參見：Pierre Le Moyne, *Peintures morales*, 1643, t. II, p. 121。

6 顛倒世界的幻影為此（聖安曼所採用）大海鑑賞系統中的重要層面。關於聖安曼詩歌中水鏡對空中世界的折射，以及鳥魚相對性所象徵的宇宙與人類存在之可逆性，請參照：Gérard Genette, «L'Univers réversible», in *Figures*, Paris, Le Seuil, 1966, pp. 9-20 et 29-36；Yvonne Bellenger, *art. cité*, p. 21。

7 然而，必須補充的是，作為一名皈依新教徒的聖安曼原先並非帶有虔誠的靈魂，因此在其作品中竭盡所能地吸引虔誠天主教徒的青睞。

8 以上兩段引言皆出自聖安曼〈沉思者〉（Le Contemplateur）一詩 ，請參：saint Amant, «Le Contemplateur», in Œuvres, Paris, Didier, 1971, t. I, pp. 49-69. Cette édition critique est établie par Jacques Bailbé.

9 Jacques Thuillier, «Le paysage dans la peinture française du XVIIe siècle: de l'imitation de la nature à la rhétorique des Belles Idées», *Cahiers de l'association internationale des Études françaises*, mai 1977, p. 55。值得提醒的是，上述窄小的詩人圈也與當時的畫家圈關係緊密。

10 Marc Fumaroli, présentation des *Mémoires de Henri de Campion*, Paris, Mercure de France, 1967, p. 18.

11 Henri de Campion, *Mémoires..., op. cit*., pp. 172-173.

12 Fortin de la Hoguette, *Testament*, 2e partie, chap. XXXII. «De la Conversation», p. 182。該段落引述自：Marc Fumaroli, *op. cit*., p. 317。

13 Noémi Hepp, «Moisant de Brieux devant l'antiquité classique», *La Basse-Normandie et ses poètes à l'époque classique*, Caen, 1977, notamment, pp. 218-219。

14 例如，一六六年五月十四日，大郡主（La Grande Mademoiselle, Anne Marie Louise d'Orléans）向莫特維爾夫人（Madame de Motteville）傾訴：「在海邊

Dondey-Dupré, 1824, pp. 2-3.

94 Astolphe de Custine, Mémoires et voyages ou Lettres écrites à diverses époques, Paris, A. Vezard, 1830. Récit concernant le 28 août 1822, t. II, pp. 297 sq.

95 瑪格麗特・狄肯（Margaret Deacon, *op. cit*., pp. 74-172）大力強調這個海洋學有長足進步的時期，特別是在英國皇家學會（Royal Society）於一六六一年到一六六二年的推動之下，其擁有的重要性。這段一六六〇年到一六七五年的「高峰」隨後進入衰退期（一六七五到一七〇〇年），而到了十八世紀，海洋科學又再度復興。

96 關於此一巨大主題，有羅勃・曼德魯（Robert Mandrou）與羅勃・穆尚布萊（Robert Muchembled）兩位學者詳盡的研究。

第二章　海洋崇拜的先驅

1 關於上述三位法國巴洛克詩人的分析，請參照：Antoine Adam, *Histoire de la littérature française au XVII*[e] *siècle*, Paris, 1962, t. 1, pp. 79-89（泰奧菲爾・維奧）, pp. 92-98、pp. 375-380（聖安曼）, pp. 369-375（隱者崔斯坦）。

上述詩人在旅居海濱時更精確的享樂分析，請參閱：Jean-Pierre Chauveau, *art. cité*, pp. 107-134；Jacques Bailbé, «Les paysages chez Saint-Amant», in *Cahiers de l'Association internationale des études françaises*, n° 29, mai 1977, «Paysages baroques et paysages romantiques», pp. 25-44。值得提醒的是，上述三位法國詩人均受義大利巴洛克詩人巴蒂斯塔・馬里諾（Giambattista Marino）的影響。

2 關於此意象，許多十七世紀法國詩人皆受上世紀作家影響，從以下作品均可見得：Sponde, *Poésies*, Genève, 1949, p. 244；Gombauld, *Sonnets chrestiens*, XXIII, p. 291；住在法國奧萊龍島（Oléron）的André Mage de Fiefmelin, Œuvres, 1601：Laurent Drelincourt, *Sonnets chrétiens*, 1677, II, 5。以上均引述自：Jean-Pierre Chauveau, *art. cité,* pp. 113-115。

3 危險大海與愛情間的比喻也吻合十四世紀義大利詩人佩脫拉克的傳統意象。十七世紀法國詩人法蘭索瓦・馬來伯（François de Malherbe）、皮耶・高乃

81 *Cf.* Christian Jacob, *art. cité*, p. 165.

82 將大自然看作戰略要素或輔助之力，以及古人在掠奪戰爭框架下，將自然景觀視為獵物的概念，請參見：Claire Préaux, Simon Byl, Georges Nachtergael, *Le Paysage grec*, Bruxelles, 1979, pp. 16-17。

83 為十七世紀初法國詩壇常見的主題，自法國詩人隱者崔斯坦的《伊波利特之死》（*La Mort d'Hippolyte*）到聖安曼的《安朵美達》，*cf.* Jean-Pierre Chauveau, «La Mer et l'imagination des poètes au XVIIe siècle», *XVIIe siècle*, 1970, n° 86-87, pp. 107-134。

84 Jean Delumeau, *op. cit.*, p. 31.

85 然而，為象徵性地占領島嶼，魯賓遜不得不從海上繞行荒島一周，關於這點：Abraham Moles, Elisabeth Rohmer, *Labyrinthes du vécu. L'espace: matière d'actions*, Paris, Librairie des Méridiens, 1982, chap. 3. «Nissonologie ou science des îles», pp. 55-57（關於掌握荒島輪廓的部分）

86 Alain Corbin, *Le Miasme et la Jonquille*, Paris, Aubier, 1982, pp. 56-57.

87 *The Rime of the Ancient Mariner.*

88 *Cf.* C. Deluz, *art. cité*, «Pèlerins et voyageurs...»

89 於此所謂「觀光客」是指以英國壯遊模式遊歷歐陸的旅者。

90 *Œuvres complètes*, Paris, Nagel, 1950, t. II, p. 1061.

91 此觸及以下節錄引自：Président de Brosses, *Journal du voyage en Italie. Lettres familières*, Grenoble, Roissard, 1972, t. I, p. 41。

92 *Ibid.*, p. 255. 三十九年（一七七八年）後，法國政治家雅克・布里索（Jacques Pierre Brissot）從法國布洛涅（Boulogne）啟程前往英國時，也對自己無法抵抗暈船深表遺憾，他寫道：「我盡可能地使自己免於暈船。我一直呼吸帶有鹽分的海風，始終不吃任何東西，想盡辦法待在甲板上。」（*Mémoires de Brissot...*, publiés par son fils. Paris, Ladvocat, 1830, t. I, p. 297.）；一七八九年，雅克布・邁斯特（Jakob Meister）的渡海旅程，可謂持續十二小時備受煎熬的痛苦。（Jakob Meister, *Souvenirs de mes voyages en Angleterre.* Zurich, 1775, p. 2.）

93 Adolphe Blanqui, *Voyage d'un jeune Français en Angleterre et en Ecosse*, Paris,

種鑑賞系統。

73 *Phèdre*, I, 3.

74 Fénelon, *op. cit.*：忒勒馬科斯的船難（p. 66）；忒勒馬科斯永別推羅港（Tyr；p. 118）；菲羅克忒忒斯（Philoctète）在荒島海濱的告別；卡呂普索（Calypso）在海濱的哀情抱怨（p. 65）；菲羅克忒忒斯在海濱的哀傷抱怨（p. 332）；菲羅克忒忒斯離岸時，普羅忒西拉奧斯（Protésilas）在沙灘上的哭鬧打滾（p. 317）。

75 *Cf.* Raymond Bloch, «Les dieux de la mer dans l'Antiquité classique», in *L'Homme méditerranéen et la mer*, colloque cité, pp. 439-440.

76 Traduit par Pierre de Latil et Jean Rivoire, *op. cit.*, p. 16.

77 富尼耶神父在其《水文地理學》提到這點（*op. cit.*, p. 348）。

78 Cité par Agnès Paulian, *art. cité*, p. 28.

79 Père Bouhours, *op. cit.*, pp. 16 *sq*. Père Fournier, *op. cit.*, p. 341.

80 關於戴普的詩集《涅瑞伊德斯》：Michèle S. Plaisant, *La sensibilité dans la poésie anglaise au début du XVIII*[e] *siècle. Évolution et transformation*, thèse, Paris IV, 1974, Lille III, 1974, t. II, p. 519.於此也補充自畢達哥拉斯學派（Pythagoricien）所提出、將地球視為動物的觀點，隨後經由柏拉圖學派和斯多葛學派流傳。古希臘哲學家德謨克利特（Démocrite）則認為暴風雨是大地動物發燒的表徵。三世紀的地理學家索林（Solin）寫道：「海洋深處藏有某種構造的地球鼻孔。地球的吸吐使海面時漲時降。」Cité par Pierre de Latil et Jean Rivoire, *op. cit.*, p. 27. 更早之前，克勞狄（Claudian）時代的地理學家龐伯尼斯・梅拉（Pomponius Mela）曾納悶究竟得將潮汐現象歸因於月球影響，還是動物般的呼吸運動，或海水透過海底洞穴的循環過程。直至十七世紀，這些理論觀點均廣為流傳（*cf.* Roy Porter, *op. cit.*, pp. 70-71）。在基爾學作品當中，與帕拉塞爾斯（Paracelse）的想法相結合，與晦澀神祕的煉金術潮流息息相關；這在當時是非常重要的理論，直至該世紀末才逐漸被屏棄。在法國，富尼耶與布烏爾兩位神父都提過上述觀點，而神父布蘭卡斯（Brancas）仍舊想在他《對潮汐現象的解釋》（*Explication du flux et du reflux*）一書中揭示這些理論。

問題：上帝奇蹟般地發現了地表的一部分土地，讓人類和動物於此定居，*cf.* Numa Broc, op. cit., p. 68。

65 關於上述發展，請參見：Margaret Deacon, pp. 5 *sq*。

66 許多十六世紀的版畫都都描繪了這些駭人之地。富尼耶在其《水文地理學》（*Hydrographie, op. cit.*, pp. 341 *sq.*）有過詳細描述。

67 例如：Thomas Heyrick, *a Submarine Voyage*, 1691。

68 關於古代文化中地域的劃分，將宇宙與混沌、神聖與世俗、文明與野蠻區分的邊界，以及近代地域的世俗化、中立化和冷漠化的現象，可參見以下相關反思：Françoise Paul-Lévy et Marion Ségaud, *Anthropologie de l'espace*, Paris, centre Pompidou, 1983, pp. 9 *sq*。值得注意的是，海洋，尤其是對群島的居民而言，並不總是構成一道邊界。

69 Strabon, II, 5,17 cité par Paul Pedech, «le paysage marin dans la géographie grecque». *Caesarodunum*, n° 13, 1978, actes du colloque cité *Archéologie du paysage*, pp. 30-40.

70 *Cf.* O.A.W. Dilke, «Graeco-roman Perception of the Mediterranean», in *L'Homme méditerranéen et la mer*, colloque cité, p. 54.

71 Paul Pédech, *art. cité*. 關於這部作品的詩意分析，請參見：Paul Schmitt, «Avienus et le golfe Tartessien», *Caesarodunum*, colloque cité, pp. 217 *sq*。然而切記，古代的地理學在很大程度上仍屬虛構和想像的產物，象徵寓意在描述上占有很重的分量，同時神話也被鐫刻在天上。近代人文主義學者也有意識到此問題（關於這方面：*cf.* Christian Jacob et Franck Lestringant, *Arts et légendes d'espaces*, Presses de l'E. N. S., Paris, 1981）。另外，也必須考慮古代地理學對沿岸的論述：一、描述樣板的持續存在；二、在風景這一概念具某種意義的前提下，對風景描述被賦予了空間環境的感知逐漸消散；三、將感知轉化為論述過程的限制；四、對公眾的預期效果，以及在模仿（*mimesis*）與幻想（*phantasia*）間建立起的平衡（*cf.* Christian Jacob, «Logiques du paysage dans les textes géographiques grecs. Quelques propositions méthodologiques», in *Lire le Paysage*, colloque cité, pp. 159 *sq.*）

72 *Op. cit.*, p. 493. 於此，主角為觀賞全景而努力攀上巨石一舉，介紹了另外一

Denis, *Le Rôle de la mer dans la poésie latine*, Lyon, Bosc, 1935。

57 深受維吉爾暴風雨模型啟發的例子：Dulard, *La grandeur de Dieu dans les merveilles de la nature*, Paris, 1749, chant II, pp. 35-36; Fénelon, *Les aventures de Télémaque*, Paris, Garnier, 1968, p. 127; Crébillon, Électre, acte 2, scène 1 (récit de Tydée), Paris, Ribou, 1709, p. 18; Delagrange, *Alceste*, acte 2, scène 1 (récit d'Hercale), Paris, Ribou, 1704, pp. 16-17; Voltaire, *La Henriade*, chant I。

58 關於湯姆森描繪的暴風雨，以及維吉爾與聖經《詩篇》的綜合影響：*cf.* Maurice Pla, *Les Saisons de James Thomson (1700-1748). Étude générique de la Géorgique.* Thèse université de Toulouse II, 1978, passim，特別是pp. 478 *sq*。

59 Monique Brosse, *La littérature de la mer en France, en Grande-Bretagne et aux États-Unis (1829-1870)*. Thèse, Paris, 1978 et Université de Lille III, 1983, t. I, pp. 294-295. 關於暴風雨的協定。

60 此主題詳盡的發展可參見：E. de Saint-Denis, pp. 285 *sq*。不幸的是，即便這部作品蘊藏豐富參考文獻，作者心態上的時代錯置卻破壞其研究成果。

61 古羅馬哲人盧克萊修（Lucrèce）對古典時代海洋再現的影響仍有待衡量。然而，這項任務超越本書主題處理範疇。描繪浩瀚無垠海水的畫家，唯有在賀拉斯的作品當中，方能尋覓巨大的共鳴回音。在賀拉斯的時代，主流的審美觀拒絕欣賞廣闊無垠、使觀者視線迷失的海面，但他卻已懂得如何欣賞單調乏味的海洋。同樣地，自一世紀末起，描述性（而非象徵性）的文學作品致力描繪不可計量的海水（*cf.* Agnès Paulian, «Paysages océaniques dans la littérature latine», *Caesarodunum*, n° 13, 1978, Actes du colloque «Archéologie du paysage», Paris, E.N.S., mai 1977 pp. 23 *sq.*），卻似乎沒有對近代的作家有所啟發。唯有到了當大海壯美、浪漫主義的概念風行之際，方能發現盧可萊修和盧坎的影響。

62 如布烏爾神父就斷然提出此論點，*op. cit.*, p. 11。

63 關於這點，請參見以下開山之作：Margaret Deacon, *Scientists and the Sea 1650-1900. A Study of Marine Science*. Academic Press, London, New York, 1971, p. 31。

64 中世紀神學家大阿爾伯特（Albert le Grand）利用天命論的假設，來解決此及。這種精神練習，旨在透過感官經驗，具體在心中喚照出能促進冥想進行的場景和自然風景。當然，有時海岸的意象也會進入這種以感官精神化為目的的心理構思當中。關於這點：Alain Guillermou, *Saint Ignace de Loyola et la Compagnie de Jésus*, Paris, Le Seuil, 1960，特別是pp. 84 – 85。

51 本節所引用富尼耶神父的著作即屬一例（p. 676）。然而，大海並沒有被視為煉獄的所在地。因為若要將位在海淵深處的痛苦空間地獄化，必須加入烈火的意象；而若是河流的話，則要加入滾燙廢水的一項。*Cf.* Jacques Le Goff, *La Naissance du Purgatoire*, Paris, Gallimard, 1981.

52 Alan Ansen, *The Enchafed Flood, or the Romantic Iconography of the Sea*, University of Virginia, 1950, p. 12.

53 基思・湯瑪斯（Keith Thomas, *op. cit.*, pp. 264-265）正確地指出當時有多麼高度文學的敏感性。舉例來說，若不提及賀拉斯或維吉爾，就不可能理解英式花園。

54 Françoise Joukovsky, *op. cit.*, p. 27. 茹科夫斯基舉用了法國詩人雷米・貝洛（Rémi Belleau）的作品和皮耶・龍薩（Pierre de Ronsard）《法蘭西德》（*Franciade*）第一部曲中一些雀躍人心的例外。值得指出的是，貝洛和龍薩較不常提及古希臘人概念中，沒有起源也沒有盡頭、一條環繞地球近乎平坦圓盤的環形河狀大海（關於這個主題：*cf.* Jean-Pierre Vernant, *Mythe et pensée chez les Grecs. Études de psychologie historique*, Paris, Maspero, 1971, t. I, pp. 192 sq.）。在荷馬史詩中，大洋河俄刻阿諾斯（*Okeanos*）是萬物的起源，包圍著自己所勾勒出的世界，而自身則不受任何界線限制或包圍。

55 關於朝聖者大自然鑑賞體系的一致性，以及他們對波濤洶湧海面奇觀的厭惡：Christiane Deluz, «Sentiment de la nature dans quelques récits de pèlerinage du XIVe siècle», *Actes du 102e Congrès des sociétés savantes*, Limoges 1977, section de philologie et d'histoire, t. III，特別是p. 75；«Pèlerins et voyageurs face à la mer. XIIe-XVIe siècles», in Henri Dubois et autres, *Horizons marins et itinéraires spirituels Ve-XVIIIe siècles*, Paris, Publ. de la Sorbonne, 1987, t. II, pp. 277-288.

56 關於這點，可參考年代相對久遠，但考證詳實的研究：Eugène de Saint-

亞》（*Colombiade*）中，將暴風雨的爆發歸咎給惡魔之手。

40 Jean Delumeau, *op. cit.*, p. 40.

41 然而，在這個領域需要謹慎處理。在將十九世紀民俗學家們從沿海居民收集而來的傳說投射到過去時，要特別小心。如果將這些關於幽靈船、水手地獄、黑暗騎士和海濱地精等故事轉移到古典時代，會造成相當危險，因為這些傳說明顯是受到浪漫主義大海想像所啟發的通俗文學。這裡值得對保羅・賽比洛（Paul Sébillot）的作品進行文本分析，其在過程中與人類學保持一定的距離，並將文學史納入考量，同時消弭對於文物的社會流通的隱然否定。

42 *Op. cit.*, pp. 37-38.

43 Alain Cabantous, *art. cité*, p. 9.

44 *Cf.* A. Mandouze, «Présence de la mer et ambivalence de la Méditerranée dans la conscience chrétienne et les relations ecclésiales à l'époque patristique», in *L'Homme méditerranéen et la mer*. Actes du Troisième Congrès international d'études des cultures de la Méditerranée occidentale. Jerba, avril 1981. Tunis, éditions Salammbô, 1985, pp. 509-511.

45 Françoise Joukovsky, *op. cit.*, p. 114.

46 Jacques de Billy, cité par Françoise Joukovsky, *op. cit.*, p. 115，後續引文自pp. 113-114。

47 E. Gombrich, «Les formes en mouvement de l'eau et de l'air dans les carnets de Léonard de Vinci», in *L'Écologie des images*, Paris, Flammarion, 1983, pp. 177 *sq*.

48 關於老彼得・布勒哲爾（Pieter Brueghel l'Ancien）的海景畫作：*Cf.* George Shepard Keyes, *Cornelis Vroom, Marine and Landscape Artist*, Utrecht, 1975, t. I, pp. 26 sq。關於這個主題，請特別參見：J. Richard Judson, «Marine Symbols of Salvation in the 16th Century», in *Essays in Memory of Karl Lehmann*, 1964, pp. 136 *sq*.

49 請參見本書第二四七到二四八頁。

50 在天主教盛行的世紀裡，依納爵（ignatienne）靈修中仰賴日常工作和想像力訓練的冥想技術的流傳，讓「空間構思」（composition de lieu）變得普

Brest, 17-20 sept. 1984）質疑「觀海」（voir la mer）一詞在十八世紀代表的意義，並納悶該詞中的「海」指的是否僅是暴風雨下的海洋。

27 請參見魏斯頓的著作（*op. cit.*, pp. 368 *sq.*）以及路易・布爾蓋（Louis Bourguet）的觀點，後者的分析見：Jean Ehrard, *op. cit.*, t. I, p. 201.

28 *Cf.* Jean Delumeau, *La Peur en Occident, XIV*e*-XVIII*e *siècles*, Paris, Fayard, 1978, p. 37 et Alain Cabantous, «Espace maritime et mentalités religieuses en France aux XVIIe et XVIIIe siècles», *Mentalities/Mentalités*, Hamilton, vol. 1, n° 1, 1982, p. 6.

29 Isaïe, XXVII, I.

30 這也解釋了聖米歇爾山的地理位置，在查理七世（Charles VII）的法國，被賦予了浮誇且象徵性的命運。*Cf.* Colette Beaune. «Les sanctuaires royaux de Saint-Denis à Saint-Michel et Saint-Léonard» in *Les Lieux de Mémoire* (Direction Pierre Nora) Paris, Gallimard, 1986, t. II, «La nation», vol. 1, pp. 75-80.

31 請參見近期出版：Benedeit, *Le voyage de saint Brandan*, Paris, 10/18, 1984, texte établi et traduit par Ian Short, annoté par Brian Merrilees。

32 Erich Pontoppidan, *The Natural History of Norway*, traduit du danois, London, 1755, chap. VIII，關於確切海洋怪物的描述：pp. 183 sq。然而，值得注意的是，該書充斥著自然神學的基礎觀念。可參見本書第三八頁。

33 關於這點的另外一種視角：*cf.* Gilbert Durand, *Les structures anthropologiques de l'imaginaire*, Paris, Bordas, 1969, pp. 103 *sq*.

34 關於這點：*cf.* Jules Douady, *La Mer et les poètes anglais*, Paris, Hachette, 1912, pp. 73-74.

35 在阿拉伯世界也能發現對應的意象，尤其是在詩人馬蘇第（Mas'udi）的作品，但屬於完全不同的普遍心態。

36 Gilbert Durand, *op. cit.*, p. 243.

37 關於這點：Numa Broc, *La géographie de la Renaissance (1420-1620)*, comité des travaux historiques et scientifiques, Paris, Bibliothèque Nationale, 1980。

38 *Op. cit.*, p. 114.

39 一七五六年，法國作家博卡奇夫人（Madame du Bocage）在其作品《哥倫比問題提供了對應解答。基爾學列舉了諾亞所收容的物種，區分了原始物種和自發酵腐敗之物而生、不值庇護的生物，也揭露了真實與想像物種之間的差異性。他還解釋了四十天航行所需肉品、奶酪儲備，以及淡水和餅乾的儲備，也描述了兩棲動物的飼料槽和水箱，以及為確保乘客和平共處的籠架、馬槽等裝置。此外，他也描寫了為大洪水褪去後，人類重生所需的植物種子，以及農業用的工具與衣服。

現在很難相信，如聖經文本中橄欖枝來源，或方舟唯一窗口的位置等如此微不足道的議題，會同大洪水災難的波及幅度，或大洪水消逝後的去處等重大事件般，曾引發相當激烈的論戰。然而，事實即如此。上述理論性的反思甚至誘發了實驗的欲望。卡特科特（Alexander Cattcott, *A Treatise on the Deluge*, rééd. London, 1768, p. 39）談到，十七世紀初的德國門諾派商人彼得・詹森（Peter Jansen）想按照諾亞方舟的模型，建造一艘長一百二十英尺、寬二十英尺、深十二英尺的巨船。

20 *Op. cit.*, p. 33.卡特科特也計算出每個物種所需的食物供給量。

21 關於此點：Roy Porter, *op. cit.*，特別是pp. 164-165 et 197-198.

22 *Geological Essays*, London, 1799, pp. 54-87

23 由於地質歷史學家關注大洪水對地球結構的改變，以致於他們往往忽略了其對空氣組成更長遠的影響。

24 關於山脈的主題，請參閱以下經典專書：Marjorie Hope Nicolson, *Mountain Gloom and Mountain Glory: The Development of the Aesthetics of the Infinite*. Ithaca, New York, Cornell University Press, 1959，以及近期相關著作：Philippe Joutard, *L'Invention du Mont-Blanc*, Paris, Gallimard, 1986。

25 *Cf.* Keith Thomas, *op. cit.*, p. 259.

26 此為法國詩人尚—安東尼・魯歇（Jean-Antoine Roucher）的觀點，他在法國描述性詩歌的興起運動中扮演極度重要的角色，將暴風雨本身視為大洪水的遺跡（*Les Mois*, Paris, 1779, t. I, p. 88，關於大洪水宏偉景觀的描述：t. II, pp. 209-210）。魯歇聲稱自己除了從書本以外，從未親眼目睹大海，深受當時科學著作的啟發。值得一提的是，當代法國學者愛德華・吉頓（Edouard Guitton, intervention au Colloque de Brest, *La mer au siècle des Encyclopédies*,

自行參閱該書或其他專門研究此主題的作品。最後關於大洪水需補充的是，德國哲學家哥特佛萊德・萊布尼茲（Gottfried Wilhem Leibniz）也曾於一六八三年在《原始大地》（*Protogaea*）一書中，提出了「地球革命」（révolution du globe）一術語，將大洪水從宗教分離開來，視為地質學歷史的重要篇章（關於這點：Jean Ehrard, *L'idée de Nature en France dans la première moitié du XVIII*e *siècle*, Paris, École Pratique des Hautes Etudes, 1963,t. I, p. 202）。

15 這本書最早於一六八一年以拉丁文出版，在此引用一六八四年的英文版本（chap. V, pp. 51 et 67）。

16 *Ibid.*, p. 128.

17 *Ibid.*, p. 132. 在法國，詩人路易・拉辛（Louis Racine, *La Religion*, Paris, J.B. Coignard, 1742, chant III, p. 136）也曾以相同視角描繪這幅災難景象：

天空將我們所傾愛之物澈底毀容。
大地被直搗中心後，
顯得荒涼，有時甚至駭人，
洞穴在地球枯萎的胸膛敞開，
成千上百處均為沙山所覆蓋……。

18 伍德沃德於一六九五年所提出的理論為水成論（neptunisme）學說的起源，對地質學的發展有深遠的影響。然而，伍德沃德提出了一種深受自然神學影響的海洋想像，本書後續會加以分析。

19 諾亞方舟是上帝救贖世人的工具與象徵，更是人類航海的原始雛形，為一項值得嚴肅反思的主題。一六四三年，富尼耶在其《水文地理學》（*Hydrographie*）一書中便以兩章的篇幅探究此議題。基爾學也在晚年（一六七五年）為此寫了篇引人入勝的文章，將生物學、建築學、居家衛生規劃科學和家政管理技藝融為一體。他分析諾亞方舟所需的百年準備，描述木材和瀝青的選擇、鍛造和建築工地的安置，以及動物習性的初步觀察，在書中，他展示了一座充滿象徵的三層建築，揭示為防範混亂擁擠所安排的內部設計，證明衛生通風系統對乘客生存的必要性。基爾學的著作充分反映了他所處時代的都市主義（urbanisme）裡潛藏的焦慮，也為聖經文本內的許多

sagesse et la puissance de Dieu manifestées dans la création de l'eau, traduit de l'allemand, La Haye, 1741. 關於此點，約翰・法布里修斯（Johann Albert Fabricius）不僅提及了聖經《詩篇》第三十六篇第七節：「你的判斷如同深淵」，也引用了《約伯記》第三十八章第十六節中，上帝向約伯提出的疑問：「你曾進到海淵或在深淵的祕密處行走？」

8 在米爾頓的樂園裡，大海不停地腐蝕疆界。

9 關於此點的一份詳細整理請參閱：Keith Thomas, *Man and the Natural World. A History of the Modern Sensibility*, New York, Pantheon Books, 1983。

10 於此，必須提及古希臘人對人寰地景（paysages de Œkumène）風景和絕對地景（paysages de l'absolu）間所作的區別。根據法國比較語言學家喬治・杜梅吉爾（Georges Dumézil）的三重理論，花園的形象是井井有條的（神聖秩序：天堂樂園；君主權力：王侯花園；勞動群眾：生產性菜園）。沙漠、人跡罕至的高山，甚至較不駭人的森林、沼澤和湖泊都不適合人類逗留。大海當然亦是如此。即便生命自海中而生，但大海的憤怒與洪水卻永遠都帶有吞沒人類的危險。*Cf.* Jacques Bethemont, «Élément pour un dialogue: géographie et analyse du paysage», in Lire le Paysage, Colloque cité, pp. 102 sq.

11 例如：湯瑪斯・伯納特（*The Theory of the Earth*, London, 1684）和魏斯頓（*A New Theory of the Earth*, London, 1708）都傾向認為是天上的噴泉。

12 也別忘了義大利畫家安東尼奧・卡拉奇（Antoine Carrache）。

13 關於這點：Françoise Joukovsky, *Paysages de la Renaissance*, Paris, P.U.F., 1974, pp. 106-108 et Yvonne Bellenger, «Les paysages de la Création dans la Sepmaine de du Bartas», in *Paysages baroques et paysages romantiques, Cahiers de l'association internationale des* études *françaises*, n° 29, mai 1977, p. 16.

14 羅伊・波特（Roy Porter, *The Making of Geology. Earth Science in Britain, 1660-1815*. Cambridge University Press, 1977, pp. 83 *sq.*）正確指出當時地球起源假說與相關爭論的重要性。事實上，從十八世紀法國博物學家布豐伯爵（Buffon）反駁這些理論的竭力程度，就足以證明這些假說的重要性。此外，波特也非常清楚描述了大洪水所引發的論戰對宗教、道德和美學之影響。若讀者欲理解當時學者們對《創世紀》中災難起因各自的分析方式，可

第一部　對大海的無知與牙牙學語的渴望

第一章　恐懼與反感的根源

1　請參閱本書後續章節關於巴洛克詩人莫瓦桑・布里厄（Moisant de Brieux）與坎皮恩的展開，以及地中海浸浴活動的分析。

2　關於十五至十七世紀中微觀和宏觀世界間的對應關係和假想共感，自德國哲學家恩斯特・卡西勒（Ernst Cassirer）開創性著作後，已經累積了一份豐富的書目清單。於此筆者僅附：Michel Foucault, *Les Mots et les choses*, Paris, Gallimard, 1966, pp. 32-57。

3　詳細內容請參閱本書〈研究方法考量〉，頁三七一至三七二頁。

4　於此所指並非希伯來人對大海的看法，而是古典時代的主流詮釋。事實上，對過去詳讀聖經之人而言，希伯來語 *yâm* 一字既能指海洋（鹽水水體），亦能指大片的淡水水體（湖泊、巨流等）。*Cf.* Jean-Paul Dufour, «Étude lexicographique des paysages bibliques» in *Lire le paysage*, Presses de l'université de Saint-Etienne, 1984, pp. 71 *sq*.

5　相關評論請參見：Sébastien Munster, *Cosmographia universalis*, Bâle, 1544, cité par Pierre de Latil et Jean Rivoire, À la recherche du monde marin, Paris, Plon, 1954, p. 50.

6　*Genèse*, chap. I, verset 2; *Exode*, chap. XX, 11.

7　同時代人經常提及這些教會教父的訓誡。特別是：Dominique Bouhours, *Les entretiens d'Ariste et d'Eugène*, Amsterdam, 1671, p. 24; le père jésuite Georges Fournier, *Hydrographie contenant la théorie et la pratique de toutes les parties de la navigation*, Jean Dupuis, Paris, 2e édition, 1667 (reprint, Grenoble, 1973, avec des commentaires de Jean Boudriot, René-Charles Duval et autres. La première édition date de 1643), p. 339. 根據耶穌會神父喬治・富尼耶（Georges Fournier）的觀點，在「我們能擁有上天堂的幸福之前」，潮汐現象將永保神祕；Johann Albert Fabricius, *Théologie de l'eau ou essai sur la bonté, la*

國家圖書館出版品預行編目 (CIP) 資料

大海的誘惑：從大洪水到度假勝地，近代西方海洋意象的探索與形塑／阿蘭・柯爾本（Alain Corbin)著；楊其儒, 謝珮琪，蔡孟貞，周桂音譯. -- 初版. -- 新北市：臺灣商務印書館股份有限公司, 2022.10
面； 公分. -- (從感官看世界)
譯自：Le territoire du vide : l'occident et le désir de rivage.
ISBN 978-957-05-3446-7（平裝）

1.CST: 文化史 2.CST: 海洋學 3.CST: 歐洲

740.25 111013699

從感官看世界

大海的誘惑

從大洪水到度假勝地，近代西方海洋意象的探索與形塑

Le territoire du vide: L'occident et le désir de rivage

作　　者—阿蘭・柯爾本（Alain Corbin）
譯　　者—楊其儒、謝珮琪、蔡孟貞、周桂音
發 行 人—王春申
審書 顧問—林桶法、陳建守
總 編 輯—張曉蕊
責任 編輯—徐 鉞、陳怡潔、洪偉傑
特約 編輯—劉毓玫
封面 設計—兒日設計
版型 設計—菩薩蠻

營 業 部—王建棠、張家舜、謝宜華
出版 發行—臺灣商務印書館股份有限公司
231023 新北市新店區民權路 108-3 號 5 樓（同門市地址）
電　　話：（02）8667-3712　傳真：（02）8667-3709
讀者服務專線：0800056196
郵　　撥：0000165-1
E-mail：ecptw@cptw.com.tw
網路書店網址：www.cptw.com.tw
Facebook：facebook.com.tw/ecptw

局版北市業字第 993 號
初版 一刷：2022 年 10 月
印 刷 廠：鴻霖印刷傳媒股份有限公司
定　　價：新台幣 760 元
法律 顧問—何一芃律師事務所